新工科交通运输类专业"十四五"创新教材

机车车辆工程

主　编 ⊙ 谢素超
副主编 ⊙ 张书增　周　伟

ROLLING STOCK ENGINEERING

中南大学出版社
www.csupress.com.cn
·长沙·

前言 ◀◀ Foreword

在我国铁路事业快速发展的背景下，伴随"交通强国、铁路先行"规划纲要，机车车辆工程领域的技术创新和应用得到迅猛推进。作为国家"十四五"规划的重要组成部分，《"十四五"现代综合交通运输体系发展规划》明确提出，要加快构建便捷、安全、高效、绿色的现代化交通网络，铁路机车车辆技术正是影响交通强国战略目标的关键环节。

截至 2023 年底，我国铁路营业总里程已达到约 15.9 万 km，其中高铁里程达 4.5 万 km，位居世界首位。随着铁路网络规模的扩大和技术的飞速进步，对高素质铁路人才的需求日益迫切，尤其是在智能化、高速化、绿色化的铁路机车车辆设计、制造和运营维护等领域。如何培养具备前沿技术知识和实践能力的铁路专业人才，已成为推动中国铁路事业进一步发展的重要任务。

"机车车辆工程"课程是轨道交通设备专业、机车车辆工程专业及相关专业学生必修专业课程之一。学生通过本课程的学习，应能较全面地了解铁路机车车辆的基本知识，我国铁道车辆的现状和技术水平，熟悉与了解铁道车辆的工作原理、构造特点及运行性能，了解国内外铁道车辆的发展趋势与新的技术，为毕业后从事铁道车辆技术工作奠定较好的基础。

本书系统讲述了我国铁路常见的、有代表性的主型客货车辆的构造、作用、原理、总体设计及车辆强度和动力学的基本原理，并融入动车组总体、磁浮列车与未来超高速列车等前沿技术，展示了当下铁路机车车辆领域的新研究成果与发展趋势。全书内容包括铁道车辆基本知识；转向架结构原理及基本部件；货车/客车/机车转向架；铁道车辆的运行性能；车端连接装置；货车/客车车体；机车总体；动车组总体；磁浮列车与未来超高速列车；机车车辆结构强度；机车车辆总体设计等，力求提供具有前瞻性和实践性的教学资源。

本书是为交通运输类专业最新编写的教材，是对接国家《"十四五"现代综合交通运输体系发展规划》，服务交通强国战略，积极响应教育部建设中国特色高质量教材体系，提升学生创新实践能力，推动高素质铁路人才培养，满足新时代交通运输行业发展需求的实践成果。

本书由多位教师共同编写。其中，前言、第一章至第三章、第十一章、第十二章由谢素超编写，第七章至第十章、第十三章、第十四章由张书增编写，第四章至第六章由周伟编写。全书由谢素超负责统稿。

本书是反映机车车辆工程最新技术成果和发展趋势的科技类教材，主要作为高校交通运输类相关专业的教学用书，也可用作铁道车辆的设计、制造、维修和科学研究的专业技术人员、短训班学员的参考书。

作者

2024 年 10 月

目 录 ◀◀◀ Contents

第一章

铁道车辆基本知识

第一节　铁道车辆的特点及组成

现代化的交通运输方式主要有铁路运输、公路运输、水路运输、航空运输和管道运输。五种运输方式在技术上、经济上各有优劣，都有适宜的使用范围。铁路运输是一种陆上运输方式，以机车牵引列车在两条平行的铁轨上行走，但广义的铁路运输包括磁悬浮列车、缆车、索道等非钢轮行进的方式，或称轨道运输，也因此，在广义上，铁道车辆指必须沿着专设轨道运行的车辆。本书主要论述运行在铁路干线上的铁道车辆，并在不会混淆的情况下将其简称为车辆。

一、铁道车辆基本特点

铁道车辆与其他车辆的最大不同点在于其特殊的轮轨关系，其必须运行在专门为它铺设的钢轨上，这也是铁道车辆结构上最大的特点，也由此产生许多其他的特点。

1. 自行导向

除铁道车辆之外的其他各种运输工具几乎全有操纵运行方向的机构，只有铁道车辆通过其特殊的轮轨结构，使车轮能沿轨道运行而无须专人掌握运行的方向。

2. 低运行阻力

除坡道、弯道及空气对车辆的阻力之外，运行阻力主要来自走行机构中的轴与轴承，以及车轮与轨面的摩擦。铁道车辆的车轮及钢轨都是含碳量偏高的钢材，轮轨接触处的变形较小，而且铁道线路的结构状态也尽量使其运行阻力减小，故铁道车辆运行中的摩擦阻力较小。

3. 成列运行

以上两个特点决定它可以编组、连挂组成列车。为了适应成列运行的特点，车与车之间需设连接、缓冲装置，且由于列车的惯性很大，每辆车均需设制动装置。

4. 严格的外形尺寸限制

铁道车辆只能在规定的线路上行驶，无法像其他车辆那样主动避让靠近它的物体，因此要制定限界，严格限制车辆的外形尺寸以确保运行安全。

二、铁道车辆基本组成

由于不同的运输目的、用途及运行条件，铁道车辆形成了各具特色的类型与结构，但均可以概括为由以下五个基本部分组成。

1. 车体

车体是容纳运输对象的地方，又是安装与连接其他四个组成部分的基础。现代的车体以钢结构或轻金属结构为主，尽量使所有的车体构件承受载荷以减轻自重。绝大部分车体有底架，视需要添加端墙、侧墙及车顶等，其中底架是车体的基础，一般由各种纵向梁、横向梁、辅助梁和地板等组成。

2. 走行部

走行部一般称为转向架，它的位置介于车体与轨道之间，引导车辆沿钢轨行驶和承受来自车体及线路的各种载荷并缓和动作用力，是保证车辆运行品质的关键部件。转向架一般都做成一个相对独立的通用部件以适应多种车辆的需要，它主要由构架（侧架）、轮对轴箱油润装置、摇枕弹簧减振装置、基础制动装置等组成。目前一般客、货车的走行装置由两台二轴转向架组成。

3. 制动装置

制动装置是保证列车准确停车及安全运行必不可少的装置，是车辆上起制动作用的零部件所组成的一整套机构的总称。制动装置由空气制动机、电空制动机、人力制动机和基础制动（盘形制动）装置组成。由于整个列车的惯性很大，所以必须在每辆车上装设制动装置，才能使运行中的车辆按需要减速或在规定的距离内停车。车辆上常见的制动装置是通过列车主管中空气压力的变化而使其产生相应的动作。货车上的手制动机主要是在编组、调车作业中起停车与防溜作用，而其他车辆的手制动装置作为一种辅助装置以备急需。

4. 车钩缓冲装置

车辆要成列运行，必须借助于连接装置，目前车辆的连接装置多为各种形式的自动车钩以及能贮存和吸收机械能的缓冲装置。它是使机车与车辆或车辆与车辆之间互相连接、传递纵向牵引力及缓和列车运行中冲击力的装置，一般由车钩、缓冲器、解钩装置及附属配件等组成，安装于车体底架两端的牵引梁内。

5. 车辆内部设备

车辆内部设备是一些能良好地为运输对象服务而设于车体内的固定附属装置，如客车上的电气、给水、取暖、通风、空调、座席、卧铺、行李架等装置。各货车由于类型不同，内部设备也千差万别，一般来说比客车简单，如棚车中的拴马环、床托等分别为运送大牲畜及人员所设。其他如保温车、家畜车等各有其特殊的内部设备。

第二节　铁道车辆的用途及分类

所有在铁路运输中由多辆车编组运行的车辆称为列车。根据列车运行动力是否集中在一节车上，分为传统列车与动车组。根据是否带动力，传统列车分为机车与车辆；动车组分为动车与拖车。根据运输对象的不同，传统列车的车辆可分为客车及货车两大类，每一大类又可按用途细分。

一、客车

客车一般外形特点为：两侧墙上有较多的带玻璃的车窗；有供旅客通行的折棚装置与渡板；有运行品质较好的转向架；车身一般比较长等。其主要用途为运送旅客或为旅客提供服务。还有一些客车既不运送旅客又不为旅客服务，但因某种特殊的用途编在旅客列车中或单独几辆编组，按旅客列车在线路上运行，如试验车、检轨车、公务车等。客车可按照用途或运营性质和范围两种方式进行分类。

按用途分，可将常见的客车车种分为：

①硬座车：旅客座位为半硬制品（如泡沫塑料）或木制品的硬席座椅，相对的两组座椅中心距离在 1800 mm 以下。每节车厢可容纳的旅客比较多，是旅客列车中的主要组成部分。

②软座车：旅客座位及靠垫设有弹簧装置，相对的两组座椅中心距离在 1800 mm 以上，与硬座车相比，其舒适性较高。

③硬卧车：卧铺为 3 层、6 铺位，铺垫为半硬制品（如泡沫塑料）或木制品，卧室为敞开式或半敞开式卧车。在长途旅客列车中，是仅次于硬座车的主要组成部分。

④软卧车：卧铺为 2 层，铺垫有弹簧装置，卧室为封闭式单间，单间定员不超过 4 人的卧车。

⑤餐车：供旅客在旅行中饮食就餐用的车辆。车内设有厨房、餐室及储藏室等设备。

⑥行李车：供运输旅客行李及物品的车辆。车内设有行李间及办公室等设备。

⑦邮政车：供运输邮件使用的车辆，设有邮政间及邮政员办公室等设备。常固定编挂于旅客列车中。

按运营性质和范围分，可将常见的客车车种分为：

①轻轨车辆及地铁车辆：一种城市交通系统中所用的短途车辆，本身设有驱动装置，是城市快速轨道交通的先驱。

②市郊客车：比上一类车运行距离稍远，在大城市及其周边的中小城镇或卫星城市之间运行。

③常速客车：指最高商业运行速度小于 160 km/h 的客车。

④准高速客车：运行于大城市之间，其最高商业运行速度介于 160 km/h 与 200 km/h 之间。

⑤高速客车：运行于大城市之间，其最高商业运行速度大于或等于 200 km/h，它的 5 个基本组成部分的技术状态都必须与运行速度相适应。

轻轨车辆、地铁车辆、市郊客车由于运行距离短，往往只有一种车种；而常速客车、准高速客车和高速客车又可按照第一种分类分成多个车种。

二、货车

货车是运送货物的车辆，原则上编组在货物列车中使用。货车类型很多，其中敞车、棚车、平车、保温车及冷藏车属于通用性货车，可以装载较多类型的货物，在货车总数中所占比重也较大，而专用货车仅能运输特定的一种或几种货物。常见的货车种类如下：

①敞车：车体两侧及端部均设有高 0.8 m 以上的固定墙板，无车顶，又称高边车。主要

用以装运散粒货物，如煤、焦炭等，可装运木材、集装箱等无须严格防止湿损的货物，也可加盖篷布，运输怕湿损的货物，还可装运重量不大的机械设备，具有很大的通用性。

②棚车：车体设有车顶、侧墙、端墙和门窗。用以装运各种需防止湿损、日晒或散失的货物，如布匹、粮食、化肥、棉纺织品和仪器等。除运送货物外，大部分棚车还可以临时代替客车运送旅客。

③平车：底架承载面为一平面，通常两侧设有柱插，有的平车还设有可活动下翻式的矮端墙和侧墙，可用来装运矿石、砂土等块粒状货物。平车一般用于装运钢材、木材、集装箱、汽车、拖拉机、机器设备及军用装备等较大的货物。

④罐车：设有圆筒形罐体，专用于装载液体、液化气体或粉末状货物的车辆。按货物品种可分为轻油罐车、黏油罐车、沥青罐车、食油罐车、水罐车、化工品罐车、粉状货物罐车、液化气罐车等。按卸货方式可分为上卸式罐车和下卸式罐车。

⑤保温车：车体设有隔热材料，车内设有降温和加温设备。用以装运易腐货物，如肉类、水果等；也可以装运对温度有特殊要求的货物。根据保温设备的不同，保温车可分为加冰冷藏车、机械冷藏车和冷藏加温车等。

第三节　铁道车辆的代码、标记及方位

一、车辆代码

为对车辆进行识别与管理，满足全国铁路联网管理的需求，须对每一辆车进行唯一编码。车辆代码包括车种、车型、车号 3 段。车种代码一般由该车汉语拼音名称中 1 个或 2 个大写字母构成，客车用 2 个字母，货车用 1 个字母。车型代码必须与车种代码连用，一般由 1~2 个数字构成，必要时其后还可再加大写拼音字母，为区别同一车种中结构、装载量等的不同而设置。车型代码是车种代码的后缀，两代码合起来一般不超过 5 个字符，举例如表 1-1 所示。车号代码均为数字，因车种、车型而不同，区分了使用数字的范围。车辆代码是车的重要标识，必须涂刷在车辆显眼的位置(如侧墙)上。

表 1-1　车辆代码举例

代码	车种	车型	
C_{62B}	C	62(重量系列)	B(材质区别)
N_{17A}	N	17(顺序系列)	A(结构区别)
YW_{25G}	YW	25(车长系列)	G(结构区别)

二、车辆标记

车辆标记是标明在铁道车辆的一定位置上，用以表示产权、运用、检修、制造四类的标

记，但实质上这些标记主要是为了在运用及检修等情况下便于管理和识别所设置。

1.产权标记

①国徽：参加国际联运的客车须在侧墙中部悬挂特制的国徽。

②路徽：产权归属我国国铁集团的车辆，须在侧墙或端墙适当部位涂刷路徽，货车还应在侧梁适当位置安装国铁集团的产权牌。

③路外厂矿企业自备车辆产权标记：各路外厂矿企业自备车因运送货物或委托路内厂、段检修而需在正线上行驶，为避免铁路运输部门混淆使用而设置的产权标记。

④部、局、段配属标记：所有客车以及某些有固定配属的货车，必须涂刷上所属局、段的简称(如"成局渝段")。

2.运用标记

①自重、载重及容积：自重为车辆本身的全部质量；载重即车辆允许的正常最大装载质量，均以 t 为单位；货车及客车中的行李车、邮政车应注明载货容积，用以说明可载货的最大容积，以 m^3 为单位，并在括号内注明"内长×内宽×内高"，尺寸以 m 为单位。

②车辆全长及换长：车辆全长为该车两端钩舌内侧面间的距离，以 m 为单位；换长等于全长除以 11，保留 1 位小数，尾数四舍五入。

③车辆定位标记：以数字"1"或"2"在车端进行标记。

④表示车辆(主要是货车)设备、用途及结构特点的各种标记：

(MC)——表示可以参加国际联运的客货车；

——表示禁止通过机械化驼峰调车场的货车；

——表示具有车窗、床托等的棚车；

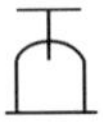

——表示顶车作业的指定部位；

——表示具有拴马环或其他拴马装置的货车。

⑤客车车种汉字标记及定员标记：为便于旅客识别，在客车侧墙上的车号前必须用汉字涂刷上车种名称，如硬座车 $YZ_{25G}46188$；在客车客室内端墙上方的特制标牌上，标明车号及按作息或铺位可容纳的定员数，如图 1-1 所示。

$YZ_{25G}46188$
定员：128 人

$RW_{25Z}31688$
定员：36 人

图 1-1　定员标记

3.检修标记

检修标记是便于车辆计划预修理制度执行与管理的标记，主要记录本次修程、类型及检修责任单位，并提醒下一次同类修程应在何时进行等，且车辆一旦发生重大行车事故，可借此追查与车辆检修有关的责任单位及责任人。检修标记主要分为两种：

①定期修理标记：分为段修、厂修两栏，如表 1-2 所示。

表 1-2　定期修理标记举例

客车硬座车	02.9	01.3	成渝	段修
	07.3	99.9	柳厂	厂修
货车敞车	02.11	01.5	成贵	段修
	08.11	99.11	眉厂	厂修

②辅修及轴检标记：辅修周期 6 个月，轴检须视轴承的不同形式规定周期。这两种修程的标记如图 1-2 所示。

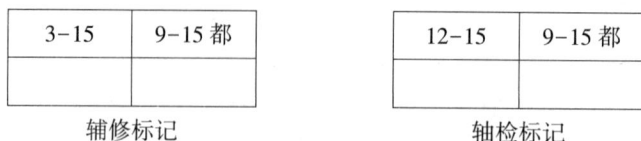

3-15	9-15 都

12-15	9-15 都

辅修标记　　　　　　　　轴检标记

图 1-2　辅修及轴检标记

4. 制造标记

制造标记是车辆上标记生产厂家的金属标志牌，形式由各厂家自定。

三、车辆方位

车辆方位是用来标明同类型零部件在车辆中的位置的，一般以制动缸活塞杆推出的方向为第一位，相反的方向为第二位，如图 1-3 所示，并在车上规定的部位涂刷方位标志 1~7。对多个制动缸的情况则以手制动安装的位置为第一位，如按上述方法确定方位仍有困难，可人为规定某端为第一位。

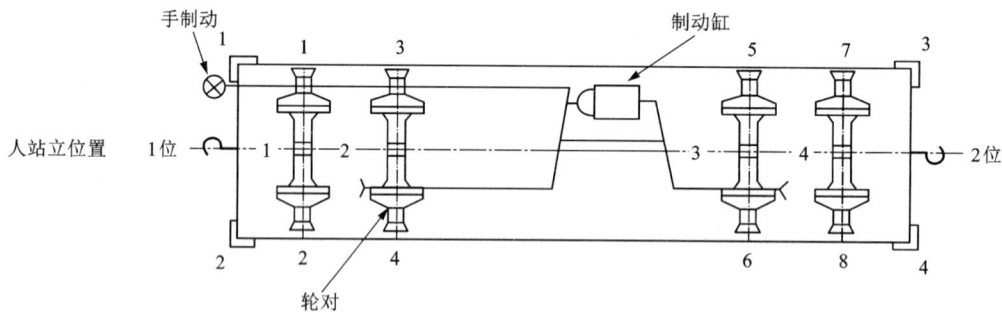

图 1-3　车辆方位

车辆零部件规则如下：当人面对车辆的 1 位端站立时，对排列在纵向对称轴上的构件可由 1 位端顺序向 2 位端编号，如转向架、轮对、底架上的同形横梁等均可按此编号。对分布在对称轴左右的构件，则左侧为奇数，右侧为偶数，顺序是从 1 位端向 2 位端编号，如侧墙、立柱、车窗、轴箱、侧架等均可按此编号。

第四节 铁路限界

一、设置限界的意义

铁路限界由机车车辆限界(简称"车限")和建筑限界(简称"建限")两者共同组成,两者相互制约与依存。铁路限界是铁路安全行车的基本保障之一,为了使机车车辆能在一定范围的路网内通行无阻,不会因机车、车辆外形尺寸设计不当,货物装载位置不当,或建筑物地面设备的位置不当引起不安全的行车事故,必须用限界分别对机车、车辆和建筑物等地面设备的空间尺寸或空间位置加以制约。因此,限界是铁路各业务部门都必须遵循的基础技术规程。限界制定得是否合理、先进,也关系到铁路运输总的经济效果。

二、限界的定义及制定原则

一般建筑限界和机车车辆限界均指在平直线路上两者中心线重合时的一组约束所构成的极限轮廓,如图1-4所示。

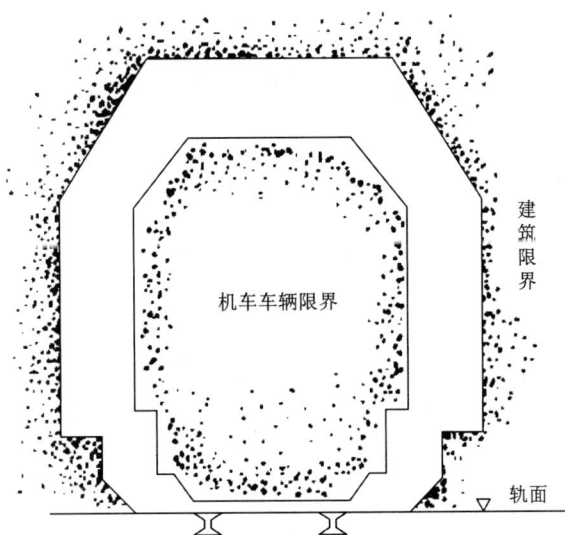

图1-4 机车车辆限界与建筑限界

实际的机车车辆与靠近线路中心线的建筑物之间必须留有一定的、为保证行车安全所需的空间,这部分空间应该包括:

①车辆制造公差引起的上下、左右方向的偏移或倾斜;

②名义载荷下弹簧受压缩引起的下沉,或由弹簧性能误差引起的超量偏移或倾斜;

③磨耗或永久变形使车体下沉,特别是由左右磨耗或永久变形引起的偏转或倾斜;

④轮轨之间或车辆自身的横向间隙造成的车辆与线路间的偏移;

⑤车辆运行中因运动中力的作用而造成车辆相对线路的偏移；

⑥线路变形的影响；

⑦特殊货物可能超限；

⑧为应付某些特殊情况，还应该留有足够的裕留空间。

另外，根据机车车辆限界包括以上空间的多少，可以分为三种不同的限界：

1. 无偏移限界

机车车辆限界仅考虑上述第①点内容时的限界称为无偏移限界，又可称为制造限界。

2. 静偏移限界

当机车车辆限界考虑了上述第①点至第③点内容时，称静偏移限界或者静态限界。此时，车限与建筑限界（以下简称建限）之间的空间还可以再压缩一些，只包含第④点到第⑧点的内容。

3. 动偏移限界

当机车车辆限界考虑了第①至第⑤点内容时，则车限与建限之间的空间可以留得很少，这种限界称为动偏移限界或动态限界。

第五节　铁道车辆主要技术参数

车辆技术参数是指车辆技术规格的某些指标，是从总体上表征车辆性能及结构的一些数字，一般分性能参数与主要尺寸两大类。

一、车辆性能参数

车辆性能参数中的自重、载重、容积、定员等已在本章第三节"车辆标记"中做了说明，此外还有以下几项。

1. 自重系数

自重系数是运送每单位标记载重所需的自重，其数值为车辆自重与标记载重的比值。对于一般货车而言，这是一个重要的技术参数。例如：C_{70} 型敞车标记载重为 70 t，自重为 23.8 t，则自重系数为 0.34。

2. 比容系数

该参数是对一般货车而言的，它是设计容积与标记载重的比值。不同类型的货车因装载货物种类不同，要求不同的比容系数。例如：P_{70} 型棚车标记载重为 70 t，设计容积为 145 m^3，故比容系数为 2.07 m^3/t；C_{70} 型敞车标记载重为 70 t，设计容积为 77 m^3，则比容系数为 1.1 m^3/t。某些类型的货车没有这项参数或改用别的参数代替，例如平车就没有比容系数；罐车一般采用比容系数的倒数，称为容重系数。

3. 构造速度

构造速度是指车辆设计时，按安全及结构强度等条件所允许的车辆最高行驶速度。

4. 最高运行速度

最高运行速度除满足安全及结构强度条件外，还必须满足连续以该速度运行时车辆具有足够良好的运行性能。

5. 轴重

轴重是按车轴形式及在某个运行速度范围内该轴允许负担的并包括轮对自身在内的最大总质量，即车辆总质量与全车轴数之比。

6. 每延米轨道载重

每延米轨道载重是车辆设计中与桥梁、线路强度密切相关的一个指标，同时又是影响能否充分利用站线长度、提高运输能力的一个指标，数值为车辆总质量与车辆全长之比。

7. 通过最小曲线半径

通过最小曲线半径是指配用某种形式转向架的车辆在站场或厂、段内调车时所能安全通过的最小曲线半径。

8. 每吨自重功率指标

该指标值一般为 $10 \sim 15$ kW/t。

二、车辆尺寸参数

1. 车辆定距

车辆定距指车体支承在前、后两走行部之间的距离。

2. 转向架固定轴距

转向架固定轴距指同一转向架最前位轮轴中心线与最后位轮轴中心线之间的距离。

3. 车辆最大宽度、最大高度

车辆最大宽度指车体最宽部分的尺寸；车辆最大高度指车辆顶部最高点与钢轨水平面之间的距离。

4. 车体长、宽、高

车体长、宽、高有车体外部与内部之别，但车体内部的长、宽、高必须满足货物装载或旅客乘坐等要求。

5. 车钩中心线距轨面高度

这里指车钩钩舌外侧面的中心线至轨面的高度。

6. 地板面高度

地板面距轨面的高度与车钩高一样，均指新造或修竣后空车的数值。

第六节　铁路线路构造概要

铁路线路是列车运行的基础。铁路线路是由路基、轨道和桥梁、隧道建筑物组成的一个整体工程。列车在线路上行驶，与轨道直接接触，机车车辆与线路相互产生影响。只有合理确定机车车辆和铁路线路的结构性能，才能取得较好的运行效果。

根据铁路在路网中的作用、性质和远期客货运量，铁路划分为三级：

Ⅰ级铁路是铁路网中起骨干作用的铁路，远期年客货运量大于或等于 15 Mt；

Ⅱ级铁路是铁路网中起骨干作用或起联络、辅助作用的铁路，远期年客货运量为 $7.5 \sim 15$ Mt；

Ⅲ级铁路是为某一区域服务，具有地区运输性质的铁路，远期年客货运量小于 7.5 Mt。不同等级的铁路，在修建、养护和容许的最高行车速度等方面的技术标准是不同的。

一、线路的基本结构

线路包括轨道、路基和桥隧建筑物。其中路基和桥隧建筑物是轨道的下部基础。线路的基本结构如图 1-5 所示。路基为线路的基础，轨道为线路的上部建筑，轨道又由钢轨、轨枕、连接零件、道床、防爬设备及道岔等主要零部件组成。

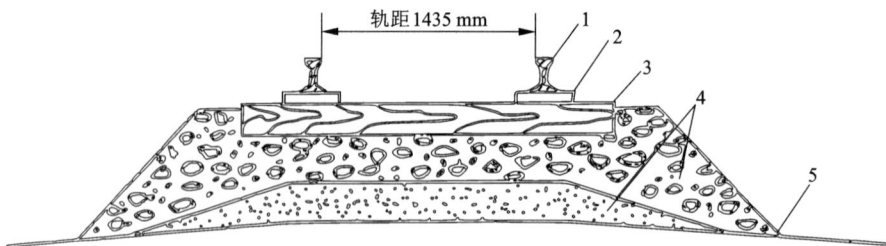

1—钢轨；2—中间连接件；3—轨枕；4—道床；5—路基。

图 1-5　线路基本结构

轨道构造中很重要的一项技术指标为轨距。轨距为两钢轨轨头部内侧间与轨道中心线相垂直的距离，并规定在轨顶下 16 mm 处测量。在世界各国铁路发展历史中形成了不同尺寸的轨距，各种轨距下的限界及相应的机车车辆尺寸各不相同。轮轨之间的配合除要规定轨距、轨距公差之外，还要使钢轨顶面与车轮踏面间配合。轨头轮廓曲线一般由多段圆弧组成，而机车车辆的踏面均呈圆锥状，其中一种的母线为直线，称为锥形踏面；另一种的母线为曲线，称为磨耗型踏面。不论何种踏面，车轮均是外侧直径小、内侧直径大，为此，要设置轨底坡（我国轨底坡定位 1/40），使轨头内倾，以适应车轮踏面的形状。

钢轨的断面为工字形。其类型以每米重量的公斤数表示，如 60 kg/m 轨、75 kg/m 轨等。钢轨通过扣件与轨枕连接，扣件的主要功能是组织钢轨对轨枕的纵、横向移动，保持钢轨的正确位置。轨枕按其材质分为木枕、钢筋混凝土轨枕和钢轨枕三类，其中钢筋混凝土轨枕既能节约大量木材，又能保证轨枕尺寸一致，弹性均匀，使机车运行平顺性得到提高。轨枕的作用是承受钢轨传下来的垂向力和水平力，并把力传递给道床，有效地保持钢轨的轨距、方向和位置。

道床分为有砟道床和整体道床。道床的主要功能有五点：
①将轨枕传下来的力均匀地散布到面积较大的路基上。
②轨枕传下来的动作用力使碎石之间适当地移动、摩擦，可以形成一定的弹性和减振能力。
③具有孔隙，能渗透地表水，也可避免冬季结冰造成的危害。
④阻止轨枕移动，维持线路现有形状。
⑤通过道床形状的人为变化，可以调整或校正线路的平面形状及纵断面形状。

二、线路的纵断面构造

铁道线路的纵断面根据地形变化有上下坡及平道，线路坡度不应取得过大，两相邻坡段的坡度值之差也不应取得过大，一个区间内的坡段数也不宜过多。

1. 限制坡度

列车牵引重量受限制坡度的约束，所以不同等级的铁路要规定线路的限制坡度大小：

Ⅰ级铁路：一般地段 6‰，困难地段 12‰（内燃牵引）、15‰（电力牵引）；

Ⅱ级铁路：一般地段 6‰，困难地段 15‰（内燃牵引）、20‰（电力牵引）。

2. 变坡点与坡段长度

两相邻坡段的交点叫变坡点；两变坡点之间的水平距离叫坡段长度。

3. 相邻坡段的连接

列车通过变坡点时，将在车钩上产生附加应力，若该应力值过大，很可能产生断钩事故，为了保证行车的安全与平顺，相邻坡段坡度的代数差不得大于该线路重车方向的限制坡度。

4. 驼峰构造

在编组站，为了加快货物列车的分解与编组，人工设置一个土堆，称为驼峰。其具体构造如图 1-6 所示，其中 i 代表坡度，R 表示曲线半径。

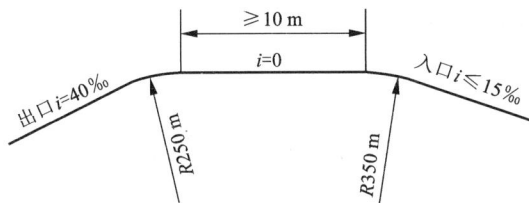

图 1-6　驼峰竖曲线

三、线路平面构造

在铁道线路的平面图中有直线区段、圆曲线区段以及连接两者的缓和曲线；在站场中的多股轨道之间要用道岔进行连接。

1. 直线

两股钢轨在直线地段时，轨顶应在同一水平面上，若左、右两轨的 4 点不在同一水平面上，则称为三角坑，水平数值差最大的值为三角坑的值，要求正线和到发线沿线路长度方向每 18 m 的距离范围内没有超过 4 mm（其他线为 6 mm）的三角坑。

2. 圆曲线

两股钢轨在圆曲线地段时，线路受较大的横向力（列车的离心力）作用，列车运行时要克服附加阻力，行车速度要受曲线半径的限制，轮轨间的磨耗也比直线区段严重得多，其半径大小与铁路等级及地形均有关系。为平衡受到的离心力，需要在轨道上设置外轨超高，即把曲线外轨适当抬高，借助车辆的重力的水平分力来平衡离心力，从而达到内外两股钢轨受力均匀，垂直磨耗均等；此外，为使轨道交通车辆能顺利通过曲线，在半径很小的曲线轨道上，轨距要适当加宽。

3. 缓和曲线

缓和曲线是介于直线轨道和曲线轨道之间的曲率渐变的连接曲线。

4. 道岔

道岔是车辆由一条线路转向或越过另一条线路时所用到的设备，常见的为单开道岔，如

图 1-7 所示。

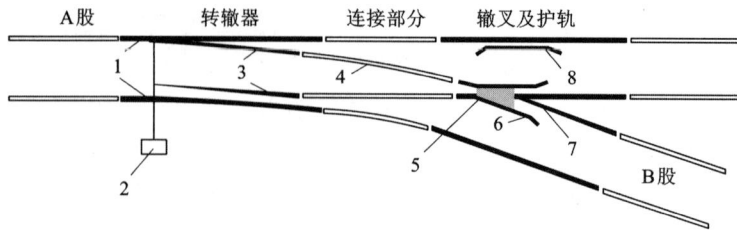

1—基本轨；2—转辙机械；3—尖轨；4—导曲线轨；5—有害空间；6—翼轨；7—辙叉心；8—护轨。

图 1-7　普通单开道岔

复习思考题

1. 为什么说铁道车辆所具有的一些特点都是由轮轨关系派生而来的？

2. 从铁道车辆的特点出发，试比较铁路运输与汽车运输各有哪些优缺点？铁路的未来将如何发展？

3. 有没有从不运旅客的客车及从不装货物的货车？

4. 车辆标记起什么作用？

5. 确定车辆全长与确定一般机器设备的全长有何不同？为什么这样来规定车辆的全长？

6. 学习线路构造的一些基础知识，对车辆专业学生的意义何在？

7. 高速线路与常规线路在考虑平、纵断面构造时有何区别？

第二章

转向架结构原理及基本部件

一、转向架的作用

铁路运输发展的初期，世界各国均采用二轴车辆，将轮对直接安装在车体下面。二轴车的总重受到容许轴载重的限制，其载重量一般不大于 20 t（B 轴）。随着铁路运输的发展，二轴车在载重长度和容积等多方面都不能满足运输要求，于是后来出现与二轴车结构相仿的多轴车辆。虽然多轴车辆能增加载重量，但为能顺利通过小半径曲线，前后两轴之间的距离仍受限制，不能太大，从而限制了车辆长度和容积的进一步增加。

多轴车辆一般采用带转向架结构形式。两个或几个轮对用专门的构架（侧架）组成的个小车，称为转向架。车体支承在前后两个转向架上。为便于通过曲线，车体与转向架可以相对转动。这样相当于将一个车体置于两个二轴小车上（如转向架是二轴式），使车辆的载重量、长度和容积都增加，运行品质得以改善，以满足近代铁路运输发展的需要。目前绝大多数车辆都采用转向架的结构形式。

转向架的基本作用及要求：

①增加车辆载重、长度、容积，提高运行速度；

②将滚动运动变为平动运动；

③支承车体，使车体至轮对或轮轨至车体之间的作用力分配均匀；

④保证安全运行，包括直线运行和顺利通过曲线；

⑤便于安装弹簧减振装置，使之具有良好的减振特性；

⑥传递轮轨之间的牵引力和制动力，使车辆具有良好的制动效果；

⑦转向架是一个独立部件，便于单独制造和检修。

二、转向架的组成

由于车辆的用途、运行条件、制造和检修能力及历史传统等的不同，转向架的类型繁多，结构各异。但它们又都具有共同的特点，其基本作用和基本组成部分是相同的。一般转向架的组成可以分为以下几个部分(图 2-1)。

①构架或侧架：构架是转向架的基础，它把转向架各个零部件组成一个整体。

②轮对轴箱装置：承受车辆重量，传递轮轨间的作用力。

③弹性悬挂装置：为减少线路不平顺和轮对运动对车体的各种动态影响(如垂向振动和横向振动)，转向架在轮对与构架或构架与车体之间设有弹性悬挂装置，包括弹簧装置、减振装置和定位装置等。

④基础制动装置：使车辆承受前进方向的阻力，产生制动效果。

⑤转向架支承车体装置：安全可靠地支承车体，承载并传递各作用力。转向架的承载方式可以分为心盘集中承载、心盘部分承载和非心盘承载三种。

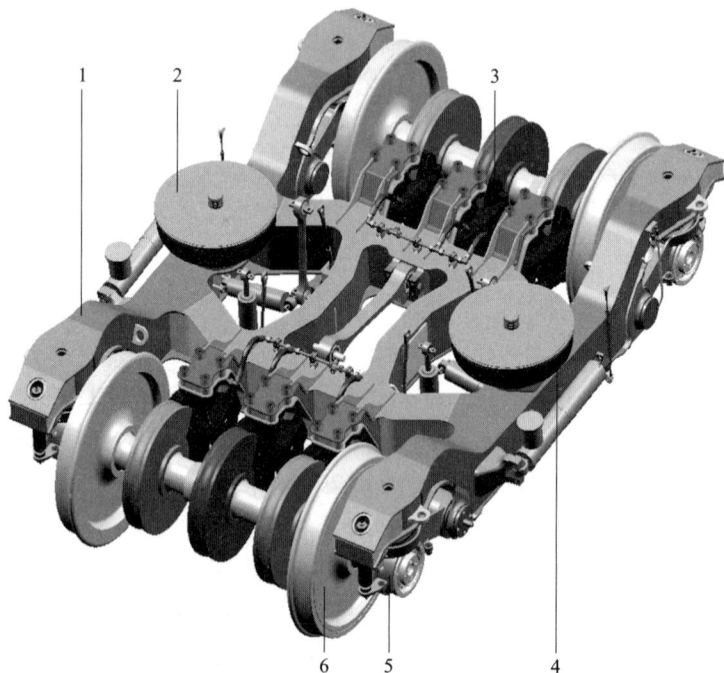

1—构架；2—转向架支撑车体装置；3—基础制动装置；4—弹性悬挂装置；5—轴箱装置；6—轮对。

图 2-1 转向架的基本组成

第二节 转向架的分类

由于车辆的用途不同，运行条件的差异，制造维修方法的制约和经济效益等具体因素的影响，对转向架的性能、结构、参数和采用的材料及工艺等要求就有差别，因而出现了多种形式的转向架。目前，我国使用的客车转向架、货车转向架有几十种，各种转向架的主要区别在于转向架的轴数和类型，弹簧悬挂系统的结构与参数，垂向载荷的传递方式，轮对支承方式，轴箱定位方式，基础制动装置的类型与安装，以及构架、侧架结构形式等方面。

一、按轴数、类型及轴箱定位方式分类

按轴数：有二轴、三轴、多轴转向架。

按类型：货车有 B、D、E、F、G 五种；客车有 C、D 两种。

按轴箱定位方式，常用的有八种：

①固定定位：转向架侧架与轴箱铸成一体，不能产生任何相对运动，如图 2-2(a)所示。

②导框式定位：构架的导框插入轴箱的导槽内，使之在铅垂方向可以产生较大位移而前后左右方向仅有相对小的移动，如图 2-2(b)所示。

③干摩擦导柱式定位：在侧架导柱以及轴箱托盘上的支持环都安装有磨耗套，由轴箱橡胶垫产生的不同方向的剪切形变来实现弹性定位作用，如图 2-2(c)所示。

④油导筒式定位：利用导柱在导筒内的上下移动，使油液进出导柱的内腔，以此产生减振作用，如图 2-2(d)所示。

⑤拉板式定位：利用拉板在纵、横方向的不同刚度来约束构架与轴箱的相对运动，以实现弹性定位，如图 2-2(e)所示。

⑥拉杆式定位：拉杆中的橡胶垫、套分别限制轴箱与构架之间的横向与纵向的相对位移，从而实现弹性定位，如图 2-2(f)所示。

⑦转臂式定位：又称弹性铰定位，橡胶弹性节点容许轴箱相对构架有较大的上下方向位移，但它里边的橡胶件使轴箱纵向与横向位移的定位刚度有所不同，以适应纵、横两个方向的不同弹性定位刚度的要求，如图 2-2(g)所示。

⑧橡胶弹簧定位：这种橡胶弹簧上、下方向的刚度比较小，轴箱相对构架在上、下方向有比较大的位移，而它的纵、横方向具有适宜的刚度以实现良好的弹性定位，如图 2-2(h)所示。

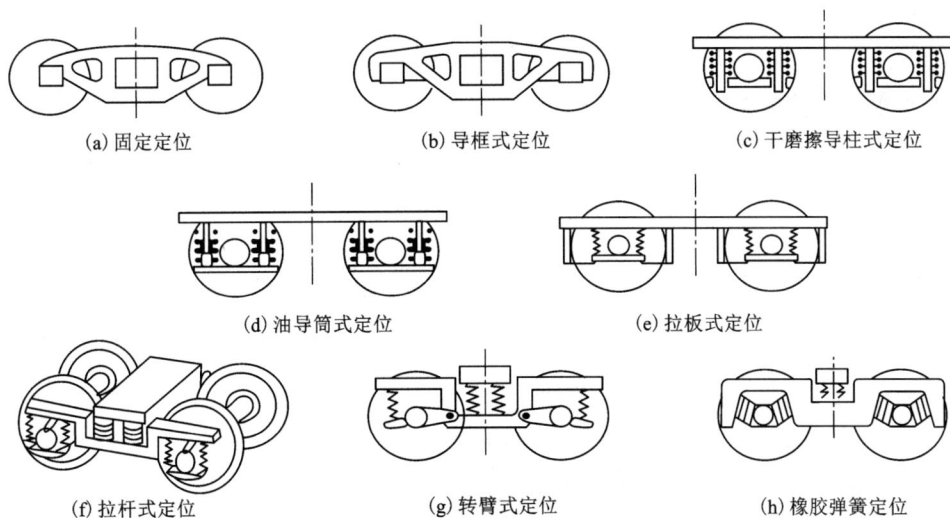

(a) 固定定位   (b) 导框式定位   (c) 干磨擦导柱式定位

(d) 油导筒式定位   (e) 拉板式定位

(f) 拉杆式定位   (g) 转臂式定位   (h) 橡胶弹簧定位

图 2-2 轴箱定位方式

二、按弹簧悬挂装置分类

（1）一系弹簧悬挂："一系"指车体的振动只经过一次（空间三维方向均包括）弹簧减振装置实施减振，二系可类推。设置位置有的是设在车体（摇枕）与构架（侧架）之间，有的是设在构架与轮对轴箱之间。

（2）二系弹簧悬挂：在采用二系悬挂的车辆上，从车体至轮对之间，设有二系弹簧减振装置，明显改善了车辆的运行品质。

（3）多系悬挂结构复杂，一般不用。

对以心盘支承车体（心盘集中承载）的转向架，根据摇枕悬挂装置中弹簧的横向跨距不同，悬挂的形式又分为：

①内侧悬挂。转向架中央（摇枕）弹簧的横向跨距小于构架两侧梁的纵向中心线之间距离，这种转向架称为构架侧梁内侧悬挂的转向架，简称内侧悬挂转向架。

②外侧悬挂。这种转向架中央弹簧的横向跨距大于构架两侧梁的纵向中心线之间距离，这种转向架称为构架侧梁外侧悬挂的转向架，简称外侧悬挂转向架。

③中心悬挂。中央弹簧的横向跨距与构架两侧梁的纵向中心线之间距离相等，这种转向架称为构架侧梁中心悬挂的转向架，简称中心悬挂转向架。

三、按垂向载荷的传递方式分类

1. 车体与转向架之间的载荷传递

（1）心盘集中承载：车体上的全部重量通过前后两个上心盘分别传递给前后转向架的两个下心盘，早期的客、货车转向架都是这种承载方式。

（2）非心盘承载：它仅作传递纵向力及转动中心之用，而车体上的全部重量通过中央弹簧悬挂装置直接传递给转向架构架，机车使用较多。

（3）心盘部分承载，是上述两种承载方式结构的组合，即车体上的重量按一定比例分配，分别传递给心盘与旁承，使之共同承载。目前，我国货车主要采用这种承载形式。

2. 中央摇枕悬挂装置的载荷传递

（1）具有摇动台装置的转向架：转向架中可以横向摆动的这个部分称为摇动台装置，它具有横向弹性特性。这种结构的载荷传递特点是心盘（或旁承）承载后通过摇动台将载荷传递给构架。

（2）无摇动台装置的转向架：按结构特点又可分非心盘承载和心盘承载两种。

①非心盘承载的无摇动台转向架；

②心盘集中或部分承载的无摇动台转向架。

3. 构架（侧架）与轴轮对之间的载荷传递

（1）转向架侧架直接置于轮对轴箱上，而无轴箱弹簧装置。

（2）转向架构架支悬于均衡梁弹簧之上。

（3）转向架构架由轴箱顶部的弹簧支托。

（4）每个轴箱左右两侧铸有弹簧托盘，转向架构架由弹簧托盘上的轴箱弹簧支托。

第三节　轮对

一、轮对组成及基本要求

　　轮对是由一根车轴和两个相同的车轮组成的，如图 2-3 所示。在轮轴接合部位采用过盈配合，使两者牢固地结合在一起，为保证安全，绝对不允许有任何松动现象发生。

　　轮对承担车辆全部重量，且在轨道上高速运行，同时还承受着从车体、钢轨两方面传递来的其他各种静、动作用力，故其受力很复杂。因此，对车辆轮对的要求是：应有足够的强度，以保证在容许的最高速度和最大载荷下安全运行；应在强度足够和保证一定使用寿命的前提下，使其重量最小，并具有一定弹性，以减小轮轨之间的相互作用

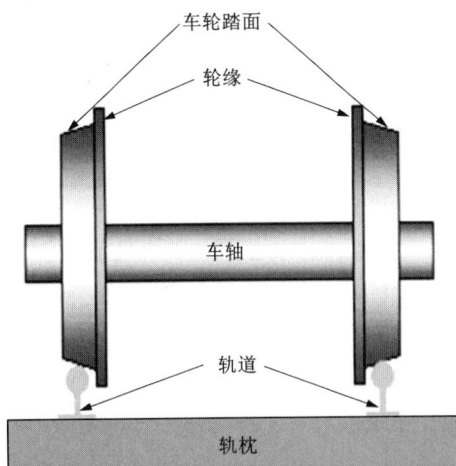

图 2-3　轮对

力；应具备较低的运行阻力和良好的耐磨性，这样可以只需要较少的牵引动力，并能延长使用寿命；应能适应车辆直线运行，同时又能顺利通过曲线；还应具备必要的抵抗脱轨的作用。

二、车轴

1. 车轴各部位名称及作用

　　铁道车辆用的车轴绝大多数是圆截面实心轴。由于车轴各部位受力状态不同及装配的需要，其直径也不一样。各部位名称如图 2-4 所示，其作用如下所述。

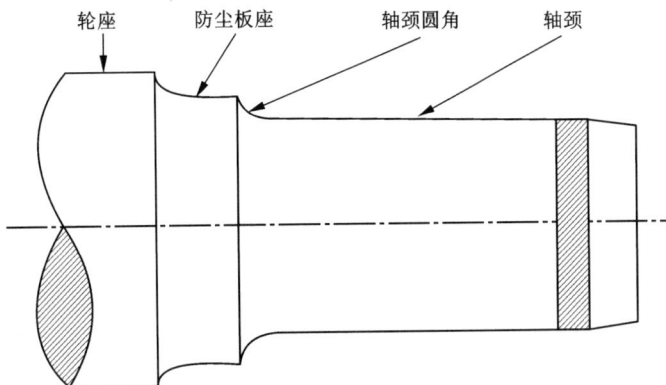

图 2-4　车轴

①轴颈：用以安装滑动轴承的轴瓦或滚动轴承，负担着车辆重量，并传递各方向的静动载荷。

②轮座：是车轴与车轮配合的部位。为了保证轮轴之间有足够的压紧力，轮座直径比车轮孔径要大 0.10~0.35 mm，轮座是车轴受力最大的部位。

③防尘板座：防尘板座为车轴与防尘板配合部位，其直径比轴颈直径大，比轮座直径小，介于两者之间，是轴颈和轮座的中间过渡部分，以减小应力集中。

④轴身：轴身是车轴中央部分，该部位受力较小。

为了简化设计，便于制造、检修、运用，同时为了减轻车轴自重，提高经济效益，车轴轴型已标准化和系列化，部分标准型滚动轴承车轴如表 2-1 所示。

表 2-1　滚动轴承车轴部分尺寸（公称尺寸）

轴型	RB_2	RC_2	RC_3	RC_4	RD_2	RD_3	RD_4	RS_2
轴颈 d_1	100	120	120	120	130	130	130	150
防尘板座 d_2	127	145	145	145	165	165	165	180
轮座 d_4	155	178	178	178	194	194	194	206
轴身 d_5	138	158	158	158	174	174	174	184

2. 空心车轴

车轴是转向架轮对中重要的部件之一，直接影响车辆运行的安全性，同时又是转向架簧下质量的主要组成部分，特别是对于高速车辆和重载车辆，降低车辆簧下部分质量对改善车辆运行平稳性和减小轮轨间动力作用有重要影响。虽然簧下结构的轻量化内容很多，如车轮、轴箱、轴承、传动装置等的轻量化，但相对来说车轴的轻量化潜力最大，空心车轴相比于实心车轴可减轻 20%~40% 的质量，一般可减 60~100 kg，甚至更多。

由于空心车轴主要承受横向弯矩作用，截面中心部分应力很小，制成空心后，因为车辆最大弯曲应力与其抗弯断面模数成反比，所以以对车轴强度影响很小。

值得指出的是，为尽量减轻簧下质量，空心车轴的壁厚薄一点为好；但为提高空心车轴的弯曲疲劳强度和摩擦腐蚀疲劳强度，使车轴弯曲自振频率（壁厚减薄，其频率降低）远离车轴的高速旋转频率，以避免发生车轴弯曲共振，其壁厚不可太薄。国外实验研究表明，空心车轴内外径之比最大为 6∶10。

三、车轮

1. 车轮各部位名称及作用

目前我国铁道车辆上使用的车轮绝大多数是辗钢整体轮，它包括踏面、轮缘、轮辋、辐板和轮毂等部分，如图 2-5(a) 所示。车轮与钢轨的接触面称为踏面。一个突出的圆弧部分称为轮缘，是保持车辆沿钢轨运行，防止脱轨的重要部分。轮辋是车轮上踏面下最外的圈。轮毂是轮与轴互相配合的部分。辐板是连接轮辋与轮毂的部分，辐板上有两个圆孔，便于轮对在切削加工时与机床固定和搬运轮对之用。

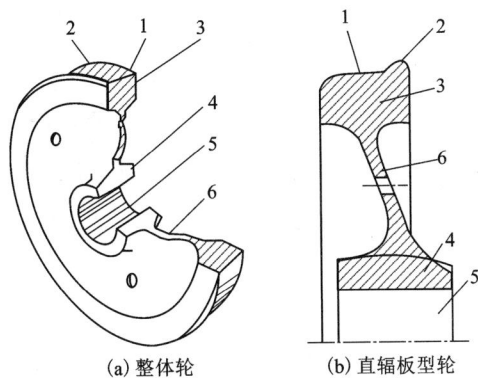

(a) 整体轮　　　　　(b) 直辐板型轮

1—踏面；2—轮缘；3—轮辋；4—轮毂；5—轮心；6—辐板。

图 2-5　车轮

车轮踏面需要做成一定的斜度，如图 2-6 所示，其作用是：

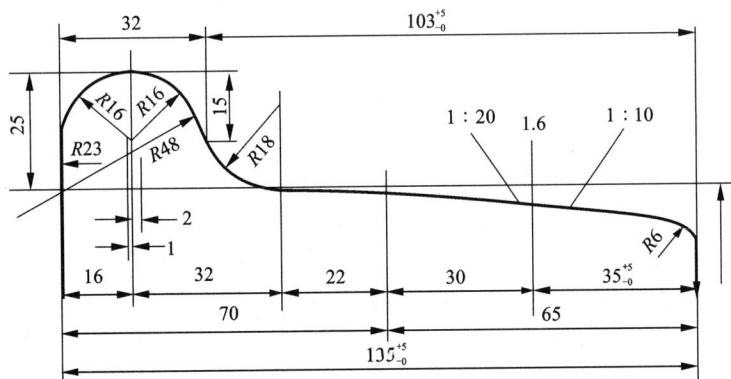

(a) 锥形踏面

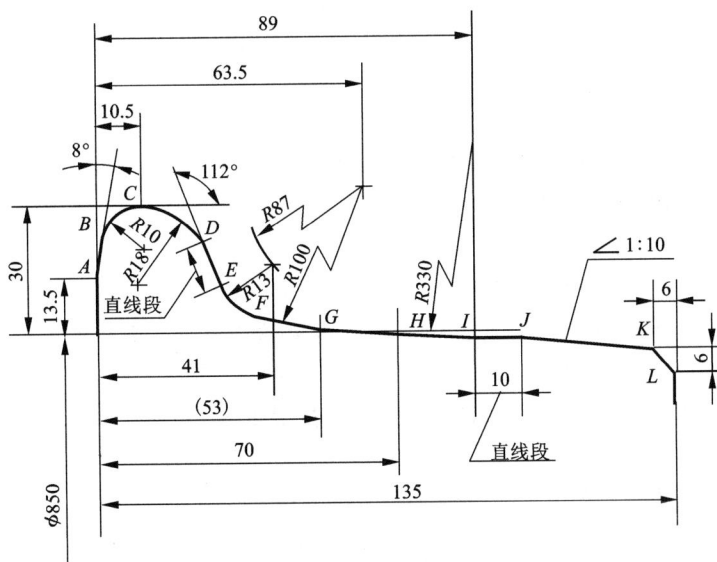

(b) S1002型踏面

图 2-6　车轮轮缘踏面外形

①便于通过曲线。车辆在曲线上运行，由于离心力的作用，车轮踏面的斜度可以帮助减少车轮在钢轨上的滑行。

②可自动调中。在直线线路上运行时，如果车辆中心线与轨道中心线不一致，则轮对在滚动过程中能自动纠正偏离位置。

③踏面磨耗沿宽度方向比较均匀。

由上述分析可知，车轮踏面必须有斜度。而它的存在，也是轮对以至整个车辆发生自激蛇行运动的原因。

锥形踏面，如图 2-6(a)所示，有两个斜度，即 1:20 和 1:10，前者位于轮缘内侧 48~100 mm 范围内(钢轮)，是轮轨的主要接触部分，后者为离内侧 100 mm 以外部分。踏面的最外侧做成 $R=6$ mm 的圆弧，其作用是便于通过小半径曲线，也便于通过辙叉。

磨耗型踏面，如图 2-6(b)所示，是在研究、改进锥形踏面的基础上发展起来的。

各国车辆运用经验表明，锥形踏面车轮的初始形状，在运行中将很快磨耗，但当磨耗成一定形状后(与钢轨断面相匹配)，车轮与钢轨的磨耗都变得缓慢，其磨耗后的形状将相对稳定。

各国采用的车轮踏面形状多种多样，概括起来说应具备下列条件：具有良好的抗蛇行运动稳定性；具有良好的防止脱轨的安全性；轮轨之间的磨耗少，发生磨耗后，外形变化要小，轮轨之间接触应力要小；等等。

总之，在选择车轮踏面形状及有关参数时，应进行充分的理论分析和实验研究，根据车型种类、转向架结构及参数、运行速度、轴重线路结构及参数、钢轨截面形状尺寸，以及经济效益等诸多方面的影响，综合性地合理选择。注意不能孤立地只从轮对自身来考虑分析。

由于车轮踏面有斜度，各处直径不相同，按规定，钢轮在离轮缘内侧 70 mm 处测量所得的直径为名义直径，该圆称为滚动圆，即以滚动圆的直径作为车轮名义直径。车轮直径的大小，对车辆的影响各有利弊。轮径小，可以降低车辆重心，增大车体容积，减小车辆簧下质量，缩小转向架固定轴距；但阻力增加，轮轨接触应力增大，踏面磨耗较快，同时，小直径车轮通过轨道凹陷和接缝处对车辆振动的影响也将加大。轮径大的优缺点则与之相反。所以，车轮直径尺寸的选择，应视具体情况而定。我国货车标准轮径为 840 mm，客车标准轮径为 915 mm。

2. 车轮种类

车轮的结构、形状、尺寸、材质是多种多样的。按其用途可分为客车用、货车用、机车用车轮。按其结构分为整体轮与轮箍轮。轮箍轮又可分铸钢辐板轮心、辗钢辐板轮心及铸钢辐条轮心的车轮。整体轮按其材质又可分为辗钢轮、铸钢轮等。为降低噪声，减小簧下质量，国外还采用弹性车轮、消声(消除噪声)车轮、S 形辐板车轮等车轮。

目前我国采用辗钢整体轮和铸钢整体轮以及少量的轮箍轮。现车轮种类有以下几类：

①辗钢整体轮。

②铸造形式车轮：冷铸生铁轮、旧型铸钢轮、新型铸钢轮。

③轮箍轮。

④高速轻型车轮。

⑤弹性车轮。

四、轮对形状尺寸与线路的关系

1. 轮缘内侧距离与线路尺寸的关系

轮对在正常状态线路上运行时，轮缘的内侧距离和车轮踏面几何形状（图 2-7）是影响行车安全性和运行平稳性的重要因素。轮缘内侧距离有严格规定，因为它影响到如下几个方面：

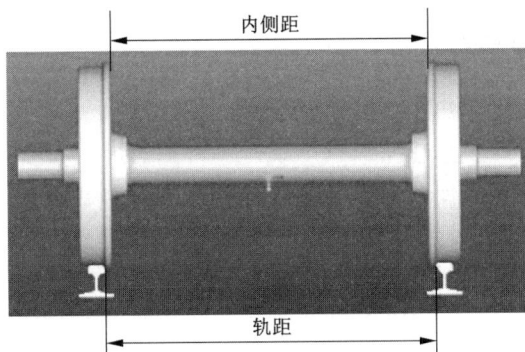

图 2-7 轮缘内侧距离与线路尺寸

①轮轨游隙；
②安全过曲线；
③安全过道岔。

2. 踏面斜度与曲线半径

车辆通过曲线时，为使压装在同一车轴上的左右两个车轮与钢轨之间不发生滑动现象，理想情况是运行中外轮滚动的距离与外轨长度相适应，内轮滚动距离与内轨长度相适应，于是每个瞬时的车轴纵向中心线与曲线半径的方向总是相重叠的（保持径向），轮对以如此状态通过曲线，称为径向通过曲线。这样的通过，可以减小运行阻力，减少轮轨之间的磨耗，并有利于避免脱轨现象的发生。

第四节 轴箱装置

一、轴箱装置

1. 轴箱装置的作用

①将轮对和侧架或构架联系起来，将轮对的滚动转化为车体的平动。
②承受车辆重量，传递各方向作用力。
③保证良好的润滑性能，减少磨耗降低阻力。
④提供良好的密封性。

2.轴箱装置的结构组成

①轴箱体：组装、支承各零件，连接构架，传递载荷。

②轴箱后盖：安装密封圈，在内圆周面安装橡胶油封。

③防尘挡圈：与橡胶油封配合起密封作用。

④橡胶油封：与防尘挡圈配合，起密封作用。

⑤轴箱前盖：密封轴箱前部。

⑥压板：压板内侧凸起缘顶在外侧轴承内圈端面，起支承作用。

二、滚动轴承轴箱装置

1.滚动轴承轴箱装置的特点

采用滚动轴承轴箱装置是铁道车辆技术现代化的重要措施之一，采用滚动轴承后，显著地降低了车辆启动阻力和运行阻力，可以提高牵引列车的重量和运行速度；减少了燃轴等惯性事故，减轻了日常养护工作，能延长检修周期，缩短检修时间；也能加速车辆的周转，节省油脂，降低运营成本。当然滚动轴承的制造工艺要求比较精密，初期投资大，但从长远看，在经济上是合理的，增加的投资一般3~4年即可收回，尤其是在技术上对提高列车牵引重量和运行速度影响重大。所以，新造客、货车都采用了滚动轴承。

2.车辆滚动轴承轴箱装置的形式

由于铁道车辆容许轴重比较大，故采用承载能力比较大的滚子滚动轴承。按滚子的形状可分为圆柱滚动轴承、圆锥滚动轴承和球面滚动轴承(图2-8)。轴承由外圈、内圈、滚子和保持架(隔离环)所组成。内、外圈和滚子是用高碳铬钢制成的，保持架是用青铜或锻钢制成。

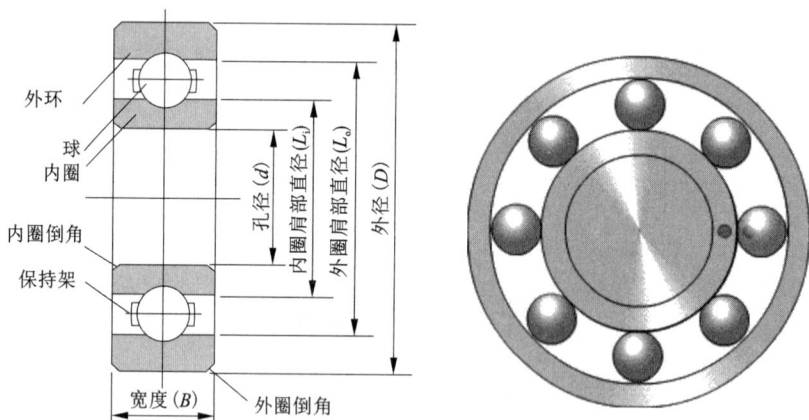

图 2-8　球面滚动轴承

滚子与内、外圈之间有一定的径向和轴向间隙，以保证滚子自由滚动、载荷分布合理和传递轴向与径向力。保持架使滚子与滚子之间保持一定距离，防止相互挤压而被卡住。

常用的滚动轴承基本类型如图2-9所示。

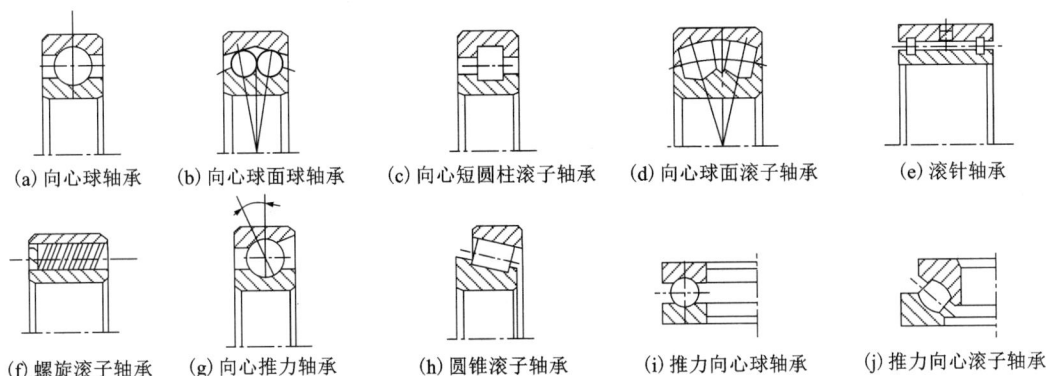

(a) 向心球轴承　(b) 向心球面球轴承　(c) 向心短圆柱滚子轴承　(d) 向心球面滚子轴承　(e) 滚针轴承

(f) 螺旋滚子轴承　(g) 向心推力轴承　(h) 圆锥滚子轴承　(i) 推力向心球轴承　(j) 推力向心滚子轴承

图 2-9　滚动轴承基本类型结构

3. 轴箱装置力的传递

车辆运行中滚动轴承轴箱装置(图 2-10)承受并传递垂向、纵向和横向三个方向的力，若钢轨对轮对作用有指向右端的横向力，则轮对两端轴箱装置横向力的传递顺序分别是：车轴→防尘挡圈与后轴承内圈，经内圈挡边→后轴承滚子→后轴承外圈右挡边，经后轴承外圈→前轴承外圈→轴箱盖→螺栓→轴箱体。

二、轴箱装置的设计

1. 滚动轴承的选型

车辆滚动轴承选型方法很多，目前较常用的是根据额定动载荷来选取。

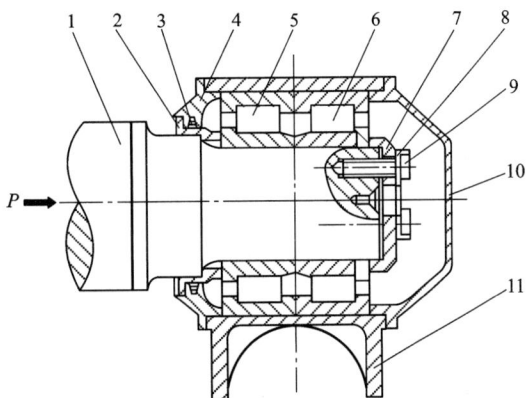

1—车轴；2—防尘挡圈；3—毛毡；4—轴箱后盖；
5—42726T 轴承；6—152726T 轴承；7—压板；
8—防松片；9—螺栓；10—前盖；11—轴箱体。

图 2-10　橡胶油封密封式轴箱装置

额定动载荷是指额定寿命为 100 万转时，轴承所能承受的负荷，它是代表轴承负荷能力的主要指标。

所谓额定寿命是指一批同型号、同尺寸的轴承，在相同条件下转动时，其中 90% 的轴承在疲劳剥离前能够达到或超过的总转数，或在一定转速下的工作小时数。换句话说，能达到此寿命的可靠性(概率)为 90%。一个滚动轴承的使用寿命多长，也是考核的主要指标。

新设计或改装轴承部件时，需要选择适用的轴承。选用轴承的程序如下：

(1)确定轴承的工作条件：

①轴承所承受负荷的大小和方向(径向、轴向或径向与轴向同时作用)；

②负荷性质(稳定负荷、交变负荷或冲击负荷)；

③轴承转速；

④轴承工作环境(温度、湿度、酸度等)；

⑤机器部件结构上的特殊要求（调心性能、轴向位移、可调整游隙，以及对轴承的尺寸和旋转精度的要求等）；

⑥要求轴承的寿命。

（2）选择轴承类型及确定轴承精度等级。

（3）选用轴承：根据轴承的负荷、转速和要求的寿命，计算所需轴承额定动负荷，并按此值在轴承产品样本中选取适用的轴承。

2. 轴箱定位方式

轴箱定位也就是轮对定位，即约束轮对与构架之间的相互位置。

常用的有以下几种：

（1）转臂式定位，又称弹性铰定位。

橡胶弹性节点容许轴箱相对构架有较大的上下方向位移，但它里边的橡胶件使轴箱纵向与横向位移的定位刚度有所不同，以适应纵、横两个方向的不同弹性定位刚度的要求。

（2）层叠式橡胶弹簧定位。

在构架与轴箱之间装设压减型层叠式橡胶弹簧，其垂向刚度较小，使轴箱相对构架有较大的上下方位的位移，而它在纵、横向有适宜的刚度，以实现良好的弹性定位。

（3）拉板式定位。

用特种弹簧钢材制成的薄片形定位拉板，其一端与轴箱相连，另一端通过橡胶节点与构架相连。板上下弯曲刚度小，对轴箱与构架上下方向的相对位移约束很小。

轴箱定位方式选取的原则：最佳的轴箱定位，是通过动力学理论分析和优化计算，根据蛇行运动稳定性和曲线通过性能等因素进行综合考虑确定。

四、应用

1. 轴承润滑与冷却

实际经验及研究结果都已证明，若轴承滚动体与滚道的滚动表面之间能被润滑油薄膜有效分隔，并且滚动表面未因沾染异物而致损坏，在这样的理想条件下，轴承寿命可以非常长久。由此充分说明润滑条件对轴承寿命及性能的影响是非常重要的。

轴承的润滑可采用润滑油或润滑脂，两者的主要区别是：润滑油可用于高负荷高速、高温（采用循环冷却等），润滑性能很好，对减少振动和噪声也很有利，但主要问题是密封装置复杂，维护保养困难；而对于润滑脂，虽然前述几项特性不如润滑油好，但密封装置较之简单，维护保养较之容易，所以在铁道车辆上多采用润滑脂润滑。

通常润滑脂的填充量为轴承和轴承箱的自由空间的 30%~50%，若填充量过多，在高速情况下，特别容易引起温度迅速升高，所以，高速车辆轴承的润滑脂的填充量要少，以减少轴承内润滑脂搅动损耗的能量，防止轴温过高。

2. 轴承密封

对于轴承来说，密封的作用就是防止外部污染物进入和内部润滑剂外溢，以保证轴承内部清洁和正常的润滑状态，否则轴承的应用可靠性将大大降低，轴承的使用寿命将大大缩短。

从我国的有关厂段对客、货车轴承故障的调查情况可看出，由密封润滑和光洁度不良造成的轴承报废的数量占轴承总报废数量的比例为 42%~62%。显然对于高速转向架，其轴箱密封装置的作用是很重要的。不能采用毛毡式等结构，应采用整体金属迷宫式。为了避免金属件间相接触而造成事故，受到加工和组装精度限制，其间隙不能太小，所以其密封压力和性能受到一定限制。所以这是一种不完全密封结构，其优点是结构简单，装卸和检修方便，检修成本低，无磨损，不产生附加运行阻力及摩擦生热，有利于控制轴温，寿命长，密封性能稳定，所以能满足客车的应用要求。

3. 轴承游隙

轴承径向游隙：径向游隙对轴承的工作性能有重要影响，每一种轴承在一定的作用条件下，都有最佳的径向游隙，使轴承寿命长、摩擦阻力小和磨损少。

影响轴承游隙的主要因素是轴承与轴及轴箱体的配合形式与公差、加工精度、轴温变化、轴承的负荷。游隙过小，会使轴承工作温度升高，不利于润滑，影响轴承不同方向力的正常传递，甚至使滚子卡死；游隙过大，将会使轴承寿命缩短，使振动增强与噪声增大，所以选择合适的游隙是重要的。

轴承轴向游隙：轴承轴向工作游隙对转向架性能有影响，在允许的条件下轴向游隙愈小，转向架性能愈佳。

4. 轴温监控

影响轴温的因素是多而复杂的，如轴承的质量与结构、轴承内摩擦、轴承工作环境、润滑脂的黏度与质量以及轴承系统的散热条件等。

维持轴承良好品质、低的运转温度极为重要。温度即使稍有增高，也会降低油膜厚度，缩短润滑脂寿命，缩短轴承寿命，使轴承尺寸增长。有关数据说明，若轴承温度从 85 ℃降至 65 ℃，约可使轴承寿命延长 35%、油膜厚度增厚 65%、润滑脂寿命延长 150%、轴承尺寸安定度提高 100%，因此轴承滚动所产生的内部摩擦非常重要。

为降低轴温采取的措施：轴承材质要好，适当提高精度、光洁度和可靠性；保证良好的消清状态，选取适宜的润滑脂黏度，填充量要少；连续不停车时间应有一定限制；改善振动性能等。

第五节　弹性悬挂元件

车辆在轨道上运行时，将伴随产生复杂的振动现象。为了减少有害的车辆冲动，车辆必须设有缓和冲动和衰减振动的装置，即弹簧减振装置。车辆上采用的弹簧减振装置，按其主要作用的不同，大体可分为三类：第一类是主要起缓和冲动作用的弹簧装置，如中央及轴箱的螺旋圆弹簧；第二类是主要起衰减（消耗能量）振动作用的减振装置，如垂向、横向减振器；第三类是主要起定位（弹性约束）作用的定位装置，如轴箱轮对纵、横方向的弹性定位装置，摇动台的横向止挡或纵向牵引拉杆。

上述各类装置在车辆振动系统中又称为弹性悬挂装置。这些装置对车辆运行是否平稳，能否顺利通过曲线并保证车辆安全运行，都起着重要的作用，故应合理地设计其结构，选择适宜的各个参数。

一、弹性元件作用及主要特性

1. 主要作用

铁道车辆弹簧装置的作用主要体现在以下几个方面：

①使车辆的质量及载荷比较均匀地传递给各轮轴。

②缓和因线路的不平顺、轨缝、道岔、钢轨磨耗和不均匀下沉等原因引起的车辆振动和冲击。

③提高车辆运行舒适性和平稳性。

车辆内设置弹簧装置可以缓和轮轨之间的相互作用，可以提高车辆运行的舒适性和平稳性，保证旅客舒适、安全，保证货物完整无损，延长车辆零部件及钢轨的使用寿命。

2. 主要特性

弹簧的特性可以用弹簧挠力图(图2-11)表示，设纵坐标表示弹簧承受的载荷 P，横坐标表示其挠度 f。

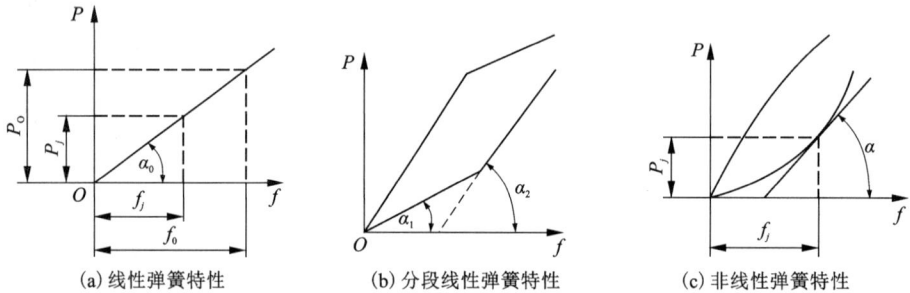

(a) 线性弹簧特性　　　(b) 分段线性弹簧特性　　　(c) 非线性弹簧特性

图 2-11　弹簧挠力图

3. 两级刚度弹簧的轴向(垂向)特性

随着货车载重量增加，带来的问题是空、重车簧上质量相差悬殊。若仍采用一级刚度的螺旋弹簧组，有可能使空车的弹簧静挠度过小，自振频率过高，其振动性能不良。采用两级刚度的螺旋弹簧组，可使空车时因刚度小而有较大的弹簧静挠度，改善其运行品质，同时使轮重减载率减小，有利于防止脱轨的发生。在重车时选用刚度较大的第二级弹簧刚度，可避免弹簧挠度过大而影响车钩高度。所以，采用两级刚度螺旋弹簧组时，可兼顾空、重车两种状态，选择适宜的弹性特性曲线(图2-12)。P_{max} 为最大垂向载荷，f_{max} 为最大挠度，曲线由 OA、AB 两部分直线组成的一条折线，A 点是刚度转折点，此时载荷为 f_A，挠度为 f_A，f_K 为弹簧静挠度，P_K 为静载荷，f_{zh} 为重车当量挠度，P_{zh} 为重车载荷，f_1、f_2 分别为两卷弹簧的挠度。

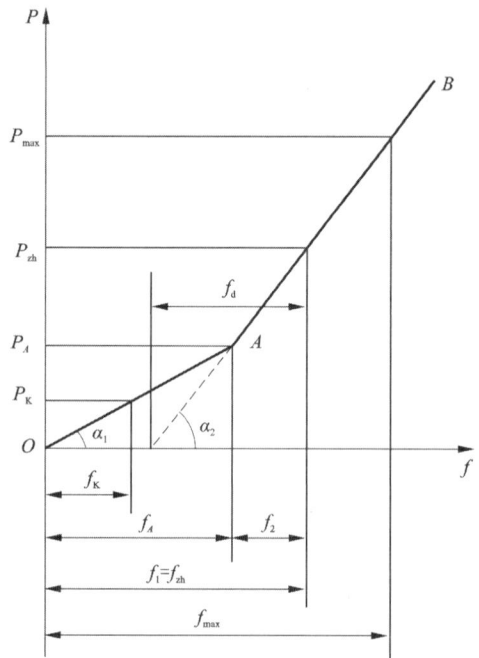

图 2-12　两级刚度弹簧组弹性特性曲线

一般只有在空、重车质量差别很大时，才适于采用两级刚度螺旋弹簧组，按其结构形式一般可分为三种，如图 2-13 所示。三种形式虽然不同，但相同的是空车和重车弹簧组的刚度均为两级，并且重车时刚度大于空车时刚度。图 2-13(a)形式，空车时为内外簧串联承载，重车时为外簧承载，但由于结构上的缺点，该形式已很少采用。图 2-13(b)形式，空车时为外簧承载，重车时为内外簧并联承载，故又称为不等高两级刚度弹簧组，其结构简单，使用得最多，其中 Δh 为内外簧的高度差。图 2-13(c)形式，空车时为内外簧串联，重车时为内外簧并联，由于结构比较复杂，一般在特种车上采用。

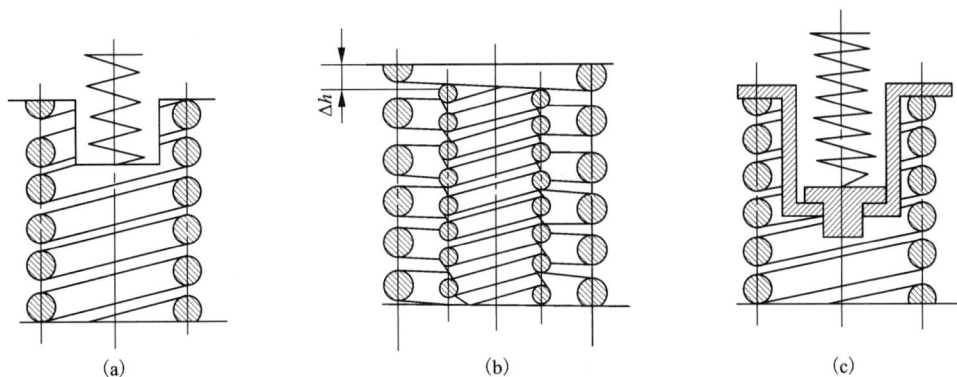

(a)　　　　　　　　　　(b)　　　　　　　　　　(c)

图 2-13　两级刚度弹簧形式

4. 车辆抗侧滚装置

（1）位置要求。

车辆抗侧滚装置在空气弹簧的上、下支承部分之间，可以设在摇枕和弹簧托梁之间（CW-2），或设在摇枕与构架之间（SW-160），也可设在车体与构架之间，如图 2-14 所示。

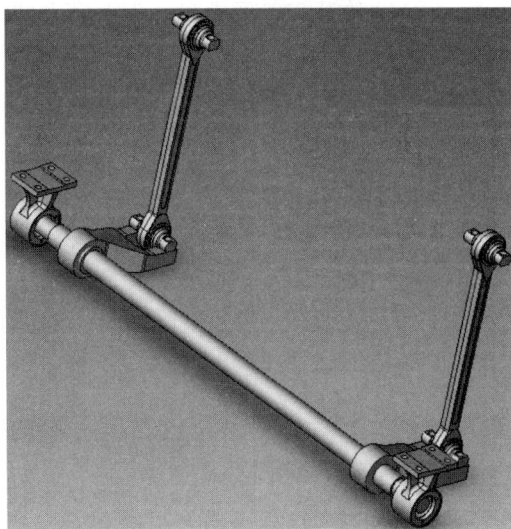

图 2-14　抗侧滚扭杆装置示意图

（2）性能要求。

①具有适宜的抗侧滚扭转刚度，同时具有能适应空气弹簧上、下支承两个部分之间的相对运动的随动性。

②在垂直、横向及纵向三个方向上，均应尽量减小对中央悬挂装置刚度的影响。

③扭杆与转臂之间应有足够大的刚度。

④注意防止车辆高频振动的传递。

二、橡胶元件结构

1. 铁道车辆上采用橡胶元件的优缺点

铁道车辆上采用橡胶元件具有下列优点：

①各方向的刚度可根据设计要求确定，可以自由确定形状；

②可避免金属件之间的磨耗，安装拆卸简便；

③内阻较高，对高频振动的减振以及隔音具有良好效果；

④弹性模量比金属小得多，可以得到较大弹性变形。

但橡胶元件也具有下列缺点：

①耐高温、耐低温和耐油性能比金属差；

②使用时间长易老化，且性能离散度大，同批产品的性能差别可达 10%。

铁道车辆上的橡胶元件，主要应用于弹簧装置与定位装置。此外，车体与摇枕、摇枕与构架、轴箱与构架、弹簧支承面等金属部件直接接触部位之间，经常采用橡胶衬垫、衬套、止挡等橡胶元件。

2. 橡胶元件设计注意事项

①橡胶具有特殊的蠕变特性，即压缩橡胶元件时，当载荷加到一定数值后，虽不再增载，但其变形仍在继续，而当卸去载荷后，也不能立即恢复原状。这种特性通常称为时效蠕变或弹性滞后现象。因此，橡胶的动刚度比静刚度大。

②橡胶元件的性能（弹性、强度）受温度影响较大。当温度变化后这些性能也随之改变，大多数橡胶元件随着温度的升高，刚度和强度有明显降低；当温度降低时，其刚度和强度都有提高，一般是先变硬，后变脆。

③橡胶具有体积基本不变的特性，因此要保证变形空间。

④橡胶的散热性不好，故不能把橡胶元件制成很大的整块，需要时应做成多层片状，中间夹以金属板，以增强散热性。

⑤橡胶变形受载荷形式影响大。承受剪切载荷时橡胶变形最大，而承受压缩载荷时其变形最小。

三、空气弹簧结构

1. 空气弹簧装置的应用及特点

①刚度可选择低值，以降低车辆的自振频率。

②具有非线性特性，以限制车体的振幅。

③保持空、重车时车体的自振频率几乎相等，运行平稳性接近。

④可使车体在不同载荷下，保持车辆地板面距轨面的高度不变。

⑤可以同时承受三维方向的载荷。

⑥可以代替垂向安装的液压减振器。

⑦有良好的吸收高频振动和隔音性能。

2.空气弹簧装置系统的组成

空气弹簧装置的整个系统如图 2-15 所示,主要是由空气弹簧本体、附加空气室、高度控制阀、差压阀及滤尘器等组成。

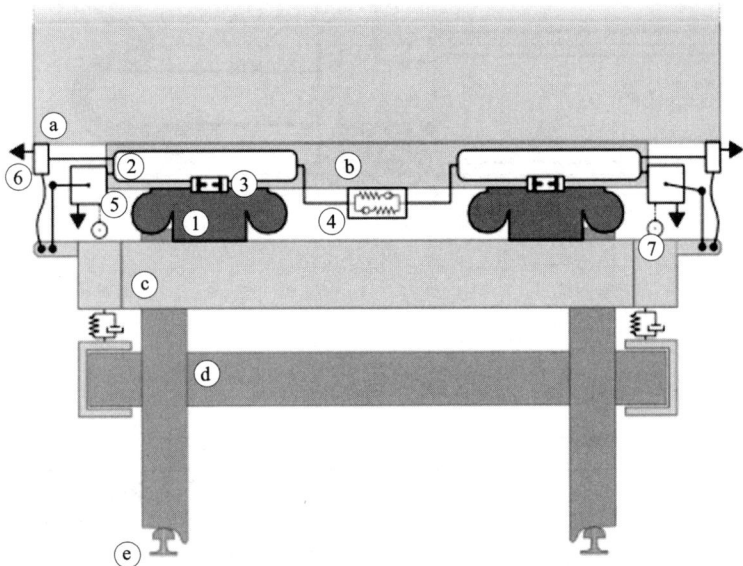

a—车体;b—横梁;c—转向架框架;d—轮对;e—轨道;
①—空气弹簧;②—辅助气罐;③—管路接头;④—差压阀;⑤—调平阀;⑥—安全阀;⑦—压力源。

图 2-15 空气弹簧装置系统

3.空气弹簧的分类及组成

空气弹簧大体上可以分成囊式和膜式两类。

①囊式空气弹簧,如图 2-16 所示,主要依靠橡胶气囊的挠屈获得弹性变形;使用寿命长,制造工艺比较简单,但刚度大,振动频率高,已不采用。

②膜式空气弹簧,如图 2-17 所示,主要依靠橡胶气囊的卷曲获得弹性变形;刚度小,振动频率低,其弹性特性曲线容易通过约束裙(内、外筒)的形状来控制,但耐久性差。没有约束橡胶囊变形的内、外筒,可以减轻橡胶囊的磨耗,延长使用寿命。

4.高度控制阀和差压阀

(1)高度控制阀。

铁道车辆上采用的高度控制阀是空气弹簧悬挂系统装置中一个重要组成部件。空气弹簧的优点只有在采用良好的高度控制阀的情况下,才能充分体现出来。

高度控制阀的主要作用及要求是:维持车体在不同静载荷下都与轨面保持特定的高度;在直线上运行时,车辆在正常的振动情况下不发生进排气作用;在车辆通过曲线时,由于车体的倾斜,转向架左右两侧的高度控制阀分别产生进、排气的不同作用,从而减轻车辆的倾斜。

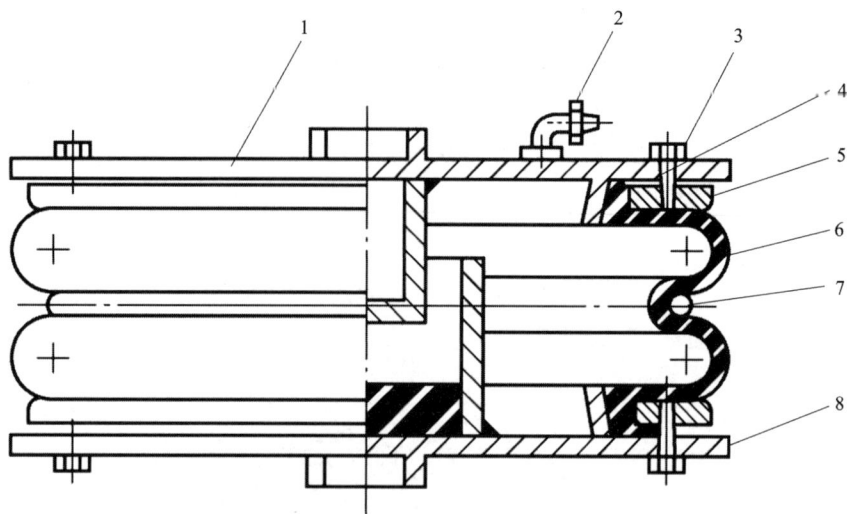

1—上盖板；2—气嘴；3—紧固螺钉；4—钢丝圈；5—法兰盘；6—橡胶囊；7—中腰环钢丝圈；8—下盖板。

图 2-16　双曲囊式空气弹簧

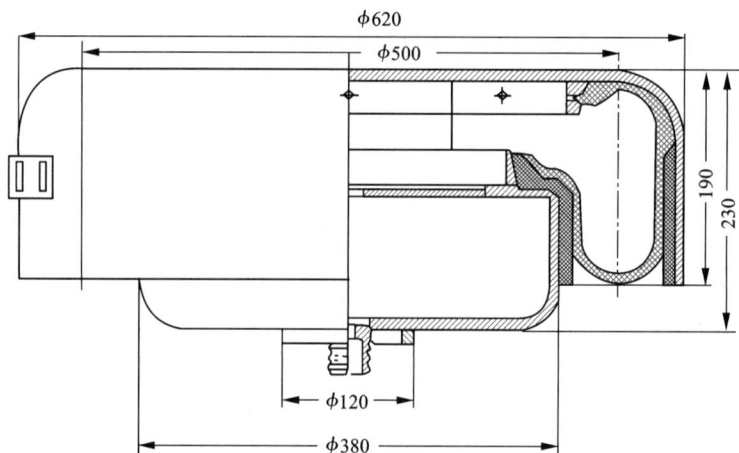

图 2-17　约束膜式空气弹簧

工作原理：由于车体静载荷的增大（或减小），空气弹簧被压缩（或伸长）使空气弹簧高度降低（或增高），因而车体距轨面高度发生改变，这样，高度控制机构使进、排气机构工作，向空气弹簧充气（或排气），当空气弹簧内压与所承受的静载荷相平衡时，空气弹簧恢复到原来高度，高度控制机构停止工作，进、排气机构处于关闭状态，充气（或排气）停止。

（2）差压阀。

差压阀（图 2-18）保证一个转向架两侧空气弹簧的内压之差不超过为保证行车安全而规定的某一定值，若超出，则差压阀自动沟通左右两侧的空气弹簧，使差压维持在该定值以下。差压阀在空气弹簧悬挂系统中起保证安全的作用。

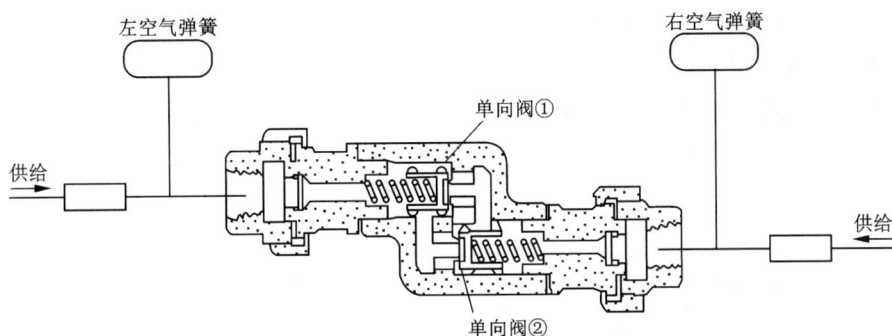

图 2-18　差压阀结构示意图

第六节　减振元件

一、车辆减振元件的作用及分类

车辆上采用的减振器与弹簧一起构成弹簧减振装置。弹簧主要起缓冲作用，缓和来自轨道的冲击和振动的激扰力，而减振器的作用是减小振动。弹簧减振装置的作用力总是与运动的方向相反，起着阻止振动的作用。通常减振器有变机械能为热能的功能。

铁道车辆采用的减振器按阻力特性可分为常阻力和变阻力两种减振器；按安装部位可分为轴箱减振器和中央（摇枕）减振器；按减振方向可分为垂向、横向和纵向减振器；按结构特点又可分为摩擦减振器和油压减振器。

二、摩擦减振器

1. 楔块式变摩擦减振器

摩擦减振器是借助金属摩擦副的相对运动产生的摩擦力，将车辆振动动能转变为热能而散逸于大气中，从而减小车辆振动。

（1）位置与组成。

如图 2-19（a）所示的转 8A 型转向架的摩擦减振器，它具有变摩擦力的特点，摩擦楔块的一边为 45°角，该斜边嵌入摇枕端部的楔形槽中，另边与铅垂线的夹角为 2°30′，压紧在侧架立柱的磨耗板上。每台转向架摇枕的两端各有左右 2 个摩擦楔块，每个楔块又置于 1 个双卷螺旋弹簧上，摇枕两端各置于 5 个双卷螺旋弹簧上。所以，摇枕每端的减振装置是由摇枕、2 个楔块、2 块磨耗板和 7 组双卷螺旋弹簧组成。

（2）作用原理。

楔块式变摩擦减振器的作用原理如图 2-19（b）所示。车体重量通过摇枕作用于弹簧上，使弹簧压缩。由于摇枕和楔块之间为 45°的斜面，因此在车体作用力和弹簧反力的作用下，楔块与摇枕之间、楔块与侧架立柱磨耗板之间产生一定的压力。在车辆振动过程中摇枕和楔块由原来的实线位置移到了虚线位置。这样，楔块与摇枕、楔块与侧架立柱磨耗板之间产生相对移动和摩擦，从而使振动动能变为摩擦热能，实现减小车辆振动和冲击的目的。各摩擦面上的摩擦力与摇枕上的载荷 P 有关，P 大摩擦力也大，即减振阻力也大，反之亦然。所以空车和重车时，减振阻力不同，故称为变摩擦力减振器。楔块式变摩擦减振器在水平方向（横向振动方向）也有减振作用。

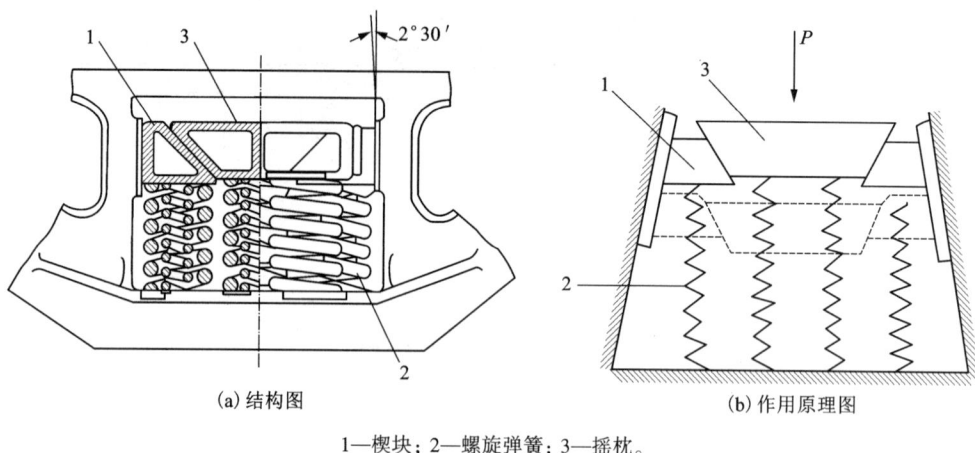

(a) 结构图　　　　　　　　　　　　　(b) 作用原理图

1—楔块；2—螺旋弹簧；3—摇枕。

图 2-19　转 8A 型转向架楔块式变摩擦减振器

2. 常摩擦楔块式减振器

美国铸钢公司（ASF）在其生产的一种三大件式铸钢转向架上采用了一种叫 Ride Control 的摩擦减振器，如图 2-20 所示。该减振器由一个中间挖空的外形特殊的斜楔和一个控制弹簧等组成。

其特点是弹簧给楔块的作用力，楔块与摇枕斜面之间、楔块与立柱磨耗板之间的作用力维持不变。所以，在转向架振动过程中楔块主摩擦面与侧架立柱磨耗板之间的摩擦阻力就不随转向架的簧上载荷的变化而变化，而维持为一常数。故这种减振器是一种常摩擦减振器。

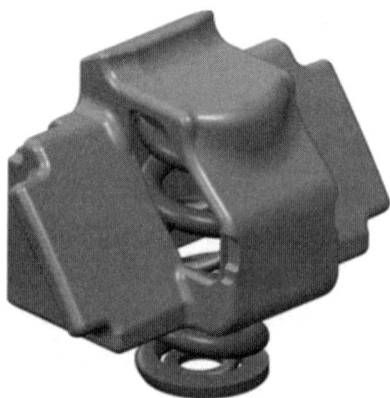

图 2-20　Ride Control 摩擦减振器

但常摩擦减振器由于减振摩擦力不随转向架的簧上载荷而变化，因此对于自重系数较小的货车，这种特性很难同时满足空车和重车工况对减振能力的要求。

3. 利诺尔减振器

利诺尔减振器是一种新型的变摩擦减振器，它由导框、弹簧帽、弹簧、吊环、吊环销、顶子和磨耗板等零部件组成。

利诺尔减振器对垂直和横向振动都有衰减作用，它的性能稳定，摩擦力受外界气候条件及磨耗状态的影响较小，磨耗平面易于修复。

轴箱与构架间纵向无间隙增加了轮对的纵向定位刚度，提高了转向架的运行稳定性，但也约束了轮对的摇头运动，对曲线通过能力有一定影响。因此，利诺尔减振器适用于在曲线较少、曲线半径较大的线路上运行的转向架。

三、油压减振器

一般油压减振器(图 2-21)由活塞、进油阀、缸端密封、上下连接、油缸、储油筒及防尘罩等部分组成,减振器内部还有油液。为了保证减振器各部分工作可靠、经久耐用和防止泄漏,它的结构比摩擦减振器要复杂得多。

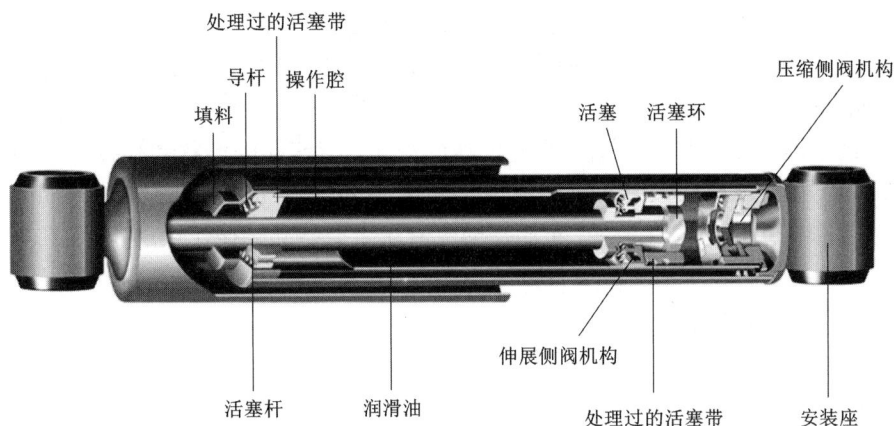

图 2-21　油压减振器

为保证油压减振器装置的减振性能,应充分注意以下各点。

1. 结构与组成

(1)活塞部分。

这是产生阻力的主要部分,由节流孔、调整垫、涨圈组成。

(2)进油阀部分。

装在油缸的下端,主要作用是作为补充和排出油液的一个通道,由进油阀体、锁环和阀瓣组成。

(3)缸端密封部分。

油缸端部设有比较复杂的密封结构,它一方面对活塞杆上下运动起导向作用,另一方面是防止油液流出和灰尘进入减振器内,影响减振器正常工作。

(4)上下连接部分。

上下连接部分由两部分组成,液压减振器上端与转向架摇枕上的安装座相连接,下端与转向架弹簧托板上的安装座相连接。其中橡胶垫可以缓和上下方向的冲击;当摇枕和弹簧托板在前后左右方向有相对偏移时,橡胶垫可有变形,减少活塞与油缸、活塞杆与导向套之间的偏心,使活动平滑,减少偏磨。减振器两端加装防锈帽后可防止雨水侵入端部,避免螺母锈蚀。

(5)油压减振器的油液。

油液对减振器的阻力和使用耐久性起着重要的作用,为保证减振器在不同温度下正常工作,长期使用中性能不变,所以,选择的油液应满足下述要求:

①应具有防冻性；

②油液的黏度不应有很大变化；

③不能混入空气或产生气泡；

④油液无腐蚀性，有较好的润滑性；

⑤物理、化学性能稳定；

⑥油液中不应有水分。

2.油压减振器工作原理

活塞把油缸分成上下两个部分，摇枕振动时，活塞杆随摇枕运动，与油缸之间产生上下方向的相对位移。当活塞杆向上运动时（又称减振器为拉伸状态），油缸上部油液的压力增大，这样，上下两部分油液的压差迫使上部部分油液经过心阀的节流孔流入油缸下部。油液通过节流孔时产生阻力，该阻力的大小与油液的流速、节流孔的形状和孔径的大小有关。当活塞杆向下运动时（又称减振器为压缩状态），受到活塞压力的下部油液通过心阀的节流孔流入油缸上部，也产生阻力，因此，在车辆振动时液压减振器起减振作用。

复习思考题

1. 转向架如何分类？

2. 车轮与车轴如何配合？为什么要采用这种方式配合？

3. 车轴有哪些型号？各自的特点是什么？

4. 车轮踏面外形有哪些特点？为什么车轮踏面要做成一定的锥度？

5. 我国铁道车辆采用哪些滚动轴承？其结构特点如何？

6. 对高速车辆使用的轴箱轴承有哪些主要要求？

7. 车辆上采用哪些弹性元件？各自的特点如何？

8. 为什么要用双卷螺旋弹簧？根据哪些原则设计双卷螺旋弹簧？

9. 为什么采用两级刚度弹簧？它有什么特点？

10. 空气弹簧有什么特点？与空气弹簧配套使用的有哪些装置？

11. 简述橡胶弹簧的特点及在设计中应注意的事项。

12. 为什么要对斜楔变摩擦减振器的立柱磨耗板、斜楔磨耗板等摩擦表面的磨耗量制定严格的限度？

13. 车辆上常见的减振器有哪些？各有什么特点？

14. 为什么客车转向架中主要使用油压减振器，而货车转向架中主要使用摩擦减振器？

第三章

货车转向架

第一节　我国货车转向架的发展

　　中国的货车转向架，主要围绕安全、快速和重载三大目标，从新中国成立初期多种转向架并存的局面，经过自主设计、技术引进和再创新，至今经历了三次全面升级。

　　1949 年以前，中国不具备自主设计和制造货车的能力，主要依靠进口美国、日本等国的 30 t 级货车，货车转向架主要为转 15、转 16 型的拱板型转向架，以及转 1、转 2 型等少量的铸钢三大件式转向架。在新中国成立初期，中国先后设计和制造了载重 50 t 货车用的转 3、转 4 型转向架以及 60 t 级货车用的转 5、转 6 型转向架。1958 年，中国参照苏联的哈宁型转向架设计制造了老转 8（原名 608）型转向架，此时中国的货车呈现多种转向架并存的局面。1961 年至 1965 年，中国基于老转 8 型转向架在制造、检修和运用过程中出现的一系列问题，通过研究和改进，自主设计出了轴重 21 t，时速 70~80 km 的新转 8 型转向架，又称转 8A 型转向架。转 8A 型于 1966 年定型并开始大批量生产，之后成为中国主型货车转向架，这标志着中国货车转向架的第一次全面升级。转 8A 型转向架结构简单，检修方便，自重轻，强度较大，对线路不平顺的适应性强，在低速运行时性能较好，因此在很长一段时间作为中国 50~60 t 级货车的主型转向架得到广泛应用。转 8A 型至今已有 50 多年历史，经过不断改进和创新，在一段时间内基本满足了中国铁路运输的需要。

　　20 世纪 90 年代以来，为满足铁路货运提速发展的需要，中车齐齐哈尔车辆有限公司（简称齐车公司）和中车株洲车辆有限公司（简称株辆公司）相继设计和制造了 21 t 轴重的转 K1、转 K2、转 K3、转 K4 型转向架。1998 年，齐车公司在转 8A 型转向架的基础上通过技术引进，采用美国标准车辆转向架公司（SCT）的侧架交叉支撑技术研制出轴重 21 t、最高时速 120 km 的铸钢三大件式转 K2 型转向架，之后在货车厂修时逐步用转 K2 型转向架更换转 8A 型转向架，转 K2 型转向架成为中国铁路 20 t 轴重的主型货车转向架，中国的货车转向架迎来了第二次全面升级。

　　为进一步提高货车载重，中国积极发展 25 t 轴重低动力作用的大型四轴货车，2003 年以来，株辆公司采用摆动式转向架技术、齐车公司采用交叉支撑技术、中车眉山车辆有限公司（简称眉山车辆公司）采用副构架自导向转向架技术分别研制出 25 t 轴重，最高时速 120 km

的转 K5、转 K6 和转 K7 型转向架。同时，为适应中国快速货物运输发展的需要，2003 年齐车公司成功研制了最高时速 160 km 的快速货车转向架。中国通过再创新提高了货车的载重和时速，货车转向架得到了第三次全面升级。

2011 年以来，中国的货车转向架向重载不断迈进，通用货车的转向架轴重达到 27 t，最高时速 100 km；专用货车转向架轴重 30 t，最高时速 100 km。

第二节　转 8 型系列转向架

转 8A 系列转向架源于 1956—1964 年间使用的转 8(608)型转向架，主要包括了 1966—2001 年间使用的转 8A 型转向架，2000—2001 年间使用的转 8AG、转 8G 型转向架以及 2006 年以来使用的转 8B、转 8AB 型转向架。

一、转 8A 型转向架

转 8A 型转向架是典型的三大件式转向架，结构简单，检修方便，在很长一段时间作为中国主型货车转向架得到广泛使用。

1. 轮对和轴承装置

转 8A 型转向架的车轮采用 351 kg 的辗钢整体车轮，车轴采用 RD_2 型车轴，轴承采用标准 RD_2 型滚动轴承，容许轴重为 21 t，采用该转向架的货车的自重和载重总和不能超过 84 t。早期生产的转 8A 型转向架的轴承曾采用 D 丙型滑动轴承。

RD_2 型滚动轴承装置为无轴箱圆锥滚动轴承装置，如图 3-1 所示，包括双列圆锥滚子轴承和承载鞍。圆锥滚子轴承能同时承受径向力和轴向力，由于无轴箱体，所以重量轻。

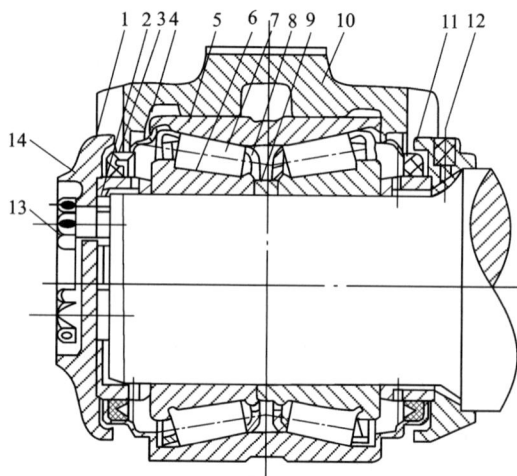

1—放松片；2—密封座；3—油封；4—密封罩；5—外圈；
6—内圈；7—滚子；8—保持架；9—中隔圈；10—承载鞍；
11—后挡；12—通气螺栓；13—螺栓；14—前盖。

图 3-1　无轴箱圆锥滚动轴承装置

2. 侧架与摇枕

转 8A 型转向架为典型的三大件式结构，构架由左右两个独立的侧架和一个摇枕组成。侧架的主要作用是给轮对轴箱定位和将车辆的重量传递给轮对，摇枕的主要作用为将车体作用于下心盘的力传递给枕簧。

转 8A 型转向架采用导框式轴向定位，侧架的两端具有宽度较大的导框，导框插入承载鞍的导槽之内，限制轴向与侧架之间的前后左右方向的相对位移。侧架的中部有一较大方形孔用于安装摇枕和摇枕弹簧，在方形孔两侧立柱的内侧平面铆接磨耗板，装有磨耗板的面就是与楔块接触的主摩擦面。在方形孔的后面焊接有两个楔块挡，用于防止左右两侧架与摇枕分离。方形孔的下部为弹簧承台，承台上铸有 7 个固定弹簧用的圆脐子。侧架内侧面铸有制动梁滑槽，滑槽式制动相比悬吊式制动零件少，安全可靠，制造方便。侧架的两边开有三角形检查孔，用于检修的同时减轻侧架的质量。侧架为 ZG230-450 碳素钢铸钢件，为了合理利用材料减轻侧架自重，侧架截面为槽或空心箱形，如图 3-2 所示。

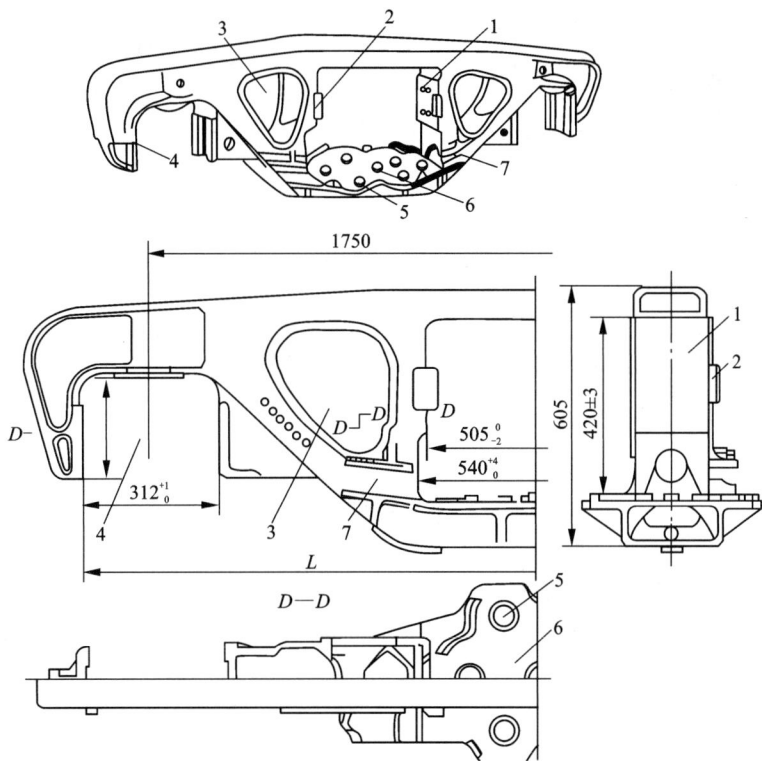

1—磨耗板；2—楔块挡；3—检查孔；4—轴箱导框；5—圆脐子；6—弹簧承台；7—制动梁滑槽。

图 3-2 转 8A 型转向架侧架

摇枕的形状为鱼腹形，见图 3-3，中央部分的截面比两端大，用于适应中部较大的弯矩。摇枕的中部有 8 个心盘螺栓孔，用于固定下心盘，螺栓孔中心处有一较大的心盘销孔，用于安插中心销。摇枕靠近端部有两个下旁承座，用于安放下旁承铁，摇枕两端的侧面上有向内凹进并与水平面呈 45°夹角的楔块槽，与楔块摩擦减振器相接触，作为减振装置的副接触面。摇枕端部有 5 个圆脐子用于定位弹簧。

下心盘通过螺旋安装于摇枕中部，与车体枕簧下面的上心盘配合，承受车体上的垂向力和水平力；同时，在车辆通过曲线时转向架的下心盘和车体的上心盘间相互转动，减小了通过曲线的阻力。下心盘与摇枕间可以添加适当厚度的垫板以调整车钩高度。上下两心盘之间垂向安插一锻钢中心销用以防止上下两心盘脱开。下心盘结构见图 3-4。

下旁承为铸铁平面摩擦式刚性旁承，在车辆正常行驶时上下旁承间保持一定的间隙，当车辆通过曲线时，离心力使得车体发生倾斜，当倾斜达到一定标准时，车体一侧的上下旁承相互接触承担一定的垂向载荷。下旁承铁结构见图 3-5。

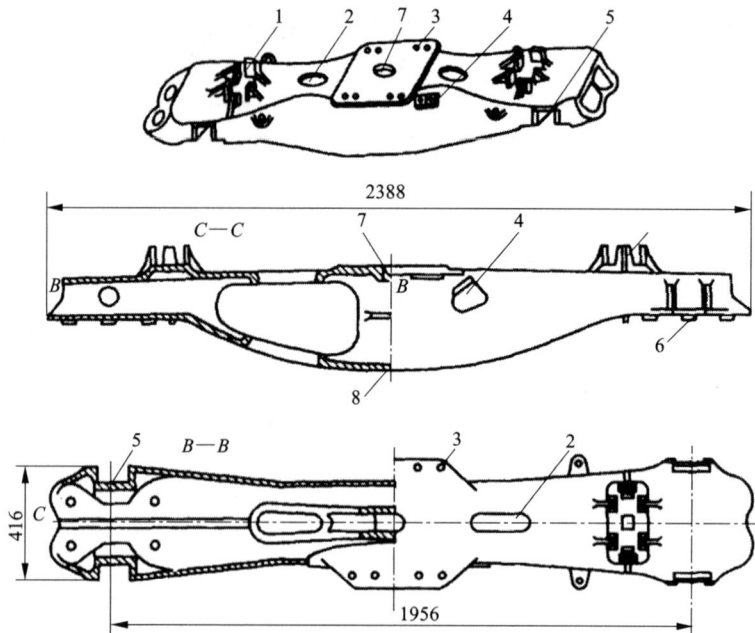

1—下旁承座；2—泥心孔；3—心盘螺栓孔；4—固定杠杆支点座；5—楔块挡；6—圆脐子；7—中心销孔；8—排水孔。

图 3-3 转 8A 型转向架摇枕

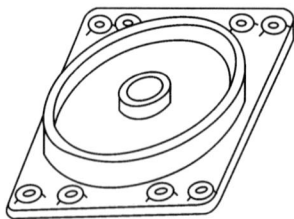

图 3-4 下心盘

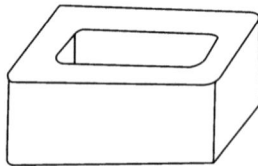

图 3-5 下旁承铁

3.弹簧减振装置

转 8A 型转向架采用一系中央悬挂，弹簧减振装置包括了弹簧和减振器。

每台转 8A 型转向架有两套弹簧减振装置，安装于两侧架中央的方形空间内。两套装置由 7 组双卷螺旋弹簧和 2 块三角形楔块组成，见图 3-6。7 组双卷弹簧支承在侧架弹簧承座的圆脐子上，5 组弹簧的上端由摇枕端部的圆脐子定位，2 组由两个摩擦楔块的圆脐子定位。摩擦楔块的斜面嵌入摇枕的楔块槽内，两竖直面(与铅垂面呈 2°30′角的斜面)紧贴侧架立柱的磨耗板。

车体传给摇枕的垂向作用力使弹簧压缩，在车体作用力和弹簧反力的作用下，摩擦楔块和侧架立柱磨耗板之间，楔块和摇枕之间均产生一定压力，由于与铅垂面呈 2°30′角的斜面的存在，在振动过程中楔块和磨耗板以及摇枕之间发生相对移动，产生摩擦力，使振动和冲击的能量转化为热能，振动得到衰减。

双卷弹簧的数量和布置可以根据车辆吨位不同进行适当调整，用于 60 t 敞车、棚车、平车时采用 7 组弹簧[图 3-7(a)]，用于 50 t 棚车和罐车时抽去中间一组弹簧[图 3-7(b)]。

一般线路条件下，对于弹簧静挠度为 30~40 mm、运行速度为 0~100 km/h 范围内的货车转向架，弹簧减振装置的相对摩擦系数一般为 0.07~0.10 较好，若是过大，会导致弹簧锁闭，导致冲击直接传至车体；若是过小，则不能有效克服共振时车辆振幅的迅速增长。转 8A 型转向架的相对摩擦系数为 0.067~0.09，符合以上要求。

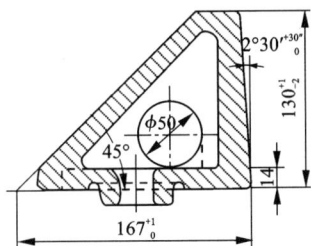

图 3-6 摩擦楔块

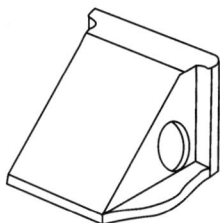

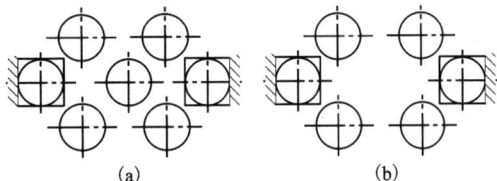

图 3-7 弹簧布置

4. 基础制动装置

转 8A 型转向架采用滑槽式制动，采用单侧滑槽式弓形制动梁，基础制动装置由制动杠杆、闸瓦、闸瓦托、制动梁、安全吊、滚子轴、滚动套、下拉杆、固定杠杆支点以及安全链等组成，见图 3-8。

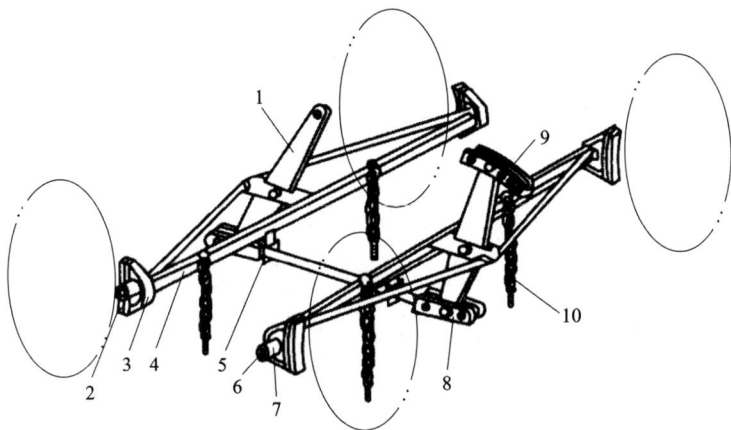

1—制动杠杆；2—闸瓦；3—闸瓦托；4—制动梁；5—安全吊；
6—滚子轴；7—滚动套；8—下拉杆；9—固定杠杆支点；10—安全链。

图 3-8 转 8A 型转向架基础制动装置

在列车制动时，制动缸的作用力通过车体下的制动杠杆、上拉杆以及转向架上的制动杠杆，将制动梁连同闸瓦贴靠车轮，阻止车轮转动，见图 3-9。制动力与制动缸推力之比称为制动倍率，用 $n_{转}$ 表示。图 3-10 为制动倍率的计算简图，图中 P 为制动缸的推力，K_1、K_2 为闸瓦压力，P_1 为下拉杆压力。根据受力情况，则有

$$K_2 = \frac{A+B}{B}P\cos\alpha, \tag{3-1}$$

$$P_1 = \frac{A}{B}P, \tag{3-2}$$

$$K_1 = \frac{A+B}{B}P_1\cos\alpha = \frac{A+B}{B}P\cos\alpha \tag{3-3}$$

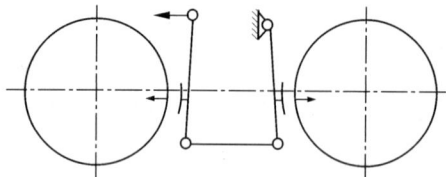

图 3-9　制动杠杆作用原理

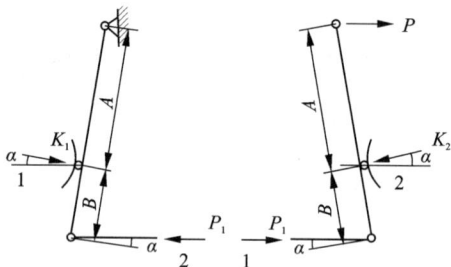

图 3-10　转向架制动倍率计算简图

每一台转向架的闸瓦总压力为

$$\Sigma K = K_1 + K_2 = 2\frac{A+B}{B}P\cos\alpha \tag{3-4}$$

转向架的制动倍率为

$$n_{转} = \frac{\Sigma K}{P} = \frac{2(A+B)}{B}\cos\alpha \tag{3-5}$$

中国目前在进行制动倍率计算时将 $\cos\alpha$ 的影响归入基础制动装置的传动效率中考虑，不计算在 ΣK 内，因而计算时取 $n_{转} = \dfrac{\Sigma K}{P} = \dfrac{2(A+B)}{B}$。

对于转 8A 型转向架，$A = 408$ mm，$B = 182$ mm，所以

$$n_{转} = \frac{\Sigma K}{P} = \frac{2(A+B)}{B} = 2\times\frac{408+182}{182} = 6.484 \approx 6.5$$

转 8A 型转向架的滑槽式弓形制动梁克服了过去悬挂式制动梁零件多、易脱落等缺点，具有制造简单、检修方便和运行安全等优点。

5. 运用情况

转 8A 型转向架结构简单，自重轻，强度较大，运行性能较好，因此成为中国 50~60 t 货车使用的主型转向架。

转 8A 型转向架针对转 8 型转向架三角孔太小检查不便、吊挂式制动梁结构复杂等问题进行研发，通过减小弹簧直径从而减小弹簧承台宽度，使得中央方孔缩小，三角孔增大；采用滑槽式制动梁代替悬挂式制动梁等技术解决问题。

但是经过多年的生产、运用以及检修实践，转 8A 型转向架也暴露出一些问题，主要包括：

①缺少一系弹性悬挂，簧下质量过大，轴承寿命缩短；

②摇枕定位刚度不足，容易产生菱形变形；

③回转阻力小，导致车体低速摇头运动得不到有效抑制；

④斜楔不耐磨,磨损后不易修复。

2001年以来,随着中国铁路货车提速计划的实施,转8A型转向架由于其固有缺陷不能满足提速要求,2001年停止新造。

二、转8AG、转8G型转向架

针对转8A型转向架的不足,于1999年对其进行改进,设计并生产了转8AG型转向架。与转8A型转向架相比,转8AG型主要运用了以下新技术:

①在两个侧架之间安装弹性下交叉支撑装置(图3-11),增大了抗菱刚度和抗剪刚度,提高了蛇行运动稳定性。

②采用双作用常接触弹性旁承(图3-12),限制车体的侧滚角度,提供车体和转向架间的回转阻力矩,满足空车和重车工况下对蛇行运动稳定性的要求。

③加装心盘磨耗盘,使心盘受力均匀,减少上下心盘间的磨耗。

④采用两级刚度弹簧,增大了空车弹簧的静挠度,使空车在磨耗板和斜楔磨耗到段修限度时还能保证相对摩擦因素,一定程度上解决了减振系统失效问题。

⑤采用奥氏体–贝氏体球铁衬套和配套45钢圆销,提高了耐磨性,减少了维修工作量。

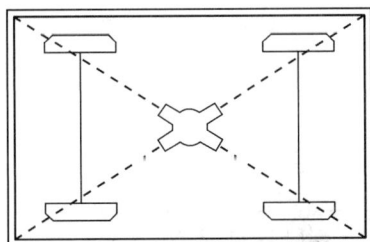

图3-11 交叉支撑装置

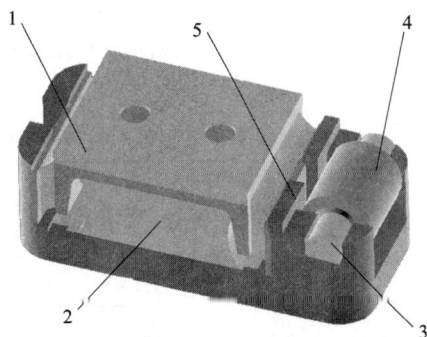

1—旁承磨耗板;2—弹性旁承体;3—滚子轴;4—滚子;5—旁承座。

图3-12 双作用常接触弹性旁承

转8A和转8AG对货车主要性能参数的影响对比见表3-1。

表3-1 转8A和转8AG对敞、棚、平、罐等主型车的主要影响性能参数对比

车型		静挠度/mm			相对摩擦系数/%			回转阻力矩 /(kN·m)			抗菱刚度 /(MN·m·rad⁻¹)			抗剪刚度 /(MN·m⁻¹)		
		转8A	转8AG	提高/%	转8A	转8AG	提高/%	转8A	转8AG	提高/%	转8A	转8AG	提高/%	转8A	转8AG	提高/%
C₆₄	空车	7.1	12.5	76.0	0.076	0.102	34.0	1.06	6.08	474.0	1.14	6.60	479.0	0.534	3.61	576.0
	重车	34.8	44.5	28.0	0.076	0.074	-3.0	4.84	13.87	187.0	2.24	8.51	280.0	1.090	6.46	493.0

续表 3-1

车型		静挠度/mm			相对摩擦系数/%			回转阻力矩/(kN·m)			抗菱刚度/(MN·m·rad⁻¹)			抗剪刚度/(MN·m⁻¹)		
		转8A	转8AG	提高/%	转8A	转8AG	提高/%	转8A	转8AG	提高/%	转8A	转8AG	提高/%	转8A	转8AG	提高/%
P_{64}	空车	8.5	14.8	76.0	0.076	0.102	34.0	—	7.25	—	—	6.01	—	—	2.95	—
	重车	34.8	44.5	28.0	0.076	0.074	-3.0	—	14.85	—	—	6.58	—	—	5.85	—
N_{17}	空车	6.1	10.8	76.0	0.076	0.102	34.0	—	6.5	—	—	6.95	—	—	2.20	—
	重车	33.4	43.1	28.0	0.076	0.075	-1.0	—	13.45	—	—	8.58	—	—	6.20	—
G_{60}	空车	5.9	10.5	76.0	0.076	0.102	34.0	—	7.1	—	—	7.10	—	—	3.25	—
	重车	29.6	39.3	25.0	0.076	0.077	1.0	—	15.2	—	—	9.10	—	—	6.45	—

在转 8AG 型转向架的基础上，2000 年齐车公司设计了转 8G 型转向架，该转向架采用了加强型侧架，提高了侧架的强度和刚度，提高了侧架的运用可靠性，此外交叉杆支撑座与侧架连接采用了连接板，密贴焊，闸瓦托采用弧形筋结构，瓦托与交叉杆间隙增大。

转 8A、转 8AG 与转 8G 型转向架的比较见表 3-2。

表 3-2 转 8A、转 8AG 与转 8G 型转向架的比较

型号	转 8A	转 8AG	转 8G
侧架	转 8A 侧架		加强型侧架
摇枕	转 8A 摇枕		
下交叉支撑装置	无	有	
下旁承	间隙旁承	双作用式弹性旁承	
摇枕弹簧	一级刚度弹簧	两级刚度弹簧	
上、下心盘	无心盘磨耗盘，铸钢上心盘	上下心盘加装心盘磨耗盘，锻钢上心盘	
制动销套	Q235A 滚动套和配套 Q275 滚子轴	奥氏体-贝氏体球铁衬套和配套 45 钢圆销	
制动系统	中磷或高磷闸瓦	高摩合成闸瓦	

三、控制型转向架

中国运煤专用的重载货车 C_{63} 采用控制型转向架(图 3-13)，该转向架与转 8A 型转向架类似，是铸钢三大件式转向架，与转 8A 型转向架相比，其主要有以下不同：

①采用窄式承载鞍。

②采用枕簧一系悬挂，空车静挠度为 17 mm，重车静挠度为 52 mm，当量静挠度为 45 mm，比转 8A 的静挠度大。

③采用常摩擦楔块式减振器,楔块和侧架立柱板之间,楔块和摇枕之间的压力由减振器弹簧产生,与枕簧变形无关。

④采用直径 355 mm 的大心盘以减小心盘间单位面积压力,同时由于心盘直径较大难以使用螺栓固定,下心盘采用取消螺旋的座入式结构。

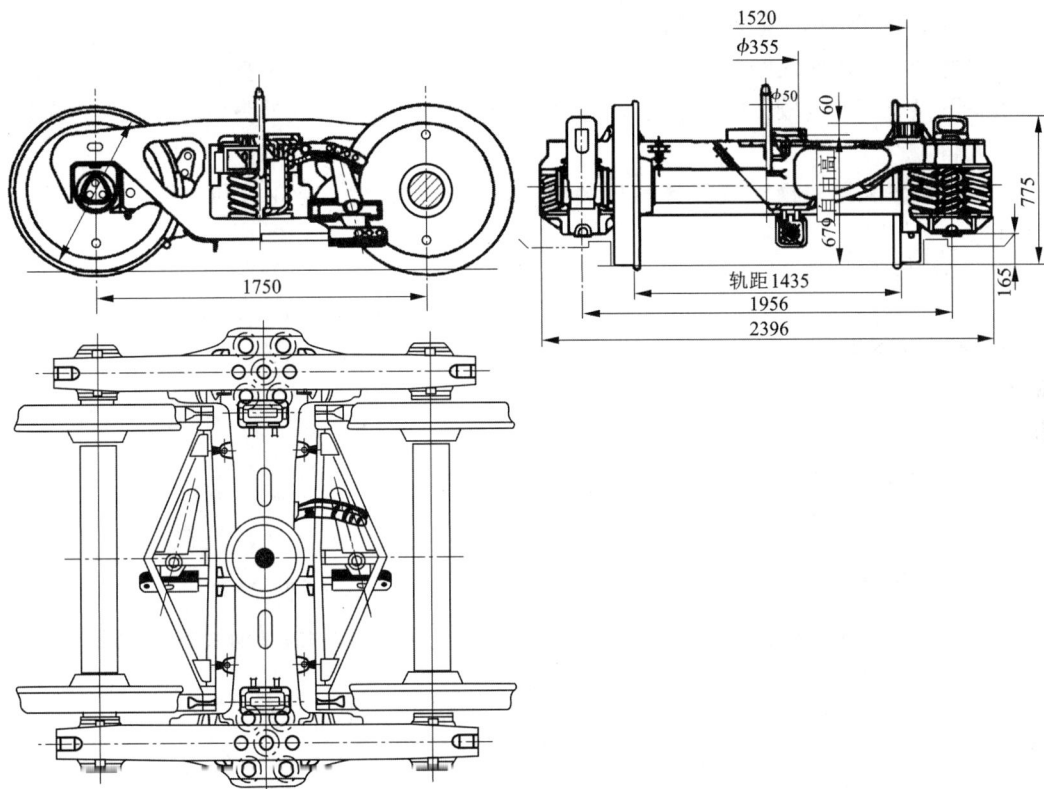

图 3-13　控制型转向架

第三节　转 K 型传统三大件式转向架

转 K1、转 K2 和转 K6 型转向架是齐车公司生产的快速转向架,其中转 K2 和转 K6 型转向架分别成为中国 21 t 轴重和 25 t 轴重的主型货车转向架。

一、转 K2 型转向架

由于转 8A 型转向架的不足,90 年代初,齐车公司自主设计并制造了转 K1 型转向架,并在 P65、C75c 等货车上应用。在转 8A 型转向架以及转 K1 型转向架的基础上,1998—2002 年齐车公司研制了转 K2 型转向架。

1.结构参数

转 K2 型转向架轴距为 1750 mm,轴型为 RD_2,自重≤4.2 t,最高运行速度为 120 km/h,

通过最小曲线半径为 100 m，基础制动装置倍率为 4。

2. 主要结构特点

①车轮为 HDS 或 HDSA 辗钢轮或 HDZC 铸钢轮，为了提速，轴承采用 TBU、SKF 197726 或 352226X2-RZ 轴承，车轴为 RD$_2$ 轴。

②侧架斜悬杆下部焊接支撑座；采用卡入式滑槽磨耗板；立柱磨耗板采用折头螺栓；侧架导框采用窄导框结构，见图 3-14。

③摇枕悬挂采用两级刚度弹簧，由自由高不等的摇枕内圆弹簧和摇枕外圆弹簧组成，在空车状态下只压缩刚度较小的外圆弹簧，弹性挠度增大，重车时内外弹簧一起承载，弹簧总刚度增大。

④减振装置采用斜楔式变摩擦减振装置，由组合式斜楔、磨耗板和减振弹簧组成，见图 3-15。

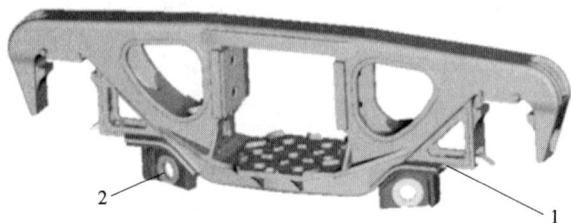

1—支撑座；2—保持环。

图 3-14　转 K2 型转向架侧架

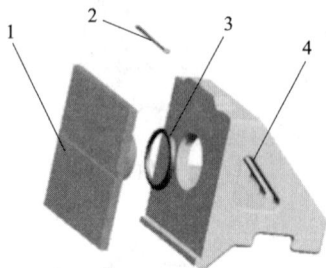

1—主摩擦板；2—销；3—垫圈；4—斜楔。

图 3-15　斜楔式变摩擦减振装置

⑤摇枕总成包括摇枕、托架组成、杠杆支点座、下心盘、斜面磨耗板，见图 3-16。

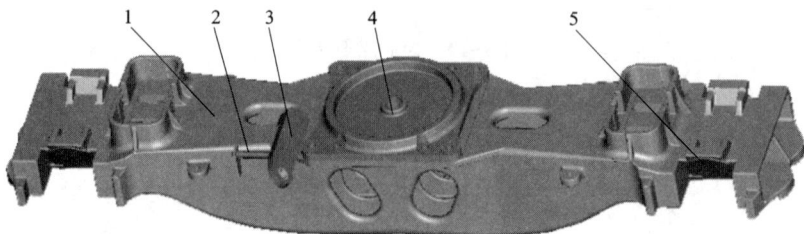

1—摇枕；2—托架组成；3—杠杆支点座；4—下心盘；5—斜面磨耗板。

图 3-16　转 K2 型转向架摇枕总成三维实体图

⑥制动装置由左右槽钢弓形组合式制动梁、中拉杆、固定杠杆、固定杠杆支点、游动杠杆和高摩合成闸瓦等组成，见图 3-17。

⑦采用下交叉支撑装置，由下交叉杆、上交叉杆、橡胶垫、双耳垫圈、锁紧板、标志板等组成。交叉支撑装置的 4 个弹性节点连线呈一矩形，限制了两侧架之间的菱形变形，提高了转向架的抗菱刚度，有利于提高转向架的运动稳定性。

⑧采用双作用常接触滚子旁承，见图 3-18，由调整垫板、弹性旁承体、旁承磨耗板、垂

向垫板、旁承座、滚子以及纵向垫板等组成，约束了车体的侧滚运动，同时在预压力作用下，上、下旁承摩擦面间产生摩擦力，左、右旁承产生的摩擦力矩方向与转向架相对车体的回转方向相反，从而抑制转向架蛇行运动。

1—游动杠杆；2—中拉杆；3—组合式制动梁；4—固定杠杆；5—固定杠杆支点；6—高摩合成闸瓦。

图 3-17 转 K2 型转向架基础制动装置

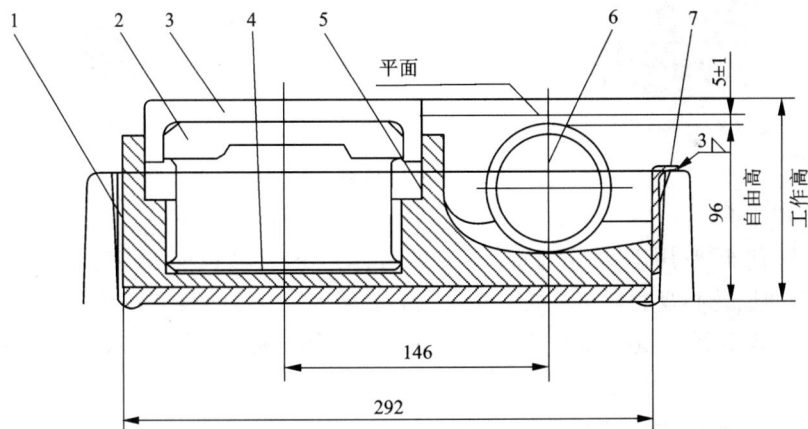

1—调整垫板；2—弹性旁承体；3—旁承磨耗板；4—垂向垫板；5—旁承座；6—滚子；7—纵向垫板。

图 3-18 双作用常接触滚子旁承

⑨下心盘内加装含油尼龙的心盘磨耗盘，使心盘载荷分布均匀，减少了上下心盘的磨耗量。油尼龙是在普通尼龙中加入特殊油剂改性而成的一种新型工程塑料。

3. 转 K2 相比转 8A 的不同

转 K2 型转向架是在转 8A 型转向架的基础上设计生产的，二者主要有以下区别。

（1）侧架。

转 K2 型转向架适应窄型承载鞍，采用 B 级钢，立柱角度为 0°，见图 3-19(a)；转 8A 型转向架的侧架适应宽型承载鞍，采用 ZG230-450 或 B 级钢，立柱角度为 2.5°，见图 3-19(b)。

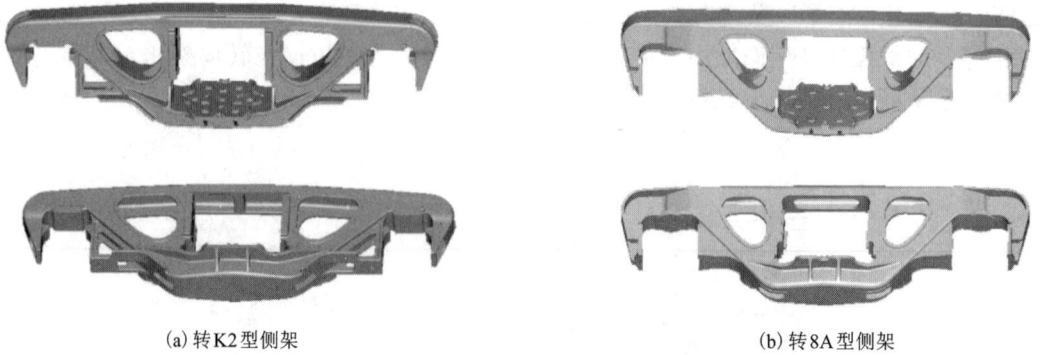

(a) 转K2型侧架   (b) 转8A型侧架

图 3-19 侧架

（2）摇枕。

转 K2 型转向架的摇枕适应宽斜楔槽，采用 B 级钢，摇枕中部有开孔，见图 3-20(a)；转 8A 型转向架的摇枕适应窄斜楔槽，采用 ZG230-450 或 B 级钢，见图 3-20(b)。

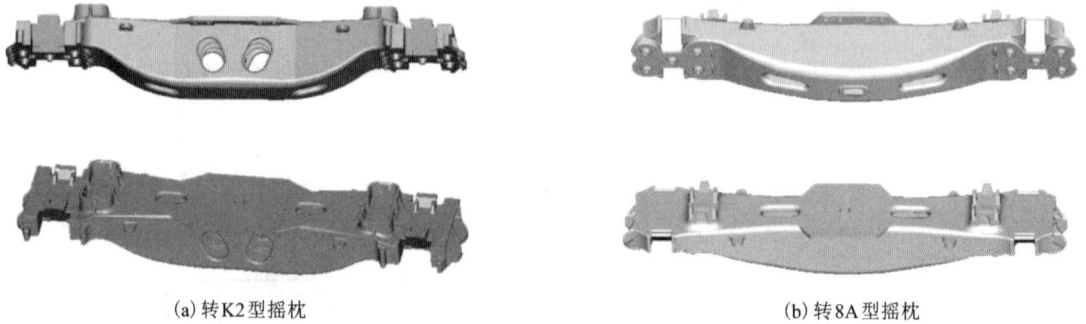

(a) 转K2型摇枕   (b) 转8A型摇枕

图 3-20 摇枕

（3）心盘和旁承。

转 K2 型转向架采用双作用常接触滚子旁承，滚子放在旁承座内，下心盘直径为 355 mm，采用油尼龙心盘磨耗盘，见图 3-21(a)；转 8A 型转向架采用旁承块式平面摩擦式刚性旁承，下心盘直径为 305 mm，上下心盘间发生金属摩擦，见图 3-21(b)。

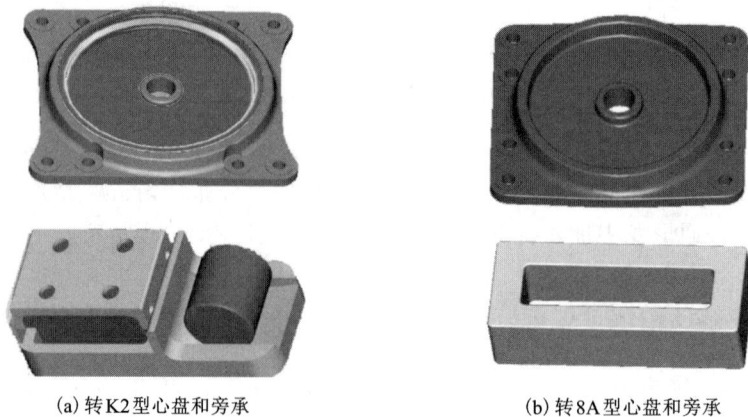

(a) 转K2型心盘和旁承   (b) 转8A型心盘和旁承

图 3-21 心盘和旁承

（4）承载鞍。

转 K2 型转向架采用窄型承载鞍，见图 3-22（a），B 级钢；转 8A 型转向架采用宽型承载鞍，见图 3-22（b），ZG230-450 或 B 级钢。

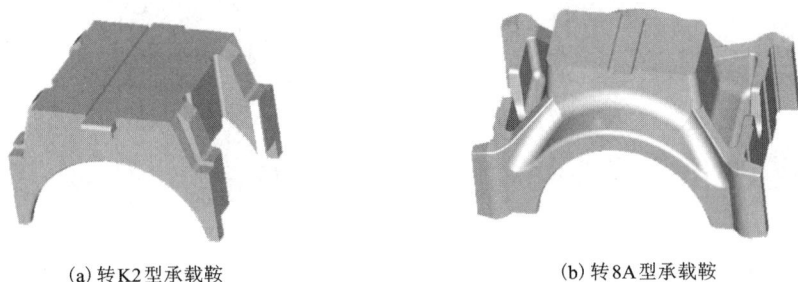

(a) 转 K2 型承载鞍   (b) 转 8A 型承载鞍

图 3-22 承载鞍

（5）中央悬挂系统。

转 K2 型转向架采用了两级刚度弹簧，见图 3-23（a）；转 8A 型转向架采用了一级刚度弹簧，见图 3-23（b）。

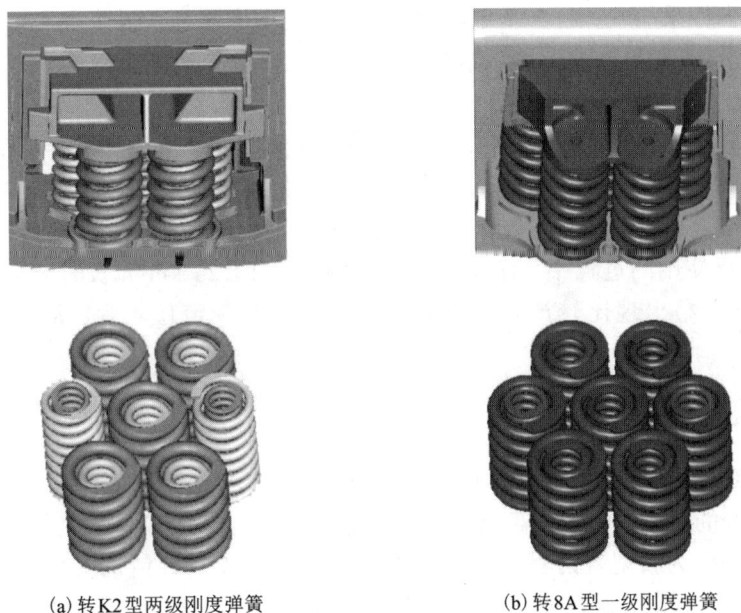

(a) 转 K2 型两级刚度弹簧   (b) 转 8A 型一级刚度弹簧

图 3-23 中央悬挂系统

（6）摩擦减振器。

转 K2 型转向架的变摩擦减振装置采用针状铸铁斜楔，T10 热处理立柱磨耗板，用两个折头螺旋、垫圈和防松螺母固定，摇枕八字面焊装 $0Cr_{18}Ni_9$ 不锈钢磨耗板，斜楔主磨耗面角度 0°，副摩擦角 58°，减振簧高于枕簧，见图 3-24（a）；转 8A 型转向架的变摩擦减振装置采用了贝铁斜楔，45 号钢热处理立柱磨耗板用 4 个铆钉铆固，焊装 16Mn 材质的摇枕八字面磨耗板,斜楔主摩擦面角度 2.5°,副摩擦角 45°,减振簧与枕簧等高,见图 3-24(b)。

(a)转 K2 型摩擦减振器   (b)转 8A 型摩擦减振器

图 3-24　摩擦减振器

(7)侧架交叉支撑装置。

转 K2 型转向架采用下交叉支撑装置,中部上下盖板先用螺丝固定,组装时再焊固;转 8A 型转向架两个侧架独立工作,转向架抗菱刚度小。

(8)基础制动装置。

转 K2 型转向架采用中拉杆式基础制动装置,采用高摩闸瓦,制动倍率 4;转 8A 型转向架采用下拉杆式基础制动装置,采用高磷闸瓦或高摩闸瓦,制动倍率 6.5。

4. 运用情况

转 K2 型转向架在转 8A 型转向架的基础上采用交叉支撑装置增加抗菱刚度,采用常接触旁承增加回转力矩,提高了临界速度,改善了动力学性能,使运行速度达到 120 km/h。对既有货车进行转 K2 提速度改造,使 2007 年底铁路货车整体上达到 120 km/h 水平。

在转 K2 广泛使用的过程中,存在的主要问题有:在 120 km/h 长时间运行条件下,个别货车承载鞍顶面易出现比较严重的磨耗,摇动座易出现定位不良,从而影响到动力学性能。

二、转 K6 型转向架

为提高大秦线运输装备的技术水平,齐车公司于 2003 年研制并生产了 25 t 轴重,最高运行速度 120 km/h 的转 K6 型转向架,见图 3-25。

转 K6 型转向架为新型铸钢三大件式转向架,车轮采用 HEZB 铸钢或 HESA 辗钢,采用内八字定位轴箱,JC 型双作用旁承,中拉杆基础制动装置。转 K6 型转向架的基本结构与转 K2 基本相同,为适应 25 t 轴重进行了以下改造:

①车轴由 D 轴变为 E 轴,轴距增大至 1830 mm;

②在承载鞍与侧架之间增设弹性橡胶垫,实现轮对的弹性定位;

③摇枕一端增加两组承载弹簧;

④下心盘直径增大至 375 mm;

⑤摇枕和侧架的断面尺寸增大。

图 3-25　转 K6 型转向架三维图

三、DZ1 型转向架

DZ1 型转向架为齐车公司研制的 27 t 轴重，运行速度 100 km/h 的铸钢三大件式转向架，主要的结构特点有：

①车轮采用 HFS 型辗钢整体车轮或 HFZ 型铸钢车轮，车轴采用 RF_2 型车轴，材质为 LZ45CrV 或 LZW。

②滚动轴承采用 352132A、353132X2-2RS 型滚动轴承，见图 3-26，轴承轮廓尺寸：内圈内径×外圈外径×轴承宽度为 160 mm×270 mm×170 mm。

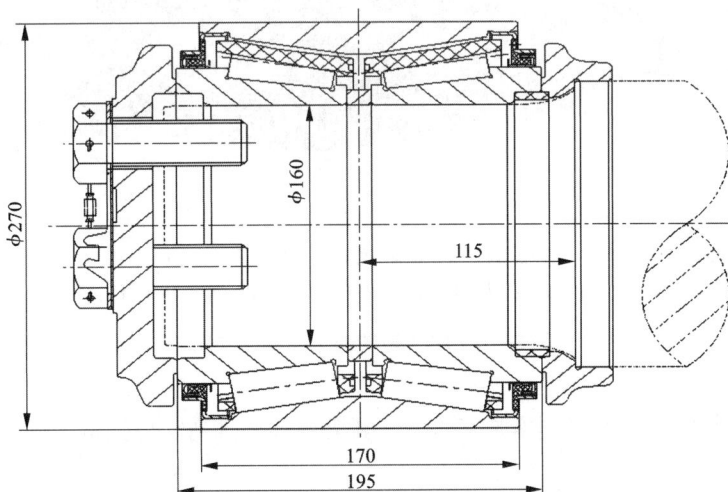

图 3-26　DZ1 型转向架滚动轴承装置

③采用八字形结构 TJC-1 型轴箱橡胶垫，主要由上、下衬板与橡胶硫化在一起，设有与侧架和承载鞍定位挡边，上、下衬板间设置内置导电结构。配套采用材质为 B+级钢的 JF-1 型承载鞍。

④侧架采用 B+级钢整体芯铸造，镶装卡入式 CHM-1 型滑槽磨耗板，折头螺栓连接侧架立柱磨耗板。侧架导框里侧安装挡键，保证转向架在吊运过程中轮对不与转向架分离，见图 3-27。

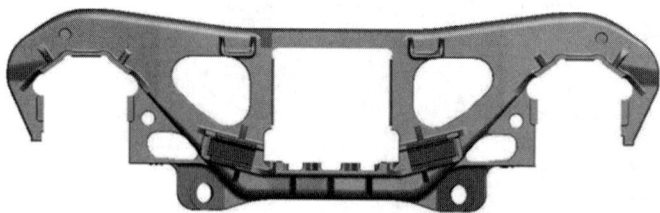

图 3-27 DZ1 型转向架侧架三维图

⑤摇枕采用 B+级钢整体芯铸造，见图 3-28。采用具有防松功能的螺栓连接 BML-1 型摇枕斜面磨耗板，摇枕侧面铸有制动梁安全链安装座，顶部两侧铸有高挡边摇枕旁承盒。同时，为适应杠杆制动系统的使用，摇枕设有固定杠杆支点安装座。下心盘直径为 375 mm，采用 10.9 级的 M24 螺栓及 10 级的防松螺母与摇枕下心盘面连接，当采用 BY-B 型防松螺母时紧固力矩为 941~1046 N·m。下心盘安装与转 K6 型转向架相同的导电式心盘磨耗盘，心盘磨耗盘材质为尼龙。

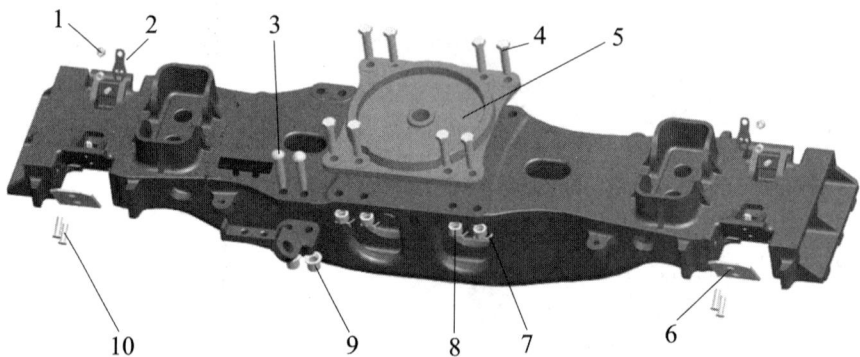

1—螺母；2—放松片；3—专用拉铆钉；4—螺栓 M24×100；5—下心盘；6—BML-1 型斜面磨耗板；
7—销 5×45；8—BY-B 型防松螺母 M24；9—专用拉铆钉套环；10—折头螺栓 M16。

图 3-28 DZ1 型转向架摇枕三维图

⑥弹簧减振装置采用两级刚度弹簧，一个侧架承台上排列 9 组弹簧，见图 3-29，弹簧材质为 60Si2CrVAT。

⑦基础制动装置为中拉杆结构的单侧滑槽制动形式，由左右组合式制动梁、中拉杆组成、固定杠杆组成、游动杠杆组成、固定杠杆支点、GM915D 型高摩合成闸瓦和耐磨销套等组成，见图 3-30。

图 3-29　DZ1 型转向架弹簧减振装置三维图

图 3-30　DZ1 型转向架弹簧基础制动装置三维图

⑧交叉支撑装置与转 K6 相同。上、下扣板采用可重复使用短尾拉铆钉连接，取消焊接。

⑨为满足空重车自动调整装置的需要，在转向架游动杠杆端与固定杠杆端分别安装 HKL-2 型、HKL-1 型横跨梁，见图 3-31。

⑩采用与转 K6 型转向架相同的组合式斜楔，由斜楔体、垫圈、主摩擦板和销组成。

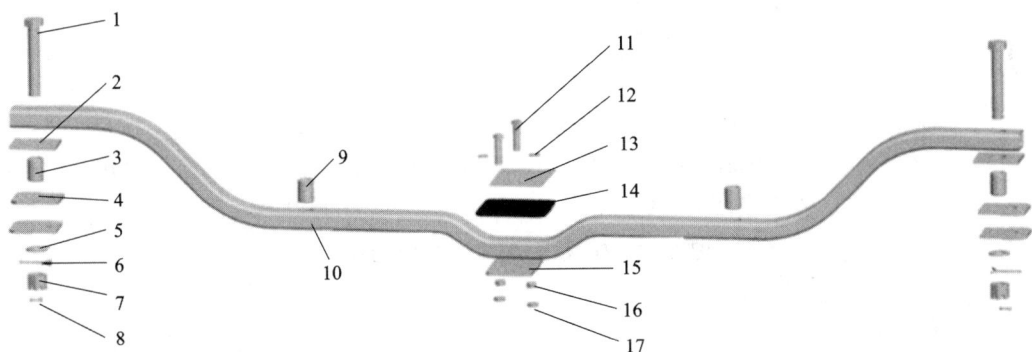

1—横跨梁专用螺栓；2—磨耗垫板；3—套筒；4—磨耗垫板；5—垫圈 20；6—销 4×50；7—螺母 M20；8—抽芯铆钉 4×25；9—套筒；10—横跨梁；11—螺栓 M12×45；12—垫圈 20；13—调整板；14—触板；15—底板；16—螺母 M12；17—螺母 M12。

图 3-31　DZ1 型转向架弹簧横跨梁三维图

第四节　转 K 型三大件摆动式转向架

一、转 K4 型转向架

转 K4 型转向架是在中国铁路大提速战略下，由株辆公司从美国原 ABC-NACO 公司引进摆动式转向架技术，在 2002 年研制的运行速度 120 km/h 的货车转向架。

1.组成

转 K4 型转向架属于三大件式转向架，主要由轮对和轴承装置、摇枕、侧架、弹性悬挂系统及减振装置、基础制动装置、常接触式弹性旁承等组成，见图 3-32，保留了三大件式转向架均载性能好的优点。此外，由于它采用了弹簧托板、摇动座等结构，具有独特的侧架横向摆动方式，横向柔度和抗菱刚度大大增加，运行速度大大提高，横向运行性能得到较好改善。

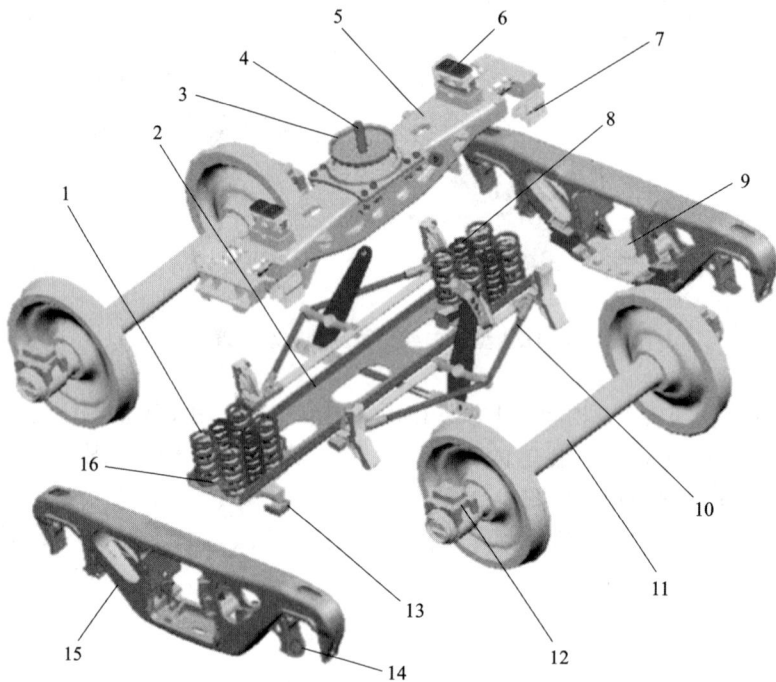

1—承载内外弹簧；2—弹簧托盘组成；3—心盘磨耗盘；4—中心销；5—摇枕组成；6—常接触弹性旁承；7—斜楔组成；8—减振内外弹簧；9—摇动座；10—基础制动装置；11—轮对与轴承；12—承载鞍；13—摇动座支承；14—挡键；15—侧架组成；16—SET 螺栓、螺母。

图 3-32　转 K4 型转向架三维组装图

2.结构特点

①两侧架间增设一弹簧托板，枕簧放在弹簧托板上，弹簧托板下与摇动座相连，摇动座置于摇动座支承上，摇动座支承放在侧架内，在侧架导框和承载鞍之间设置导框摇动座，因

此侧架与弹簧托板之间以及侧架与承载鞍之间均呈圆弧轴承状配合连接，侧架可以作横向摆动。根据摆动式转向架的结构特点，可以认为侧架上端铰接在承载鞍上，侧架下端铰接于弹簧托板端部，形成一个矩形的摇动台，见图 3-33。

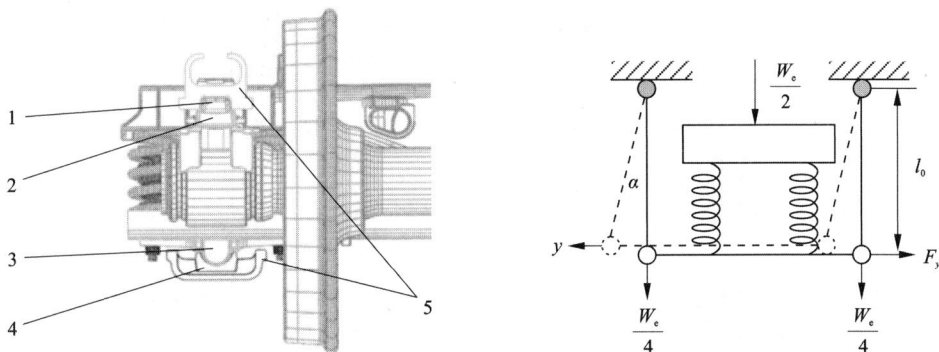

1—导框摇动座；2—承载鞍；3—摇动座；4—摇动座支承；5—侧架。

图 3-33　转 K4 型转向架摆动机构及原理图

当摆动式侧架的弹簧托板横向位移为 y 时，每个侧架的横向复原力 F_y 为

$$F_y = \frac{W_c}{4} \times \frac{y}{\sqrt{l_0^2 - y^2}} \tag{3-6}$$

式中：W_c 为车辆簧上部分重量；l_0 为摆动侧架上下转动中心之间的垂向距离。

一般侧架的摆动角不超过 4.2°，所以 $\sqrt{l_0^2 - y^2} \approx l_0$。

若把摆动式侧架横向摆动性能换算成一个等效弹簧，则其等效横向刚度 K_{sy} 为

$$K_{sy} = \frac{W_c}{4l_0} \tag{3-7}$$

摆动式侧架的等效横向刚度与车体的重量成正比，因此空、重车工况下有不同的等效横向刚度，有利于改善空车的横向运行品质。

②取消摇枕挡，车体受到的侧向力通过弹簧托板传给侧架，见图 3-34，侧向力对转向架的作用点由传统摇枕挡高度 h_1 降到枕簧座高度 h_2，在极端状态下，由侧向力 L 引起的车轮减载，使车轮抬起而脱轨的倾覆力矩显著降低。

③减振装置由两级刚度弹簧和变摩擦减振器组成。

④采用常接触橡胶弹性旁承，结构简单、检测调整方便、纵向无间隙与磨耗。

⑤基础制动装置由高摩合成闸瓦、单侧滑槽式 L-C 型组合式制动梁等组成，见图 3-35。

摆动式转向架较之传统三大件式转向架，其横向运动性能，特别是轮轨横向力、车体的横向运行品质等有较大改善。

二、转 K5 型转向架

为适应中国 25 t 轴重货车的发展，2003 年株辆公司在转 K4 型转向架的基础上，引进美国的 25 t 轴重摆动式转向架技术，与美方联合设计了适应中国铁路的 2E 轴摆动式转向

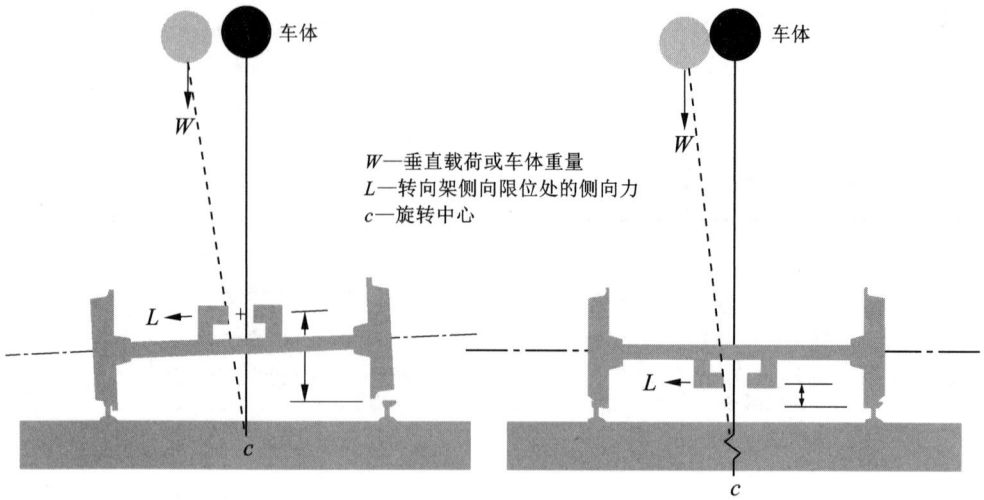

W—垂直载荷或车体重量
L—转向架侧向限位处的侧向力
c—旋转中心

图 3-34　对侧滚的防护设计

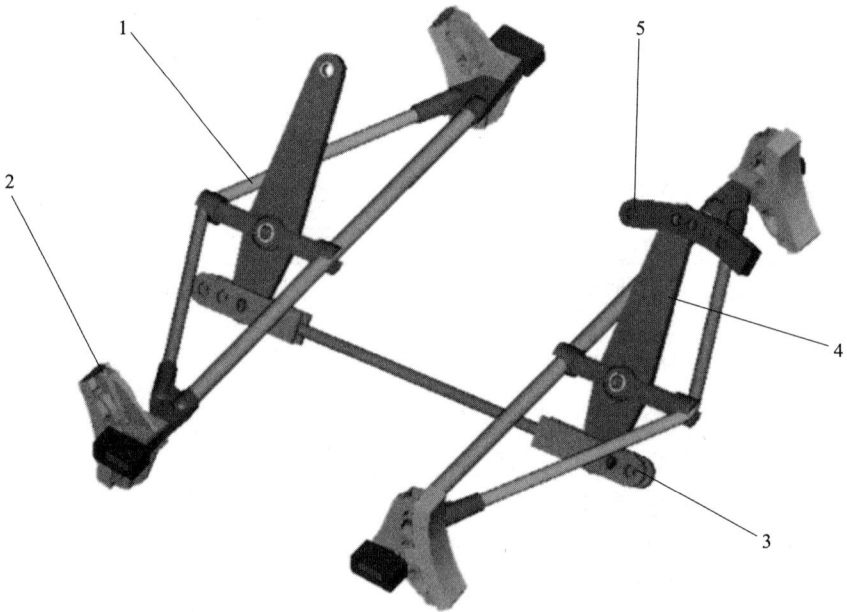

1—制动梁；2—高摩闸瓦或高磷铸铁闸瓦；3—下拉杆；4—制动杠杆；5—固定杠杆支点。

图 3-35　L-C 型组合式制动梁

架——转 K5 型转向架，见图 3-36。

转 K5 型转向架与转 K4 型转向架的不同之处有：车轴由 D 轴变为 E 轴，轴距增大至 1800 mm；弹簧托板由平板形改为凹形结构；摇枕一端增加两组承载弹簧；采用直径 375 mm 的下心盘；固定杠杆连接采用 K5 链蹄环；摇枕和侧架加大断面等。

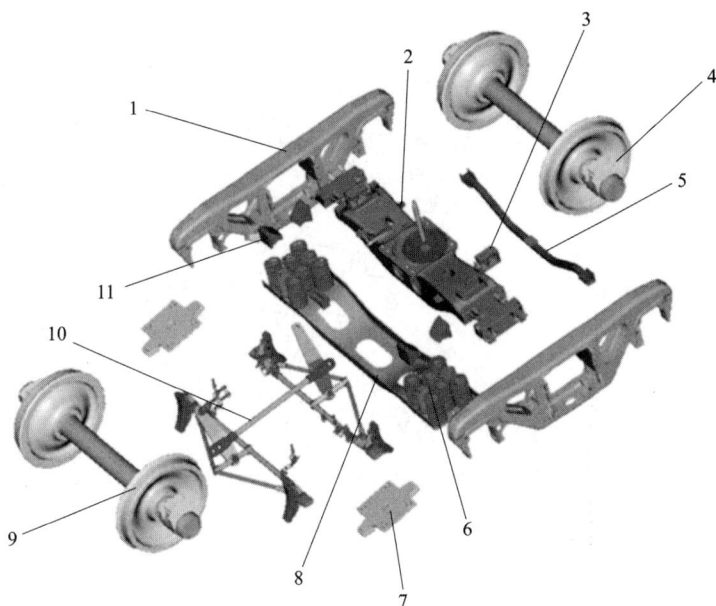

1—侧架组成；2—摇枕组成；3—下旁承组成；4—承载鞍；5—横跨梁组成；6—两级刚度弹簧；
7—摇动座；8—弹簧托板组成；9—RE2A型轮对；10—基础制动装置；11—斜楔组成。

图 3-36　转 K5 型转向架三维组装图

第五节　整体焊接构架式转向架

一、转 K3 型转向架

转 K3 型转向架是株辆公司于 1999 年为适应中国铁路货运提速，在吸收欧洲 Y25 型转向架的优点的基础上结合中国的具体情况加以改进设计而成的一种新型快速货车转向架。转向架轴重为 21 t，最高运行速度 120 km/h，为整体焊接构架式转向架，具有抗菱刚度大，簧下质量小，有较高的临界速度和低的轮轨动作用力等特点。

1. 组成

转 K3 型转向架由 H 形整体焊接构架、多级刚度轴箱悬挂装置、轮对组成、常接触式弹性旁承和基础制动装置等组成，见图 3-37。

2. 结构特点

①采用 RD$_2$ 轮对，车轮采用 HDS 型全加工整体辗钢轮，车轴采用 50 钢。

②采用 H 形整体焊接构架，构架由两根工字形断面单腹板侧梁、一根箱形横梁、下心盘、下旁承盒、斜楔座和导框座等组成。采用整体焊接构架彻底消除了转向架的菱形变形，减轻了构架质量。由单腹板结构的侧梁组成的构架有较好的柔性，有一定的适应线路扭曲不平顺的能力。

③轴箱悬挂弹簧采用不等高的内、中、外三卷弹簧组成弹簧组，具有三级刚度特性，适

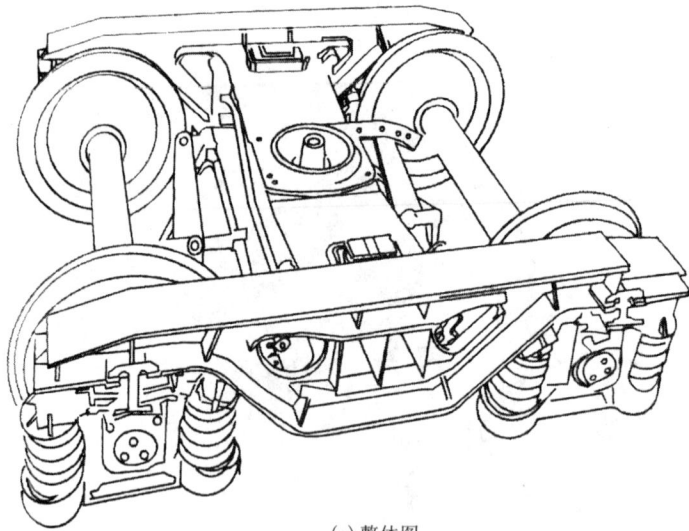

(a) 整体图

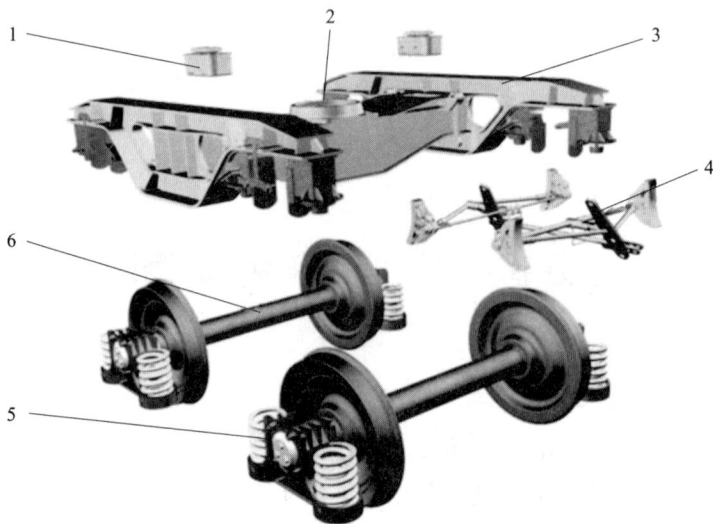

(b) 三维组装图

1—弹性旁承；2—球面下心盘；3—构架组成；
4—基础制动装置；5—轴箱悬挂装置；6—轮对组成。

图 3-37　转 K3 型转向架

应装载集装箱等货物时有空车、半空车和重车等工况，并在空车工况下有较大的弹簧静挠度。

④采用常接触式弹性旁承，由弹簧、弹性挡及下旁承磨耗板等组成。

⑤采用球形心盘，在上下两层心盘间装有合成材料的耐磨衬垫。球形心盘相比平面心盘具有更大的接触面积，载荷分布比较均匀，有利于减少上下心盘面的磨耗，而且传递车体和构架之间的纵向力和横向力的能力更强。

⑥采用单侧吊式基础制动装置，由制动杠杆、高摩合成闸瓦、单侧吊式制动梁等组成。

二、Y25 型转向架

Y25 型转向架是法国铁路部门研制出的一种采用焊接构架和一系轴箱悬挂的货车转向架。由于理想的运用性能指标，1967 年欧洲铁路联盟将其确定为西欧铁路的标准型货车转向架，并大量推广使用。以 Y25 型转向架为基础逐步发展的具有不同型号的系列转向架，至今仍是欧洲的主型货车转向架。

Y25 型转向架有以下结构特点：

①采用焊接一体式刚性构架，质量较铸钢构架轻，采用轴箱弹簧悬挂，簧下质量仅为轮对和轴箱质量，大大减小了轮轨间的相互动作用力。

②采用两级刚度弹簧。

③采用利诺尔减振器：利诺尔减振器属于变摩擦减振器，由于具有有两级刚度的轴箱弹簧装置的特殊结构，方便地实现了空重车两种工况拥有不同的相对摩擦系数。

④采用圆弹簧弹性摩擦旁承，不仅可以承担一定的垂向载荷，而且可以给运行中的转向架提供一定大小的转动阻力矩以限制摇头蛇行运动，同时可以限制车体的侧滚运动，有利于车辆的抗倾覆安全性。

第六节　货车径向转向架

一、背景

提高转向架横向运动稳定性和改善转向架曲线通过性能的要求往往是矛盾的，为了保证转向架的蛇行运动稳定性，轮对与轮对之间、轮对与构架之间要有足够的定位刚度和较小的车轮踏面斜率；为了使转向架顺利通过曲线，又要求轮对的定位尽量柔软，具有较大的车轮踏面斜率，使转向架通过曲线时轮对处于或接近纯滚动的径向位置。采用径向转向架可以同时解决提高横向运动稳定性和改善转向架曲线通过性能两个问题。在径向转向架保证足够的直线运行稳定性的同时，当车辆通过曲线时，所有轮对都趋于直线径向位置，见图3-38。

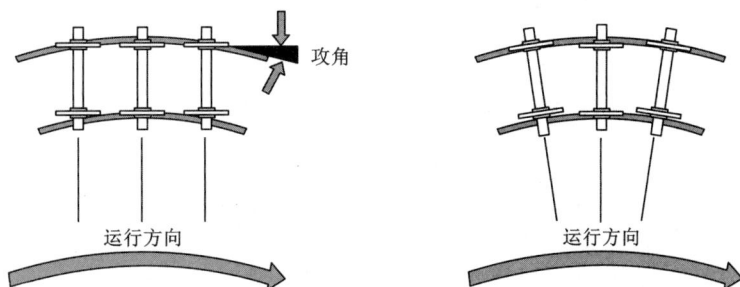

图 3-38　传统转向架和径向转向架通过曲线时的示意图

二、导向机构

径向转向架分为自导向转向架和迫导向转向架两大类。自导向转向架利用轮轨间的蠕滑力通过转向架自身导向机构作用使前后轮对"自动"进入曲线的径向位置。迫导向转向架利用车体与构架的相对回转运动，通过专门的导向机构强迫轮对进入曲线径向位置。

1. 自导向机构

自导向机构(图 3-39)使轮对通过导向杆、刚性或弹性相互连接，相互作用；利用轮轨间的纵向蠕滑力，使前后两轮对趋于径向位置，利于曲线通过，见图 3-40。车辆通过曲线时，同一转向架前后两轮对呈八字形，摇头角大小相等，方向相反，其中杠杆比为 1：1。

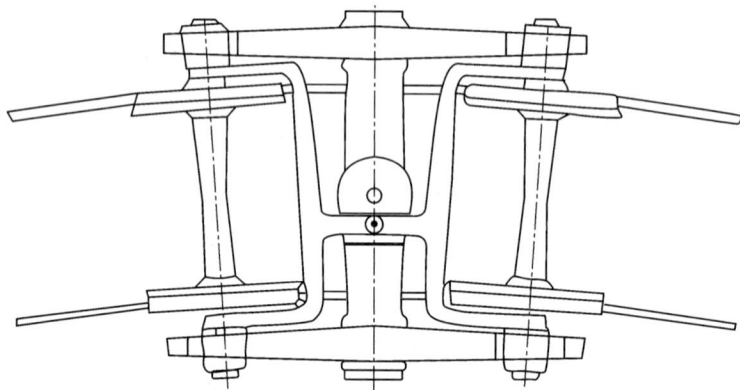

图 3-39　自导向机构

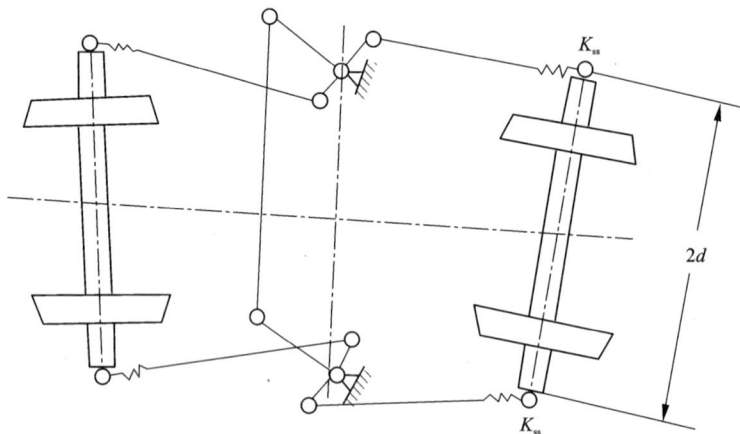

图 3-40　自导向机构原理图

刚性自导向机构情况，即不考虑导向机构的弹性变形和连接间隙的理想情况，导向机构的作用是给同一转向架前后两轮对的摇头角一个约束，使

$$\psi_{w1} = -\psi_{w2} \tag{3-8}$$

式中：ψ_{w1} 和 ψ_{w2} 分别为前后轮对的摇头角。

弹性自导向机构情况,当导向机构有弹性时,把导向机构的弹性换算到轮对每端与自导向机构连接处,设其导向刚度为 K_{SS},则前后轮对之间成为弹性约束,约束力矩

$$M_{SS} = 2(\psi_{w1} + \psi_{w2})K_{SS}d^2 \qquad (3-9)$$

式中:ψ_{w1} 为同一转向架前轮对的摇头角;ψ_{w2} 为后轮对摇头角;K_{SS} 为换算在轮对每端与自导向机构连接处的导向刚度;$2d$ 为轮对上左右导向机构的横向跨距。

前轮对上的导向力矩与 $(\psi_{w1} + \psi_{w2})$ 方向相反,后轮对上的导向力矩与 $(\psi_{w1} + \psi_{w2})$ 方向相同。

2. 迫导向机构

迫导向机构利用车辆通过曲线时转向架与车体间的相对转角,通过杠杆系统的作用,迫使轮对处于径向位置,见图 3-41。

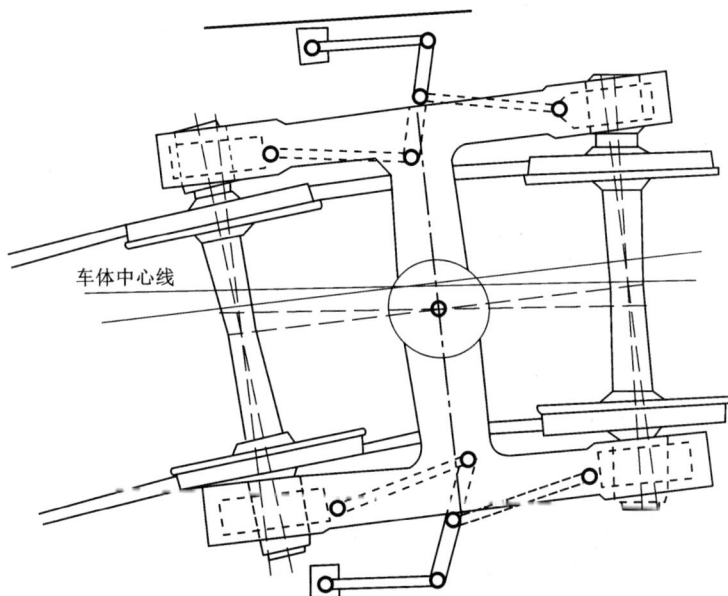

图 3-41 迫导向机构

当轮对处于完全径向位置时,前后轮对相对转向架的摇头角 $\pm\psi_w$ 与转向架相对车之间的摇头角 ψ_T 有如下关系(见图 3-42):

$$G_N = \frac{\psi_w}{\psi_T} = \frac{\arcsin\dfrac{l}{R}}{\arcsin\dfrac{L}{R}} \approx \frac{l}{L} \quad (3-10)$$

式中:$2l$ 为转向架轴距;$2L$ 为车辆定距;R 为曲线半径;G_N 为迫导向机构的全径向增益。

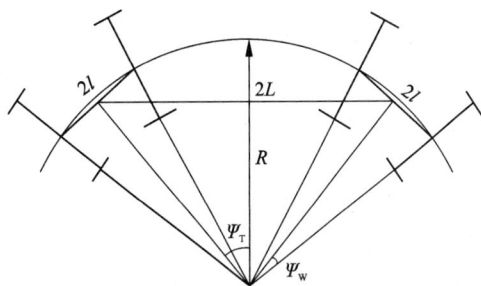

图 3-42 轮对处于径向位置时,ψ_w 与 ψ_T 的关系

三、典型径向转向架

1. 南非 Scheffel 副构架自导向转向架

最先研制成功并已经得到应用的轮对自导向式径向转向架是南非铁路的对角斜撑转向架，发明者是南非铁路工程师 Herbert Scheffel，所以其也称为 Scheffel 转向架。

Scheffel 自导向转向架是在传统三大件式转向架的基础上，用一根弓形梁将每条轮对的左右两侧联系在一起，组成一个副构架，再用两根对角斜撑连杆将前后副构架联系在一起，形成自导向机构。这种转向架有效改善了曲线通过性能，运行品质显著提升，最高运行时速可达 120 km。在南非，Scheffel 自导向转向架主要用在运煤重载专用车上。

2. 英国 Devine-scales 迫导向转向架

Devine-scales 转向架由英国 Scales 发明设计，美国匹兹堡 Devine 公司制造。该转向架采用高强度刚性构架，转向架每侧的导向杠杆系统将轮对与车体连接起来。

当通过曲线，导向杠杆系统使轮对趋于径向位置；直线运行时，刚性构架和导向杠杆系统使轮对保持在与轨道系统垂直的位置上，增加横向稳定性，抑制蛇行运动。

3. 美国 Dresser DR-1 自导向转向架

DR-1 转向架由美国铁路工程协会 List 设计，利用自导向径向转向架原理对现有的三大件式转向架进行径向改造。这种转向架的导向壁由 Dresser 公司提供，所以其又称为 Dresser DR-1 自导向转向架。

转向架的基本结构为两个弓形导向臂分别固定于每一个车轴处的两个承载鞍上，并通过摇枕上的一个孔连接起来，以提供轮对间的对角控制，起到稳定和导向的作用。

四、转 K7 型副构架自导向转向架

为满足中国铁路重载运输的需求，2007 年眉山车辆公司在引进南非 Scheffel 转向架的基础上，研制了转 K7 型副构架自导向转向架。

转 K7 型转向架主要由轮对、U 形副构架、摇枕、弹簧减振装置、常接触式弹性旁承以及基础制动装置等组成，见图 3-43。

转 K7 型转向架在三大件式转向架的基础上将一个轮对的左右两个承载鞍相连形成 U 形副构架，再将前后两个副构架与交叉拉杆销接在一起，形成自导向机构，见图 3-44。

与转 K6 型转向架相比，转 K7 型转向架主要有以下不同：

①转 K7 型转向架采用轮对径向装置，转 K6 型采用交叉支撑装置。

②转 K7 型转向架采用两组橡胶堆，转 K6 型采用轴箱橡胶垫。

③转 K7 型转向架基础制动装置为下拉杆式，转 K6 型为中拉杆式。

④转 K7 型转向架空重车调整采用副构架，转 K6 型采用横跨梁。

转 K7 型转向架解决了蛇行稳定性和曲线通过性能的矛盾，大幅减少了轮轨磨损，降低了牵引能耗和减少了环境污染，能增大转向架的抗菱刚度，提高蛇行运动的临界速度。

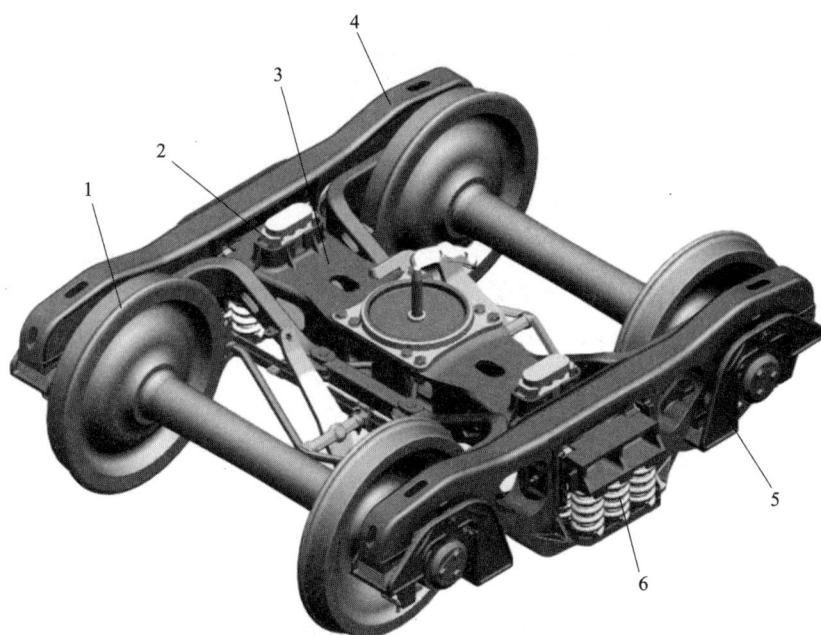

1—轮对组成；2—JC 型双作用弹性旁承；3—摇枕组成；4—侧架组成；5—U 形副构架；6—弹簧。

图 3-43　转 K7 型转向架三维图

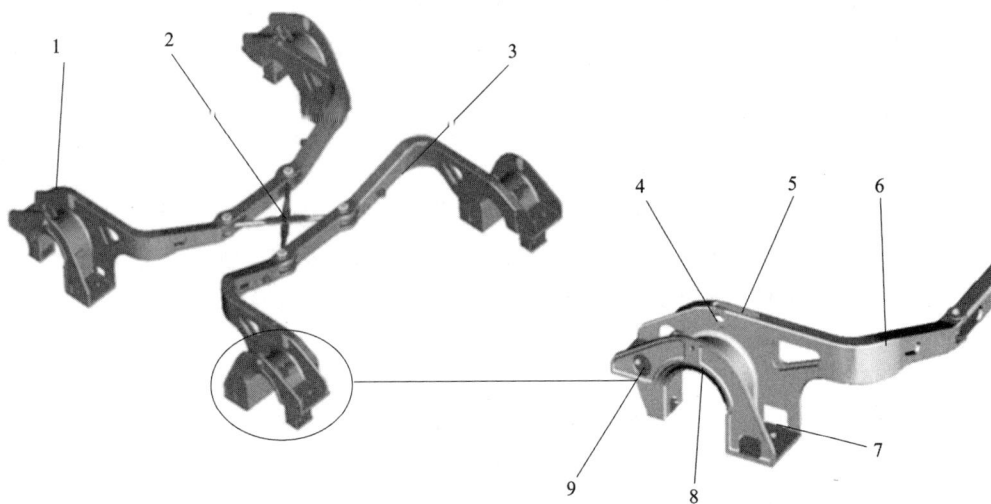

1—副构架磨耗板；2—连接杆；3—U 形副构架；4—摩擦板安装槽；5—槽形孔；
6—拐角圆弧；7—内承台；8—鞍面；9—圆形工艺孔。

图 3-44　转 K7 型转向架自导向机构

第七节　快速货车转向架

20世纪70年代以来，许多国家积极发展高速铁路，在高速客运方面取得了巨大的成功，如法国的TGV、德国的ICE、日本的新干线等。为充分利用高速线路的运输能力和适应高速货物运输的需要，一些国家研制出了多种形式的快速货车转向架，例如法国Y37型、德国DRRS型、意大利Fiat快速货车转向架等，这些转向架能满足120~160 km/h的速度运行，其中法国Y37型转向架最高试验速度达到了281.8 km/h，创造了货车运行速度的世界纪录。

一、技术特点

快速货车转向架主要有以下技术特点。

1. 非线性轴箱悬挂，减小簧下质量

簧下质量对车辆的动力学性能和轮轨作用力都有较大影响，簧下质量越大，动力学性能越差，轮轨作用力也越大，在高速情况下更是如此。因此，快速货车转向架应尽量减小簧下质量，而采用轴箱弹性悬挂是减少簧下质量的最有效措施。

2. 减小二系横向刚度

转向架轴箱定位刚度值对车辆的运行稳定性起着关键作用，为保证车辆在高速情况下稳定运行，轴箱定位的刚度值不能太小。而货车在空重车工况下载荷变化大，受限界和车钩高度的限制，货车转向架垂向总挠度及空重车状态下垂向挠度差有严格限制。所以，要改善货车转向架的垂向性能困难较大。运行速度提高以后，对车辆的横向平稳性提出了新的要求，而影响横向平稳性最敏感的因素是转向架的二系横向刚度值，所以快速货车转向架采取各种措施来减小转向架的二系横向刚度。

3. 减少悬挂中的磨耗件

随着运行速度的提高，转向架各部件的振动加剧，如转向架中磨耗件太多，将严重影响车辆运行性能的稳定，缩短维修周期，加大维修工作量和维修成本。所以快速货车转向架应尽量减少悬挂中的磨耗件，最好实现无磨耗。在结构上可采用弹性定位、液压减振器等方式来实现。

4. 采用整体构架

三大件式转向架的菱形变形是影响车辆运行稳定性的主要因素，因此采用三大件式结构的快速货车转向架应在结构上采取相应措施增加转向架抗菱形变形的能力。而整体构架则彻底消除了菱形变形，具有良好的横向运动稳定性，同时整体构架也为安装双侧踏面制动和盘形制动提供了条件，使转向架具有较好的制动性能，所以整体构架在快速货车转向架中得到了广泛的运用。

5. 采用常接触弹性旁承

货车速度提高以后，对稳定性的要求相应提高，由于货车结构和制造成本的限制，在车体和转向架构架间安装油压式的抗蛇行减振器目前还不易推广，而加装常接触弹性旁承对于提高车辆的运动稳定性也是非常有效的。常接触弹性旁承还能有效地抑制车体的侧滚运动，避免车体侧滚出现刚性冲击和降低轮重减载率。但常接触弹性旁承过大的回转力矩会恶化车

辆的曲线通过性能，因此在选择常接触弹性旁承的回转阻力矩时要同时兼顾运动稳定性和曲线通过性能。

6.采用盘形基础制动装置

车辆速度提高后，对转向架的基础制动装置也提出了新的要求。由于不同国家对制动距离的要求不尽相同，所以快速货车转向架的制动方式也有较大区别。如欧洲铁路对制动距离要求较高，速度 120 km/h 以下的转向架采用单侧或双侧踏面制动，当速度提高到 140 km/h 以上时，普遍采用盘形制动加防滑器的方式。三大件式转向架受其结构特点的制约，实现盘形制动或双侧踏面制动是十分困难的。

二、中国快速货车转向架

为满足铁路货物快速运输发展需求，中国自 2000 年以来在借鉴客车转向架技术的基础上，开展了转向架关键技术的研究，先后研发了 16.5 t、18 t、21 t 轴重运行速度为 160 km/h，18 t 轴重运行速度为 220 km/h 的快速货车转向架，见图 3-45。

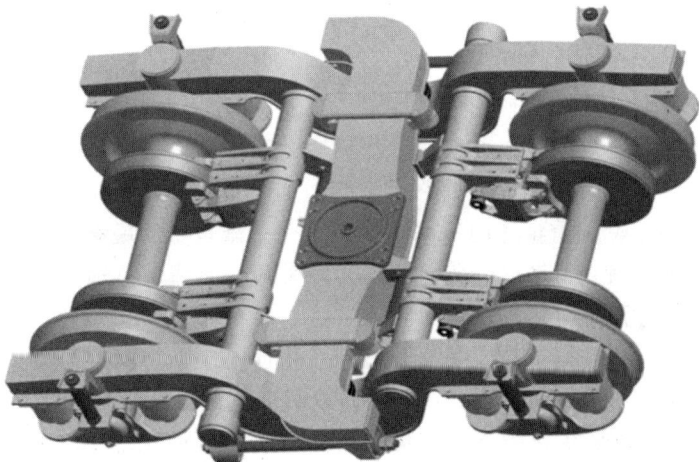

图 3-45　快速货车转向架三维图

2003 年齐车公司完成了轴重 16.5 t、运行速度 160 km/h 的快速货车转向架的样机试制，最高试验速度空车达到 181.6 km/h，重车达到 180 km/h。在此基础上，2006 年完成了轴重 18 t 快速货车转向架配 160 km/h 平车的方案设计，方案同时兼顾了 21 t 轴重、120 km/h 速度的运行要求。该方案设计充分吸收和借鉴铁路机车和客车转向架设计和应用的经验，以此研制出的运行速度 160 km/h 的快速货车转向架具有高技术性能和安全可靠性。18 t 轴重、160 km/h 的快速货车转向架于 2007 年进行了试验，试验最高速度达到了 171.2 km/h。

该快速货车转向架由轮对、轴箱悬挂装置、焊接构架、中央悬挂装置、摇枕、常接触弹性旁承、心盘和基础制动装置等组成。

转向架主要结构特点如下：

①轮对轴重 18 t，轴颈中心距 2000 mm，车轮采用整体辗钢车轮，LM 磨耗型踏面。

②采用高强度铸钢轴箱，圆锥滚子轴承，采用组合式轴向悬挂方式，轴箱悬挂由两侧弹

簧和轴箱顶部螺旋钢弹簧组成,具有多级刚度特性。轴箱和构架间安装一系变阻尼垂向液压减振器。

③采用焊接构架,由两个侧梁、两个横梁及相关部件组成。

④侧梁中部和摇枕之间设置中央悬挂装置,采用橡胶堆弹簧。

⑤摇枕采用低合金高强度结构钢板焊接而成的箱形结构梁。

⑥采用常接触弹性旁承。

⑦基础制动装置采用单元式盘型制动及机械防滑传感器。

2010 年齐车公司研制了 21 t 轴重、160 km/h 的快速货车转向架,其的研制成功为我国的高速货车转向架的设计、制造积累了经验。2012 年齐车公司开始研究 220 km/h 货车转向架及关键技术,于 2014 年完成样机的试制,试验速度达到 300 km/h,各项性能指标达到优级。中国已经完成了 160 km/h、220 km/h 速度等级的快速货车转向架及关键技术的研究,具备小批量生产条件,技术成果有望得到大范围运用。

第八节　多轴货车转向架

当前,二轴转向架在铁道车辆上的应用最为广泛,但是二轴转向架的最大承载能力受到其允许轴重的限制,转向架自重和心盘载重之和最大不超过其两根轴的允许轴重之和。

努力提高货运列车载重量是提高铁路运输能力和经济效益的一个重要方面,而增大转向架的承载能力是提高车辆载重量进而提高整个货物列车载重量的最有效途径之一。提高转向架承载能力的方法有两种:一是提高转向架的允许轴重,提高每根轴的承载能力;二是增加转向架的轴数,采用多轴转向架。

多轴转向架可以增加车辆的载重量,但是其结构远比二轴转向架复杂,为了充分利用每根轴的承载能力,应使每根轴均匀承载,同时轴数增加造成了固定轴距增加,需考虑如何使车辆灵活通过曲线,如何减少轮缘磨耗和减小轮缘力以及如何防脱轨等。

H 轴构架三轴转向架是中国 1967 年设计制造的载重 100 t 的大吨位货车转向架,这种转向架开始采用旁承支重结构,由于不适合空重车载重变化很大的车辆,1970 年以此为基础设计了心盘支重结构的三轴 H 形构架转向架。

该转向架构架采用 H 形整体焊接结构,由枕梁、横梁和侧梁组成,转向架采用无导框式一系轴箱弹簧悬挂,轴箱采用导柱式定位,基础制动装置采用无制动梁式单侧闸瓦制动,心盘支重结构采用球形心盘,车体自重和载重作用在下心盘上,通过枕梁、横梁和侧梁等同时作用在 12 个轴箱弹簧上。

为了使转向架各轴均载,该转向架需在一定允许偏差范围内趋于满足以下条件:

①心盘中心处于构架的对称中心位置。

②各车轮直径一致,轴箱弹簧下支承面距轨面高度一致。

③各弹簧的工作高度及自由高一致。

④在铅垂载荷作用下,构架为绝对刚体。

为了提高曲线通过能力,在设计该转向架时采取了以下措施:

①切薄中间轮对轮缘。

②中间轮对处采用短瓦体轴瓦。

③增大轴箱与导框间隙。

复习思考题

1. 简述我国货车转向架的发展。

2. 转 8A 型转向架的结构特点是什么？

3. 转 8AG 和转 8G 型转向架在转 8A 型转向架的基础上有哪些技术进步？

4. 转 K2 型转向架与转 8A 型转向架在结构特点上有哪些区别？

5. 简述摆动式转向架的结构原理。

6. 转 K3 型转向架的结构特点是什么？

7. 简述径向转向架的结构原理。

8. 快速货车转向架有什么技术特点？

9. 简述多轴转向架如何实现各轮对之间的均载？

第四章
客车转向架

第一节　客车转向架的作用

铁道车辆转向架通常不会被铁路乘客注意到(图4-1)，尽管其默默无闻，但它在铁路安全运营中非常重要，并具有以下功能：

①支撑铁道车辆车体以及乘客、电气设备等；

②在直线和曲线轨道上稳定运行；

③通过悬架缓冲轨道不平度产生的振动，并最大限度地减少列车高速行驶在曲线上时离心力的影响，确保良好的乘坐舒适性；

④最大限度地减少轨道不规则和轨道磨损的产生。

图4-1　转向架及其位置

第二节　我国客车转向架的发展

自新中国成立以来，我国的客车转向架技术逐渐成熟，见图4-2。在20世纪50年代，我国首次自行设计了转向架101、102、103型，但是其由于结构性能差已经被淘汰。1959年中车青岛四方机车车辆股份有限公司(简称四方公司)生产了202型转向架,它采用了铸钢H形构架、导柱式轴箱定位装置等。70年代,我国研制出了U形结构的206型转向架和H形构架的209型转向架。209型转向架是在205型转向架的基础上研制成的,它采用了H形构架、导柱式轴箱定位装置、摇动台式摇枕弹簧悬挂装置等结构,性能大大提高。在209型构架的基础上产生了有弹性定位套轴箱定位结构的209T和采用盘形制动的209P型构架。

1994年,为了提高运行速度,我国相继研制出了206WP、206KP、CW-1、CW-2、209HS型转向架等准高速客车转向架。其运行性能优良,平衡性较好,速度快且舒适,是我国客车转向架技术的一大进步。在此基础上,研制了适用于160~200 km/h的SW-160型转向架。

1998年起,我国客车转向架逐步向高速转向架发展。在209HS的基础上优化研制了PW-200型转向架,优化了结构设计,提高了运行速度。为了提高速度,我国又研制出了无摇枕结构的CW-200型转向架。

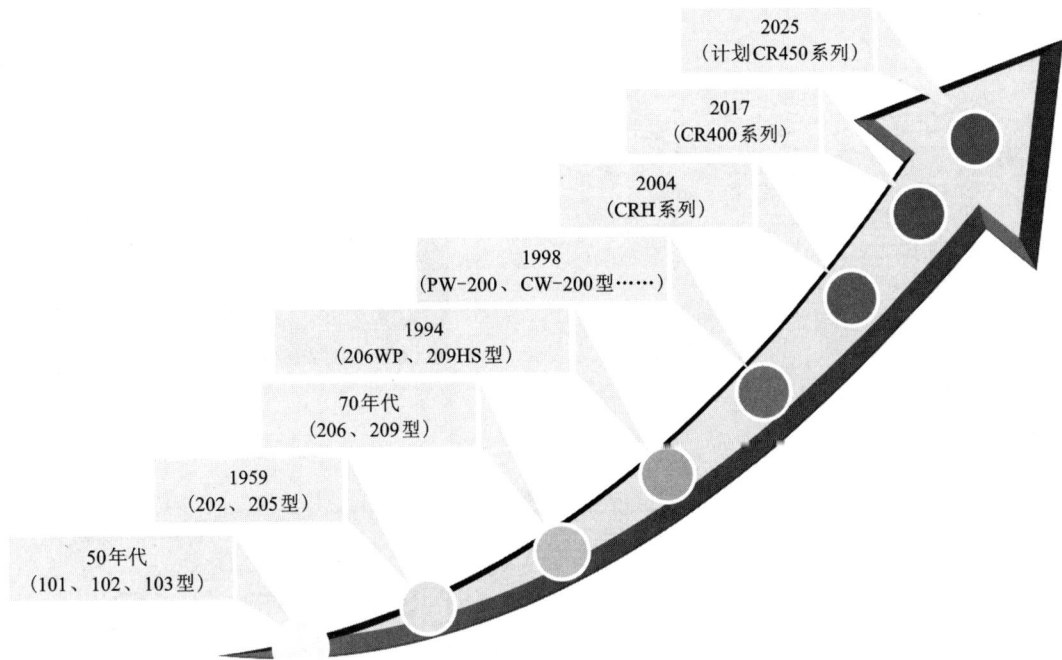

图4-2 中国客车转向架发展历程

从新中国成立初期到现在,我国的客车转向架在不断飞速地发展,性能逐渐优良,速度不断提高,运行逐渐趋于平稳。

客车主要是用来运送旅客的,因而对客车转向架的要求比货车转向架更加严格。为了使客车运行更加平稳,转向架通常采用两系弹簧装置,以便快速平稳地将旅客运送到目的地。为了改善客车的横向动力性能,转向架上还设有横向弹性复原装置。一些空气弹簧式的客车转向架采用无摇动台的结构。客车转向架一般采用双侧闸瓦踏面制动,高速客车则采用盘形制动或盘形制动加踏面制动的复合制动装置。客车转向架基本上包括轮对轴箱弹簧装置、摇枕弹簧装置、转向架构架和基础制动装置四个部分。

第三节 209T、209P、209PK 型客车转向架

一、209T 型转向架

209T 型转向架是在我国传统的转向架基础上改进的，运行平稳，结构简单，性能可靠，磨耗件少，检修方便。209T 型转向架是我国主型 D 轴客车转向架之一，适用于在时速 120 km 以下运行。它广泛应用于中国 23.6 m 和 25.5 m 铁路客车上。

209T 型转向架的外形如图 4-3 所示。它主要由构架、轮对轴箱弹簧装置、摇枕弹簧装置和基础制动装置构成。

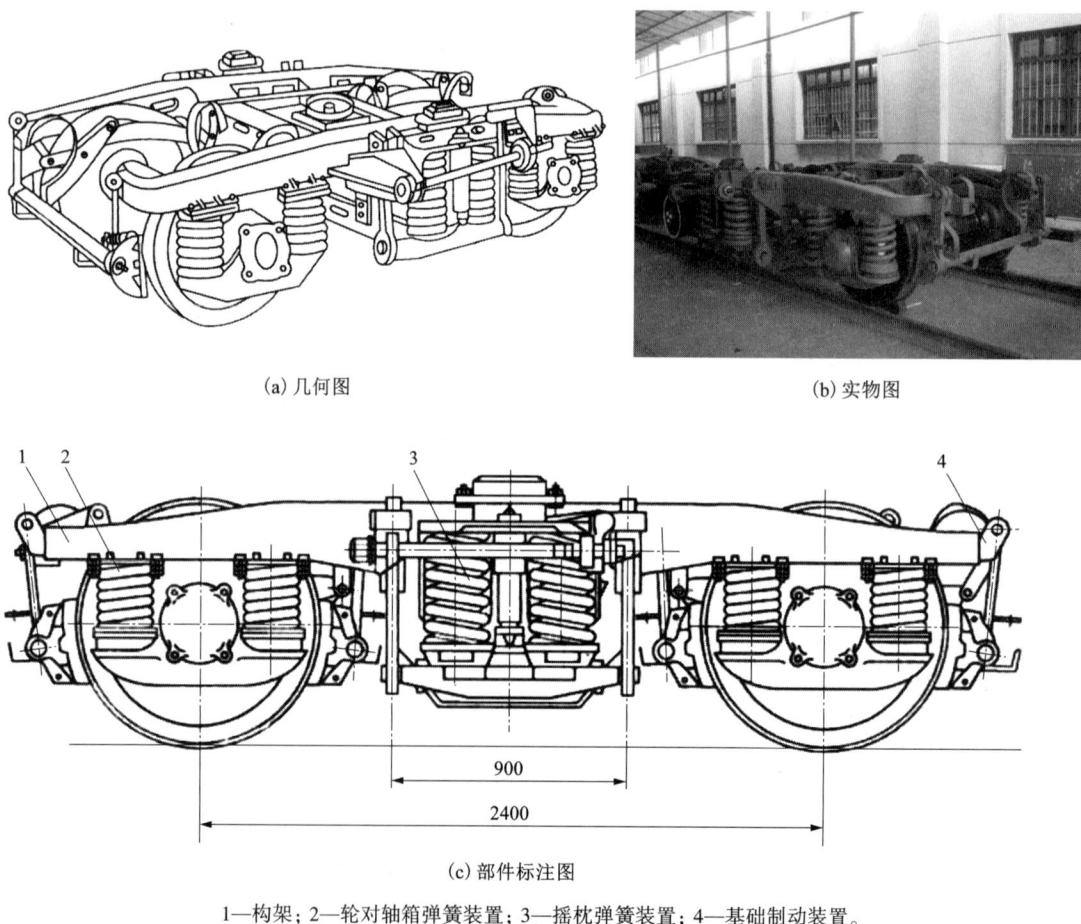

(a) 几何图　　　　　　　　　　　　　　　　(b) 实物图

(c) 部件标注图

1—构架；2—轮对轴箱弹簧装置；3—摇枕弹簧装置；4—基础制动装置。

图 4-3　209T 型转向架外形

1. 转向架

209T 型转向架构架采用铸钢一体式的 H 形构架，如图 4-4 所示。转向架构架把转向架各零件组合在一起，是转向架的主要组成部分。

构架主要由 2 根横梁、2 根侧梁和 4 段小端梁所组成。在侧梁与横梁交接处外侧铸有 4 个摇枕吊杆托架。摇枕吊杆通过摇枕吊销和活动的吊销支承板悬挂在托架上。在侧梁下面横梁与端梁之间共有 8 个轴箱弹簧支柱座，轴箱弹簧导柱用螺栓固定在构架的导柱座上。

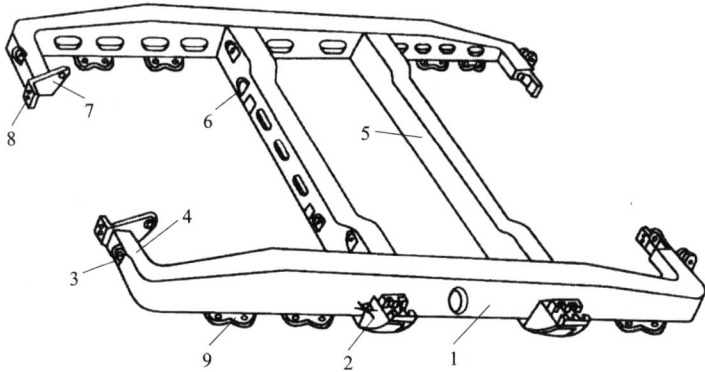

1—侧梁；2—吊杆托架；3—闸瓦托吊座；4—端梁；5—横梁；6—制动拉杆吊座；
7—固定杠杆支点座；8—缓解弹簧座；9—弹簧支柱座。

图 4-4　209T 型转向架构架

2. 轮对、轴箱和主悬架

209T 型转向架采用的是 RD_3 型滚动轴承轮对和相应的滚动轴承轴箱，配有 42726T 和 152726T 型滚动轴承。

它采用的轴箱弹簧装置为无导框式，如图 4-5 所示，包括轴箱体、轴箱弹簧、弹簧支柱、弹性定位套、定位座组成、支持环、橡胶缓冲垫、弹簧托盘。无导框式轴箱弹簧装置的优点是车辆的簧下部分只有轮对和轴箱，因此车辆与线路之间相互作用的动载荷较小，这对于改善车辆零部件和线路的受力条件都是有利的。

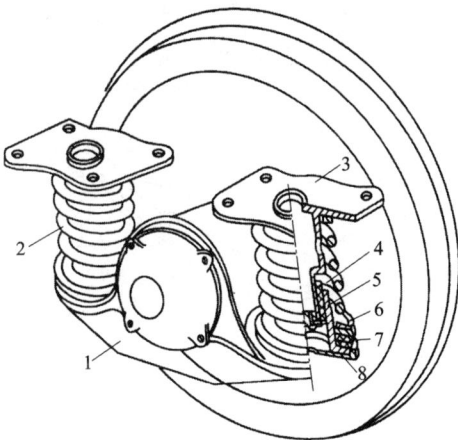

（a）几何图

（b）实物图

1—轴箱体；2—轴箱弹簧；3—弹簧支柱；4—弹性定位套；5—定位座组成；6—支持环；7—橡胶缓冲垫；8—弹簧托盘。

图 4-5　209T 型转向架轴箱弹簧装置

209T 型客车转向架轴箱弹簧采用单卷圆柱螺旋弹簧,缓和了一定的冲击和振动。轴箱定位装置采用了干摩擦导柱式弹性定位结构,轮对相对于构架在纵横两个方向的运动受到一定的弹性约束,从而可以抑制轮对的蛇行运动。

轴箱弹簧装置作用如下:

①连接作用。它将两个轮对和构架连为一体,组成了转向架。

②隔离和缓和振动及冲击。在轮对与构架之间的一系弹簧悬挂装置,能够隔离和缓和由轮对传来的振动和冲击。无导框式轴箱弹簧装置可帮助改善车辆零部件和线路的受力条件。在轴箱弹簧和轴箱托盘之间的橡胶缓冲垫可以吸收大部分来自簧下的高频振动,有利于缓和冲击和减少噪声。

③定位作用。导柱式的弹性定位结构可以抑制轮对的蛇行运动,起到了定位作用。定位程度与弹性定位套中橡胶的刚度和弹性定位套与定位座内的摩擦套之间的间隙有关。因此,摩擦套和定位套之间的间隙不能过大,否则定位效果差。

3. 支撑悬架

209T 型转向架的摇枕弹簧装置由摇枕、下心盘、下旁承、枕簧、油压减振器、弹簧托梁、摇枕吊轴、摇枕吊杆、纵向牵引拉杆、安全吊、摇枕吊销、摇枕吊销支承板、调整垫等主要零部件组成,如图 4-6 所示。

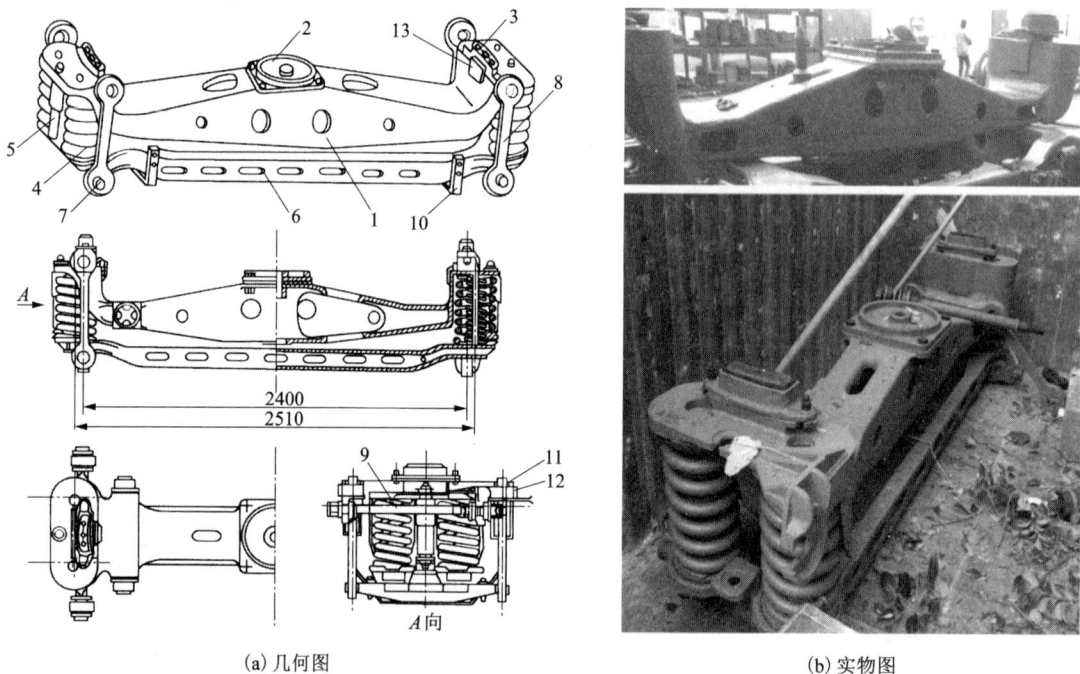

(a) 几何图   (b) 实物图

1—摇枕;2—下心盘;3—下旁承;4—枕簧;5—油压减振器;6—弹簧托梁;7—摇枕吊轴;
8—摇枕吊杆;9—纵向牵引拉杆;10—安全吊;11—摇枕吊销;12—摇枕吊销支承板;13—调整垫。

图 4-6　209T 型转向架摇枕弹簧结构

摇枕弹簧装置的具体构造以及各部分的作用如下:

①下心盘和下旁承用螺栓固定在摇枕上。

②摇枕为铸钢箱形鱼腹梁结构，并采用了外侧悬挂增加了摇枕弹簧的横向跨距。为了增加摇枕弹簧的静挠度并提高弹簧的上支承面，摇枕采用从构架侧梁的下部通过的形式，摇枕通过构架侧梁后的两端做成向上翘起的形状，以便安装高大的摇枕弹簧。在摇枕的两端还有安装纵向牵引拉杆的安装座及安装油压减振器的安装座。

③摇枕的两端支撑在两组双卷螺旋弹簧上，枕簧安放在弹簧托梁上。

④摇枕定位采用的是两端具有弹性节点的纵向牵引拉杆，取消了纵向摇枕挡。这种结构可以减缓摇枕和车体的纵向振动，具有无磨耗、不需润滑、维修简便、减少噪声等优点。

⑤摇动台式的摇枕弹簧装置，不但利用枕簧的作用可以二次缓和来自轮对的垂向振动和冲击，而且在横向由于摇动台吊杆的摆动使转向架具有横向复原作用，可以缓和来自水平方向的振动和冲击。

⑥在 209T 型转向架的摇枕和托梁之间与摇枕弹簧并联地装有垂向油压减振器。在摇枕的每端各装一个减振器，全车共 4 个。

⑦在构架的侧梁外侧装有钢板和橡胶制成的横向缓冲器，可以限制摇动台的横向摆动量。

⑧此外，209T 型转向架特设有钩高调整装置来调整车钩中心线的高度。在构架侧梁的摇枕托架内插入活动的吊销支承板(图 4-7)，其圆孔中心离上下边的偏心为 25 mm，只要上下倒置即可调整车钩高度。

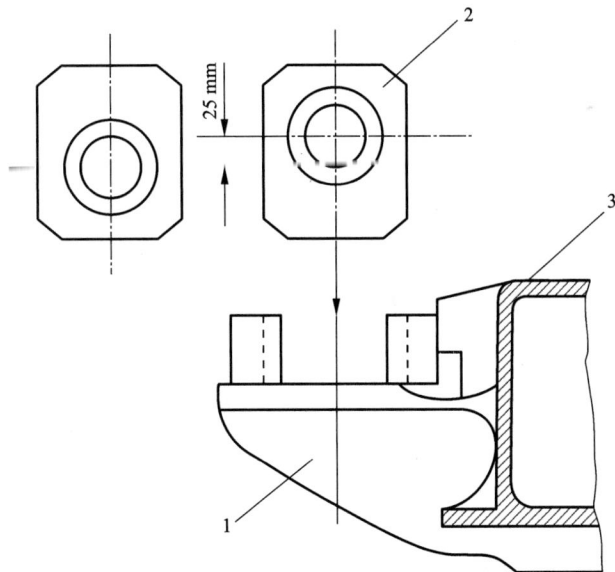

1—抱枕悬挂支架；2—吊销支承板；3—车架侧梁。

图 4-7　吊钩高度调节装置

4. 制动设备

209T 型客车转向架基础制动装置是双侧闸瓦制动，采用双片吊挂直接作用式基础制动装置。制动装置利用杠杆原理把制动缸的制动力经放大后传给轮对。由于同一车轮左右两侧均有闸瓦，每个闸瓦上的压力为单侧的一半，而且左右两侧闸瓦上的力对车轴的影响可以互相抵消一部分，因而可以减小由闸瓦压力引起的车轴弯曲应力。转向架的基础制动装置如图 4-8 所示。

(a) 实物图

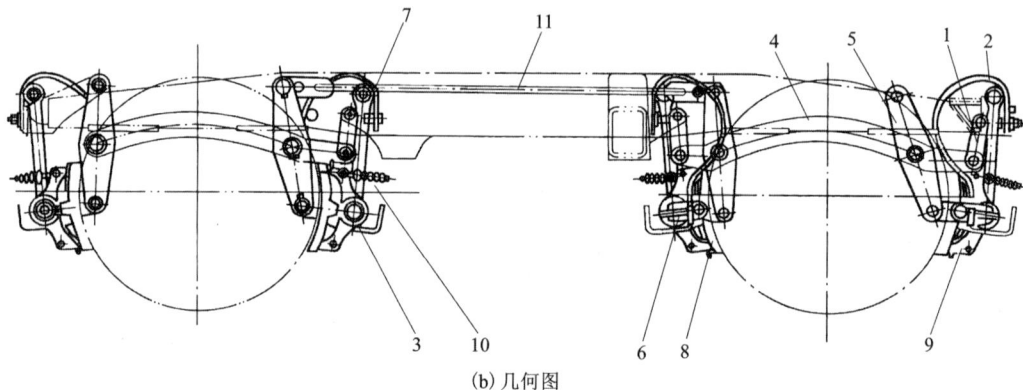

(b) 几何图

1—拉杆吊；2—缓解弹簧；3—制动梁；4—移动杠杆拉杆；5—移动杠杆；
6—拉环；7—闸瓦托吊；8—闸瓦；9—闸瓦托；10—闸瓦托弹簧；11—移动杠杆上拉杆。

图 4-8　209T 型转向架基础制动装置

制动过程中，移动杠杆同时绕两个圆销转动，直至所有闸瓦贴靠车轮为止。当转向架上 8 块闸瓦全部贴靠在车轮踏面上时，制动缸的制动力开始传给闸瓦和车轮，阻止车轮转动。由于所有移动杠杆的两臂的比例是一样的，根据杠杆原理，每个闸瓦上的压力大小是一致的。209T 型转向架的基础制动装置工作时，制动力由制动梁直接传递给闸瓦，这种作用方式称作"直接作用式"。有些转向架（如 202 型）的基础制动装置，制动力由制动梁经过闸瓦托吊的杠杆作用间接传递给闸瓦，为"间接作用式"。

基础制动装置的作用为：

①传递制动缸所产生的力到各个闸瓦；

②将产生的力增大到一定的倍数；

③使各个闸瓦所受到的压力大小相等。

要想在制动时得到必要的制动力，就必须有一定的闸瓦压力。闸瓦压力是来自制动缸活塞的推力，活塞推力的大小与制动缸内径大小及空气压力的大小成正比。为了不使用过大的制动缸而得到较大的闸瓦压力，通常的做法是将制动缸活塞上的推力经过基础制动装置放大一定的倍数再传给各闸瓦。

把制动缸活塞传给一台转向架所有闸瓦上的压力总和与制动缸活塞经过上拉杆传至转向架基础制动装置的作用力 P_1 的比值称为"转向架的制动倍率"。一台转向架制动倍率的大小可以由图 4-9 所示的简图来计算。

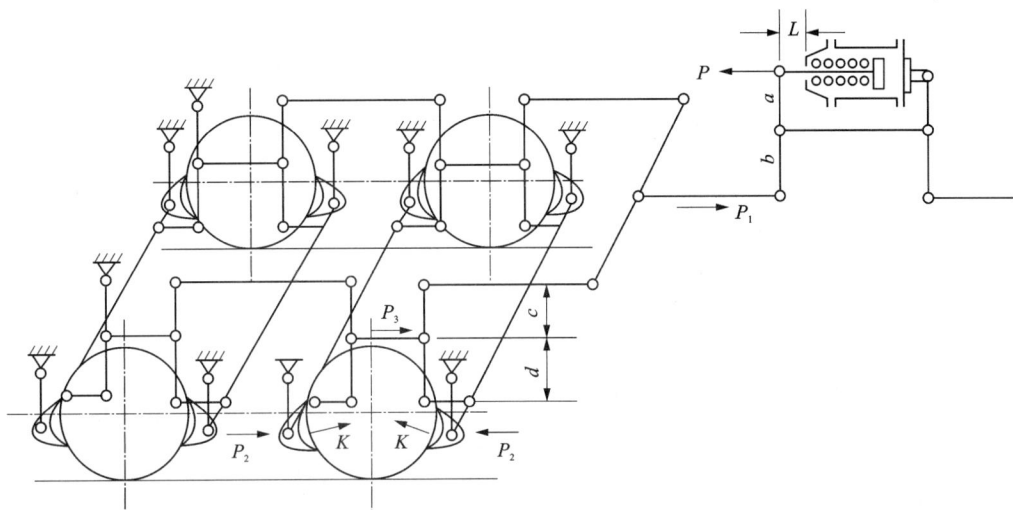

图 4-9　转向架的制动倍率计算

图中，L 表示制动缸活塞的行程，此时所有闸瓦都已贴靠车轮，作用在制动缸活塞上的空气压力所产生的活塞推力为 P，通过活塞杆传给制动缸前的杠杆系统。根据杠杆原理，上拉杆所受拉力 P_1 为

$$P_1 = \frac{a}{b} \cdot P \tag{4-1}$$

力 P_1 经上拉杆传到转向架基础制动装置两侧的第一个移动杠杆。由于基础制动装置左右两侧的杠杆系统完全相同，因此，只要计算出一根制动梁的两个闸瓦压力再乘以 4 便是一台转向架闸瓦的总压力。图 4-9 中 P_2 表示作用于第一根制动梁上的水平力，K 表示一根制动梁上两块闸瓦压力之和，K 与 P_2 之间在水平方向的夹角为 α。由杠杆原理可知

$$P_2 = \frac{c}{d} \cdot P_1 = \frac{ac}{bd} \cdot P \tag{4-2}$$

$$K = P_2 \cdot \cos\alpha = \frac{ac}{bd} \cdot P \cdot \cos\alpha \tag{4-3}$$

闸瓦压力之总和为

$$\sum K = 4\frac{ac}{bd} \cdot P \cdot \cos\alpha \tag{4-4}$$

由于 α 角很小，计算时可简化忽略不计，压力之和为

$$\sum K = 4\frac{ac}{bd} \cdot P \tag{4-5}$$

则制动倍率为

$$n = \frac{\sum K}{P_1} = 4\frac{c}{d} \tag{4-6}$$

5. 车轴发电

在部分 209T 型转向架上装有车轴发电装置(图 4-10),它由感应子发电机和发电机轴端三角皮带传动装置组成。

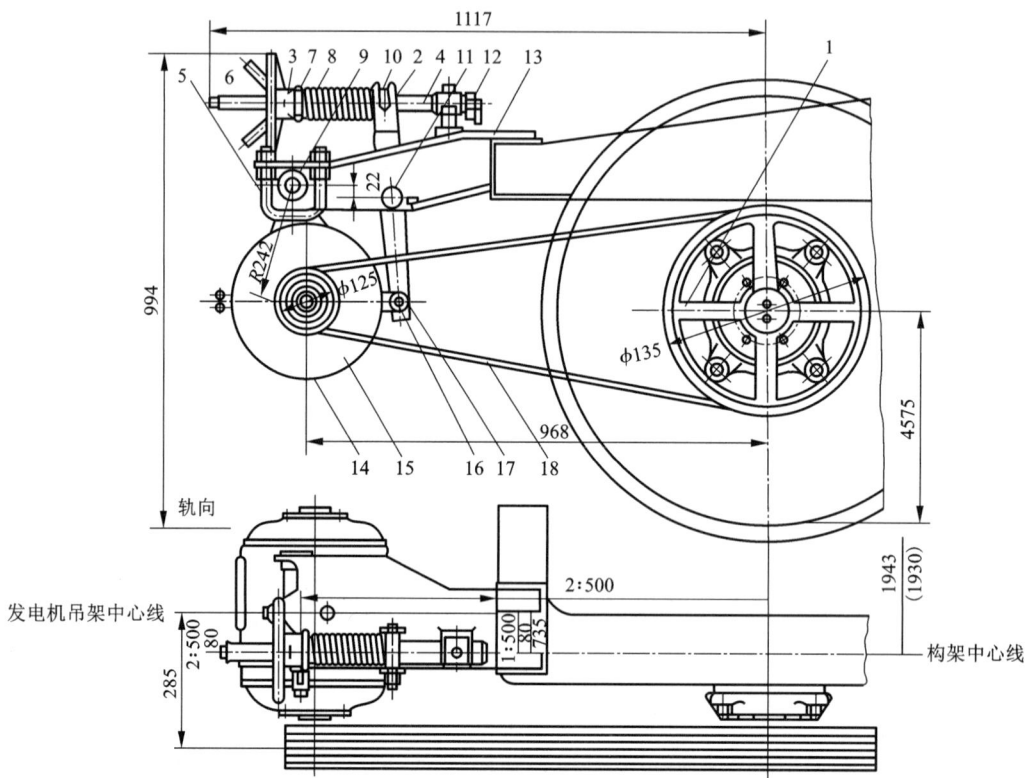

1—轴端皮带轮装置;2—调节杆;3—调节手柄;4—调节螺钉;5—发电机安全吊;6—销;7—弹簧座;
8—调节弹簧;9—发电机吊轴;10—活动弹簧座;11—杠杆固定销轴;12—螺母;13—发电机吊架;
14—耐磨铁箍;15—发电机;16—发电机托销;17—发电机托;18—三角皮带。

图 4-10 转向架电机悬挂装置

车轴发电装置是由运行中的客车的车轴驱动发电机产生电能以供客车用电的装置。采用车轴发电装置,需要在单节客车上安装一套独立的供电设备,即相互配合使用的发电机和蓄电池组。发电机悬挂在客车的底架或转向架的构架上。列车运行时,车轴通过皮带或齿轮传动,驱动发电机发电。发电机发出的电能通过车体配线输入车内以供使用,并同时输向蓄电池以供充电。

当列车低速运行或停车,发电机不能供电时,则由蓄电池通过车体配线向车内供电,蓄电池的充电或放电由专用的附属装置来控制。在这种供电方式下，习惯上把安装有用电器、附件、车体配线，以及安装有控制箱、发电机和蓄电池组的客车叫"母车"；把只安装有用电器、附件和车体配线的客车叫"子车"。一列客车中母车和子车数的比例要根据用电量和列车编组情况而定。子车的用电是通过电力连接器、配电盘以及有关配线而从母车输送来的。

轴端三角皮带传动装置包括：发电机吊架、皮带拉紧装置和轴端连接装置三个部分。发电机吊架和皮带拉紧装置焊接在一位转向架构架三位端梁的外侧。发电机通过一根吊轴吊挂在发电机吊架上。轴端连接装置由三角皮带轮、退卸套、轴端压盖和专用的轴箱前盖等组成，三角皮带轮依靠退卸套紧套在加长的 RD$_4$ 型车轴上，轴端压盖用螺栓紧固在轴端，车轴转动时带动轴端的三角皮带轮转动，然后通过 5 根三角皮带带动发电机轴上的小皮带轮，使发电机发电。依靠皮带拉紧装置可以根据需要来调整 5 根 B 型三角皮带的松紧程度。

二、209P、209PK 型转向架

1. 209P 型转向架

209P 型转向架是中国国内干线铁路 140 km/h 速度等级客车用主型转向架之一，主要用于 25B、25G 型客车及部分特种车型，具有运营成本低、结构简单可靠、运行性能优良稳定、易于维护等优点，装用的 209 系列转向架约 3.3 万台，在中国各大铁路干线、支线上运营。其结构如图 4-11 所示，为了适应较高速度的需要，其基础制动装置采用盘形制动加单侧踏面制动的复合制动系统，其余结构则与 209T 型转向架完全相同。209P 型转向架主要用于 25.5 m 客车上。

图 4-11 209P 型转向架

2. 209PK 型转向架

209PK 型是在 209 型转向架成熟结构的基础上，采用空气弹簧、盘形制动和抗侧滚扭杆等新技术进行改进设计的新型客车转向架（型号字母 P 代表盘形制动，K 代表空气弹簧）。209PK 型客车转向架结构如图 4-12 所示，其主要是为 25.5 m 双层空调客车设计的转向架，最高运行速度为 140 km/h。它不仅能满足双层客车的结构特点和运行要求，而且也能适用于普通客车。

为了满足双层客车重心高、载客量大的要求，209PK 型转向架在 209T 型转向架的基础上做了改进：在二系悬挂中采用了空气弹簧，代替原来的钢弹簧；在摇枕与空气弹簧托梁之间增设了抗侧滚扭杆装置；摇枕与构架侧梁之间安装了横向油压减振器；基础制动装置采用了盘形制动单元和单侧踏面的复合制动系统，并采用了制动力空重车自动调整等新技术。

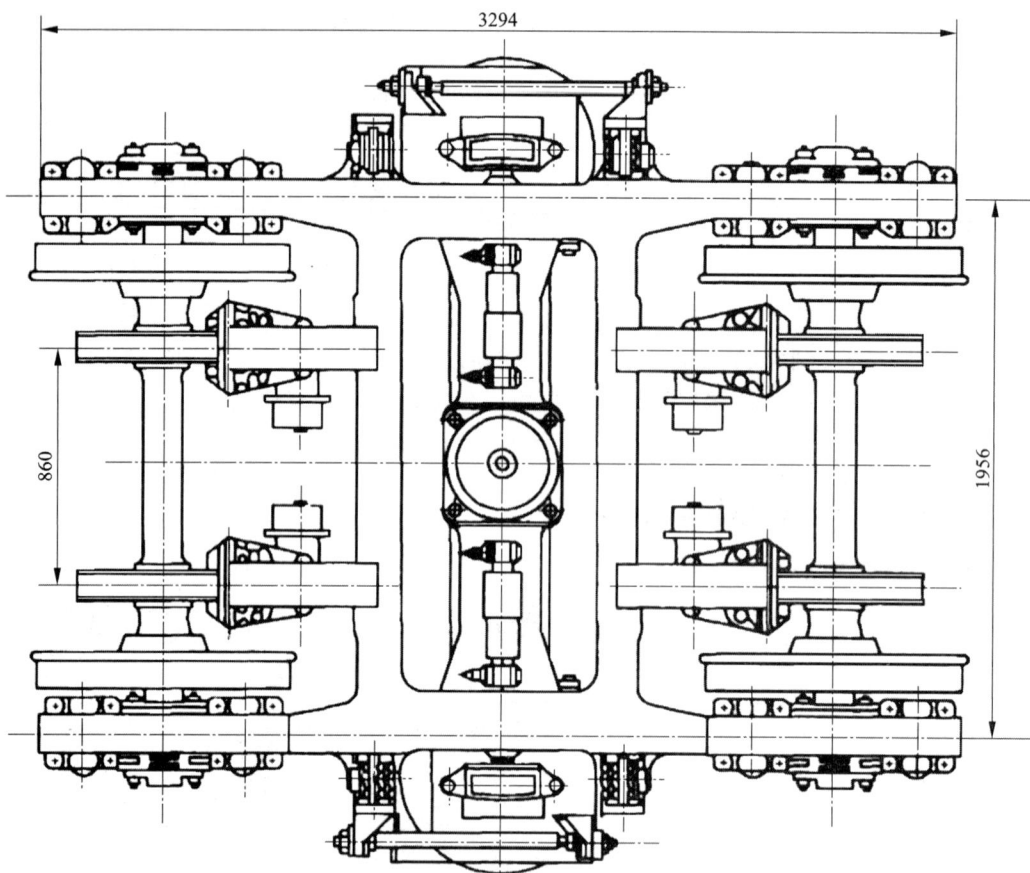

图 4-12 209PK 型转向架

第四节 206(207)、SW160、SW220K 型客车转向架

206 型转向架是我国主型 D 轴客车转向架,它的最高运行速度为 160 km/h。206 型转向架采用的侧部中梁下凹的 U 形构架,使摇枕得以从构架侧梁上部通过,便于增加摇枕弹簧的静挠度和加大摇枕弹簧的横向距离;206 型转向架还采用了干摩擦导柱式轴向定位、小摇动台式摇枕弹簧悬挂、双片吊环式单节摇枕吊杆、构架外侧悬挂、两系圆弹簧悬挂、摇枕弹簧带油压减振器、吊挂式闸瓦踏面基础制动技术。

206 型转向架结构如图 4-13 所示,它主要是由轮对、轴箱弹簧装置、U 形构架、摇枕弹簧装置、基础制动装置、车轴发电装置组成。它采用 RD₃ 型车轴,适用于在 1435 mm 准轨线路运行,并且它主要用于 23.6 m 和 25.5 m 的铁路客车上。

(a) 实物图

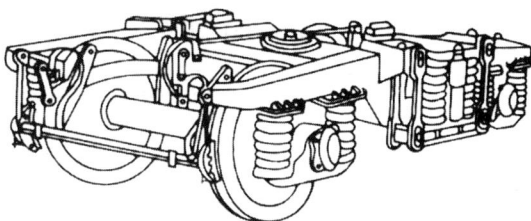

(b) 三维图

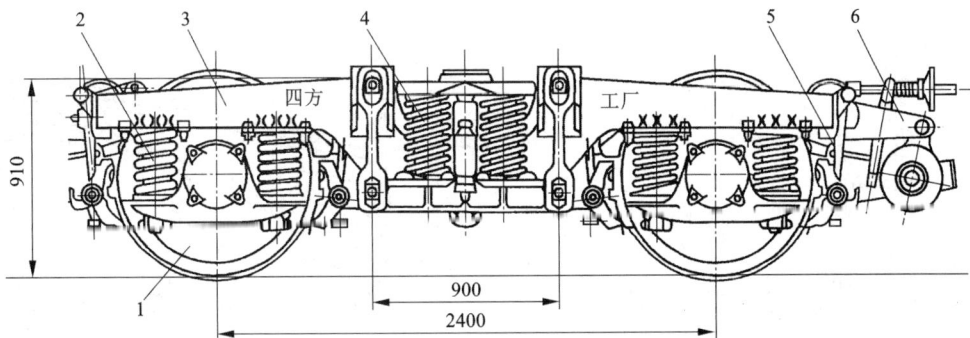

(c) 几何图

1—轮对；2—轴箱弹簧装置；3—U 形构架；4—摇枕弹簧装置；5—基础制动装置；6—车轴发电装置。

图 4-13　206 型转向架结构

一、206 型转向架

1. 转向架

206 型转向架构架为铸钢一体式结构，它的两根侧梁中央下凹成 U 形，为 U 形构架，如图 4-14 所示。该构架主要由 2 根侧梁、2 根横梁和 4 根小端梁组成；侧梁上还焊有 4 个摇枕吊环托架；横梁与小端梁之间的侧梁下面有 8 个轴向弹簧支柱座；横梁与端梁外侧面还焊有闸瓦托吊座、缓解弹簧座和制动拉杆吊座。

2. 轮对、轴箱和主悬架

206 型转向架的轴箱弹簧装置与 209T 型基本相同，采用弹簧导柱式的无导框结构和干摩

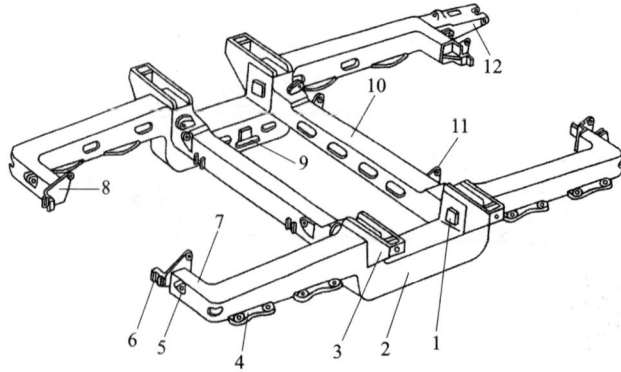

1—磨耗板；2—U 形构架；3—吊环托架；4—弹簧支柱座；5—闸瓦托吊座；6—缓解弹簧座；7—端梁；
8—固定杠杆支点座；9—弹性止挡磨耗板；10—横梁；11—拉杆吊座；12—发电机吊架。

图 4-14　206 型转向架构架

擦支柱式的轴箱定位装置。但是 206 型转向架的定位装置中没有弹性定位套，由轴箱橡胶垫
实现弹性定位的作用。

3. 支撑悬架

206 型客车转向架的摇枕弹簧装置采用两组圆弹簧加油压减振器的摇动台结构，见
图 4-15。

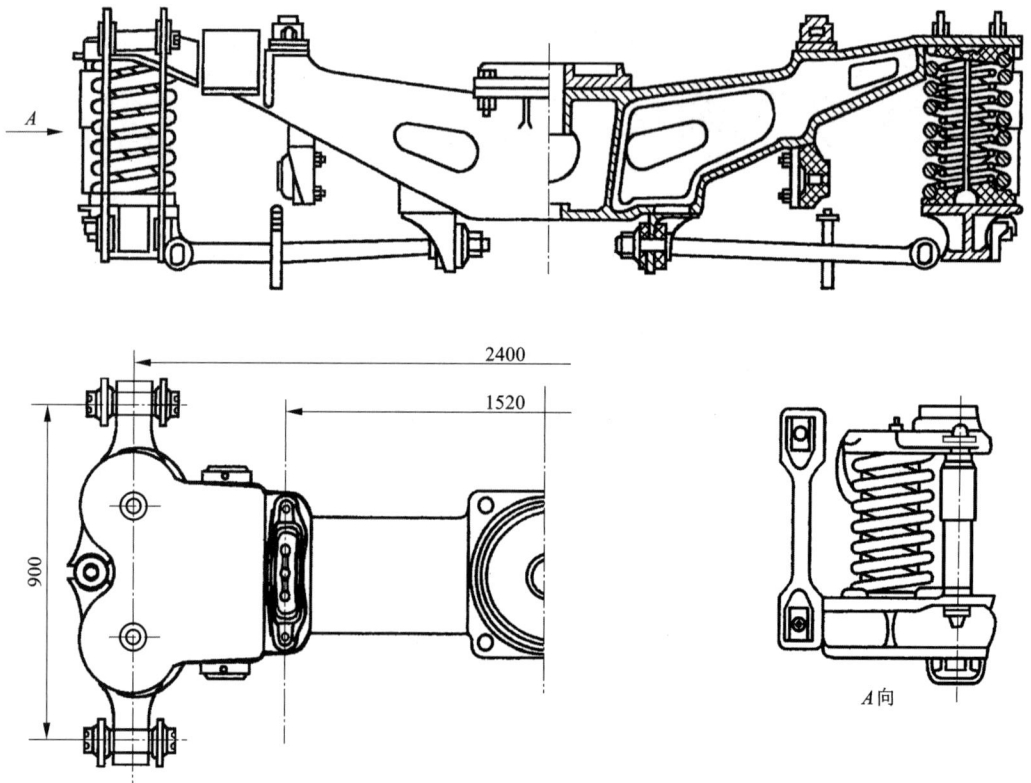

图 4-15　摇枕弹簧装置

它的主要结构特点如下：

①构架侧梁中部向下凹陷，摇枕从构架上部通过。

②摇动台结构中取消了贯通式弹簧托板，而代之以互不连接的两个弹簧承台。弹簧承台与摇枕吊轴成一体。

③在弹簧承台与摇枕底部之间安装有一根横向定位拉杆，可使枕簧有上下变形，但不允许弹簧作横向水平方向的变形，使弹簧免于承受水平力，其受力状态得到改善，延长了弹簧的使用寿命。

④摇枕吊杆为双片吊环式，有效长度为 574 mm，为长吊杆。

⑤为了避免摇枕吊环在横向摆动过大，摇枕下面设有专门的橡胶缓冲挡。

⑥在摇枕端部的两侧还设有带橡胶垫的摇枕纵向挡，以限制摇枕的纵向位移。

206 型客车转向架的基础制动装置也是双侧闸瓦制动，采用双片吊挂直接作用式，与 209T 型客车转向架的基础制动装置基本相同。

206 型客车转向架的车轴发电装置也与 209T 型客车转向架相同。

二、207、206(207)G、207P 型转向架

207 型客车转向架，其结构形式与 206 型客车转向架完全相同，最高运行速度为 120 km/h，但采用 RD$_{10}$ 型车轴，以适应 1502 mm 的国外宽轨线路。它适用于中、蒙、俄国际联运列车的软、硬卧客车和行李车。

206、207 型转向架有结构可靠、磨耗件少、检修比较方便、运行平稳等优点，且它的 U 形构架结构为进一步设计无摇动台转向架提供了有利条件。在它们的基础上设计制造了 206(207)G 型转向架，进一步提高了速度，改善了横向动力性能。

206(207)G 型转向架主要做了如下改进：

①取消了原摇枕纵向挡机构，在摇枕两端与构架侧梁之间设置 2 根纵向拉杆，用于传递摇枕与构架之间的纵向作用力(牵引力)。

②在摇枕与构架间增设了 2 个横向油压减振器，提供横向运动阻尼，提高了车辆的横向运动稳定性和运行平稳性。

③对摩擦导柱式轴箱定位装置进行了改进，利用了轴箱缓冲橡胶垫的径向压缩刚度，使导柱定位装置的定位刚度大大提高。

207P 型转向架选用钢板压型组焊的 U 形构架，其摇枕弹簧装置基本与 206G 相同。207P 型转向架是在 206G 基础上，加装盘形制动装置设计而成。轮对轴箱装置与 209P 型转向架基本相同。轴承采用标准的 42726QT、152726QT 型(或新型 NJ3226X1、NJP3226X1 轴承)。

三、SW160、SW220K 型转向架

SW160 型转向架实物如图 4-16 所示，是四方公司继第一代广深线准高速客车转向架和 1997 年提速车用 206KP 型转向架之后推出的新型转向架，它继承了 206KP 型转向架经长期运用考验表明的较为成熟和稳重的技术特点，是在对运用及检修中暴露的一些不足加以认真分析总结的基础上开发研制的，它主要应用在提速车上，"SW"为四方公司字母缩写，"160"代表构造速度。

2004 年，为满足铁路干线第五次提速的需要，四方公司研究开发了持续运行速度

160 km/h 的 SW220K 型转向架，装用于 25T 型提速客车和 BSP25T 型提速客车上，其实物如图 4-17 所示。其特点有：

①采用了无摇枕的空气弹簧二系悬挂结构，车体直接置于空气弹簧上；

②外侧悬挂，提高了抗侧滚性能，该转向架未设抗侧滚扭杆装置；

③采用了抗蛇行减振器，提高了转向架蛇行运动的稳定性；

④采用转臂式弹性轴箱定位装置。

图 4-16　SW160 型转向架实物图

图 4-17　SW220K 型转向架实物图

SW160 较之 206KP 型，其空气弹簧横向间距加宽至 2300 mm，以实现外侧悬挂，这样不仅有利于提高运行稳定性和抗侧滚性能，同时也取消了抗侧滚扭杆装置，简化了转向架结构。构架由 206KP 型的两片 U 形压型梁改为 4 块钢板拼焊结构。SW160 型改进了悬挂参数，提高了车辆运行的稳定性。结构改进如图 4-18 和图 4-19 所示。

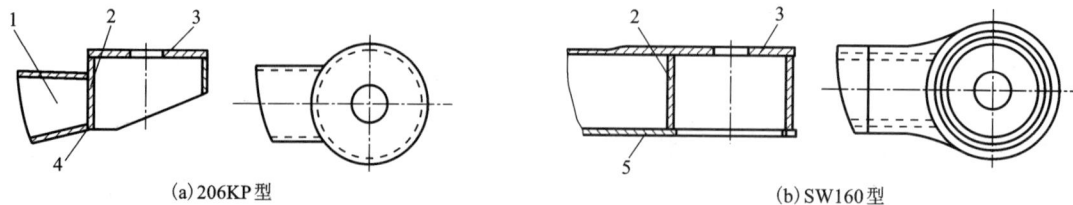

(a) 206KP 型　　　　　　　　　　　　　　　　(b) SW160 型

1—侧梁；2—轴箱弹簧缸；3—上盖；4—搭接焊缝；5—侧梁下盖。

图 4-18　侧梁端部结构的改进

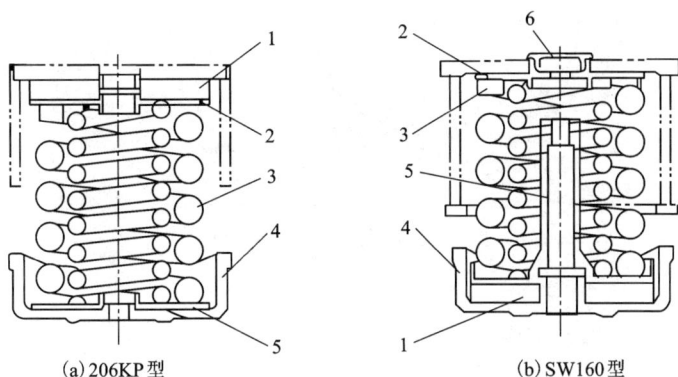

（a）206KP型　　　　　　　　（b）SW160型

1—缓冲垫；2—上弹簧夹板；3—轴箱弹簧；4—摆臂；5—下弹簧夹板；6—防锈帽。

图4-19　轴箱弹簧定位结构改进

第五节　准高速客车转向架

准高速客车是指运行速度在 160 km/h 和 200 km/h 之间的客车。速度在 200 km/h 以上的客车称为高速客车。本节主要介绍 209HS 型、206WP 型、206KP 型和 CW-2 型准高速客车转向架的结构以及性能。

一、209HS 型转向架

209HS 型转向架是在 209T 和 209PK 型转向架的基础上研制成功的，目前主要应用在准高速双层客车上。209HS 型客车转向架的结构如图 4-20 所示，由轮对轴箱弹簧装置、转向架构架、摇枕弹簧装置和基础制动装置组成。

为了保证高速下的运行平稳性和安全性，209HS 型转向架主要采取了下列技术措施：

①轴箱定位装置采用无磨耗的橡胶堆定位结构，代替了原来的干摩擦导柱式弹性定位结构，既避免了有害的磨耗又能保证所需要的纵、横向轴箱定位刚度。

②在轴箱与构架之间加装了一个垂向油压减振器，它可以减少构架的点头和浮沉振动。

③摇枕弹簧装置仍然采用传统的摇动台结构，但以空气弹簧代替了圆弹簧，有利于提高垂向平稳性，而且可使车钩的连挂高度不随载重量的大小而变化。

④为了减少车体的横向振动，在摇枕与构架侧梁中部之间安装了两个横向油压减振器。

⑤为了增加车体的抗侧滚刚度，在摇枕与弹簧托梁之间，设置了抗侧滚扭杆装置以限制车体的侧滚角位移。

⑥采用了全旁承支重，能够有效抑制转向架的蛇行运动。

⑦为了保证高速下紧急制动的距离不超过 1400 m，基础制动装置采用了单元盘形制动加单侧踏面制动的复合制动系统。同时在车轴的端部装有电子防滑器，以防止制动时车轮抱死。

(a) 实物图

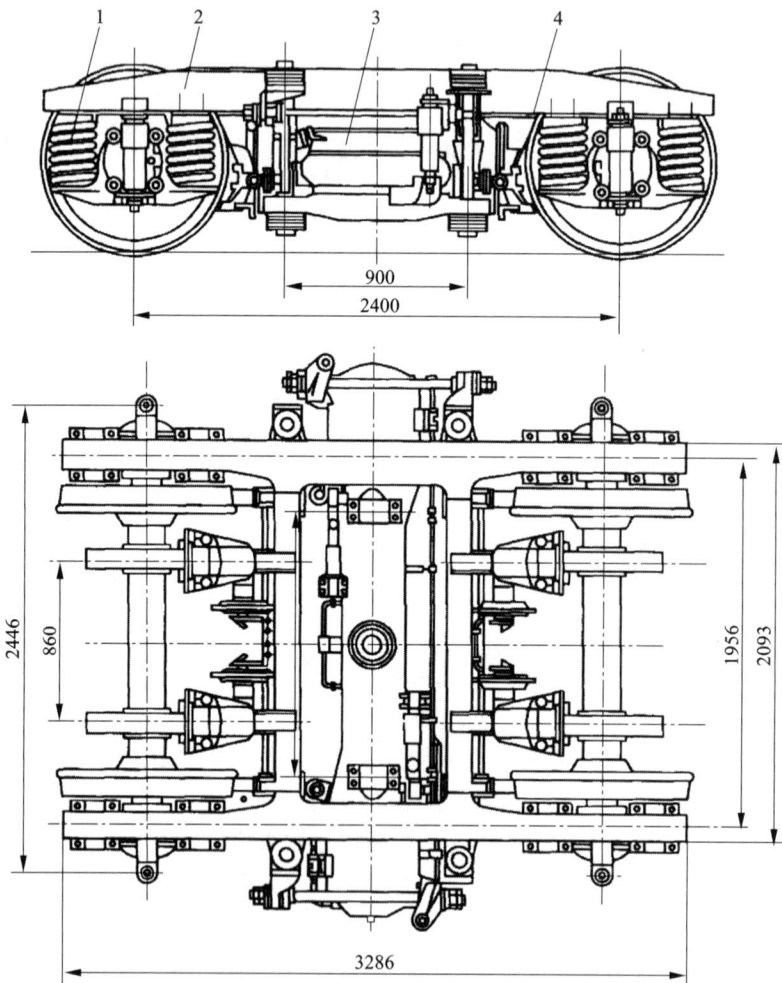

(b) 几何图

1—轮对轴箱弹簧装置；2—转向架构架；3—摇枕弹簧装置；4—基础制动装置。

图 4-20　209HS 型转向架

1. 转向架

209HS 型转向架构架与 209T 型相同，均为 H 形构架，如图 4-21 所示，构架由两根侧梁和两根横梁组成。在构架上设有弹簧导柱座、摇枕吊座、轴箱减振器座、横向油压减振器座、牵引拉杆座、盘形制动单元吊座、闸瓦托吊座和闸瓦制动缸吊座等。

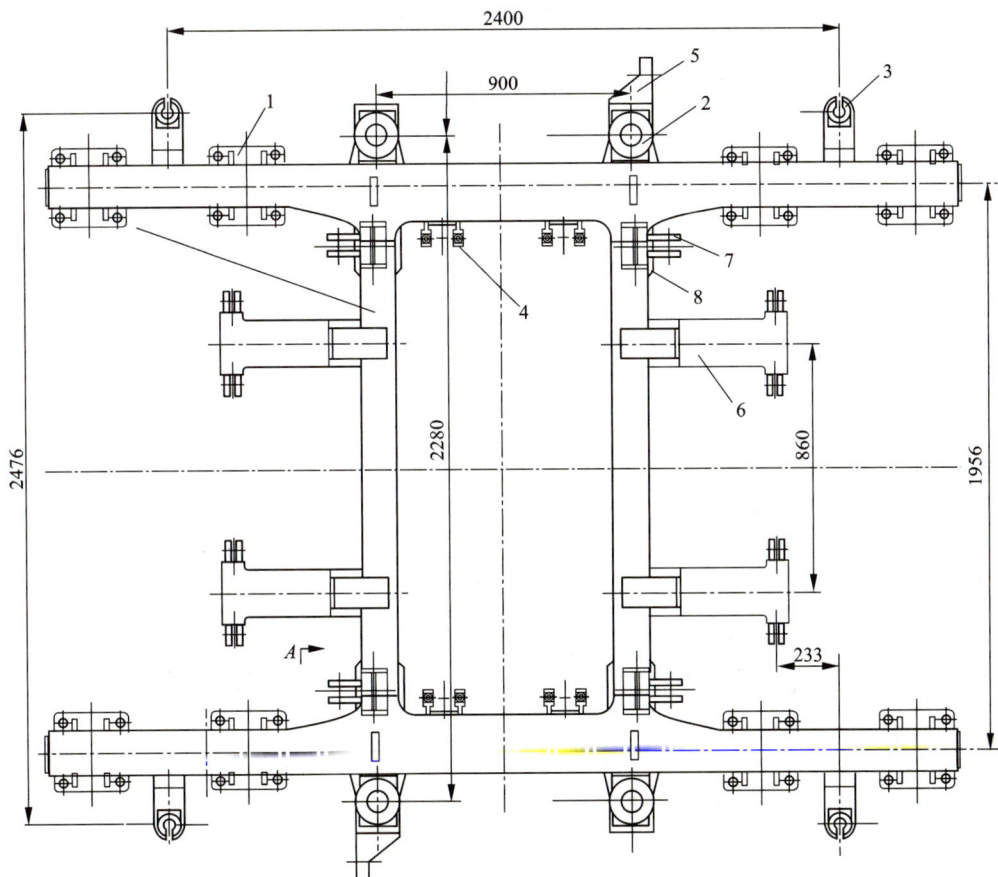

1—弹簧导柱座；2—摇枕吊座；3—轴箱减振器座；4—横向油压减振器座；
5—牵引拉杆座；6—盘形制动单元吊座；7—闸瓦托吊座；8—闸瓦制动缸吊座。

图 4-21 转向架构架

2. 轮对、轴箱和主悬架

209HS 型转向架采用了带有制动盘座的非标准 RD_3 型滚动轴承轮对和 SKF 轴承。

它的轴箱弹簧装置由轴箱体、油压减振器、轴箱圆弹簧、弹簧导柱、橡胶堆定位器、支持环、缓冲橡胶垫及防松吊座等组成，结构如图 4-22 所示。油压减振器采用的是单向油压减振器。当轮对相对于构架运动时，橡胶堆定位器在三个方向均有弹性定位作用。

3. 支撑悬架

209HS 型转向架的摇枕弹簧装置结构如图 4-23 所示。

它的结构特点如下：

①摇枕为鱼腹形。内腔分割成左、右两个独立空间，气密性良好，用来作为空气弹簧的

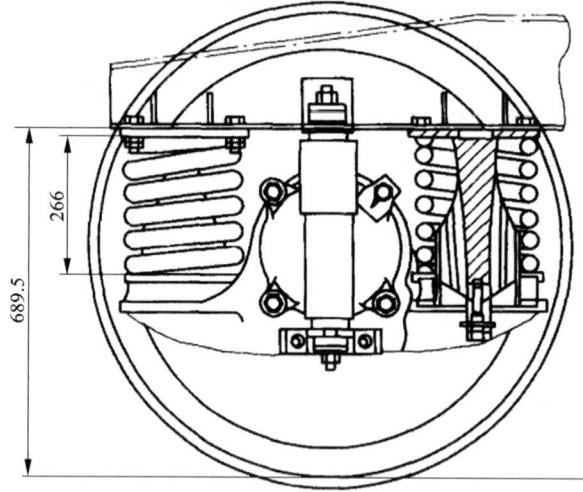

图 4-22　轴箱弹簧装置

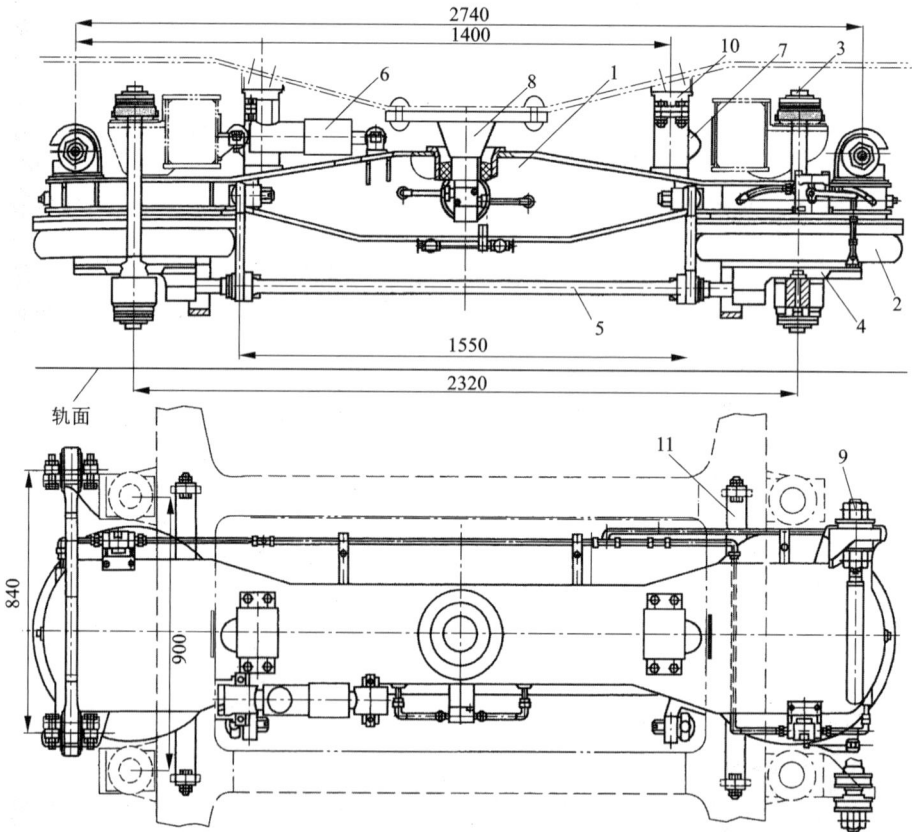

1—摇枕；2—空气弹簧装置；3—弹性摇枕吊装置；4—弹簧托梁装置；5—抗侧滚扭杆装置；6—横向油压减振器；
7—横向缓冲器；8—中心销牵引装置；9—牵引拉杆装置；10—旁承支重装置；11—安全吊。

图 4-23　摇枕弹簧装置

附加空气室。摇枕通过两端的下平面置于左、右两个空气弹簧上。

②空气弹簧为自由膜式，安装在弹簧托梁上，通过上盖的开孔与摇枕附加空气室相通。空气弹簧与附加空气室之间的可变节流孔可以起到减振的作用，所以转向架不再设置垂向油压减振器。此外，左、右两空气弹簧之间通过差压阀相连，从而避免了左、右空气弹簧之间的压力差超过一定限度而危及行车安全。

③转向架的摇动台机构由用螺栓固定在吊轴上的弹簧座通过 4 根摇枕吊杆悬挂于构架侧梁外侧组成。摇枕吊杆采用了弹性吊杆装置，在吊杆的上、下两端与吊座、吊轴的连接处设置了橡胶堆，消除了以往金属销套连接结构的有害摩擦和磨耗，同时增加了摇枕吊杆的有效长度，降低了摇动台的横向刚度，提高了横向平稳性。

④旁承支重装置由设置在车体枕梁下的上旁承和安装在摇枕上的下旁承、旁承板构成。旁承板表面涂一层聚四氟乙烯材料，与上旁承形成一对摩擦副，选择适当的摩擦系数，可得到理想的摩擦阻力矩，能够有效抑制转向架相对于车体的蛇行运动。

⑤牵引装置由牵引中心销装置和牵引拉杆装置两个相互独立的部分组成。

⑥抗侧滚扭杆装置设置在摇枕与弹簧托梁之间。当车体出现侧滚角位移时，连接在摇枕一端的固定杆向上运动，而另一端的固定杆则向下运动，通过扭臂的作用扭杆发生扭转变形，由此产生的反力矩阻止车体的侧滚角位移，从而改善了车体的横向动力性能。

⑦在摇枕与构架侧梁之间设有两个横向油压减振器，以改善高速运行时的横向动力性能。

4. 制动设备

209HS 型转向架的基础制动装置如图 4-24 所示，采用单元盘形制动加单侧踏面制动的复合制动系统。

单元盘形制动装置与以往的杠杆式基础制动装置相比，不仅制动力较大，而且减少了大量的销、套之间的磨耗，为检修运用带来方便。在基础制动装置中同样设有手制动机构。

209HS 型基础制动装置的制动力比较大，为了防止紧急制动时车轮抱死，通常在车轴端部装有电子防滑器。

综上，为了保证高速下的运行平稳性和安全性，209HS 型转向架与 209T 型转向架相比主要采取了下列技术措施：

①轴箱定位装置采用无磨耗的橡胶堆定位结构，代替了原来的干摩擦导柱式弹性定位结构，既避免了有害的磨耗又能保证所需要的纵、横向轴箱定位刚度。

②在轴箱与构架之间加装了一个垂向油压减振器，它可以减少构架的点头和浮沉振动。

③摇枕弹簧装置仍然采用传统的摇动台结构，但以空气弹簧代替了圆弹簧，有利于提高垂向平稳性，而且可使车钩的连挂高度不随载重量的大小而变化。

④为了减少车体的横向振动，在摇枕与构架侧梁中部之间安装了两个横向油压减振器。

⑤为了增加车体的抗侧滚刚度，在摇枕与弹簧托梁之间，设置了抗侧滚扭杆装置以限制车体的侧滚角位移。

⑥采用了全旁承支重，能够有效地抑制转向架的蛇行运动。

⑦为了保证高速下紧急制动的距离不超过 1400 m，基础制动装置采用了单元盘形制动加单侧踏面制动的复合制动系统。同时在车轴的端部装有电子防滑器，以防止制动时车轮抱死。

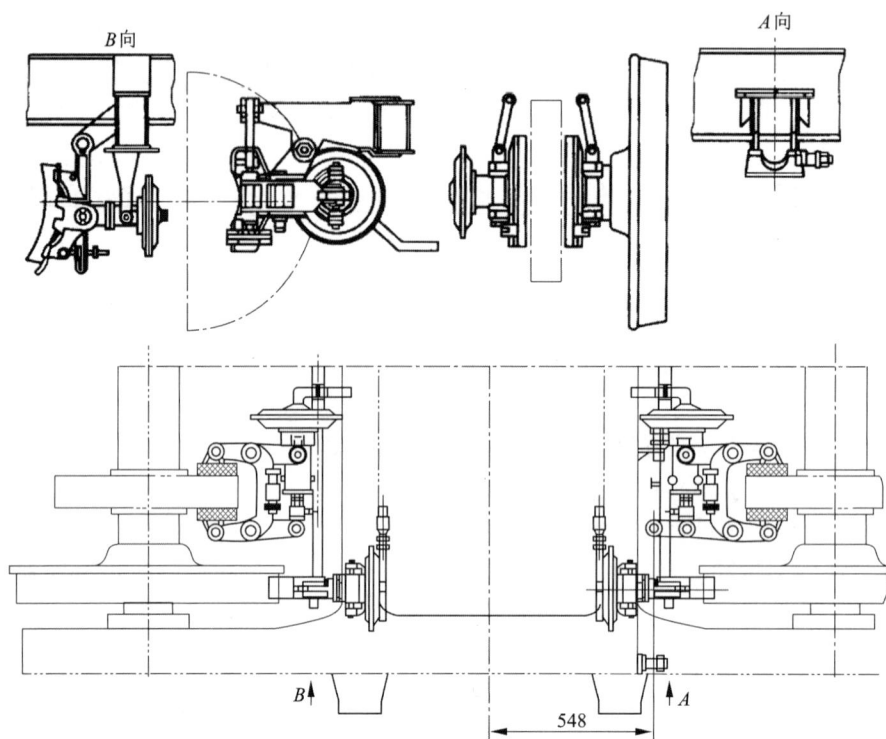

图 4-24 基础制动装置

二、206WP、206KP 型转向架

206WP、206KP 型转向架是在 206 型基础上研制的准高速客车转向架，两者总体形式除了二系摇枕弹簧悬挂装置和构架侧梁局部不同外基本是一致的。206WP 型转向架实物如图 4-25 所示。

图 4-25　206WP 型转向架

两转向架的主要结构均为无摇动台结构、全旁承支重、弹性中心销轴牵引，均在构架和摇枕间设有牵引拉杆、横向缓冲器及横向油压减振器；但 206WP 型转向架二系为高圆簧外侧

悬挂，并设有垂向油压减振器，而 206KP 型转向架二系为空气弹簧悬挂，并设有抗侧滚扭杆装置。构架、摇枕均为焊接结构，构架侧梁均为 U 形，但 206WP 型构架侧梁外侧焊有圆簧支撑台，而 206KP 型构架侧梁中间凹部焊有一个支撑空气弹簧的圆盘。一系悬挂均采用轴箱顶部圆簧和转臂式轴箱定位装置且均采用盘形加踏面复合制动的基础制动。

206KP 型转向架由轮对轴箱弹簧装置、摇枕弹簧装置、转向架构架和基础制动装置组成，如图 4-26 所示。它的主要结构为无摇动台结构、全旁承支重、弹性中心销轴牵引、抗侧滚扭杆装置、空气弹簧悬挂、横向缓冲器和横向油压减振器等。

(a) 实物图

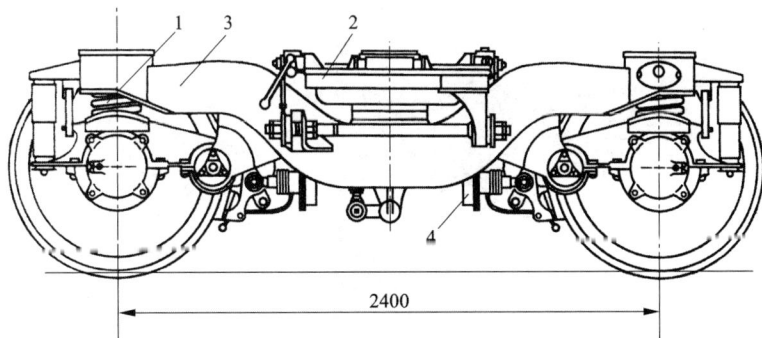

(b) 几何图

1—轮对轴箱弹簧装置；2—摇枕弹簧装置；3—转向架构架；4—基础制动装置。

图 4-26　206KP 型客车转向架

它的主要技术措施包括：

①轴箱弹簧为单组双卷螺旋弹簧，置于轴箱顶部，弹簧组上半部伸到构架侧梁的弹簧座里面，在弹簧顶部与构架弹簧座之间设有一块橡胶垫，用以吸收来自钢轨的冲击和高频振动。

②在轴箱外侧与轴箱弹簧并联地安装了一个单向油压减振器，减少了构架的点头和浮沉运动，它仅在拉伸行程时起作用，这样可以避免传递来自钢轨的刚性冲击。

③转向架采用了转臂式轴箱定位，当轮对轴箱相对于构架在纵、横向产生位移时，定位节点弹性定位套中的橡胶层发生变形，从而起到弹性定位作用。这种定位结构的主要优点是无磨耗，而且能实现不同的纵向和横向定位刚度，从而得以有效地抑制转向架的蛇行运动。

④摇枕弹簧装置采用无摇动台结构的形式，用空气弹簧代替了圆弹簧。这样的结构形式

省去了摇枕吊杆、吊轴和弹簧托梁等零部件，使转向架的结构简化，运用维修比较方便。

⑤206KP 型转向架采用全旁承承载方式，利用上、下旁承间的摩擦阻力矩来抑制转向架的蛇行运动。

⑥牵引力的传递是依靠设置在车体枕梁与摇枕之间的牵引中心销装置和摇枕与构架之间的牵引拉杆装置来完成的，在 206KP 型转向架摇枕弹簧装置中也设有抗侧滚扭杆装置、横向油压减振器和横向弹性橡胶挡。

⑦转向架采用 U 形构架，制动系统采用了单元盘形制动加单侧踏面制动的复合制动系统。

三、CW-2 型转向架

CW-2 型客车转向架是由构架、轮对轴箱弹簧装置、摇枕弹簧装置、基础制动装置和横向控制杆组成。

1. 转向架

CW-2 型转向架构架如图 4-27 所示，为 H 形钢板焊接箱形结构。构架与各种安装座和吊座采用螺栓和拉铆螺栓紧固的连接方式，有利于减少焊接工艺对构架疲劳强度的不利影响。在 CW-2 型转向架构架的横梁上设有 4 块纵向挡，用以检验摇枕的组装位置是否正确。摇枕组装位置不正会造成载荷分布不均，车轮偏载，影响车辆的安全运行。

(a) 实物图

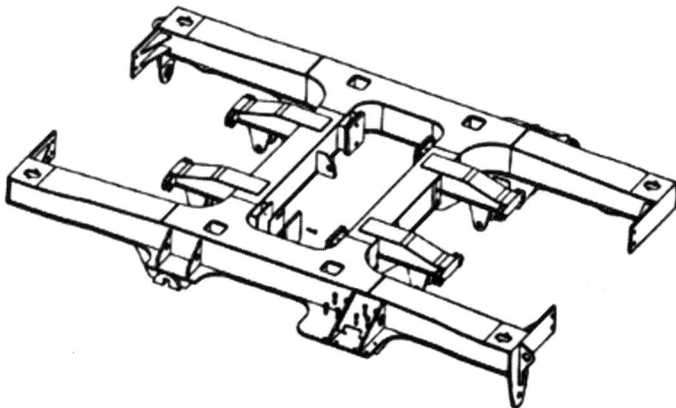

(b) 几何图

图 4-27　CW-2 型转向架构架

2. 轮对、轴箱和主悬架

CW-2 型转向架的轮对轴箱弹簧装置如图 4-28 所示，它由油压减振器、轴箱弹簧、轮对、构架、轴箱体和轴箱定位点等组成。

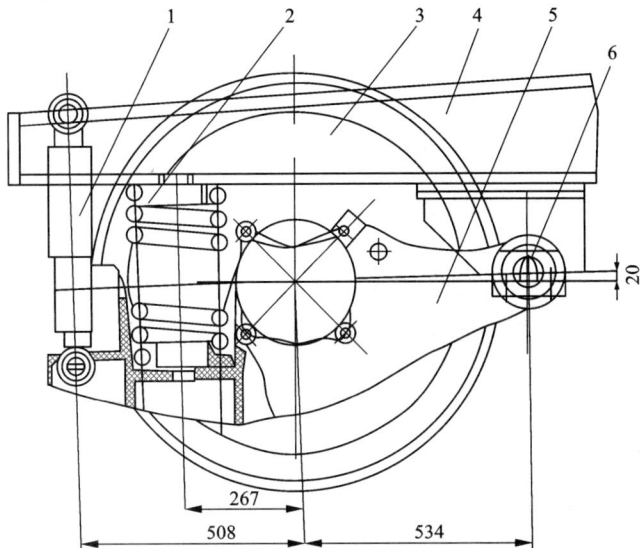

1—油压减振器；2—轴箱弹簧；3—轮对；4—构架；5—轴箱体；6—轴箱定位点。

图 4-28　轮对轴箱弹簧装置

轮对为带有制动圆盘安装座的 RD_3 型轮对。轴承采用进口 SKF 滚动轴承。

CW-2 型转向架的轴箱定位是由转臂式轴箱定位装置和横向控制杆定位系统共同实现的。这种定位装置的结构可靠，能有效地控制轮对和转向架的蛇行运动，满足车辆蛇行运动稳定性的要求。

3. 支撑悬架

CW-2 型转向架的摇枕弹簧装置采用带有空气弹簧的摇动台结构。

摇枕为箱形焊接结构，其内腔分为左、右两个部分，分别作为左、右两个空气弹簧的附加空气室。空气弹簧安装在摇枕与弹簧托梁之间，弹簧托梁由钢板焊接而成，弹簧托梁通过 4 根摇枕吊杆悬挂于侧梁上，组成摇动台结构。

CW-2 型转向架与 209HS 型、206KP 型转向架相同，为满足高速运行的平稳性和稳定性要求，采用了全旁承支重方式和抗侧滚扭杆装置，在摇枕与构架间设置了横向油压减振器和横向挡，在车体枕梁与摇枕之间设置了牵引中心销装置，构架与摇枕之间设置了牵引拉杆装置。

4. 制动设备

CW-2 型转向架的基础制动装置由单元式盘形制动系统和轴端式电子防滑器组成，其单元制动缸为膜板式制动缸。它与 209HS 型、206KP 型基础制动装置不同的是没有设置单侧踏面制动装置，但在部分转向架上设有踏面清扫器。

以上三种准高速客车转向架吸取了国内外客车转向架的成功经验，使中国客车转向架的设计制造水平大幅提高，也为中国自主研制转向架提供了经验基础。

第六节　其他类型的客车转向架

一、地铁车辆

地铁车辆主要承担运送旅客的任务，所以它的转向架也应具备一般客车转向架的各种装置和性能。同时由于它是一种电动车辆，本身有牵引电机和齿轮减速箱装置，因而不需要专门的机车牵引。为了降低噪声并适应载重变化较大的情况，转向架采用空气弹簧悬挂的无摇动台结构。

地铁车辆采用的是 DK 型转向架，本节以 DK₃ 型地铁车辆转向架为例，如图 4-29 所示。它由轮对轴箱弹簧装置、构架、摇枕弹簧装置、纵向拉杆和基础制动装置等部分组成。

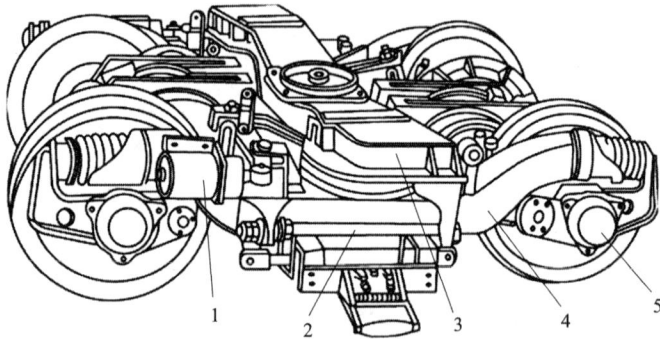

1—基础制动装置；2—纵向拉杆；3—摇枕弹簧装置；
4—构架；5—轮对轴箱弹簧装置。

图 4-29　DK₃ 型客车转向架

它的主要结构特点如下：

①客车转向架的轴箱弹簧呈水平放置。轴箱的一侧有一水平弯臂，轴箱弹簧水平地安装在构架和轴箱弯臂之间。

②采用金属橡胶弹性铰式的轴箱定位装置。它允许轴箱绕金属橡胶弹性铰的中心做弹性转动，同时也允许轴箱相对于构架在前后方向有微量位移。当构架的载荷增加时，构架便逐渐下降，于是轴箱就绕车轴中心转动，弯臂开始压缩轴箱弹簧。

③摇枕弹簧装置采用无摇动台的空气弹簧悬挂方式。空气弹簧上面装有高度控制阀，可以自动地控制弹簧的高度，同时，在左右两空气弹簧之间设置差压阀，它可以保证一侧空气弹簧发生故障时车体不发生倾覆。

④转向架不设专门的垂向油压减振器，利用空气通过气嘴节流孔所产生的阻力来衰减振动。

⑤在摇枕与构架之间装有纵向牵引拉杆，其作用是把轮周牵引力传递到摇枕上。

⑥转向架采用心盘承载的方式，H 形构架。基础制动装置采用吊挂式单侧塑料闸瓦踏面

制动。此外，转向架还装有牵引电机、减速齿轮箱以及第三轨受电靴等装置。

二、高速客车

目前国内外相继研发了高速客车转向架。德国和瑞士等国在原有的主型客车转向架的基础上加以技术改造，采用新结构来满足高速客车的需求。而日本、英国和法国等国重新设计和研制了高速客车的转向架。

高速客车转向架设计的重点难点在于：

①要尽可能地减轻转向架的自重，尤其是减小簧下质量，以减小轮轨之间的冲击作用。

②保证运行安全、可靠，以及具有良好的垂向和横向运行平稳性。

③有效地抑制转向架的蛇行运动，保证高速运行的稳定性。

④根据最高运行速度和允许的制动距离，采用性能良好的制动装置，保证列车的行车安全。

⑤采用无磨耗或无有害磨耗的零部件，以保证良好的运行性能和降低维修费用。

⑥应具有良好的高速通过曲线的性能。

如表4-1所示是国外几种高速客车转向架的结构参数。

表4-1 高速客车转向架结构参数

类别	DT200	TCK-1	Y_{32}	Fiat	MD_{52}	BT_{10}
固定轴距/mm	2500	2500	2560	2560	2500	2600
轮径/mm	910	950	890	890	870	914
最高运行速度/($km \cdot h^{-1}$)	210	200	200	200	300	200
最高试验速度/($km \cdot h^{-1}$)	256	250	250	250	—	—
转向架自重/t	9.78	8.2	5.9	—	带磁轨制动5.6 无磁轨制动4.7	—
摇枕弹簧装置形式	采用空气弹簧无摇动台结构，没有垂向液压减振器，设有两个横向液压减振器	采用膜式气弹簧，动结构，设有两个垂向液压减振器和两个横向液压减振器	采用两组圆弹簧加橡胶垫的无摇台结构，设有两个垂向液压减振器和一个横向减振器	采用两组双卷圆弹簧的无摇台结构，其余与Y_{32}型转向架相同	采用两组圆弹簧、外侧悬挂，设有两个垂向液压减振器和一个横向液压减振器	采用带有空气弹簧的摇动台结构，设有横向液压减振器
回转阻尼	旁承支重	旁承支重	有抗蛇行运动减振器	无抗蛇行运动减振器	采用机械式或液压式回转阻尼装置	旁承支重

续表 4-1

类别	DT200	TCK-1	Y_{32}	Fiat	MD_{52}	BT_{10}
抗侧滚装置	无	无	有抗侧滚稳定器	有抗侧滚扭杆装置	无	有抗侧滚扭杆装置
轴箱定位	拉板式	油导筒式	弹性关节转臂式	转臂式	双拉板式	转臂式
轴箱弹簧装置形式	轴箱两侧设有圆弹簧，轴箱顶部装有液压减振器	两组圆弹簧	盘形制动、磁轨制动及单侧闸瓦制动系统	与 Y_{32} 型转向架相同	轴箱顶部圆弹簧加垂向液压减振器	一组轴箱圆弹簧和一个液压减振器并联安装在轴箱外侧
基础制动装置	盘形制动并设有车轮踏面清扫装置	盘形制动和磁轨制动复合系统，并设有踏面清扫装置	盘形制动、磁轨制动及单侧闸瓦制动系统	盘形制动、磁轨制动及单侧踏面清扫装置	盘形制动、磁轨制动及单侧踏面清扫装置	盘形制动并设有车轮踏面清扫装置

1. PW200 型转向架

该转向架最高试验速度达 240 km/h。试验表明，该转向架具有较先进的技术经济指标和良好的动力学性能，能较好地满足 200 km/h 以上高速运行的要求。

PW200 型转向架由构架装置、轮对轴箱装置、中央悬挂装置和基础制动装置四个部分组成，为有摇动台结构。其结构如图 4-30 所示。

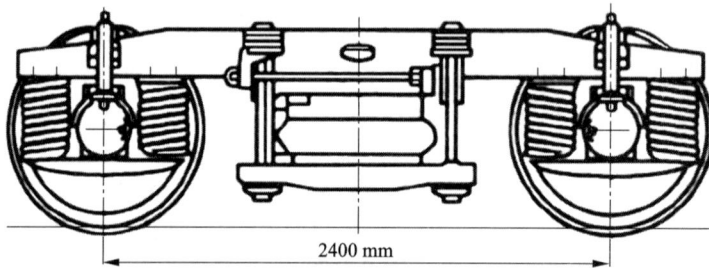

图 4-30 PW200 型客车转向架结构

2400 mm

PW200 型转向架的结构特点：

①PW200 型转向架构架采用 H 形焊接构架实现了轻量化。

②轴承选用瑞典 SKF 公司生产的 BC2-0103 轻型双列圆柱滚子轴承，基本尺寸为（130～1220) mm×163 mm，正常运行条件下，轴承在 8 亿 m 或 2.5 年内不需要重新加润滑油。

③PW200 型转向架采用了新研制的大柔度的空气弹簧、纵向牵引拉杆和抗侧滚扭杆等。

④200 km/h 电动旅客列车组拖车转向架基础制动为每轴 3 个制动盘的盘形制动，整套基础制动装置的制动缸、制动盘和闸片全部进口，能满足制动初速度为 200 km/h 时制动距

离小于 1900 m 的要求。

2. CW200 型转向架

CW200 型无摇枕转向架结构(图 4-31)特点有:

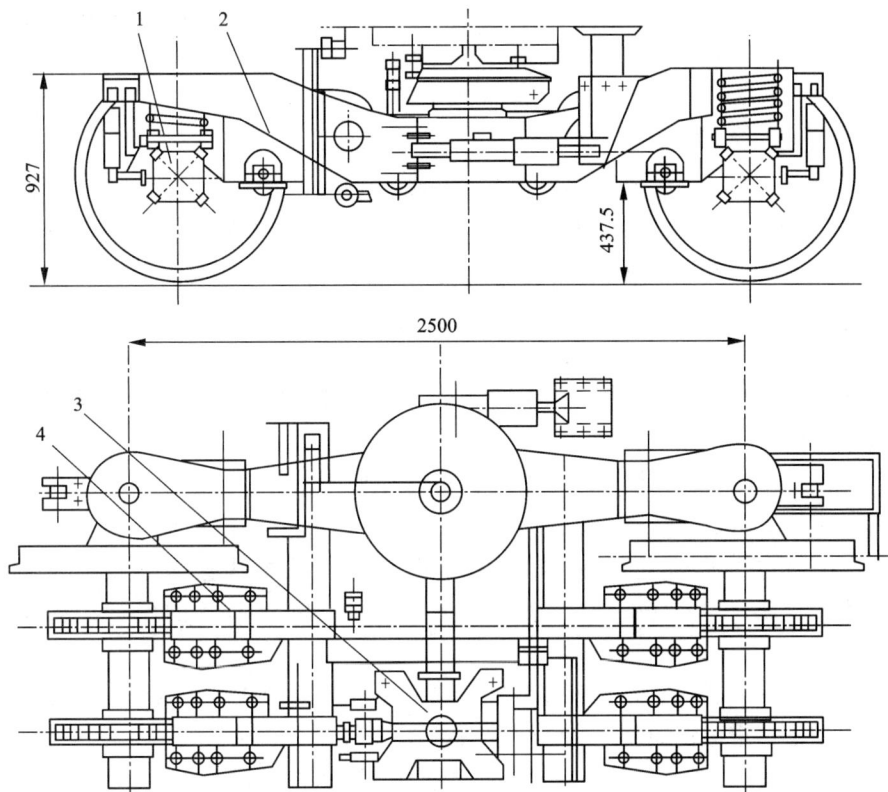

1—轴箱定位装置;2—构架组成;3—中央悬架;4—基础制动装置。

图 4-31　CW200 型转向架结构

①构架为 H 形焊接结构,无摇枕台、无摇枕、无心盘结构。由 2 根侧梁和 2 根横梁组成,构架组成质量约为 1089 kg,质量较轻。

②CW200 型转向架采用无磨耗转臂式定位装置。

③CW200 型转向架的最大特点就是中央悬挂装置结构简单,取消了传统的摇枕、摇动台和旁承等零部件,这样既减轻了转向架的质量,又大大简化了转向架的结构,便于检修。

④CW200 型转向架基础制动采用盘形制动,每轴设有 3 个制动盘。

三、DT200 型转向架

日本生产的 DT200 型高速动车组的客车转向架,最高运行速度为 210 km/h,最高试验速度达到 256 km/h。它的结构特点如下:

①摇枕弹簧装置为无摇动台结构,采用膜式空气弹簧和半球形橡胶节点的摇枕纵向拉杆定位装置。

②采用全旁承承载的方法为车体和转向架之间提供回转阻尼，以抑制转向架的蛇行运动，其摩擦力矩为 16000 N·m，此外，还设有两个横向液压减振器。

③轴箱弹簧装置采用两组螺旋弹簧加单向液压减振器的结构，轴箱定位采用 IS 型拉板式定位装置，利用拉板结构在纵向和横向的刚度不同来满足轴箱的纵向和横向定位的要求。

④车轮直径为 910 mm，采用 1∶40 的车轮踏面锥度和 70°的轮缘角，有利于抑制轮对的蛇行运动和提高抗脱轨稳定性。

四、倾斜的旅客列车

摆式客车的基本原理是在列车通过曲线时利用主动(或被动)车体倾摆技术推动车体绕某一中心线摆动，使车体向曲线内侧倾斜一定角度，部分或全部抵消列车通过曲线时车体未被平衡的离心加速度，以改善旅客的乘坐舒适度，提高车辆通过曲线时的运行速度。在曲线较多的既有线路上使用摆式客车可以提高列车通过曲线的速度，从而提高列车的旅行速度，缩短旅行时间。

采用了车体倾摆技术，当列车通过曲线时旅客不会感受到过大的横向加速度，但车体的倾摆系统并不能降低车辆本身的离心力。列车通过曲线的速度提高后，车辆的离心力加大，轮轨之间的作用力也增大，如仍使用传统的客车转向架，必然会加剧轮轨之间的磨耗，降低列车的运行安全性。因此，在研制摆式客车倾摆系统的同时，必须研制适合在既有线路上快速通过曲线的转向架。目前主要有以 X2000 为代表的一系柔性悬挂摆式客车转向架、以 VT611 为代表的径向自导向摆式动车组转向架和以 Fiat-SIG 为代表的径向迫导向摆式客车转向架等。

目前世界上较为成功的摆式客车之一是瑞典成功开发的摆式客车 X2000。X2000 摆式客车转向架为一系柔性定位转向架。X2000 摆式客车转向架主要由轮对、一系人字形橡胶堆、一系减振器、制动盘、构架、抗蛇行减振器、下摇枕、液压作动器、八字形吊杆、上摇枕、二系空气弹簧、牵引拉杆和抗侧滚扭杆等组成。这种转向架的基本结构及基本原理如下：

①一系悬挂(轴箱悬挂)采用定位刚度相对较小的人字形橡胶弹簧定位和一系减振器。由于这种人字形橡胶弹簧的三向刚度可以通过调整橡胶的安装角度进行适当的选择，所以 X2000 转向架的轮对摇头定位刚度可以取得较小，使一系纵向有较大的柔性，以减小车辆通过曲线时的轮对冲角和轮轨横向力等。在构架和轴箱之间装有一系减振器，为补偿因一系定位刚度太软而降低的蛇行运动临界速度，一系减振器与垂直线之间有一定夹角，而且一、二位减振器向内倾斜，三、四位减振器向外倾斜，使轴箱和构架之间在垂向和横向都有减振作用。由于一系纵向有较大的柔性，与普通的刚性较大的转向架相比，X2000 摆式客车在通过曲线时轮对可较容易地趋于径向。这种转向架在半径较大的曲线上实现径向导向的能力较好，曲线半径较小时，导向效果降低。

②X2000 摆式客车转向架的二系悬挂采用空气弹簧，置于上摇枕和车体之间，由于上摇枕是可以倾摆的，所以二系弹簧和车体一起倾摆，这样可减小车辆通过曲线时由车体倾摆引起的二系悬挂横向力。

③在上摇枕和下摇枕之间有车体倾摆机构，车体倾摆机构为 4 根"八"字形吊杆和 2 个液压作动器。液压作动器的一端位于上摇枕上，另一端位于下摇枕上，车体和倾摆机构的重量通过吊杆机构落在下摇枕上。车辆通过曲线时，一个液压作动器伸长，另一个液压作动器缩

短，推动上摇枕和车体倾摆一定的角度，以抵消未平衡的离心力。

④下摇枕通过橡胶堆支撑在转向架构架的侧梁上，可绕一中心销转动。在下摇枕和构架之间安装有抗蛇行减振器，在下摇枕两端有两根很长的牵引拉杆和车体相连，传递牵引力和制动力。

⑤在车体和上摇枕之间安装有抗侧滚装置，以增强车体的抗侧滚稳定性。

⑥X2000 摆式客车转向架采用盘形制动，每根轴上安装有两个制动盘。

试验研究表明，X2000 摆式客车由于采用了车体倾摆技术和一系柔性定位，在曲线上的运行速度可提高 25%~35%。

复习思考题

1. 客车转向架与货车转向架在结构上的区别主要有哪些？

2. 209T 型转向架的结构特点有哪些？

3. 206 型客车转向架的结构特点是什么？

4. 准高速客车转向架和高速客车转向架的定义是什么？

5. 准高速客车转向架的结构特点包括哪些？

6. 高速客车转向架的设计重点有哪些？

7. 地铁车辆转向架与普通的客车转向架相比有哪些不同？

8. 摆式客车转向架的原理是什么？

第五章

机车转向架

一、任务

现代机车走行部主要采用转向架的形式。转向架的任务可以概括为：承载、牵引、平稳、转向及制动。转向架任务的具体描述为：

①承受车架以上包括车体、车架、动力装置以及辅助装置等的各部分重量。

②保证必要的黏着，并把轮轨接触处产生的轮周牵引力传递给车架、车钩，牵引车列前进。

③缓和线路不平顺对机车的冲击，保证机车具有较好的运行平稳性和稳定性。

④保证机车顺利通过曲线。

⑤产生必要的制动力，使机车在规定的制动距离内停车。

二、组成

机车转向架由下列主要部分组成：

①构架：起到承受、传递载荷的作用，承受和传递垂向力及水平力，是转向架的骨架。

②弹簧装置：保证一定的轴重分配，缓和线路不平顺对机车的冲击，保证机车的运行平稳性。

③车体与转向架的连接装置：传递车体与转向架间的垂向力及水平力（包括纵向力如牵引力和制动力，横向力如通过曲线时的横向作用力等），使转向架在机车通过曲线时能相对于车体回转。

④轮对和轴箱：轮对直接向钢轨传递机车重量，通过轮轨间的黏着产生牵引力或制动力，并通过轮对的回转实现机车在钢轨上的运行；轴箱是联系构架和轮对的活动关节，它不仅能保证轮对进行回转运动，还能保证轮对适应各种线路条件，相对于构架，上下、左右和前后都能活动。

⑤驱动机构：将机车动力装置的功率最后传递给轮对。电传动机车的驱动机构由减速齿

轮箱等组成;液力传动内燃机车的驱动机构由万向轴、车轴齿轮箱等组成。

⑥基础制动装置:由制动缸传来的力,经杠杆系统增大若干倍后传给闸瓦或闸片,使其紧压车轮或制动盘,对机车进行制动。

三、技术要求

机车转向架是机车的主要组成部分之一。机车转向架(走行部)是铁路列车实现高速、重载牵引的关键部件之一,用来传递载荷,并利用轮轨间的黏着保证牵引力的产生。转向架性能好坏直接影响机车的牵引能力、运行品质、轮轨的磨耗,包括列车的安全性和可靠性。特别是机车向高速、大功率方向发展,对转向架的要求就更高了。

根据现代机车的发展趋势,转向架应具有的技术要求是:

(1)保证最佳的黏着条件。

保证最佳的黏着条件,轴重转移尽量小,以满足提高客、货运机车牵引力的要求(一般要求黏着重量利用率不低于90%)。

(2)有良好的动力学性能。

在直线或曲线区段运行时,具有良好的动力学性能,尽可能减小对线路的动作用力和轨道及车轮的应力,同时减少磨耗。因此,对客、货运机车的簧下重量应有不同的要求,客运机车每轴簧下重量应不大于30 kN,高速机车的簧下重量应更小些;货运机车每轴簧下重量不大于40~50 kN。干线机车应采用两系悬挂,并增大弹簧装置的静挠度,以适应高速运行的需要。一系悬挂只用于调车机车。

(3)工艺简易。

转向架构架在满足强度和刚度要求的前提下,尽可能减轻自重,制造工艺简易。

(4)有良好的可接近性。

要求转向架各部分具有良好的可接近性,在保证运用可靠的前提下,结构简单,采用无磨耗及不需维修的结构形式,以减少维修工作量并增加两次维修间的走行公里数。

(5)零部件材质统一。

设计转向架时,要求各零部件和材质尽可能统一化。

(6)轻量化。

转向架应向轻量化技术发展,可采用空心车轴、铝合金轴箱体、轻量化焊接钢结构。

(7)具有安全性和舒适性。

转向架是轨道车辆的关键子系统,直接影响车辆行驶的安全性和舒适性,这就要求转向架拥有良好的曲线通过能力并有低磨耗、轻噪声、安全可靠便于维护等特点。针对这些要求,新材料新技术在转向架上的应用前景可观。

第二节　机车转向架分类

机车转向架的形式有很多,一般可以按照轴数、机车速度、弹簧装置形式、轴箱定位形式和车体与转向架的连接装置形式进行分类。

一、按轴数分类

按轴数进行分类，转向架有二轴、三轴和多轴的转向架。转向架的轴数一般是根据车辆总重和每根车轴的容许轴重确定的，例如采用二 E 轴转向架的货车每轴容许轴重为 25 t，因此，其最大重量(自重与载重之和)不能超过 $4 \times 25 = 100$ t。如果超过 100 t，就需要用三轴或三轴以上的多轴转向架。我国大多数客、货车采用二轴转向架，一些大吨位货车及公务车等采用三轴转向架，在长大重载货车上采用多轴转向架或转向架群。

常见的机车转向架例如北京型内燃机车、SS_8 型电力机车均为二轴转向架，DF_4 型内燃机车为三轴转向架。为适应重载运输，国外在试用单节大功率的八轴内燃机车，即转向架为四轴。八轴机车的轴式基本上可分为 D_0-D_0，B_0-B_0-B_0-B_0 和 B_0+B_0-B_0+B_0 三类。

D_0-D_0 为转向架的 4 根动轴都固装在同一转向架构架内。由于其全轴距长，曲线通过性能差，现在已很少采用。

B_0-B_0-B_0-B_0 由 4 台二轴转向架组成。这种结构虽然简单，但由于机车通过曲线时，各转向架有受力不均的缺点，因此也很少采用。

B_0+B_0-B_0+B_0 为由两台二轴转向架组合而成的一台四轴转向架。

机车轴列式用数字或字母表示车轴排列方式是用以表征机车走行部结构的特点的一种表达方式。我国原来采用数字表示，现规定转向架式机车用字母表示。

车架式及转向架式机车轴列式表示法：

①字母(或数字)个数表示机车转向架数(导轴数-动轴数-从轴数，如 1-4-1、2-3-1 和 1-5-1)。

②字母(或数字)本身表示转向架轴数，A 即 1，B 即 2，C 即 3，D 即 4 等；注脚 0 表示每一动轴为单独驱动，无注脚表示动轴为成组驱动(轴列式 A1A-A1A 表示机车有两个三轴转向架，其两根端轴用"A"表示为动轴，中间一根轴用数字"1"表示为无动力，即不安装牵引电动机)。

③"-"表示两转向架之间相互独立；"+"表示两转向架之间有活节相连。

④"0"表示每根轴由一台电机单独驱动。

例如：SS_4 改型电力机车的轴列式为 2(B_0-B_0)，表示为两节机车，每节为两台二轴转向架，动轴为单独驱动。

二、按机车速度分类

按机车的速度进行分类，有高速转向架，车速在 200 km/h 以上；快速转向架，车速 140~200 km/h；普通转向架，车速在 140 km/h 以下。

三、按弹簧装置形式分类

按弹簧装置的形式进行分类，有一系和两系悬挂转向架之分。前者适用于低速机车，后者适用于中高速机车。而多系悬挂的转向架因为结构过分复杂，合理的二系悬挂已经能满足车辆平稳运行的需求，因此多系悬挂很少采用。

四、按轴箱定位形式分类

按轴箱的定位形式进行分类，可分为有导框定位转向架和无导框定位转向架。我国除

DF 型内燃机车和最近研制的 HX$_N$5 型内燃机车的转向架采用导框定位外，其他国产机车都采用无导框式转向架。

五、按车体与转向架的连接装置形式分类

按车体与转向架的连接装置形式进行分类，可分为有心盘转向架和无心盘转向架两种。

第三节　DF 型内燃机车转向架

一、DF 型内燃机车转向架结构特点

DF 型内燃机车转向架为一系悬挂的三轴转向架，它由构架、旁承复原装置、轮对、轴箱、弹簧装置及基础制动装置等组成。DF 型内燃机车转向架总图如图 5-1 所示。

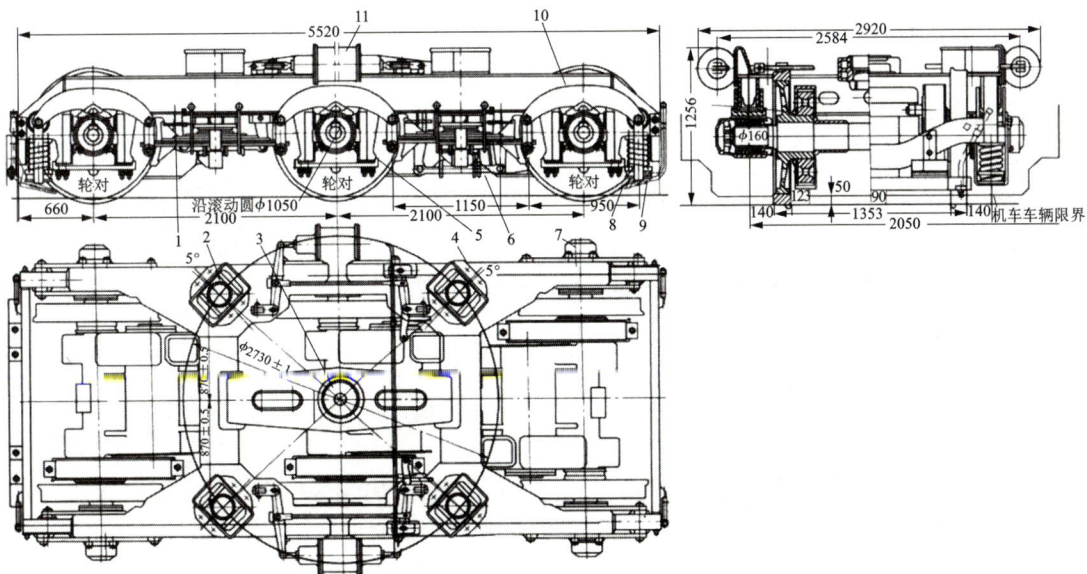

1—构架；2—旁承复原装置；3—心盘；4—牵引电动机；5—轮对；6—板弹簧；

7—轴箱；8—圆弹簧；9—橡胶垫；10—均衡梁；11—制动缸。

图 5-1　DF 型内燃机车转向架总图

转向架构架是一个由钢板、型钢及铸钢件组成的焊接结构。车架上部的重量，经 4 个旁承传给构架，这 4 个旁承分布在直径为 2730 mm 的圆周上。下心盘设在构架的枕梁里，是转向架的回转中心，不传递重量，只用于传递纵向力和横向力。

转向架的旁承为滚子斜面式。这样的旁承有一定的摩擦力矩以控制转向架的蛇行运动，又能产生复原力矩，使转向架出曲线时恢复原位。

转向架每侧有一组弹簧装置，它由 2 个板弹簧、2 个双圈圆簧和 3 个均衡梁所组成。弹簧装置中还设有橡胶垫，起吸收高频振动和减少噪声的作用。

转向架各轴为单独驱动，即一个牵引电动机驱动一个轮对。牵引电动机一端通过弹簧悬挂于构架横梁的托架上，另一端通过抱轴轴承支承在动轴上，这种悬挂称为轴悬式。电动机借减速齿轮驱动轮对。

滚动轴承轴箱位于侧梁的轴箱导框内，经过导框将牵引力或制动力传给构架和心盘。

基础制动装置为单侧制动，前转向架第二、第三位轮对的闸瓦还可由手制动机构进行操纵。

在前转向架左侧第一位轴箱上装有速度表的传感装置，速度表则装在司机室操纵台上。

此外，在后转向架的后端梁上设有排障器。

二、DF 型内燃机车力的传递

机车运行时，转向架承受三个方向的力：垂向力、纵向力和横向力。

垂向力：包括机车的静载荷和动载荷。

纵向力：包括机车运行时的牵引力或制动力，以及机车在启动和制动时引起的纵向冲动。

横向力：包括机车通过曲线时的离心力，外轨超高引起的机车质量在水平方向的分力，车轮轮缘导引力的水平分力，踏面与轨头间摩擦力，以及机车水平振动引起的动力作用等。

DF 型内燃机车上力的传递顺序如下：

(1)垂向力。

车体→旁承→构架侧梁→弹簧→均衡梁→轴箱→轮对→钢轨。

(2)纵向力。

轮对→轴箱→导框→侧梁→横梁→枕梁→心盘→车架→车钩。

(3)横向力。

钢轨→轮对→轴箱→导框→侧梁→横梁→枕梁→心盘→车体。

第四节　DF₄ 型内燃机车转向架

一、DF₄ 型内燃机车转向架结构特点

DF₄ 型内燃机车是我国客运、货运主型机车之一。虽然 DF₄ 型内燃机车属于老旧车型，但在实际中又有着电力机车不可替代的作用。

DF₄ 型内燃机车转向架是由构架、轴箱、轮对、基础制动装置、牵引杆等组成（见图 5-2），在结构和参数的选取上，相对于 DF 型内燃机车有了较大改进。

转向架构架采用钢板焊接的箱形结构，以减轻重量。在构架上设置的牵引杆装置，用来传递牵引力或制动力，通过低位牵引，提高机车的黏着重量利用率，使之发挥更大的轮周牵引力。在构架侧梁外侧的中央各设一个弹性侧挡(橡胶块弹性压缩量为 5 mm)，它与车体两侧的牵引拉杆座内侧的止挡相对应，可以限制车体相对于转向架的横向移动量并传递横向力，并且当转向架相对于车体有横向位移时，保证转向架的回转中心在一定的范围内变动。

在 DF$_4$ 型内燃机车上，牵引杆装置及侧挡联合起来，代替了心盘传递纵向力和横向力，以及转向架回转的作用。

在构架的顶面上装有 4 个平面摩擦式旁承，用以承受车体重量。旁承上设有橡胶垫，作为第二系弹簧悬挂，在垂向起缓和冲击及吸收高频振动的作用。摩擦式旁承还用以控制转向架的蛇行运动。但如果摩擦力矩过大，将增大曲线通过时的导向力和直线上的轮缘偏磨。

轴箱为拉杆定位的无导框轴箱。一系悬挂采用圆簧与液压减振器并联的结构形式。

为了简化制动杠杆系统，采用了每轮一个制动缸的结构。

牵引电动机采用顺置式，以改善牵引力作用下的轴重转移。电动机悬挂采用吊杆式结构，用 93 mm 厚的橡胶块作弹性元件。这种结构取消了摩擦副，减小了电动机的振动。

在每台转向架的第二轴左侧轴箱端头，各装有电动速度表的传感装置。

在构架的 4 个角上装有砂箱。

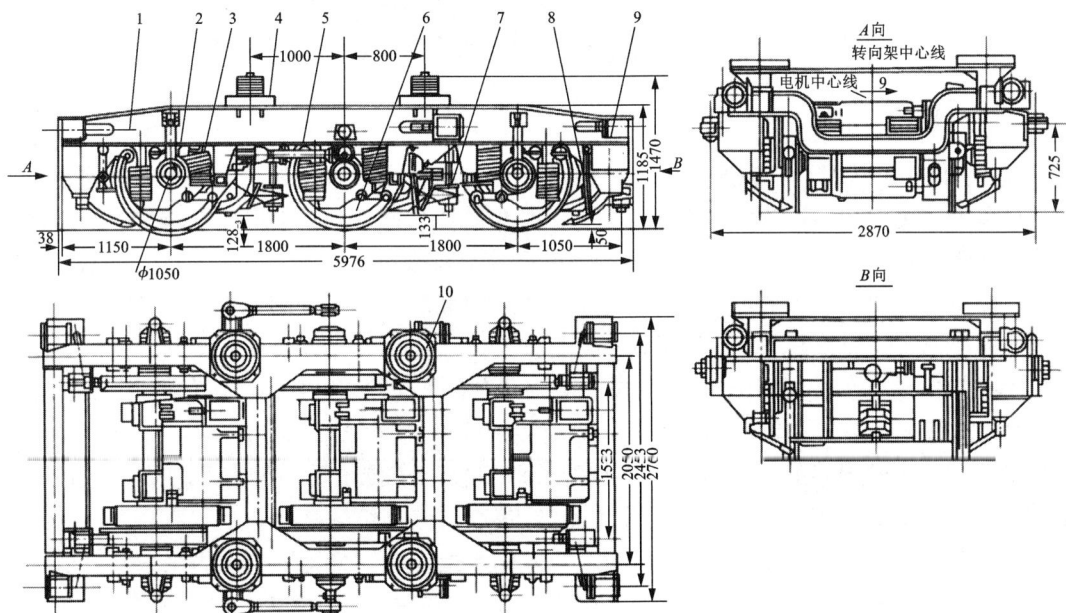

1—构架；2—轴箱；3—弹簧装置；4—支承；5—牵引杆装置；6—轮对；
7—电动机悬挂装置；8—基础制动装置；9—砂箱；10—手制动拨叉。

图 5-2　DF$_4$ 型内燃机车转向架总图

二、DF$_4$ 型内燃机车力的传递

机车运行时，转向架与车体之间的垂向力、纵向力、横向力的传递途径如下：

(1)垂向力。

车体→弹性旁承→构架侧梁→轴箱圆簧→轴箱→轮对→钢轨。

(2)纵向力。

轮对→轴箱→轴箱拉杆→构架→牵引杆装置→车体→车钩。

(3)横向力。

钢轨→轮对→轴箱→轴箱拉杆→构架→摩擦旁承或侧挡→车体。

第五节　DF₁₁型内燃机车转向架

一、DF₁₁型内燃机车转向架结构特点

DF₁₁型内燃机车的研制成功填补了中国干线大功率快速客运内燃机车的空白。机车标称功率为3040 kW，柴油机最大运用功率为3610 kW；机车牵引性能好，恒功范围大，在65.6~160 km/h范围内机车均能发挥标称功率；最高运行速度达170 km/h，最高动力学试验速度为180 km/h，是目前国内运行速度最高的机车。机车设有微机故障诊断显示、防空转、防滑行控制保护系统和轴温检测系统，机车运行可靠性强，电阻制动功率大，最大轮周制动功率达3001 kW。

DF₁₁型机车广泛采用新技术，其中转向架的全悬挂驱动装置采用锥形空心轴，加大了弹性悬挂系统二系的挠度且增大了机车垂直方向的阻尼，单元制动器采用高磷闸瓦；牵引电动机采用了线性气隙和双弧度主极极靴结构，以改善换向器电气特性，且改变悬挂点，使受力更合理；机体为棚式结构，头部采用适度"线性型"结构，使车体表面平滑，适应高速运行要求。机车上采用了微机恒功励磁系统，控制机车在最佳状态运行；采用防空转打滑控制系统及故障诊断装置，对机车各系统运行参数进行监控显示及保护；采用J2-7型电空制动机及单机二级空气制动系统，保证列车制动距离不大于1400 m及单机制动距离不大于1600 m；采用准高速列车分级控制系统，确保列车运行安全。

DF₁₁型内燃机车转向架由构架、轴箱、轮对、弹簧悬挂装置、牵引杆、轮对空心轴式电动机架悬六连杆驱动装置和单元制动器基础制动装置等组成(见图5-3)。

DF₁₁型机车转向架的结构形式和参数的选取都较国产传统转向架有了较大的改进和发展，以适应DF₁₁型机车快速运行和功率大的特点。

转向架构架采用钢板焊接的箱形结构，以减轻重量。在侧梁箱形结构内采取特殊的增强措施，以适应二支点旁承弹簧结构并改善受力状况。

轴箱为拉杆定位的无导框轴箱。一系弹簧悬挂采用圆簧与油压减振器并联的结构形式。

在构架的顶面上装有8个高圆簧加瓦片式橡胶垫的旁承组成二系弹簧悬挂系统，分别布置在构架侧梁的上顶面，每侧有4个高圆簧。旁承和二系弹簧悬挂系统由高圆簧、瓦片式橡胶垫、垂向油压减振器、横向油压减振器、抗蛇行减振器和弹性侧挡等组成。

牵引电动机采用顺置布置，架悬和轮对空心轴式六连杆驱动装置的结构，将牵引电动机及其驱动装置全部质量悬挂在构架上，成为簧上质量，降低了机车的簧下质量(约2.5 t)，从而大大减小了轮对与线路间的动作用力，改善了牵引电动机和牵引齿轮的工作条件，减少了维护检修工作量，提高了运用的可靠性。但这种架悬式驱动装置的结构与轴悬式相比要更复杂。

基础制动装置采用独立作用式单元制动器，一台转向架装有10套。这种单元制动器采用具有不自锁螺纹原理的闸瓦间隙自动调整机构，能在制动过程中自动补偿因轮瓦磨耗而增大的间隙，以保证闸瓦间隙始终在规定的范围内。它由制动缸、箱体、杠杆、闸瓦间隙调整机构、螺杆复位机构和闸瓦托等组成。

在闸瓦托上装有两块小型特种高磷闸瓦，以增大闸瓦的有效接触面积和闸瓦摩擦系数，改善了制动时的散热性能且更换方便。在每台转向架的第一轴左侧轴箱端头，装有机车速度表的传感装置。

在构架的 4 个角上，装有砂箱，每个砂箱的储砂量为 100 kg。

DF$_{11}$ 型机车转向架，在结构上采用了高圆簧加瓦片式橡胶垫二系悬挂系统，牵引电动机架悬轮对空心轴式六连杆驱动系统和新型独立作用式单元制动器的基础制动系统等新技术。它具有性能优良、运行平稳、安全可靠、维护检修量少的优点。

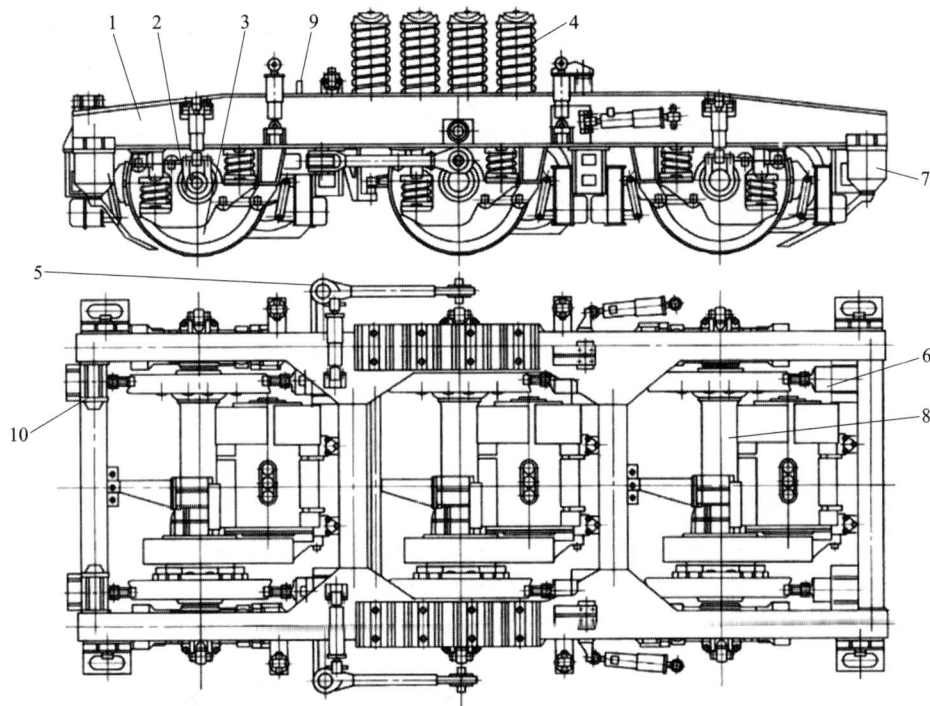

1—构架；2—轴箱；3—轮对；4—旁承；5—牵引杆装置；6—基础制动装置；
7—砂箱；8—电机悬挂装置；9—手制动装置；10—附件。

图 5-3　DF$_{11}$ 型内燃机车转向架

二、DF$_{11}$ 型内燃机车力的传递

机车运行时，转向架与车体之间的垂向力、纵向力、横向力的传递途径如下：

（1）垂向力。

车体→构架旁承高圆簧→侧梁→轴箱弹簧→轴箱→轮对。

（2）纵向力。

轮对→轴箱→轴箱拉杆→上下拉杆座→侧梁→拐臂座→牵引杆装置→车体。

（3）横向力。

轮对→轴箱→轴箱弹簧和轴箱拉杆→弹簧座和上下拉杆座→侧梁→高圆簧和侧挡→车体。

三、DF₁₁型转向架主要技术参数

DF₁₁型转向架主要技术参数如表 5-1 所示。

表 5-1　DF₁₁型转向架主要技术参数

轴式	C_0-C_0
最高运行速度/(km·h⁻¹)	170
轴重/t	23
每轴簧下质量/t	2.475
自重/t	24.32
轴距/mm	2000
两转向架中心距/mm	11900
轮径/mm	1050
牵引齿轮传动比	76/29
弹簧悬挂系统总静挠度/mm	170
一系静挠度/mm	55
二系静挠度/mm	115
构架相对车体自由横动量/mm	±20
牵引点距轨面高度/m	675
通过最小曲线半径/m	145
单元制动器制动缸直径/mm	177.5
制动倍率	4
制动率(制动缸压力为 450 kPa)	0.588

第六节　HXₙ5 型内燃机车转向架

　　HXₙ5 型内燃机车转向架是在青藏铁路的 NJ₂ 型内燃机车转向架基础上改进设计而成。NJ₂ 型内燃机车是 2006 年从美国 GE 公司进口的。HXₙ5 型机车转向架由单独驱动的 3 根动轴、传统导框式轴箱定位、浮动中心销牵引、二系为橡胶堆式承载垫、焊接构架组成。其结构如图 5-4 所示。

　　转向架主要部件有构架、轴箱及其定位结构、弹簧装置及减振器、轮对及电动机驱动装置、牵引装置、基础制动装置、附件(轮缘润滑装置、排障器、清扫器、撒砂装置)。

一、HXₙ5 型内燃机车转向架结构特点

　　①转向架设计满足在环境温度-40~45 ℃下的运用要求。

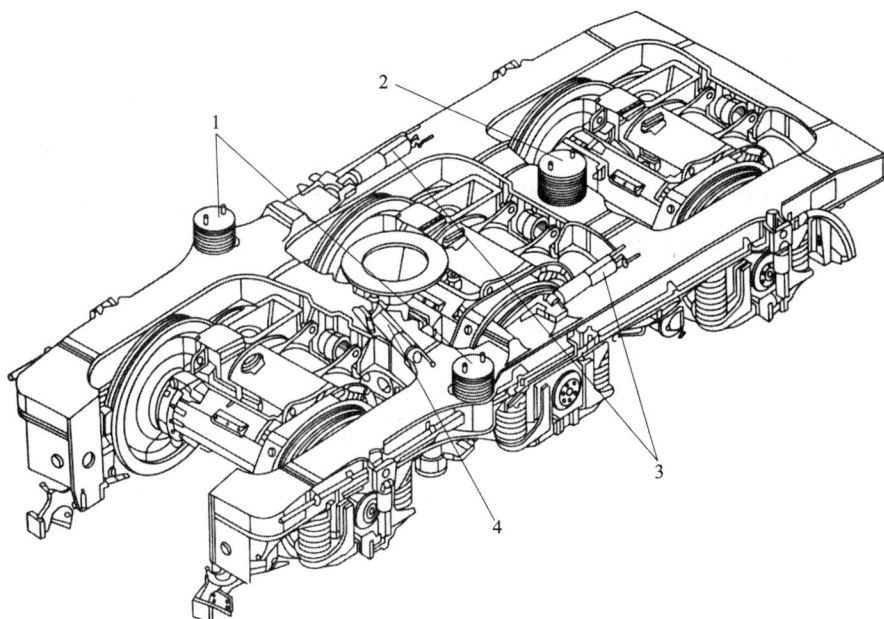

1—侧承载垫；2—中间承载垫；3—抗蛇行减振器；4—横向减振器。

图 5-4 HX$_N$5 型内燃机车转向架

②采用两台 25 t 轴重三轴高黏着转向架。

③轴箱定位方式：导框式轴箱定位结构。

④转向架内牵引电动机顺置排列，减少轴重转移。

⑤牵引电动悬挂方式：滚动轴承抱轴悬挂，每轴簧下质量 4. 35 t。

⑥采用浮动中心销牵引方式，转向架相对车体可以横动：自由横动±35 mm，弹性横动 ±15 mm。

⑦3 个橡胶堆式承载垫承受垂向负荷，利用橡胶堆较小的剪切刚度，转向架与车体之间可以相对横向运动和摇头运动，这就是转向架的二系悬挂。在转向架构架顶面与车体底部之间用一个横向减振器和两个抗蛇行减振器来衰减转向架的横向振动和蛇行振动。二系悬挂静挠度为 12 mm。

⑧一系悬挂由轴箱弹簧、橡胶垫、垂向减振器组成。中间轴的轴箱不设垂向减振器。一系悬挂的静挠度较大，为 125 mm。

⑨6 个空气驱动的单元制动器，闸瓦制动，分别对转向架的 6 个车轮进行制动。单元制动器具有闸瓦间隙自动调整功能，以补偿闸瓦的磨耗。每台转向架有两个单元制动器具有停放制动功能。

⑩每台转向架的中间轴位有一只轴箱上(非齿侧)装有机车速度传感器。

⑪转向架两端装有一个高度可调的支架，支架装撒砂喷嘴。车轮磨耗后，可调支架高度。

二、HX$_N$5 型内燃机车力的传递

机车运行时，转向架与车体之间的垂向力、纵向力、横向力的传递途径如下：

（1）垂向力。

车体→承载垫→构架→轴箱弹簧→轴箱及轴承→车轴轴颈→车轮→钢轨。

（2）纵向力。

钢轨→轮对→轴箱轴承→导框→构架→中心销→车体。

（3）横向力。

钢轨→轮对→轴箱轴承→导框→构架→中心销→车体。

三、HX_N5 型内燃机车转向架主要技术参数

HX_N5 型内燃机车转向架主要技术参数如表 5-2 所示。

表 5-2 HX_N5 型内燃机车转向架主要技术参数

轴式	C_0-C_0
轮径（新）/mm	1050
轴距/mm	2×1850
轴重/t	25
转向架自重/t	21.8
每轴簧下质量/t	4.35
牵引齿轮传动比	85/16
牵引点距轨面高度/mm	600
通过最小曲线半径/mm	145
机车最大速度/(km·h^{-1})	120
机车持续速度（AAR 标准条件下）/(km·h^{-1})	25
最大启动牵引力/kN	620
AAR 标准下的持续牵引力/kN	565
制动缸压力/kPa	440~460
制动倍率	3.45
轮瓦间隙/mm	7~9

第七节 SS_9 型电力机车转向架

一、SS_9 型电力机车转向架结构特点

SS_9 型机车有两台结构完全相同的转向架（图 5-5），转向架的主要结构特点是：采用轮对空心轴六连杆驱动装置，充分借鉴国产 SS_8 型机车的成熟技术；一系是钢圆簧加液压减振器结构；二系弹簧采用高圆弹簧支承，配以横向、垂向液压减振器及抗蛇行液压减振器；转

向架总静挠度较大。牵引电动机全悬挂，基础制动装置采用独立单元式单侧制动，停车制动采用蓄能制动。基础制动装置采用独立单元式单侧制动，闸瓦间隙可以自动调节，保证机车运行时车轮与闸瓦之间有一定的间隙。停车制动采用弹簧蓄能制动，其结构简单、重量轻、动作准确、安全可靠。

牵引方式为双侧平拉杆；转向架还配有撒砂装置、接地装置、轮缘润滑装置、横向和垂向止挡等附属部件。SS_9 为 C_0-C_0 轴式转向架，固定轴距

图 5-5　机车转向架（总共有两台）

短，仅有 2880 mm，转向架与车体有较大的横向位移并与二系高圆簧相匹配，提高了机车在曲线线路上运行的安全性并减少了轮轨间的磨耗。转向架设计中充分考虑了机车牵引旅客列车提速的需要，采用了高速机车的结构，电机采用滚动轴承抱轴的半悬挂、单边直齿传动机构；采用了低位斜拉杆的牵引装置，充分发挥机车牵引力；双侧制动的 24 个单缸制动器及储能制动器提高了机车停车及运用的安全性。

SS_9 型客运电力机车最高运行速度为 160 km/h，对于这一速度等级的机车转向架，我国已有较成熟的设计思路及一些使用效果良好的成熟部件，如牵引电动机架悬、轮对空心轴六连杆驱动装置，二系悬挂采用静挠度较大的高圆簧，一系轴箱弹簧采用静挠度较小的钢圆簧，油压减振器的配置，等等。SS_9 型机车转向架的设计思路和结构特点与我国其他客运机车如 DF_{11} 型内燃机车、SS_{7E} 型电力机车基本一致。读者一眼就会看到 SS_9 型机车转向架与其他客运机车转向架的不同之处在于二系高圆簧的布置。一般客运机车转向架，每侧有 3 个或 4 个二系高圆簧置于转向架侧梁的中部上方，而 SS_9 型机车转向架每侧的 3 个高圆簧，其在转向架侧梁上的位置是：两个高圆簧位于中间轴的一侧，另一个高圆簧位于中间轴的另一侧。这样布置可以使高圆簧的下支承面下降，因而降低了车体重心的高度。但当机车通过曲线，转向架相对车体回转时，高圆簧上下支承的相对横向位移较大，增加了高圆簧的应力。

二、SS_9 型转向架主要技术参数

SS_9 型转向架主要技术参数如表 5-3 所示。

表 5-3　SS_9 型转向架主要技术参数

轨距/mm	1435
轴式	C_0-C_0
轴重/t	21
轮径/mm	1250（新）
	1200（半磨耗）

续表 5-3

最高运行速度/(km·h^{-1})		160
通过最小曲线半径/m		125($v \leqslant 5$ km/h)
转向架轴距/mm		2150+2150
一系悬挂	弹簧静挠度/mm	49.5
	垂向减振器阻尼/(kN·s·m^{-1})	80
二系悬挂	弹簧静挠度/mm	96
	垂向减振器阻尼/(kN·s·m^{-1})	120
横向减振器阻尼/(kN·s·m^{-1})		90
抗蛇行减振器阻尼/(kN·s·m^{-1})		1000
牵引装置	牵引方式	双侧低位平拉杆
	牵引点高度/mm	460
启动工况黏着重量利用率/%		91.6
传动装置	传动方式	直齿轮双侧六联杆万向节驱动
	齿轮传动比	77∶31
基础制动	制动方式	带闸瓦间隙调整器的单元制动
	制动缸制动倍率	4
	机车制动率/%	42
计算 160 km/h 速度时紧急制动距离/m		1320
停车制动	制动方式	弹簧蓄能制动
轮对横动量/mm		1-8-1
车体与转向架横向间隙/mm		30
车体与转向架垂向间隙/mm		40
转向架质量(包括电机)/t		31.5

第八节　HX$_D$1 型电力机车转向架

HX$_D$1 型机车为 8 轴双节、轴式为 2(B$_0$-B$_0$)的新型重载电力机车。在其标准配置中,机车整备重量为 184 t,对应轴重为 23 t,加上压铁后轴重为 25 t。每节车有一个司机室。轴功率为 1200 kW,总功率为 9600 kW。采用水冷 IGBT 元件的主变流器,每节车有 2 个牵引逆变器,每个牵引逆变器供电给同一转向架的两台并联的牵引电机(架控)。

HX$_D$1 型转向架由构架、轮对、轴箱、驱动装置、悬挂装置、牵引装置、撒砂装置、轮缘润滑装置等组成,如图 5-6 所示。

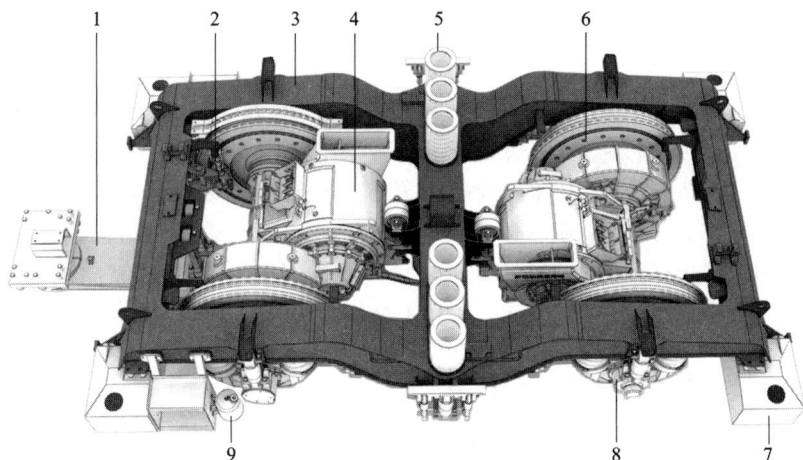

1—牵引装置；2—基础制动装置；3—构架；4—驱动装置；5—中央悬挂装置；
6—轮对；7—撒砂装置；8—轴箱；9—轮缘润滑装置。

图 5-6 HX_D1 型电力机车转向架

一、HX_D1 型电力机车转向架结构特点

1.驱动装置

HX_D1 型电力机车转向架的驱动装置与 SS_4B 型货运交直流传动电力机车的驱动装置基本相同，均采用滚动轴承抱轴驱动，主要由电机、抱轴箱、传动齿轮箱等组成。齿轮箱体采用铝合金材料，以减轻重量。

2.轮对、轴箱

车轮为整体碾钢车轮。在车轮两侧装有制动盘，制动盘与车轮之间用螺栓连接。车轮踏面采用我国机车上广泛使用的 JM_3 磨耗型踏面。

车轴轴颈直径 160 mm，轮座直径 252 mm，轴身直径 240 mm。车轴轮座采用喷钼处理，以提高强度。

HX_D1 型机车轴箱采用整体式圆锥滚动轴承，可实现 120 万 km 免维护。轴承安装有接地装置、速度传感器、防滑速度传感器。

3.弹簧悬挂装置

一系悬挂装置由圆簧、轴箱拉杆、垂向减振器组成。轴箱采用单侧轴箱拉杆定位；轴箱拉杆两端采用球形橡胶关节。这种结构的特点是一系悬挂的纵向刚度大，横向刚度小，有利于机车的横向稳定性，有利于轮轨黏着，可改善机车曲线通过性能。

二系悬挂装置由高圆簧、橡胶垫、垂向减振器、端部横向减振器组成。该机车二系弹簧特别之处是每侧 3 个高圆簧不是常见的纵向布置而是横向布置。这样布置的原因是构架中梁（牵引梁）位置下降后，侧梁中间呈下凹状，要纵向布置 3 个高圆簧没有这个空间，只能横向布置。构架中梁下降的好处在于高圆簧的下支承面下降，因而车体下降，车体重心下降；另外构架中梁下部离轨面高度不大，可直接安装牵引杆实现低位牵引。

机车在运行过程中，转向架与车体之间除了垂向振动外，还有横向振动、摇头振动等相

对运动。动力学计算表明,二系弹簧采用横向布置可减少弹簧最大变形量,改善弹簧的受力状态。二系横向减振器布置在构架端梁,可降低轮轴横向力。

4. 牵引装置

牵引装置把转向架与车体纵向连接,把转向架的牵引力传到车体上去。牵引装置就是一根牵引杆,一端连转向架构架,另一端连在车体底架上。因为转向架相对车体有回转、横动、上下振动等相对位移,因此,牵引杆与构架和车体之间的连接必须采用橡胶关节,以适应转向架与车体之间的相对运动。牵引杆除传递牵引力之外,还必须考虑转向架质量的纵向惯性力的冲击载荷,转向架纵向冲击加速度可达$(3\sim5)g$。因此牵引杆的纵向刚度必须尽量大,这是牵引杆橡胶关节结构必须考虑到的。HX_D1型机车牵引装置纵向刚度达到50 MN/m。

二、HX_D1型转向架主要技术参数

HX_D1型转向架主要技术参数如表5-4所示。

表5-4 HX_D1型转向架主要技术参数

轴重/t	23/25
转向架总重/kg	20060
牵引电机质量/kg	2450
单轴簧下质量/kg	4572.5
牵引电机悬挂方式	滚动抱轴悬挂
转向架轴距/mm	2800
转向架中心距/mm	8900
牵引力传递方式	单斜拉杆推挽式
牵引点距轨面高度/mm	240
牵引电机功率/kW	1225
最大牵引力(每轴)/kN	95
轮径(新轮/全磨耗)/mm	1250/1150
最高运行速度/(km·h⁻¹)	120
一系弹簧静挠度/mm	38
二系弹簧静挠度/mm	103

第九节 HX_D3型电力机车转向架

HX_D3型大功率交流传动货运电力机车转向架为无心盘、无导框、轴悬式三轴转向架,是通过技术引进和日本东芝公司合作设计的新型转向架。设计过程中,通过动力学计算分析和结构参数优化,合理配置转向架的一、二系悬挂参数和阻尼,使机车具有良好的动力学性能。

每个转向架的主要组成包括：构架、轮对装配、一系悬挂(轴箱)装配、电动机悬挂装置、基础制动装置、二系悬挂(支承)装配、牵引装置、转向架附件等部分(见图5-7)。

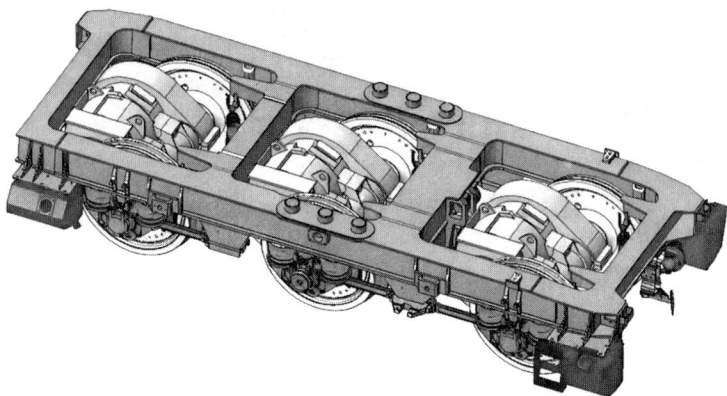

图 5-7　HX$_D$3 型电力机车转向架

一、HX$_D$3 型电力机车转向架结构特点

　　HX$_D$3 型是重载货运电力机车，其轴重达 25 t，最高运行速度 120 km/h。机车的特点是轴重大、速度高，在转向架结构设计上要满足这个特点。首先，转向架要有足够的强度；其次，要有良好的动力学性能，保证机车运行的安全可靠；最后，要尽可能提高机车黏着重量的利用率，即减小轴重转移。此外，转向架结构的简单可靠是永恒的追求目标。

　　统观我国的货运机车转向架，为了减小机车启动时大牵引力作用下的轴重转移，悬挂装置的设计采用了如下的原则：一系悬挂软，二系悬挂硬，即机车悬挂装置的总静挠度主要由一系提供。这样的悬挂配置，再加转向架构架侧梁每侧有前后两个旁承，在机车启动时大牵引力作用之下，转向架构架的倾斜角接近车体的倾斜角，即转向架构架的倾斜角较小，则转向架内的轴重转移较小，从而达到机车轴重转移较小。但是，这种我国货运机车广泛采用的转向架只适用于最高运行速度 100 km/h 的情况，这是因为悬挂装置总静挠度的增大受到限制：一系轴箱圆簧的静挠度可达到 100 mm 左右，二系橡胶堆的静挠度为 10 mm 左右，悬挂装置总静挠度 110 mm 左右，适应的 v_{max} 为 100 km/h 左右。当前，随着列车速度的提高，要求货运机车的最高运行速度增至 120 km/h，传统的货运机车转向架就不太适应这个要求，HX$_D$3 型电力机车的转向架就是适应了速度增高的要求：悬挂装置总静挠度达 154 mm(23 t 轴重)，其中 2/3 左右设二系高圆簧，1/3 左右设一系轴箱簧，转向架结构形式与传统客运机车转向架接近，保证了机车速度达 120 km/h 具有良好的动力学性能，这无疑是首先要满足的要求。当然这种结构的转向架，与传统货运机车转向架相比较，机车轴重转移较大，幸好 HX$_D$3 型电力机车牵引电传动系统采用轴控技术，每个牵引电机由其独立的牵引逆变器供电，实现了机车每个牵引电机的独立控制；因轴重转移，当某轴减载较多将发生空转时，就减小该轴牵引电机电流，使之不发生空转，并可通过牵引逆变器控制进行适当的补偿，以最大限度地发挥机车牵引力。

　　HX$_D$3 转向架构架(图5-8)是由左右侧梁、前后端梁、牵引横梁、横梁和各种附加支座等组成。每个横梁焊成封闭式的箱形结构,构架组焊后成框架式"目"字结构。

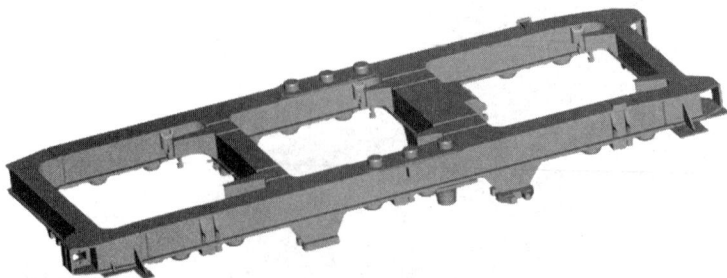

图 5-8　HX$_D$3 转向架构架

HX$_D$3 型机车的轮盘制动,每个车轮安装一套独立的单元制动器,其中每个转向架有两套单元制动器带有弹簧停车储能制动,安装在第一轴车轮上,这是在我国机车上首次采用的。当机车制动时,制动单元得到压缩空气,通过制动缸推动卡钳,通过闸瓦,压力作用到安装在车轮辐板的摩擦盘上,使闸瓦与摩擦盘产生摩擦,消耗功率,将动能转变为热能散发掉,从而使机车达到减速或停车目的。盘形制动的制动性能远优于传统使用的闸瓦制动。

该机车转向架主要结构特点总结如下:

①牵引电机采用内顺置布置。这种布置可使机车在牵引工况获得较小的轴重转移。

②低位推挽式单牵引杆结构,配合合理的悬挂参数选择,使机车轴重转移减小。

③构架刚度和强度高,侧架与端梁、横梁连接采用圆弧连接的结构形式,降低连接处的应力集中。

④二系悬挂高圆弹簧组每侧一组由 3 个弹簧组成,这种布置使弹簧接近回转中心,减小弹簧的横向位移量和弹簧间的位移量差,降低弹簧的剪切应力。

⑤一系弹簧采用单圈、小静挠度值,使一、二系弹簧参数搭配趋于合理。

⑥车轮装配包括整体车轮和摩擦盘组装。整体车轮采用进口德国波鸿车轮,摩擦盘采用进口 KNORR 公司标准铸铁盘。铸铁摩擦盘固定螺栓的力矩是 60 N·m,机车车轮采用 JM$_3$ 磨耗型踏面,车轮及齿轮等都是采用注油压装的方法,车轴材料是 JZ50 钢,按照国内成熟的设计和加工方法进行生产。

⑦驱动装置采用德国 VOITH 公司设计的滚动抱轴式半悬挂结构,主要包括齿轮箱、大小齿轮、抱轴箱等。

二、HX$_D$3 型电力机车力的传递

机车运行时,转向架与车体之间的垂向力、纵向力、横向力的传递途径如下:

(1)垂向力。

车体→二系弹簧组及减振器→构架→一系弹簧组及减振器→轴箱→轮对→钢轨。

(2)纵向力。

钢轨→轮对→轴箱→轴箱拉杆→构架→牵引杆→车体→车钩。

(3)横向力。

钢轨→轮对→轴箱→轴箱拉杆→转向架构架→车体支承装置→车体。

三、HX$_D$3 型转向架主要技术参数

HX$_D$3 型转向架主要技术参数如表 5-5 所示。

表 5-5　HX$_D$3 型转向架主要技术参数

轴式	C$_0$-C$_0$
轴重/t	23^{+3}_{-1}
加压铁后轴重(实际出车状态)/t	25^{+1}_{-3}
最高运行速度/(km·h^{-1})	120
转向架总重/t	30.19
每轴簧下质量/t	5.3
牵引点距轨面高度/mm	240
通过最小曲线半径/mm	125
牵引电机额定功率/kW	1250
牵引电机额定转速/(r·min^{-1})	1365
牵引齿轮传动比	101/21=4.8095
齿轮模数	9
螺旋角/(°)	8
悬挂装置总静挠度(23 t 轴重)/mm	153.66
悬挂装置总静挠度(25 t 轴重)/mm	174.58
自由横动量/mm	±20
弹性横动量/mm	±5
轴箱相对构架横动量/mm	±10, ±10, ±10
轮对相对轴箱横动量/mm	0, ±15, 0
基础制动方式	轮装式盘形制动
停放制动	满足 30%坡道停放要求

第十节　转向架构架

一、概述

转向架构架是转向架的骨架,用以联系转向架各组成部分和传递各方向的力,并用来保持车轴在转向架内的位置(如车轴相互平行并垂直于构架纵轴线)。它一般由左、右两侧梁及一个或几个横梁组成。

侧梁不仅是向轮对传递垂向力、纵向力和横向力的主要构件，还用来规定轮对的位置。端梁用来保证构架在水平面内的刚度，保持各轴的平行及承托牵引电动机。两端的横梁又称为端梁。具有端梁的呈矩形的构架，称为封闭式构架；只有一个或两个相邻的中部横梁而没有端梁的构架，称为开口式或 H 形构架。中部横梁通常用来安装心盘、旁承，以传递机车上部结构的重量和吊挂一部分基础制动装置。有的还在两横梁之上焊接一纵向牵引梁，以便在其上安装心盘。端梁用来保证构架的水平刚度，有时仅用来吊挂一部分基础制动装置。

转向架构架的设计原则为：

①构架是转向架的一个重要部件，它是转向架其他零部件的安装基础。因此，设计时必须全面考虑构架与各有关零部件的相互位置等问题。

②构架各梁应尽可能设计成等强度梁，以保证能获得最大强度和最小自重。近代大功率高速机车，为了减轻轴重而对减轻构架的自重提出了更高的要求。

③构架各梁的布置应尽可能对称，以简化设计和施工。如对称布置有困难，也应尽量减少非相同零件的数量。

④各梁本身以及由各梁组成构架时，必须注意减少应力集中。因此，各梁相交处的过渡要平缓、圆滑，切口处要相应补偿。

⑤除了保证强度外，构架还要有足够的刚度，因为刚度不足会造成载荷分布不均匀或各梁本身产生自振等问题。

⑥采用电焊结构时必须注意施工方便，具有足够的焊缝尺寸。焊缝应布置在应力较小处，并满足一般焊接结构的要求。焊缝还应便于检查和修理。焊接后应消除内应力。

⑦在构架上需考虑设有机车出轨后使机车复位的支承部位。

现代机车转向架构架有铸造和焊接两种形式。

铸钢构架的特点：具有在铅垂和水平面内抗弯、抗扭强度和刚度都较大，机械加工量小，材料利用较好，可按受力大小设计铸件形状等优点，但有对铸造工艺要求较高，需要大型铸造设备，设计时必须符合铸钢件要求，壁厚至少 20 mm，不可能很轻，造价较高，加工往往要专门机床等缺点。

我国机车转向架多采用焊接构架。焊接构架，特别是钢板压型焊接构架，与其他形式的构架相比，具有重量轻，使用材料经济，有足够强度和刚度等优点。

二、DF₄ 型内燃机车转向架构架

DF₄ 型内燃机车转向架构架采用钢板组成的箱形焊接结构，因此强度大、刚性好、重量轻。构架由左、右侧梁，前、后端梁和前、后横梁组成。

DF₄ 型内燃机车转向架由于采用无心盘及无导框式轴箱的结构，取消了牵引梁及轴箱导框，使构架重量得以减轻。

为消除焊接内应力，构架组焊后需进行回火。回火温度为 500 ~ 550 ℃，在炉内保温 3.5 h，降温至 200 ℃后，取出自然冷却。

三、DF₁₁ 型内燃机车转向架构架

DF₁₁ 型机车转向架构架，是由左、右侧梁，前、后端梁和前、后横梁组成的全焊接封闭结构。在要求构架减轻自重的同时又要提高其强度和刚度，以及能确保安装在构架上的轮对、

牵引装置、旁承、电机悬挂装置及制动装置等部件可靠地工作。

因此，对构架的设计，在制造和材质方面都给予了足够的重视。

构架各梁均采用 16Mn 钢板组焊成的箱形结构，既能减重又能提高强度。

侧梁采用等强度梁设计的原则。增大侧梁中部段截面的高度，同时上盖板加厚，下盖板加焊补强板，这样增大了箱形截面的有效受力面积。在箱形内腔设置 14 块斜筋板和 2 块隔板，提高了整梁的垂向抗弯刚度。

横梁和端梁内腔也设竖筋板，提高其刚度。前端梁中部向下凹，以避开车架上的牵引梁。

构架组焊前，在侧梁与横梁、端梁的接触处，均加焊补强板。对所有相关焊接处进行加工，除保证焊接质量外，又能满足构架上各零部件的相互位置、尺寸公差和各种形位公差，例如平行度、垂直度等的精确要求。

构架组焊后加工前应进行整体退火处理，以消除焊接应力。

在运用中注意检查构架的各焊缝有无裂纹，检查各重要尺寸例如侧梁中心距、轴距等以判断构架有无严重变形，以确保电机全悬挂装置及空心轴装配等部件的正常工作。

四、HX$_N$5 型内燃机车转向架构架

HX$_N$5 型内燃机车转向架构架采用低温综合性能良好的钢板及铸钢件焊接而成，可以保证在-40 ℃低温环境下正常工作。

构架由左右两根对称布置的侧梁、牵引梁、横梁、后端梁及各支座组成。后端梁上设有牵引电动机吊座，用来吊挂牵引电动机。就构架强度和刚度而言，没有必要一定要设置后端梁。侧梁、牵引梁、横梁、后端梁均为箱形截面。与国内传统的主型干线内燃机车（DF$_4$、DF$_8$、DF$_{11}$ 型等）构架各主要结构梁所不同的是，HX$_N$5 型机车转向架构架各梁截面尺寸的宽度大于高度，且上、下盖板较厚，上、下盖板与立板采用带根部间隙的坡口焊，以便焊透。HX$_N$5 型机车转向架构架由左右两根对称布置的侧梁、牵引梁、横梁、后端梁及各支座组成。侧梁底面焊有导框、制动座、轮缘润滑装置安装座，外侧面焊有一系垂向减振器座，顶面焊有抗蛇行减振器座和纵向止挡座。牵引梁、横梁和后端梁上均焊有牵引电动机吊座。牵引梁上有牵引装置安装接口。左右侧梁和横梁上各有一个承载垫安装面，用来放置橡胶堆式承载垫，承受车体的垂向载荷。另外，构架上还焊有撒砂装置等转向架附件的安装支座。

五、HX$_D$1 型电力机车转向架构架

HX$_D$1 型电力机车转向架为二轴转向架，构架由侧梁、牵引梁、前端梁和后端梁组成，除个别安装座以外，结构基本上是对称的。该构架焊接后，构架变形小，残余应力分布均匀。构架采用等强度设计，构架各部分的应力水平比较低，且应力变化趋势平稳，安装座结构简单。

HX$_D$1 型转向架采用二轴转向架。其构架为传统的"日"字形焊接钢结构，由前端梁、后端梁、牵引梁和 2 根鱼腹形侧梁组成，所有梁体都是箱形梁焊接结构，除个别安装座外，基本上是对称结构。构架的侧梁与横梁、侧梁与端梁通过上下盖板对接，对接处不在同一截面内。

构架本体材料采用 16 MnDR 钢板，焊接采用德国的 DIN 6700 标准；优先选用对接焊缝

单边 V 形焊缝和 K 形焊缝，尽可能不用不开坡口的角焊缝；使焊缝位于低应力区；避免焊缝位于同一截面上；不同板厚的焊接，在厚板对接处设置斜坡，使两板厚度一致；对接焊缝预留间隙，以便焊透；对接焊缝的余高尽量小。

疲劳计算和强度试验表明，HX_D1 型机车转向架构架满足规定的要求。

复习思考题

1. 机车转向架的技术要求是什么？

2. 在 DF_4 型内燃机车转向架中，垂向力、纵向力和横向力是如何传递的？

3. HX_D3 型电力机车转向架的结构特点是什么？

4. 如何用数字或字母表示机车轴列式？

5. 机车转向架可以按照哪些形式分类？分别有哪几类？

6. 内燃机车转向架和电力机车转向架有什么区别？

7. 机车转向架构架的设计原则是什么？

第六章

铁道车辆的运行性能

铁道车辆作为一种载运工具，用来运输旅客和货物。当车辆沿轨道运行时，由于轮轨之间的相互作用，产生各种垂向和横向作用力并引起车辆系统的各种振动。车辆的振动会使旅客在行驶过程中感到不适或损坏货物。振动是影响铁道车辆运行时的性能的主要因素，因而车辆的运行性能可从以下两个方面来评价：

①运行平稳性：着重铁道车辆运行时的平稳性、舒适性。

②运行稳定性：着重铁道车辆运行时的安全性、稳定性。

第一节　引起车辆振动的原因

铁道车辆在运行过程中由于轮轨间的相互作用，难免会产生振动。振动产生的主要原因如下。

一、与轨道有关的激振

1.钢轨接头处的轮轨冲击

车轮通过钢轨接头处时，由于接缝处有一些折角等的局部性状变化，车轮在经过钢轨接头处时钢轨与车轮间发生冲击。如图 6-1 所示，记车轮通过钢轨接头前时的瞬时转动中心为 a，轮心速度为 V_a，车轮经过接头后的瞬时转动中心为 b，轮心速度为 V_b，速度变化量记为 ΔV，车轮受到的冲量为 S，则轮对上受到的冲量是左右两车轮的冲量之和。

$$S = M_w \Delta V = M_w V_a \theta \qquad (6-1)$$

式中：M_w 为车轮上的簧下质量；θ 为车轮通过钢轨前后接触点和轮心的夹角。

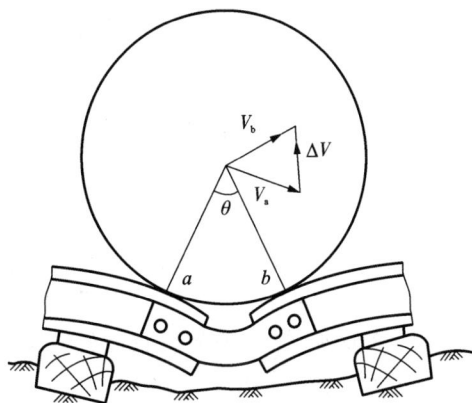

图 6-1　钢轨接头处的轮轨冲击

轮对通过钢轨接缝处轮轨间的冲量大小与轮对的簧下质量、行车速度以及钢轨接头处的变形有关。车辆运行速度高，钢轨接头处的冲击就大。簧下质量小，轮轨间的冲击就小。在设计车辆时应尽可能减小簧下质量，如用弹性车轮和轻型轮对或转向架采用第一系悬挂时可以减小钢轨接头处的轮轨冲击。

2. 轨道的垂向变形

车轮沿钢轨运行时，由于轮重，钢轨会出现垂向弹性形变。由于钢轨接头处刚度较小，接头处轨道还有永久变形，接头处垂向总变形量比轨条中部大 10% ~ 15%。车轮沿钢轨运行时，轮轨接触点的迹线在垂向有图 6-2 的形状。

轨迹可简化为半个正弦波形或整个余弦波形：

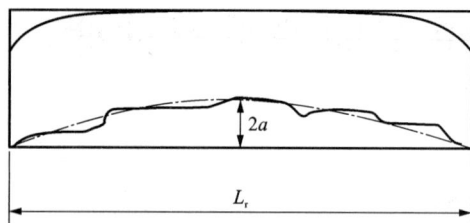

图 6-2　钢轨接触点轨迹

$$z_t = - \left| 2a \sin \frac{\pi Vt}{L_r} \right| \tag{6-2}$$

$$z_t = a \cos \left(\frac{2\pi Vt}{L_r} \right) \tag{6-3}$$

式中：$2a$ 为根钢轨的端部与中部下沉量之差；L_r 为轨条长度；t 为自某初始位置经历的时间；V 为车辆运行速度。

3. 轨道的局部不平顺

铁道车辆在轨道上运行时还受到轨道各种局部不平顺的影响，例如车辆通过曲线时轨道在垂向的超高及其顺坡，横向的方向变化、曲率半径变化和轨距的变化。由于道岔中有导曲线而无超高和缓和曲线，因此，在横向有骤加的方向变化和曲率半径变化。除此之外，轨道还存在上坡下坡，钢轨局部磨损、擦伤，路基局部隆起和下沉，气温变化引起的轨道胀轨等等。这些局部形状变化，都是激起车辆振动的原因。

4. 轨道的随机不平顺

轨道的不平顺在有些线路是不确定的，随时随地变化的，常分为水平、轨距、高低和方向等四种不平顺。

（1）水平不平顺。

钢轨在直线区段的两股钢轨顶面不完全水平，有一定的高差，这个高差就是水平不平顺。铁路技术管理规程规定，两股钢轨在正线及到发线上在同一处的高差不应超过 4 mm，在其他线上不应超过 6 mm。在 1 m 距离内变化不应超过 1 mm，否则即使两股钢轨的水平误差不超过允许范围也会引起机车车辆的剧烈振动。

在轨道上有两种不同性质的水平误差，对行车危害程度是不同的。第一种称为水平差，即在相当长的范围内，一股钢轨顶面始终高于另一股钢轨。这会引起车辆左右滚动和两股钢轨上车轮压力的不同。另一种称为三角坑，在一段线路长度范围内先是一股钢轨(左轨)高于另一股钢轨(右轨)，然后另一股钢轨(右轨)高于这一股钢轨(左轨)。如果在不足 18 m 线路长度范围内出现超过 3 mm 的三角坑，就可能使车辆上各车轮与钢轨压力不同。如果减载的车轮上又有很大的横向力使轮缘贴靠钢轨，在最不利的条件下可能引起爬轨、脱轨事故。

（2）轨距不平顺。

铁路的实际轨距与名义轨距之间有一定的偏差。无论是直线上还是曲线上容许偏差，最宽不超过名义轨距 6 mm，最窄不小于名义轨距 2 mm。

（3）高低不平顺。

轨道中心线上下的不平顺称为高低不平顺。线路经长期运用后，由于路基捣固坚实程度降低、扣件松动、钢轨磨耗等会引起轨道高低不平顺。一般伸展很长的坑洼，主要是路基下沉和枕木腐朽形成的。长度在 4 m 以下的高低不平顺会引起轮轨间很大的作用力，使机车车辆振动和道床加速变形。

大修后的线路，要用 10 m 长的弦线测量线路的高低不平顺。在正线上高低不平顺不能超过 4 mm；站线或专用线不能超过 6 mm。

（4）方向不平顺。

实际轨道中心线与理想轨道中心线的左右差称为轨道方向不平顺。轨道方向不平顺会引起车辆横向振动。

二、与车辆结构相关的激振

1. 车轮偏心

车轴中心和实际车轮中心之间存在的偏心就是车轮偏心。当车轮沿轨道运行时，车轴中心相对瞬时转动中心会出现上下和前后的运动。这些变化会激起车辆的上下振动和前后振动。

车轮中心与车轴中心之间的偏心为 e，如图 6-3 所示，车辆运行速度为 V，车轮的名义半径为 r_0，车轮转动时，车轴中心的上下运动量 z_t 计算公式如下：

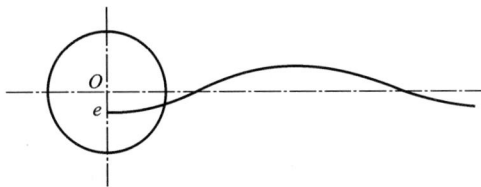

$$z_t = e \sin(\omega t + \theta_t) = e \sin\left(\frac{V}{r_0}\right) + \theta_t \quad (6-4)$$

图 6-3 车轮偏心量

式中：t 为初始位置至某位置的时间；ω 为车轮的转动角速度；θ_t 为初相角。

2. 车轮不成比例重量

当车轮质量不均匀，车轮质心与几何中心不一致时，转动时会出现不平衡力，车轮质心与几何中心的偏差为 e_ω，V 为车轮的运行速度，不平衡力 F_ω 计算公式如下：

$$F_\omega = M_\omega \left(\frac{V}{r_0}\right)^2 e_\omega \sin\left(\frac{V}{r_0} t + \theta_t\right) \quad (6-5)$$

式中：M_ω 为每一车轮的质量；θ_t 为初相角；r_0 为车轮名义半径；t 为自初始位置经历的时间。

车轮偏心和不均重，都会引起轮轨之间的动作用，车辆运行速度越高，则引起的轮轨相互作用力越大。

3. 车轮花纹磨损

车轮踏面存在擦伤时，车轮滚过擦伤处，轮轨间发生冲击，钢轨受到一个向下的冲量，而车轮受到一个向上的冲量。

$$M_\omega \Delta V = M_\omega V \theta_0 \quad (6-6)$$

车轮踏面擦伤后轮轨之间的冲击也是周期性的，其周期为

$$T = \frac{2\pi r_0}{V} \tag{6-7}$$

4.锥面轮对的蛇行运动

为了方便研究自由轮对的蛇行运动,设车轮踏面斜度为 λ_0,轮对中心向右偏离轨道中心线距离为 y,轮对中心的运动轨迹是一段圆弧,b 为同一轮对左右车轮滚动圆跨距的一半,则曲率半径计算公式为

$$R = \frac{br_0}{\lambda_0 y} \tag{6-8}$$

如图 6-4 所示,当轮对绕曲率中心转动时,轮对中心相对轨道中心线的横移量 y 是随轮对运动而变化的。车轮离初始位置继续前进时,轮对中心偏离轨道中心的 y 值变小,于是左右两轮滚动半径差变小,轮对中心轨迹的曲率半径变大。当 y 值为零时,左右车轮的滚动半径相等,但这时轮对中心线与轨道中心线并不垂直,轮对继续向前滚动时,轮对中心又在轨道中心的另一侧出现偏离。如此反复,轮对中心的运动轨迹呈现一条弯弯曲曲的曲线,称为自由轮对的运动学蛇行运动曲线。这条曲线可以用数学方法描述:

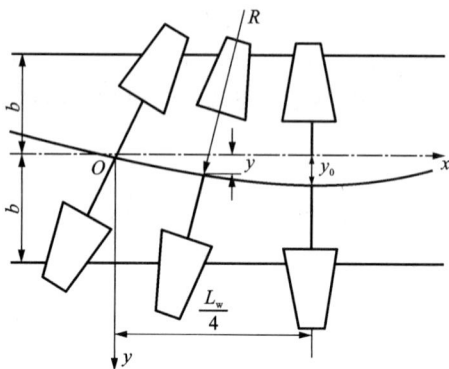

图 6-4 轮对的蛇行运动

曲线曲率可简化为

$$\frac{1}{R} = -\frac{\mathrm{d}^2 y}{\mathrm{d}x^2} \tag{6-9}$$

将 R 值代入并取轮对中心初始条件 $x=0$, $y=0$; $x=\frac{\pi}{2}\sqrt{\frac{br_0}{\lambda_0}}$, $y=y_0$。

解得

$$y = y_0 \sin \sqrt{\frac{\lambda_0}{br_0}} x \tag{6-10}$$

轮对蛇行运动周期为

$$T_\omega = \frac{2\pi}{\omega} = \frac{2\pi}{V}\sqrt{\frac{br_0}{\lambda_0}} \tag{6-11}$$

波长为

$$L_\omega = T_\omega V = 2\pi\sqrt{\frac{br_0}{\lambda_0}} \tag{6-12}$$

车轮半径越大、踏面斜度越小,则轮对蛇行运动波长越长,即蛇行运动越平缓。轮对的蛇行运动也将激起车辆的振动。

当车辆沿完全平滑的轨道运行时,轮轨之间虽无明显的激扰作用,但由于车轮踏面的特点,也会激起车辆系统的振动,这种振动属于力学中的自激振动,只要车辆沿轨道运行,轮

对中心与轨道中心线之间存在横向偏移时，就会引起轮对蛇行运动，车辆停止运动，蛇行运动也就自然停止。

第二节　轮对簧上质量系统的振动

轮对的簧上质量可以简化为一个简单的物理模型，如图 6-5 所示。

轮对代表车辆各轮对在轨道上的运行特点。簧上质量代表弹簧上的车体。簧上质量与轮对之间不同的弹性悬挂装置可以代表实际车辆上不同的悬挂装置。

一、簧载质量系统的自然振动

1. 无阻尼的自由振动

当悬挂系统中无减振装置时，设车体质量是 M，弹簧刚度为 K，系统处于静平衡时，弹簧静挠度为 f_{st}，车体重力和弹簧反力相平衡，可得下式：

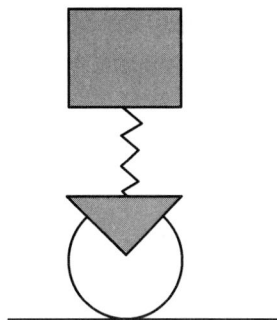

图 6-5　簧上质量系统

$$Mg = Kf_{st} \tag{6-13}$$

当轮对簧上质量系统受到干扰，弹簧力不再与重力平衡。在不平衡的弹性恢复力作用下，系统做自由振动。设某一时刻车体离开平衡位置距离为 z，弹簧反力增加，两力不再平衡，受力示意图如图 6-6 所示，车体产生加速度。

根据牛顿第二定律，可得运动方程式

$$\sum F = Mg - K(f_{st} + z) = M\ddot{z} \tag{6-14}$$

将式(6-13)代入式(6-14)可得

$$M\ddot{z} + Kz = 0 \tag{6-15}$$

将 Kz 称为弹簧复原力，大小与 z 有关，方向与位移方向相反。引用符号 $p^2 = \dfrac{K}{M}$，式(6-15)可写为

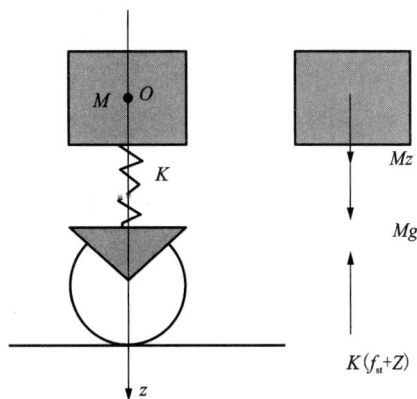

图 6-6　受力示意图

$$\ddot{z} + p^2 z = 0 \tag{6-16}$$

求得式(6-16)通解为

$$z = c_1 e^{ipt} + c_2 e^{ipt}$$

根据欧拉方程可得式(6-17)，式中 $A = c_1 + c_2$，$B = i(c_1 - c_2)$。A、B 是待定积分常数，由振动的初始条件决定。

$$z = A\cos pt + B\sin pt \tag{6-17}$$

代入初始条件 $t = 0$，$z = z_0$，$\dot{z} = \dot{z}_0$，式(6-17)可以写为

$$z = z_0 \cos pt + \frac{\dot{z}_0}{p} \sin pt \qquad (6\text{-}18)$$

上式可合并为一个正弦函数：

$$z = A \sin(pt - \varphi) \qquad (6\text{-}19)$$

其中振幅 $A = \sqrt{z_0^2 + \left(\dfrac{\dot{z}_0}{p}\right)^2}$，相位角 $\varphi = \arctan^{-1}\left(\dfrac{z_0 p}{\dot{z}_0}\right)$。振幅大小取决于车辆振动的初始条件。若初始位移和初始速度值大，自由振动的振幅就大。

振动的固有频率为

$$p = \sqrt{\frac{K}{M}} = \sqrt{\frac{g}{f_{\text{st}}}} \qquad (6\text{-}20)$$

$$f = \frac{1}{2\pi} \sqrt{\frac{K}{M}} \qquad (6\text{-}21)$$

振动周期为

$$T = \frac{1}{f} = 2\pi \sqrt{\frac{M}{K}} \qquad (6\text{-}22)$$

车辆的固有频率和振动周期与车辆的质量、弹簧刚度有关，与振幅大小无关。

车辆自由振动的加速度可以表示为

$$\ddot{z} = -Ap^2 \sin(pt + \varphi) = -\frac{Ag}{f_{\text{st}}} \sin(pt + \varphi) \qquad (6\text{-}23)$$

振动的最大加速度为

$$\ddot{z} = \frac{g}{f_{\text{st}}} A \qquad (6\text{-}24)$$

悬挂静挠度愈大，车辆自振频率愈低，在轮轨冲击力作用下振动比较缓慢，加速度也小。车辆在空车状态和重车状态下的垂向静挠度是不等的。悬挂刚度越小，空车和重车静挠度差也越大。

2. 有线性阻尼的自由振动

由自由振动方程可知，当系统中没有阻尼时，车体将以不变的振幅振动。当车辆悬挂中设置线性减振器时，系统中出现了线性阻尼，它产生的阻力与减振器活塞位移速度成正比，阻力的方向与运动方向相反。阻力计算公式为

$$F = -C\dot{z} \qquad (6\text{-}25)$$

式中：C 为线性阻尼系数；$\dot{z}$ 为减振器活塞与油缸的相对运动速度。

设系统某一时刻车体离开平衡位置位移为 z，受力示意图如图 6-7 所示。

图 6-7 有线性阻尼的自由振动受力示意图

根据牛顿第二定律可得

$$M\ddot{z} = Mg - K(f_{\text{st}} + z) - C\dot{z} \qquad (6\text{-}26)$$

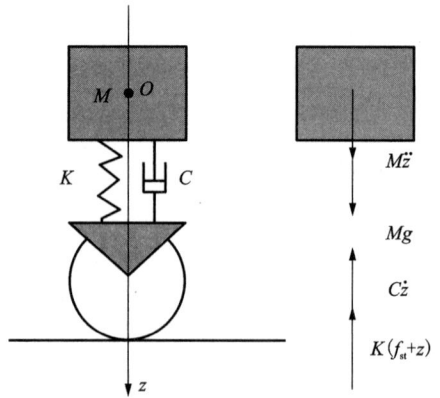

静平衡位置 $z=0$，$\dot{z}=0$，$\ddot{z}=0$。简化上式得

$$M\ddot{z}+C\dot{z}+Kz=0$$

$$\ddot{z}+2n\dot{z}+p^2z=0 \tag{6-27}$$

式中：$2n=\dfrac{C}{M}$，$p^2=\dfrac{K}{M}$。可得微分方程的通解为

$$z=e^{-nt}\left(c_1e^{\sqrt{n^2-p^2}\,t}+c_2e^{-\sqrt{n^2-p^2}\,t}\right) \tag{6-28}$$

式(6-28)代表的运动性质，取决于 $\sqrt{n^2-p^2}$。取相对阻尼系数 $D=\dfrac{n}{p}$。依据 D 的值可以分为三种阻尼状态。

（1）过阻尼状态。

此状态 $n>p$，$D>1$。车体回到平衡位置的过程可能先由初始位置 z_0 增大到某一极值，然后逐渐减小到零，如图 6-8 所示；或由 z_0 单调地减小，如图 6-8 所示；也可能越过平衡位置与初始位移相反方向达到某一极值，然后再逐渐回到平衡位置，如图 6-8 所示。由此可见，在过阻尼情况下，不出现周期振动。

（2）临界阻尼状态。

此状态 $n=p$，$D=1$。此时方程的通解为

$$z=e^{-pt}(c_1+c_2t) \tag{6-29}$$

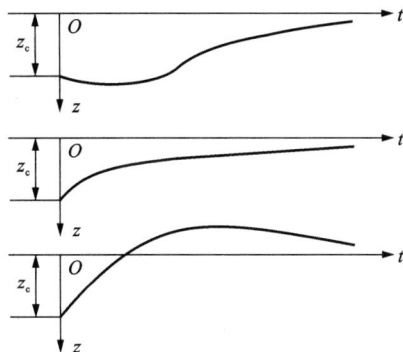

图 6-8 过阻尼状态

此时通解代表的运动为非周期性的。根据不同的 z、z_0 也可得到类似图 6-8 的指数衰减图形。

（3）弱阻尼状态。

此状态 $n<p$，$D<1$。此时通解为

$$z=Ae^{-nt}\sin\left(\sqrt{p^2-n^2}\,t+\varphi\right) \tag{6-30}$$

由式(6-30)可见，有线性阻尼的轮对簧上质量系统不再作等幅简谐振动，而是振幅限制在曲线 $\pm Ae^{-nt}$ 范围内，随时间增长而振幅不断减小的衰减振动。当时间无限增长，车体恢复到静平衡位置，其规律如图 6-9 所示。

设振动开始后经过 t_i 时间后的第 i 次振动的幅值为 z_{mi}，经过 t_{i+1} 时间后的第 $i+1$ 次振动时的幅值为 z_{mi+1}，则相邻两次振动的幅值之比为

$$\frac{z_{mi}}{z_{mi+1}}=\frac{Ae^{-nt_i}}{Ae^{-n(t_i+T_1)}}=\frac{1}{e^{-nT_1}}=e^{nT_1}=e^{\delta} \tag{6-31}$$

式中：δ 为对数衰减率。

$$\delta=\ln\frac{z_{mi}}{z_{mi+1}}=nT_1=\frac{2\pi D}{\sqrt{1-D^2}} \tag{6-32}$$

3.具有摩擦阻尼的自由振动

在不少旧型客车上采用叠板弹簧作为悬

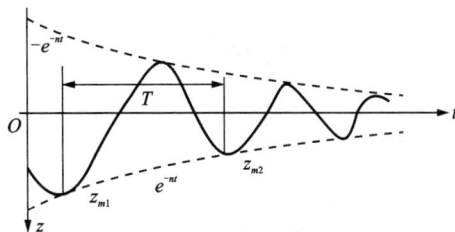

图 6-9 衰减振动

挂装置，叠板弹簧的柔性可以减少轮轨作用力对车体的影响，簧片之间的摩擦力可以衰减车辆簧上部分振动时的振幅。

摩擦减振器按其摩擦阻力变化规律不同，可以分成两种类型：一种是摩擦阻力在振动过程中保持定值，例如转 9 型转向架和控制型转向架的减振器；另一种为减振器的摩擦阻力与弹簧挠度成正比的，如叠板弹簧和转 8A 型转向架的楔块减振器。这两类减振器都是利用固体相对运动产生的摩擦力来减振，由于结构不同，摩擦力变化规律不同。

（1）轮对簧上质量系统中具有阻力与弹簧挠度成正比的摩擦减振器。

取车体在平衡位置时的质心为坐标原点，变摩擦力 F 可以表示为

$$F = -\text{sgn}(\dot{z})\varphi K(f_{st}+z) \tag{6-33}$$

式中：$\text{sgn}(\dot{z})$ 为 $\dot{z}$ 的运动方向。当 $\dot{z}>0$ 时，$\text{sgn}(\dot{z})=1$。当 $\dot{z}<0$ 时，$\text{sgn}(\dot{z})=-1$。

用变摩擦力代替式（6-27）中的线性阻尼力，可得振动微分方程

$$M\ddot{z} + \text{sgn}(\dot{z})\varphi K(f_{st}+z) + Kz = 0 \tag{6-34}$$

振动速度 $\dot{z}$ 为负时，即车体由下向上振动，这时 $\text{sgn}(\dot{z})=-1$，即摩擦力保持向下，运动的微分方程为

$$M\ddot{z} - \varphi K(f_{st}+z) + Kz = 0 \tag{6-35}$$

令 $\dfrac{K(1-\varphi)}{M} = p_1^2$，上式可写为

$$\ddot{z} + p_1^2\left(z - \frac{\varphi f_{st}}{1-\varphi}\right) = 0 \tag{6-36}$$

通解为

$$z = A_1\cos p_1 t + A_2\sin p_1 t + \frac{\varphi f_{st}}{1-\varphi} \tag{6-37}$$

代入初始条件 $t=0$，$z=z_0$，$\dot{z}=\dot{z}_0$，可得

$$z = \left(z_0 - \frac{\varphi f_{st}}{1-\varphi}\right)\cos p_1 t + \frac{\varphi f_{st}}{1-\varphi} \tag{6-38}$$

当车体由最下点 A 移动至最高点 B 时，共经过半个周期的时间。

$$t = \frac{T_1}{2} = \frac{\pi}{p_1} \tag{6-39}$$

最高点处坐标（图 6-10 中 B 点）为

$$z_1 = -\left(z_0 - \frac{2\varphi f_{st}}{1-\varphi}\right)z \tag{6-40}$$

半个周期之后车体振幅减小了 $\dfrac{2\varphi f_{st}}{1-\varphi}$，在半个周期内振动波形为余弦曲线，但过余弦曲线中心的轴线比平衡位置下降了 $\dfrac{\varphi f_{st}}{1-\varphi}$。

车体向上振动到 B 点后又向下运动，车体振动速度向下，变摩擦阻力向上，此时 $\text{sgn}(\dot{z})=1$，车体的微分方程为

$$M\ddot{z} + \varphi K(f_{st}+z) + Kz = 0 \tag{6-41}$$

令 $\dfrac{K(1-\varphi)}{M}=p_2^2$，上式可改写为

$$\ddot{z}+p_2^2\left(z+\frac{\varphi f_{\text{st}}}{1+\varphi}\right)=0 \tag{6-42}$$

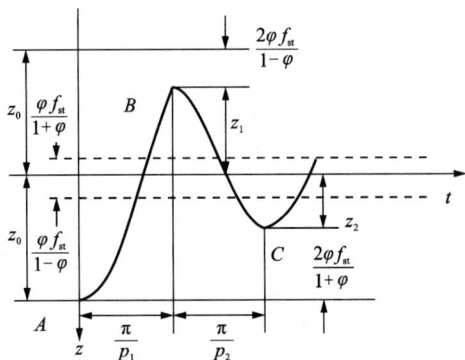

图 6-10 有变摩擦阻尼的自由振动

通解为

$$z=B_1\cos p_2t+B_2\sin p_2t+\frac{\varphi f_{\text{st}}}{1+\varphi} \tag{6-43}$$

代入初始条件 $t=0$，$z=\dot{z}_1$，$\dot{z}=0$ 可得

$$z=\left(z_1+\frac{\varphi f_{\text{st}}}{1+\varphi}\right)\cos p_2t-\frac{\varphi f_{\text{st}}}{1+\varphi} \tag{6-44}$$

当车体由最高点 B 移动至最低点 C 时，共经过半个周期的时间。

$$t=\frac{T_2}{2}=\frac{\pi}{p_2} \tag{6-45}$$

即图 6-10 中的最低点 C 处坐标为

$$z_2=z_0-\frac{4\varphi f_{\text{st}}}{1-\varphi^2} \tag{6-46}$$

车体向下振动的波形为余弦曲线，但过余弦曲线中心的轴线比平衡位置上升了 $\dfrac{\varphi f_{\text{st}}}{1+\varphi}$。

由上可以看出向上运动半周期和向下运动半周期的时间是不同的，向上半周期的时间比向下半周期的长，向上半周期振幅衰减值比向下半周期大。

在常用车辆结构中，减振器的相对摩擦系数 φ 通常不大于 0.1，故振动一个周期的振幅衰减值为

$$\Delta z=\frac{4\varphi f_{\text{st}}}{1-\varphi^2}\approx 4\varphi f_{\text{st}} \tag{6-47}$$

变摩擦系统的衰减自由振动周期为

$$T=\sqrt{\frac{M}{K}}\left(\sqrt{\frac{1}{1-\varphi}}+\sqrt{\frac{1}{1+\varphi}}\right) \tag{6-48}$$

具有变摩擦阻力的轮对质量系统，当车体静止时，因其加速度及速度均应为零，则 $\ddot{z}=0$，代入式(6-36)和式(6-42)中得

$$p_{1,2}^2\left(z\pm\frac{\varphi f_{st}}{1\pm\varphi}\right)=0 \tag{6-49}$$

可得 $z=\pm\dfrac{\varphi f_{st}}{1\pm\varphi}$，这一数值为摩擦矢。它是具有变摩擦力系统中往上振动和往下振动的余弦曲线中心的轴线相对静平衡位置移动量，当车体上下振动的振幅值落在此范围内，振动就终止。这一范围是车体静平衡位置的停滞区域。

（2）轮对簧上质量系统中具有常摩擦减振器的情况。

此时运动的方程也是分段线性方程。车体向上运动和向下运动的范围内均为线性方程，求解方法与变摩擦减振器情况相似。

4. 能量法求解任意阻尼的自由振动

根据能量守恒原理，在一定时间范围内，系统内部能量的变化量应当等于作用在系统上所有外力在同一时间范围内所做的功。当轮对簧上质量系统作自由振动时，系统在振动一个周期内失去的能量应等于减振器所耗散的功。在现有车辆悬挂系统中，安装减振器后车体自由振动仍按正弦（或余弦）规律变化而且振动频率仍十分接近无阻力时的固有频率。

轮对簧上质量系统的自由振动方程可写成

$$M\ddot{z}+F(\dot{z},z)+Kz=0 \tag{6-50}$$

p 为无减振器阻力时的自振频率，值为 $p=\sqrt{\dfrac{K}{M}}$。用能量法分析振动问题可以回避解非线性微分方程的数学问题。只要知道减振器在振动一周中所耗散的功 R、系统的悬挂刚度 K 和初始振幅 z_0，即可求出系统自由振动一周后振幅的衰减值。

表6-1列出了车辆转向架上常用的各类减振器的主要性能。

表6-1　各类减振器性能

减振器类型	阻力形式	阻力系数	振动一周减振器做的功 R	振动一周振幅衰减量 Δz	当量线性阻尼系数 C_0
液压减振器或空气节流孔	阻力与速度成正比 $F=-C\dot{z}$	C	$\pi C z_0^2 p$	$(\pi C z_0)/(Mp)$	C
	阻力与速度平方成正比 $F=\pm\gamma\dot{z}^2$	γ	$(8\gamma z_0^3 p^2)/3$	$(8\gamma z_0^2)/(3M)$	$(8\gamma z_0 p)/(3\pi)$
摩擦减振器	阻力为常数 $F=\pm const$	F	$4Fz_0$	$(4F)/K$	$(4F)/(\pi z_0 p)$
	阻力与位移成正比 $F=\pm\varphi K(f_{st}+z)$	φ	$4\varphi f_{st} K z_0$	$4\varphi f_{st}$	$(4\varphi f_{st} K)/(\pi z_0 p)$

二、簧载质量系统的强迫振动

由于线路及车辆本身的结构特点，车轮沿轨道运行时，在垂向及横向均能产生复杂的运动并经受各种轮轨作用力，这些运动和力经弹簧传至转向架和车体，激起车辆系统的强迫振动。车辆强迫振动的频率、振幅以及振动的形式，不仅与车辆本身的结构有关，而且与线路的不平顺特点、轮轨相互作用关系以及车辆的运行速度有关。

1.无阻尼的强迫振动

车体上下振动的减振模型如图 6-11 所示。这种现象可以出现在有缝线路轨端下沉或车轮偏心的情况。车轮上下运动的轨迹为

$$z_t = a\sin\omega t \qquad (6\text{-}51)$$

其中 ω 为车辆在轨道上运行时轨道不平顺激振频。该值与轨道正弦不平顺波长和车辆运行速度有关。

当系统中无阻尼时：

$$M\ddot{z} = -K(z - z_t) \qquad (6\text{-}52)$$

$$\ddot{z} + p^2 z = p^2 a\sin\omega t = q\sin\omega t \qquad (6\text{-}53)$$

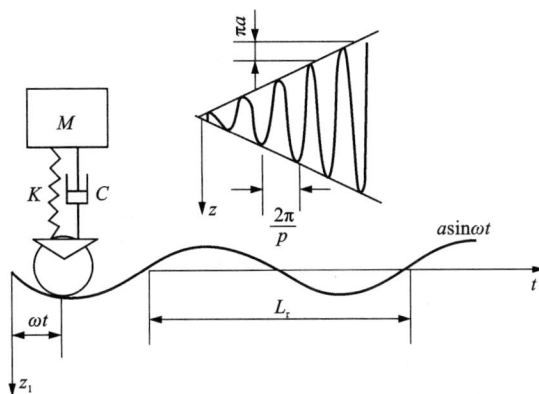

图 6-11　轮对簧上质量系统的强迫振动

式中：p 为轮对簧上质量系统的自振频率，值为 $p = \sqrt{\dfrac{K}{M}}$；a 为上下不平顺波幅；$q = ap^2$。

式(6-53)为二阶非齐次线性微分方程，其解为对应齐次方程的通解(相当于自由振动)和非齐次方程的特解(强迫振动)之和。设特解 $z = B\sin\omega t$，则全解为

$$z = A_1\cos pt + A_2\sin pt + \frac{q}{p^2 - \omega^2}\sin\omega t \qquad (6\text{-}54)$$

代入初始条件 $t = 0$，$z = 0$，$\ddot{z} = 0$。求得

$$A_1 = 0；A_2 = \frac{-q\omega}{p(p^2 - \omega^2)} \qquad (6\text{-}55)$$

$$z = \frac{q(p\sin\omega t - \omega\sin pt)}{p(p^2 - \omega^2)} \qquad (6\text{-}56)$$

当 $\omega = p$ 时，出现共振。利用洛必达法则，分子分母同时对 ω 求导：

$$\underset{\omega\to p}{z} = \frac{a\sin pt}{2} - \frac{apt\cos pt}{2} \qquad (6\text{-}57)$$

第二项随时间的增大而增大，当 $pt = \pi$、2π、$3\pi\cdots$时 z 有极值。

$$\Delta z = \frac{a[p(T+t) - pt]}{2} = \frac{apT}{2} = \pi a \qquad (6\text{-}58)$$

式中：T 为振动周期，值为 $T = \dfrac{2\pi}{p}$。

车辆在共振时振幅是按算术级数增长的，如果线路质量差，轨道端部与中部之间高差 $2a$ 大，共振时每一周期后振幅增量也大。在进行车辆设计时一定要尽可能避免激振频率与自振

频率接近，避免出现共振。

2. 有线性阻尼的强迫振动

设线性阻尼 $F=-C\dot{z}$，则车辆沿波形线路运行的微分方程为

$$M\ddot{z}=-K(z-z_t)-C(\dot{z}-\dot{z}_t) \tag{6-59}$$

$$M\ddot{z}+C\dot{z}+Kz=P\sin(\omega t+\varphi) \tag{6-60}$$

式中：$P=a\sqrt{K^2+(C\omega)^2}$；$\varphi=\arctan\left(\dfrac{C\omega}{K}\right)$。

适当变换后得

$$\ddot{z}+2n\dot{z}+p^2z=q\sin(\omega t+\varphi) \tag{6-61}$$

其中 $n=\dfrac{C}{2M}$，$p=\sqrt{\dfrac{K}{M}}$，$q=\dfrac{a\sqrt{K^2+(C\omega)^2}}{M}$。

齐次方程的解由特解和通解构成，通解已由式（6-30）给出，特解为

$$z=B\sin(\omega t+\varphi-\delta) \tag{6-62}$$

求得强迫振动振幅 $B=\dfrac{a\sqrt{1+4D^2r^2}}{\sqrt{(1-r^2)^2+4D^2r^2}}$，相位角 $\tan\delta=\dfrac{2Dr}{1-r^2}$，$r=\dfrac{\omega}{p}$。

车体振幅与线路波形振幅之比称为振幅扩大倍率 η_1，具有线性阻尼轮对簧上质量系统的振幅扩大倍率，可根据车体振幅和线路波幅求得，即

$$\eta_1=\frac{B}{a}=\frac{\sqrt{1+4D^2r^2}}{\sqrt{(1-r^2)^2+4D^2r^2}} \tag{6-63}$$

加速度扩大倍率为 η_2：

$$\eta_2=\eta_1r^2=\frac{B\omega^2}{ap^2}=\frac{r^2\sqrt{1+4D^2r^2}}{\sqrt{(1-r^2)^2+4D^2r^2}} \tag{6-64}$$

图 6-12 及图 6-13 分别展示出振幅扩大倍率 η_1 和加速度扩大倍率 η_2 与强迫振动频率和自振频率比 r 之间的关系。

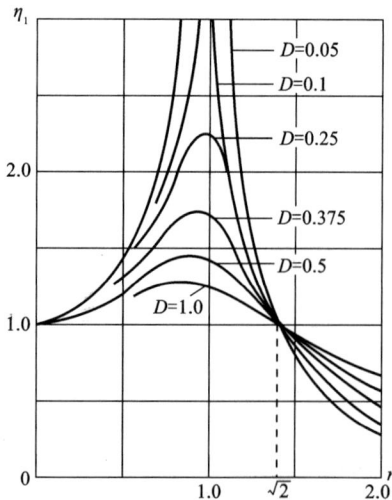

图 6-12　振幅扩大倍率图

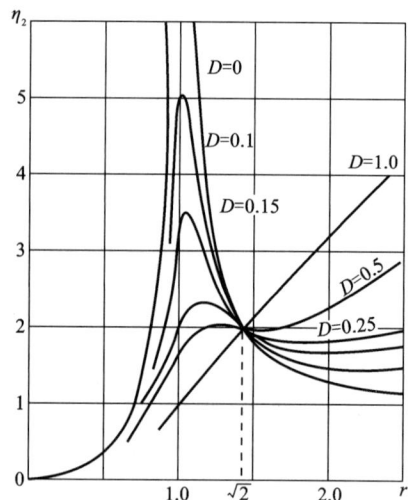

图 6-13　加速度扩大倍率图

在实际应用中经常要知道悬挂系统上下支承面之间的相对位移、相对速度和相对加速度。悬挂系统上下支承面之间的相对位移即普通所说的弹簧动挠度，这一数据是确定弹簧簧条之间的间距、减振器行程和耗散的功等时经常要用到的。图 6-14 为动挠度振幅扩大倍率与频率比的关系。

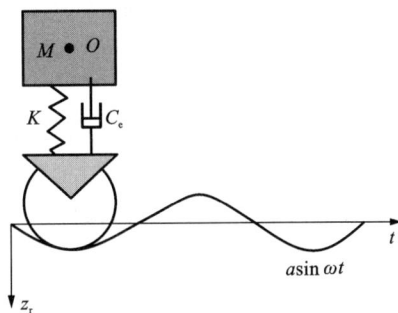

由图可见，当速度较大而减振器阻尼不是很大时，即 $D<0.7$ 时，弹簧动挠度幅值往往大于线路波形的幅值，因此弹簧簧条之间要留较大的间距以避免在振动过程中簧条接触而出现刚性冲击。

3. 有非线性阻尼的强迫振动

若车辆上采用摩擦减振器，或阻力与减振器活塞运动速度平方成正比的减振器，则轮对簧上质量系统的强迫振动方程不再为线性，这种强迫振动可以用当量线性阻尼系数代替线性阻尼系数的方法来列出方程，如图 6-15 所示。弹簧动挠度为 z_r。

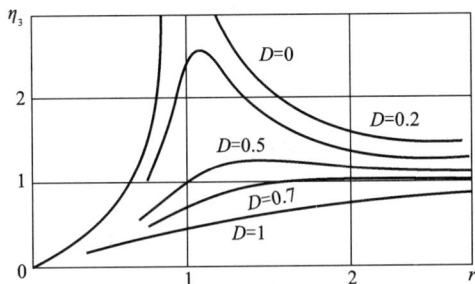

图 6-14　动挠度振幅扩大倍率与频率比的关系

图 6-15　有非线性阻尼的强迫振动

以动挠度为变量的强迫振动方程为

$$M\ddot{z}_r + C_e\dot{z}_r + Kz_r = M\ddot{z}_r = Ma\omega^2 \sin\omega t \tag{6-65}$$

求解得

$$z_r = \frac{Ma\omega^2 \sin(\omega t-\delta)}{\sqrt{(K-M\omega^2)^2+(C_e^2\omega)^2}} = z_{r0}\sin(\omega t-\delta) \tag{6-66}$$

稳态强迫振动振幅 $z_{r0} = \dfrac{Ma\omega^2}{\sqrt{(K-M\omega^2)^2+(C_e\omega)^2}}$，$\delta = \arctan\dfrac{C_e\omega}{K-M\omega^2}$。 $\tag{6-67}$

（1）常摩擦阻力减振器。

将表 6-1 中常摩擦减振器的当量线性阻尼代入 z_{r0} 的计算式中，解得

$$z_{r0} = \frac{ar^2}{|1-r^2|}\sqrt{1-\left(\frac{4P}{\pi aKr^2}\right)^2} \tag{6-68}$$

（2）摩擦力与挠度成正比的减振器。

$$z_{r0} = \frac{ar^2}{|1-r^2|}\sqrt{1-\left(\frac{4\varphi f_{st}}{\pi ar^2}\right)^2} \tag{6-69}$$

定义摩擦减振器系统振动一周振幅衰减量与无阻尼系统共振时振动一周振幅增加量之比为摩擦减振器的相对阻尼系数 D_f。

$$z_{r0} = \frac{ar^2}{\mid 1-r^2 \mid} \sqrt{1 - \left(\frac{D_f}{r^2}\right)^2} \tag{6-70}$$

具有摩擦阻尼的情况下，强迫振动动挠度幅值与波形线路幅值之比仍称为动挠度振幅扩大倍率，并用 η_{3f} 表示。

$$\eta_{3f} = \frac{r^2}{\mid 1-r^2 \mid} \sqrt{1 - \left(\frac{D_f}{r^2}\right)^2} \tag{6-71}$$

具有摩擦阻尼时弹簧动挠度振幅扩大倍率与频率比 r 的关系如图 6-16 所示。当 $D_f = 1$ 时，在临界速度下振幅增加量与衰减量平衡。当 $D_f > 1$ 时，车辆速度不断提高接近共振时，振幅扩大倍率将不断扩大。当 $D_f < 1$ 时，在临界速度下不能起振，超过临界速度后开始起振，且振幅为有限值。

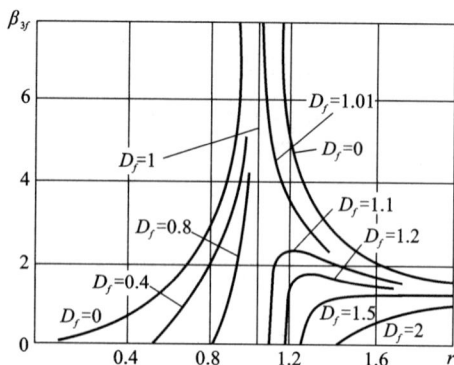

图 6-16 弹簧动挠度振幅扩大倍率与频率比的关系

（3）阻力与位移速度的平方成正比的减振器。

将表 6-1 中的阻力与位移速度平方成正比的减振器等效线性阻尼代入式（6-67）得 z_{r0}：

$$z_{r0} = \frac{3\pi M}{8\gamma r^2} \sqrt{\frac{1}{2}\left[\sqrt{(1-r^2)^4 + \left(\frac{16\gamma a^2}{3\pi M}\right)^2 r^4} - (1-r^2)^2\right]} \tag{6-72}$$

由式（6-72）可知，具有阻力与速度平方成正比的减振器，在任何速度条件下，包括 $r=1$ 的共振时，其振幅均为有限值。

下面用激振力输入的功和阻尼力消耗的功之间的相互关系，可比较直观地说明上述问题。激振力可以表达为

$$P = Ma\omega^2 \sin\omega t \tag{6-73}$$

悬挂动挠度的表达式为

$$z_r = z_{r0} \sin(\omega t - \delta) \tag{6-74}$$

可求出振动力激振一周所做的功：

$$M = 2\int_{-z_{r0}}^{z_{r0}} P\dot{z}_r \mathrm{d}t = \pi Ma\omega^2 z_{r0} \sin\delta \tag{6-75}$$

由此可见，激振力在一个周期内输入的功与弹簧动挠度的振幅成正比。黏性阻力减振器（线性减振器和阻力与振动速度平方成正比的减振器）的阻力功之间一定有一个与激振力功相等的平衡振幅。从阻力特性来看，黏性阻力减振器的性能优于摩擦阻力减振器。但黏性阻力减振器目前制造和维修成本较高，一般限用于客车。货车上常用成本较低的摩擦减振器。

第三节　车辆系统的振动

实际车辆的自由度较多而且振动形式也比较复杂，但这些基本方法和基本规律仍适用于实际车辆。

一、车辆振动

过车体质心 O 作三个互相垂直的笛卡尔右手坐标系 O、x、y、z，并规定 x 轴与车辆前进方向一致，y 轴水平向右，z 轴向下。此时车体有六种可能的振动方式（图 6-17）：

浮沉运动——车体沿 z 轴方向做平行位移；

横摆运动——车体沿 y 轴方向做平行位移；

伸缩运动——车体沿 x 轴方向做平行位移；

摇头运动——车体沿 z 轴的回转 ψ；

点头运动——车体沿 y 轴的回转 φ；

侧滚运动——车体沿 x 轴的回转 θ。

在研究车辆振动时，为了方便，往往把发生在纵垂面内的车辆各零部件的浮沉及点头振动归结在一起称为车辆垂向振动。而车辆的横摆、侧滚和摇头等归结在一起称横向振动。由于车辆的结构特点，一般车辆的垂向振动与横向振动之间是弱耦合，因此，车辆的垂向和横向两类振动可以分别研究。一般情况下，车体会出现独立的浮沉、伸缩、摇头和点头运动。而横摆运动和侧滚振动永远耦合在一起。

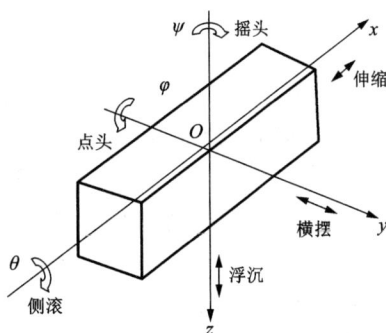

图 6-17　车辆的六种振动形式

二、具有主悬架的纵向垂直平面内的固有振动

在传统的三大件式货车转向架中，轮对与轴箱之间不设悬挂装置，而在转向架侧架与摇枕之间设置悬挂装置。由于线路的刚度比悬挂的刚度大得多，它对车体的振幅和频率影响不大，因此可以认为线路是刚性的。

一系悬挂转向架车辆的垂向无阻尼的自由振动模型如图 6-18 所示，设车体处于静平衡位置，过车体质心作右手坐标系 xOz，若车辆在自由振动的某一瞬间，车体质心离开平衡位置的垂向位移为 z，车体的点头角为 φ，每台转向架垂向悬挂刚度为 $2K_{sz}$，则当车体在纵垂面内自由振动时：

前转向架的垂向悬挂反力为

$$R_1 = -2K_{sz}(z + f_{st} - l\varphi) \tag{6-76}$$

后转向架垂向悬挂反力为

$$R_2 = -2K_{sz}(z + f_{st} + l\varphi) \tag{6-77}$$

式中：f_{st} 为弹簧悬挂静挠度；l 为车体质心至转向架悬挂中心之间的纵向距离；$2K_{sz}$ 为每台转向架的垂向悬挂装置。根据达朗贝尔原理，所有作用在车体上的静力和惯性力之和为零。绕车体质心的力矩为零。

设车体浮沉振动的惯性力为 $M_c\ddot{z}$，车体点头振动的惯性力矩为 $J_{cy}\ddot{\varphi}$，其中 J_{cy} 为车体绕 y 轴的转动惯量。

$$\sum F_z = -M_c\ddot{z} + R_1 + R_2 + M_c g = 0$$

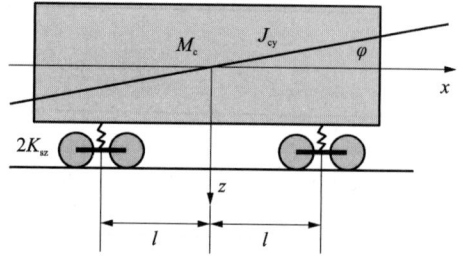

图 6-18 一系悬挂转向架车辆的垂向无阻尼的自由振动模型

(6-78)

代入 R_1、R_2，根据车体在弹簧上的静平衡条件 $M_c g = 4K_{sz}f_{st}$，得

$$M_c\ddot{z} + 4K_{sz}z = 0 \tag{6-79}$$

绕质心的力矩为零，得

$$\sum M_y = -J_{cy}\ddot{\varphi} + R_1 l - R_2 l = 0 \tag{6-80}$$

$$J_{cy}\ddot{\varphi} + 4K_{sz}l^2\varphi = 0 \tag{6-81}$$

若在一系悬挂转向架中设置线性减振器，可得：
车体浮沉运动的微分方程为

$$M_c\ddot{z} + 4C_{sz}\dot{z} + 4K_{sz}z = 0 \tag{6-82}$$

车体点头运动的微分方程为

$$J_{cy}\ddot{\varphi} + 4C_{sz}l^2\varphi + 4K_{sz}l^2\varphi = 0 \tag{6-83}$$

由此可以看出，当一系悬挂车辆对纵垂面和横垂面对称时，其纵垂面内的自由振动与轮对簧上质量系统的自由振动相似。

三、带主悬架的强制垂直振动

一系悬挂车辆在波形线路运行，如图 6-19 所示，4 个轮对的垂向位移分别为

$$z_{t1} = a\sin\omega t \tag{6-84}$$

$$z_{t2} = a\sin(\omega t - \beta_1) \tag{6-85}$$

$$z_{t3} = a\sin(\omega t - \beta_2) \tag{6-86}$$

$$z_{t4} = a\sin(\omega t - \beta_3) \tag{6-87}$$

式中：a 为线路上下波幅；ω 为线路激振频率，值为 $\omega = \dfrac{2\pi V}{L_r}$；$L_r$ 为线路波形的波长；V 为车辆的运行速度；l_1 为转向架定距之半；l 为车辆定距之半。

第二轮对落后于第一轮对的相位角 $\beta_1 = \dfrac{2\pi l_1}{L_r}$。

第三轮对落后于第一轮对的相位角

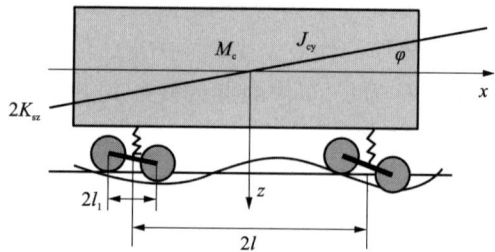

图 6-19 一系悬挂车辆沿波形线路运行时的强迫振动

$$\beta_2 = \frac{4\pi l}{L_r}\text{。}$$

第四轮对落后于第一轮对的相位角 $\beta_3 = \dfrac{4\pi(l_1+l)}{L_r} = \beta_1 + \beta_2$。

由于车辆弹簧安装在侧架的中央，车辆沿轨道运行时前转向架上弹簧下支承点的垂向位移 z_1，后转向架弹簧下支承点的垂向位移 z_2，以及计算简化过程如下：

$$z_1 = \frac{1}{2}(z_{t1} + z_{t2}) = a\sin\left(\omega t - \frac{\beta_1}{2}\right)\cos\frac{\beta_1}{2} \tag{6-88}$$

$$z_2 = \frac{1}{2}(z_{t3} + z_{t4}) = a\sin\left(\omega t - \beta_2 - \frac{\beta_1}{2}\right)\cos\frac{\beta_1}{2} \tag{6-89}$$

$$M_c\ddot{z} + 4C_{sz}\dot{z} + 4K_{sz}z = F_1\sin\left(\omega t - \frac{\beta_3}{2} + \alpha\right) \tag{6-90}$$

$$J_{cy}\ddot{\varphi} + 4C_{sz}l^2\varphi + 4K_{sz}l^2\varphi = F_2\cos\left(\omega t - \frac{\beta_3}{2} + \alpha\right) \tag{6-91}$$

$$\left.\begin{array}{l} F_1 = 4a\cos\dfrac{\beta_1}{2}\cos\dfrac{\beta_2}{2}\sqrt{K_{sz}^2 + (C_{sz}\omega)^2} \\[3mm] F_2 = -4al\cos\dfrac{\beta_1}{2}\sin\dfrac{\beta_2}{2}\sqrt{K_{sz}^2 + (C_{sz}\omega)^2} \end{array}\right\} \tag{6-92}$$

当 $\beta_1 = \beta_2 = \beta_3 = 2\pi n$ 时，即四轮同向。这时一系悬挂车辆在纵垂面内的强迫振动相当于轮对簧上质量系统的强迫振动。

一般情况下，4 个轮对作用于车辆上的合成浮沉激振力小于轮对的簧上质量系统中一个轮对作用于质量上的激振力，其缩减倍数为 $\cos\dfrac{\beta_1}{2}\cos\dfrac{\beta_2}{2}$。

若 $\cos\dfrac{\beta_1}{2} = 0$ 或者 $\cos\dfrac{\beta_2}{2} = 0$，则 4 个轮对的激振力相互抵消，车体不产生强迫振动。

一系悬挂车辆的强迫点头振动也具有与浮沉振动类似的形式，仅方程中系数不同而已。若 $\cos\dfrac{\beta_1}{2} = 1$ 或者 $\cos\dfrac{\beta_2}{2} = 1$，则点头强迫振动的振幅最大。若 $\sin\dfrac{\beta_1}{2} = 0$ 或者 $\sin\dfrac{\beta_2}{2} = 0$，则不产生点头强迫振动。

四、双悬垂纵垂直面自振

1. 无阻尼的自由振动

客车大多数采用两系悬挂装置，即轮对与转向架构架之间设置第一系弹性悬挂装置（轴箱悬挂装置），转向架构架与车体之间设置第二系弹性悬挂装置（摇枕悬挂装置），使车辆具有良好的运行品质，改善旅客舒适条件。

两系悬挂系统车辆在纵垂面内的力学模型如图 6-20 所示。图中：

J_{cy}——车体绕通过其质心的 y_c 轴的转动惯量；

M_c——车体质量；

J_{by}——一个转向架构架绕通过其质心的 y_b 轴的转动惯量；

M_b——一个转向架构架的质量；

$2K_{sz}$——一个转向架上第二系悬挂的垂向刚度；

$2K_{pz}$——一个轮对上第一系悬挂的垂向刚度；

$2l$——两转向架之间的中心距(车辆定距)；

$2l_1$——转向架轴距。

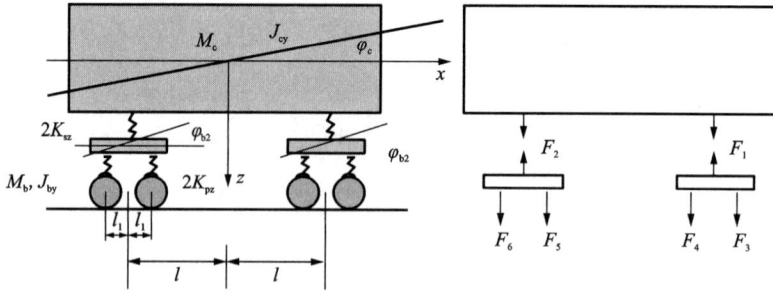

图 6-20　两系悬挂车辆在纵垂面内的振动模型

两系悬挂车辆在纵垂面内的振动模型图中所受的力计算公式如下：

$$F_1 = -2K_{sz}(z_c - l\varphi_c - z_{b1})$$

$$F_2 = -2K_{sz}(z_c + l\varphi_c - z_{b1})$$

$$F_3 = -2K_{pz}(z_{b1} - l_1\varphi_{b1})$$

$$F_4 = -2K_{pz}(z_{b1} + l_1\varphi_{b1})$$

$$F_5 = -2K_{pz}(z_{b2} - l_1\varphi_{b2})$$

$$F_6 = -2K_{pz}(z_{b2} + l_1\varphi_{b2})$$

根据牛顿第二定律，可以列出作用在车体及转向架构架上的外力及外力矩平衡的方程如下：

$$M_c\ddot{z}_c = F_1 + F_2 = -4K_{sz}\left[z_c - \frac{1}{2}(z_{b1} + z_{b2})\right]$$

$$J_{cy}\ddot{\varphi}_c = -F_1l + F_2l = -4K_{sz}\left[l^2\varphi_c + \frac{1}{2}(z_{b2} - z_{b1})l\right]$$

$$M_{by}\ddot{z}_{b1} = -F_1 + F_3 + F_4 = 2K_{sz}(z_c - l\varphi_c) - (4K_{pz} + 2K_{sz})z_{b1}$$

$$J_{by}\ddot{\varphi}_{b1} = -F_3l_1 + F_4l_1 = -4K_{pz}l_1^2\varphi_{b1}$$

$$M_b\ddot{z}_{b2} = -F_2 + F_5 + F_6 = 2K_{sz}(z_c + l\varphi_c) - (4K_{pz} + 2K_{sz})z_{b2}$$

$$J_{by}\ddot{\varphi}_{b2} = -F_5l_1 + F_6l_1 = -4K_{pz}l_1^2\varphi_{b2}$$

$$M_b(\ddot{z}_{b1} + \ddot{z}_{b2}) = 4K_{sz}z_c - (4K_{pz} + 2K_{sz})(z_{b1} + z_{b2})$$

$$M_b(\ddot{z}_{b2} - \ddot{z}_{b1}) = -4K_{sz}l\varphi_c - (4K_{pz} + 2K_{sz})(z_{b2} - z_{b1})$$

整理后可得

$$\left.\begin{array}{l} M_c\ddot{z}_c + 4K_{sz}(z_c - z_1) = 0 \\ 2M_b\ddot{z}_1 - 4K_{sz}z_c + (8K_{pz} + 4K_{sz})z_1 = 0 \end{array}\right\} \qquad (6\text{-}93)$$

$$\left.\begin{array}{l} J_{cy}\ddot{\varphi}_c + 4K_{sz}l^2\varphi_c + 4K_{sz}lz_2 = 0 \\ 2M_b\ddot{z}_2 - 4K_{sz}l\varphi_c + (8K_{pz} + 4K_{sz})z_2 = 0 \end{array}\right\} \tag{6-94}$$

$$J_{by}\ddot{\varphi}_{b1} + 4K_{pz}l_1^2\varphi_{b1} = 0 \tag{6-95}$$

$$J_{by}\ddot{\varphi}_{b2} + 4K_{pz}l_1^2\varphi_{b2} = 0 \tag{6-96}$$

式中：$z_1 = \dfrac{1}{2}(z_{b1}+z_{b2})$；$z_2 = \dfrac{1}{2}(z_{b2}-z_{b1})$。

具有两系悬挂装置的车辆在纵垂面内的自由振动可以分成互不耦合的四组：车体的浮沉振动与转向架浮沉平均值耦合在一起的车辆浮沉振动，车体的点头振动与转向架浮沉差耦合在一起的振动，以及两组独立的转向架点头振动。

令 $a_1 = \dfrac{4K_{sz}}{M_c}$，$a_2 = -\dfrac{4K_{sz}}{M_c}$，$a_3 = \dfrac{-4K_{sz}}{2M_b}$，$a_4 = \dfrac{4K_{sz}+8K_{pz}}{2M_b}$。

上式化简为

$$\left.\begin{array}{l} \ddot{z}_c + a_1z_c + a_2z_1 = 0 \\ \ddot{z}_1 + a_3z_c + a_4z_1 = 0 \end{array}\right\} \tag{6-97}$$

其解可设为

$$\left.\begin{array}{l} z_1 = A\sin(pt + \alpha) \\ z_c = B\sin(pt + \alpha) \end{array}\right\} \tag{6-98}$$

式中：A、B 为转向架构架及车体的自由振动振幅；p 为系统的自振频率；α 为相位角。计算后可得下式：

$$\left.\begin{array}{l} (a_1-p^2)B+a_2A=0 \\ a_3B+(a_4-p^2)A=0 \end{array}\right\} \tag{6-99}$$

由于 $A=0$，$B=0$ 对于研究振动没有意义，所以需要满足下面的行列式：

$$\begin{vmatrix} a_1-p^2 & a_2 \\ a_3 & a_4-p^2 \end{vmatrix} = 0 \tag{6-100}$$

考虑到频率应该为实数，而且车体的质量远大于转向架的质量，可以计算得到

$$p_1 = \sqrt{\dfrac{g}{f_{st1}+f_{st2}}} = \sqrt{\dfrac{g}{f_{st}}} \tag{6-101}$$

$$p_2 = \sqrt{\dfrac{f_{st1}+f_{st2}}{f_{st1}f_{st2}}\left(1+\dfrac{M_c}{2M_b}\right)g} \tag{6-102}$$

其中第一系悬挂静挠度 $f_{st1} = \left(\dfrac{M_c+2M_b}{8K_{pz}}\right)g$，第二系悬挂静挠度 $f_{st2} = \dfrac{M_cg}{4K_{sz}}$。$f_{st}$ 为车辆悬挂总静挠度，值为 $f_{st} = f_{st1}+f_{st2}$。

车体与转向架浮沉振动的两种频率中，低频与车辆的总静挠度有关；高频不仅与总静挠度有关，还与两系悬挂中挠度的分配及车体与转向架构架质量比有关。

由于车体及转向架的浮沉振动均由两种频率的振动组成，因此，车体及转向架构架的浮沉自由振动都是由两种振动频率的振动波形叠加而成的。因此振动方程的解为

$$\left.\begin{array}{r} z_c = B_1 \sin(p_1 t + \alpha_1) + B_2 \sin(p_2 t + \alpha_2) \\ z_b = A_1 \sin(p_1 t + \alpha_1) + A_2 \sin(p_2 t + \alpha_2) \end{array}\right\} \qquad (6-103)$$

式中：B_1、B_2 分别为车体浮沉自由振动中低频和高频振动波的振幅；A_1、A_2 分别为转向架构架浮沉自由振动中低频和高频振动波的振幅。

当处于低频和高频振动时，车体和转向架构架之间的振幅值的比率为

$$\left.\begin{array}{l} \dfrac{A_1}{B_1} = \dfrac{a_1 - p_1^2}{-a_2} = \dfrac{-a_3}{a_4 - p_1^2} > 0 \\[3mm] \dfrac{A_2}{B_2} = \dfrac{a_1 - p_2^2}{-a_2} = \dfrac{-a_3}{a_4 - p_2^2} < 0 \end{array}\right\} \qquad (6-104)$$

从以上可知，车体与转向架构架浮沉自振低频振动分量中转向架构架和车体的位移是同相的，在高频分量中，转向架构架和车体的位移是反相的。车体和转向架构架固定的振幅比例关系和相位关系构成了车辆浮沉振动的低频主振型和高频主振型。

2. 第二系悬挂中具有线性阻尼的自由振动

我国的客车多数在第二系悬挂中安装液压减振器，而在第一系悬挂中不设减振器，这时车辆在纵垂面内的自由振动方程式为

$$\left.\begin{array}{l} M_c \ddot{z}_c + 4C_{sz}(\dot{z}_c - \dot{z}_1) + 4K_{sz}(z_c - z_1) = 0 \\ 2M_b \ddot{z}_1 - 4C_{sz}(\dot{z}_c - \dot{z}_1) - 4K_{sz}(z_c - z_1) + 8K_{pz}z_1 = 0 \end{array}\right\} \qquad (6-105)$$

$$\left.\begin{array}{l} J_{cy} \ddot{\varphi}_c + 4C_{sz}(l^2 \dot{\varphi}_c - l\dot{z}_2) + 4K_{sz}(l^2 \varphi_c - lz_2) = 0 \\ 2M_b \ddot{z}_b - 4C_{sz}(l\dot{\varphi}_c - \dot{z}_2) - 4K_{sz}(l\varphi_c - z_2) + 8K_{pz}z_2 = 0 \end{array}\right\} \qquad (6-106)$$

$$J_{cy} \ddot{\varphi}_{b1} + 4K_{pz}l^2 \varphi_{b1} = 0 \qquad (6-107)$$

$$J_{cy} \ddot{\varphi}_{b2} + 4K_{pz}l^2 \varphi_{b2} = 0 \qquad (6-108)$$

自由振动方程式可分为互不耦合的四组：车体及转向架构架的有阻尼的浮沉自由振动，车体及转向架构架的有阻尼的点头自由振动，以及两组转向架构架无阻尼的自由振动。

五、双悬垂纵向平面受迫振动

无阻尼的强迫振动

当两系悬挂装置车辆在沿波状起伏的轨道上运行时，车辆产生强迫振动，这时车辆振动方程式中应包括轮对的上下激振运动。在研究一系悬挂车辆在纵垂面内的强迫振动时已经指出，四个轮对的激振运动可以归并为一个正弦或余弦的激振运动，在车辆前后左右对称的条件下，两系悬挂车辆的垂向强迫振动方程仍可分成四组独立的方程。

$$\left.\begin{array}{l} M_c \ddot{z}_c + 4K_{sz}(z_c - z_1) = 0 \\ 2M_b \ddot{z}_1 - 4K_{sz}z_c + (4K_{sz} + 8K_{pz})z_1 = 8aK_{pz}\cos\dfrac{\beta_1}{2}\cos\dfrac{\beta_2}{2}\sin\left(\omega t - \dfrac{\beta_3}{2}\right) \end{array}\right\} \qquad (6-109)$$

$$\left.\begin{array}{l} J_{cy} \ddot{\varphi}_c + 4K_{sz}(\varphi_c l^2 - z_2 l) = 0 \\ 2M_b \ddot{z}_2 - 4K_{sz}\varphi_c l + (4K_{sz} + 8K_{pz})z_2 = -8aK_{pz}\cos\dfrac{\beta_1}{2}\sin\dfrac{\beta_2}{2}\cos\left(\omega t - \dfrac{\beta_3}{2}\right) \end{array}\right\} \qquad (6-110)$$

$$J_{by} \ddot{\varphi}_{b1} + 4K_{pz}\varphi_{b1}l^2 = -4K_{pz}al\sin\dfrac{\beta_1}{2}\cos\left(\omega t - \dfrac{\beta_1}{2}\right) \qquad (6-111)$$

$$J_{\mathrm{by}} \ddot{\varphi}_{\mathrm{b2}} + 4K_{\mathrm{pz}} \varphi_{\mathrm{b2}} l^2 = -4K_{\mathrm{pz}} a l \sin \frac{\beta_1}{2} \cos \left(\omega t - \frac{\beta_1}{2} - \frac{\beta_3}{2} \right) \tag{6-112}$$

它们包括车体的浮沉振动与转向架浮沉平均值耦合在一起的车辆浮沉振动，车体的点头振动与转向架浮沉差耦合在一起的强迫振动以及两组独立的转向架点头强迫振动。上式还可以继续简化：

$$a_1 = \frac{4K_{\mathrm{sz}}}{M_{\mathrm{c}}}, \ a_2 = -\frac{4K_{\mathrm{sz}}}{M_{\mathrm{c}}}, \ a_3 = -\frac{4K_{\mathrm{sz}}}{2M_{\mathrm{b}}}$$

$$a_4 = \frac{4K_{\mathrm{sz}} + 8K_{\mathrm{pz}}}{2M_{\mathrm{c}}}, \ q = \frac{8aK_{\mathrm{pz}} \cos \dfrac{\beta_1}{2} \cos \dfrac{\beta_2}{2}}{2M_{\mathrm{b}}}$$

$$\left. \begin{array}{l} \ddot{z}_{\mathrm{c}} + a_1 z_{\mathrm{c}} + a_2 z_1 = 0 \\ \ddot{z}_1 + a_3 z_{\mathrm{c}} + a_4 z_1 = q \sin \left(\omega t - \dfrac{\beta_3}{2} \right) \end{array} \right\} \tag{6-113}$$

式中特解为

$$z_1 = A \sin \left(\omega t - \frac{\beta_3}{2} \right)$$

$$z_{\mathrm{c}} = B \sin \left(\omega t - \frac{\beta_3}{2} \right)$$

将特解代入式（6-113）中：

$$\left. \begin{array}{l} (a_1 - \omega^2) B + a_2 A = 0 \\ a_3 B + (a_4 - \omega^2) A = q \end{array} \right\} \tag{6-114}$$

求解得

$$\left. \begin{array}{l} B = \dfrac{-a_2 q}{(a_1 - \omega^2)(a_4 - \omega^2) - a_2 a_3} \\[3mm] A = \dfrac{q(a_1 - \omega^2)}{(a_1 - \omega^2)(a_4 - \omega^2) - a_2 a_3} \end{array} \right\} \tag{6-115}$$

当 $\omega = p_1$ 或者 $\omega = p_2$ 时，系统发生共振。即强迫振动的频率与系统的自振频率相等时，可得式中分母为

$$(a_1 - \omega^2)(a_4 - \omega^2) - a_2 a_3 = 0$$

可以求出车体的振幅和转向架构架的扩大倍率为

$$\eta_{\mathrm{c}} = \frac{B}{a \cos \dfrac{\beta_1}{2} \cos \dfrac{\beta_2}{2}}$$

$$\eta_{\mathrm{b}} = \frac{A}{a \cos \dfrac{\beta_1}{2} \cos \dfrac{\beta_2}{2}}$$

六、车辆横向振动

1. 一系悬挂车辆的横向自由振动

一般具有一系悬挂的货车在上下心盘之间摩擦力矩不大，在摇枕与转向架构架之间有一定的横向间隙。模型如图6-21所示。

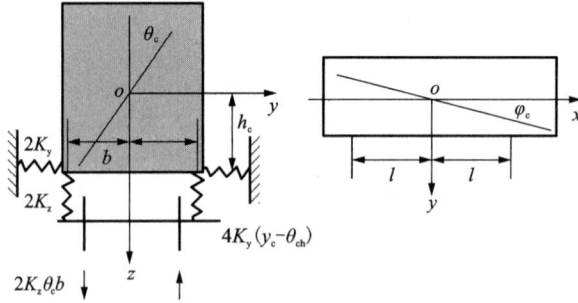

图6-21　一系悬挂车辆的横向自由振动的模型

根据车体上各力平衡的条件可得出车体横向自由振动的微分方程：

$$\left. \begin{aligned} M_c\ddot{y}_c + 4K_y y_c - 4K_y h_c \theta_c = 0 \\ J_{cz}\ddot{\varphi}_c - 4K_y h_c y_c + (4K_y h_c^2 + 4K_z b^2 - M_c g h_e)\theta_c = 0 \end{aligned} \right\} \tag{6-116}$$

$$J_{cz}\ddot{\varphi}_c + 4K_y l^2 \varphi_c = 0 \tag{6-117}$$

由上式可知车体横摆与车体侧滚是耦合在一起的以及独立的车体摇头自由振动方程。下面分析横摆与侧滚耦合在一起的自由振动。令

$$a_1 = \frac{4K_y}{M_c},\ a_2 = \frac{-4K_y h_c}{M_c},\ a_3 = \frac{-4K_y h_c}{J_{cx}},\ a_4 = \frac{4K_y h_c^2 + 4K_z b^2 - M_c g h_c}{J_{cx}} \tag{6-118}$$

则方程可以简化为

$$\left. \begin{aligned} \ddot{y}_c + a_1 y_c + a_2 \theta_c = 0 \\ \ddot{\theta}_c + a_3 y_c + a_4 \theta_c = 0 \end{aligned} \right\} \tag{6-119}$$

上式的解为

$$\left. \begin{aligned} y_c = B_1 \sin(p_1 t + \beta_1) + B_2 \sin(p_2 t + \beta_2) \\ \theta_c = A_1 \sin(p_1 t + \beta_1) + A_2 \sin(p_2 t + \beta_2) \end{aligned} \right\} \tag{6-120}$$

车体侧滚及横摆时的振幅和相位角可根据振动的初始条件求出，但是在同一频率下车体横摆及侧滚的振幅保持一定的比例，这个比例由系统结构所决定。在频率为p_1、p_2的情况下车体横摆与侧滚的振幅比分别为

$$\frac{A_1}{B_1} = \frac{a_1 - p_1^2}{-a_2} > 0$$

$$\frac{A_2}{B_2} = \frac{a_1 - p_2^2}{-a_2} < 0$$

当车体以低频p_1作耦合的横摆及侧滚振动时，横摆与侧滚同相，于是两种运动耦合成的

振动将是绕 O_1 轴转动的滚摆振动，在重心以下，为下心滚摆。当车体以高频 p_2 作耦合的横摆及侧滚振动时，横摆与侧滚反相，于是两种运动耦合成的振动将是绕 O_2 轴转动的滚摆振动，在重心之上，为上心滚摆。

2. 两系悬挂车辆的横向自由振动

一般具有两系悬挂装置的客车，在第二系悬挂中多采用摇动台结构。摇动台的作用类似单摆，在横向力作用下，摇动台产生横向位移，当横向力消失后，在重力作用下摇动台即自动摆向平衡位置，故摇动台也是一种横向弹性装置。

简化计算时须把两系悬挂的垂向刚度和横向刚度正确换算成当量一系悬挂刚度，尽量减少简化造成的误差。

第四节　车辆运行品质及其评估标准

为了正确衡量车辆的性能，各国铁路都根据运送货物和输送旅客的要求，制定各种指标来评估车辆及其转向架的性能。铁道车辆性能主要包括运行品质和运行安全性。以下是一些常用的评估标准。

一、车辆运行质量评估

1. 动荷系数

动荷系数是车辆在运转时产生的动载荷幅值 P_d 与车辆静止时的载荷 P_{st} 之比。动荷系数可以分为横向和垂向。

横向动荷系数：

$$K_{ld} = \frac{P_{ld}}{P_{st}} \tag{6-121}$$

垂向动荷系数：

$$K_{vd} = \frac{P_{vd}}{P_{st}} \tag{6-122}$$

式中：P_{st} 为车体作用在转向架上的静载荷；P_{ld} 和 P_{vd} 分别为车体作用在转向架上的横向和垂向动载荷。若已知车体的横向及垂向加速度为 a_1 及 a_v，则动荷系数为

$$K_{ld} = \frac{a_l}{g}, \ K_{vd} = \frac{a_v}{g} \tag{6-123}$$

有时也用弹簧动挠度 f_d 来求动荷系数：

$$K_{vd} = \frac{f_d}{f_{st}} \tag{6-124}$$

在现场试验时发现，利用加速度和弹簧静挠度所得的动荷系数不一致，并且相差甚大。我国并未采用动荷系数作为衡量车辆的运行品质的指标。

2. 车身加速度幅值

车体垂向和横向加速度幅值大小 a_v、a_l 可表示车体垂向和横向动载荷，对旅客和货物有

较大影响，若振动为简谐振动，则

$$a_v = z_0 \omega_z^2, \quad a_l = y_0 \omega_y^2 \tag{6-125}$$

式中：z_0、y_0 为车体的垂向及横向振动振幅；ω_z、ω_y 为车体的垂向和横向振动圆频率。

3. Sperling 稳定性系数

Sperling 等人在大量单一频率振动的试验基础上提出影响车辆平稳性的两个重要因素。其中一个重要因素是位移对时间的三次导数。位移对时间的三次导数，在一定意义上代表力的变化率，F 的增减变化引起冲动的感觉。

当车体做简谐振动时，$z = z_0 \sin \omega t$，则 $\dddot{z} = -z_0 \omega^3 \sin \omega t$。幅值为

$$|\dddot{z}|_{\max} = z_0 (2\pi f)^3, \quad \omega = 2\pi f \tag{6-126}$$

影响平稳性指数的另一个因素是振动时的动能大小，车体振动时的最大动能为

$$\frac{1}{2} M_c \dot{z}^2 = \frac{1}{2} M_c (z_0 2\pi f)^2 = E_d \tag{6-127}$$

可得

$$(z_0 2\pi f)^2 = \frac{2E_d}{M_c} \tag{6-128}$$

Sperling 在确定平稳性指数时，把反映冲动的 $z_0 (2\pi f)^3$ 和反映振动动能 $(z_0 2\pi f)^2$ 的乘积作为衡量标准评定车辆运行的品质。车辆运行平稳指数的经验公式为

$$W = 2.7 \sqrt[10]{z_0^3 f^5 F(f)} = 0.896 \sqrt[10]{\frac{a^3}{f} F(f)} \tag{6-129}$$

其中加速度 $a = z_0 (2\pi f)^2$，$F(f)$ 为与振动频率有关的加权系数。

4. 客货车运行质量标准

由于客车和货车运送的对象不同，因此对于车体的动荷系数、加速度和平稳性指数的要求是不同的。即使用同一种评估方法，世界各国的标准也不相同。

我国对车辆的运行品质，主要用平稳性指数来评估车辆的平稳性等级，如表 6-2 所示。

表 6-2　车辆平稳性等级的评估

平稳性等级	评语	平稳性指数 W	
		客车	货车
一级	优	<2.5	<3.5
二级	良好	2.5~2.75	3.5~4.0
三级	合格	2.75~3.0	4.0~4.25

当车辆进行动力学试验时，每次记录的分析段时间为 6 s，在每个分析段中选取一个最大加速度 $a_{i\max}$，若在每个速度等级有 m 个分析段，则平均最大加速度为

$$\bar{a}_{\max} = \frac{\sum\limits_{i=1}^{m} a_{i\max}}{m} \quad (i = 1, 2, 3\cdots) \tag{6-130}$$

当用平均最大加速度评定 $V \leqslant 140$ km/h 的客车平稳性等级时，采用下面公式：

$$\bar{a}_{\max} \leqslant 0.00027V + C_p \tag{6-131}$$

式中：C_p 为评定客车平稳性等级的常数。

当用平均最大加速度评定 $V \leqslant 100$ km/h 的货车平稳性等级时，采用下面公式：

垂向振动：

$$\bar{a}_{\max} \leqslant 0.00215V + C_f \tag{6-132}$$

横向振动：

$$\bar{a}_{\max} \leqslant 0.00135V + C_f \tag{6-133}$$

式中：C_f 为评定货车平稳性等级的常数。如表 6-3 所示为评定平稳性常数的值。

表 6-3　评定平稳性常数 C_p、C_f

运行平稳性	C_p		C_f	
	垂向	横向	垂向	横向
优	0.025	0.010	0.06	0.08
良好	0.030	0.018	0.11	0.13
合格	0.035	0.025	0.16	0.18

5. 旅客列车在曲线上行驶时的乘坐舒适性及其标准

列车通过曲线时，除了直线上的各种线路不平顺作用外，车辆上还经受线路上曲线、缓和曲线和超高等线路平面和垂面形状改变的影响，从而影响乘坐旅客的舒适性。

（1）离心加速度。

列车通过曲线时，车辆和旅客都要经受离心力和离心加速度。离心加速度为：

$$a_c = \frac{V^2}{R} \tag{6-134}$$

当用重力加速度的倍数来表示时，离心加速度可写成

$$g_c = \frac{V^2}{gR} \tag{6-135}$$

为了减少列车通过曲线时旅客经受的离心加速度和轮轨之间的相互作用力，国内外铁路都采用在曲线上设置超高的办法。曲线超高一般设置在外轨上，即把外轨抬高，内轨保持原来高度不变，轨道平面不再保持水平面，而是与水平面之间呈一定夹角，这一夹角称为超高角。有了超高以后，旅客承受的离心加速度和重力加速度横向分量可互相抵消一部分。此时的离心加速度为

$$g_c = \frac{V^2}{gR} - \frac{h}{S} \tag{6-136}$$

式中：h 为外轨超高；S 为两钢轨顶面中心距离，$S = 1500$ mm。上式可写成

$$g_c S = \frac{SV^2}{gR} - h = h_d \tag{6-137}$$

当 $h_d > 0$ 时，离心加速度大于重力加速度横向分量，h_d 称为欠超高；如果 $h_d = 0$，这时的

离心加速度恰巧与重力加速度的横向分量相平衡，这时的列车速度称为平衡速度或均衡速度；$h_d < 0$，即离心加速度小于重力加速度横向分量，h_d 称为过超高。

国内外铁路大量试验和实践证明，未被平衡的离心加速 g_c 有如下经验数据：

①$g_c < 0.04\,g$，旅客对未被平衡的离心加速度无明显感觉；

②$g_c = 0.05\,g$，则旅客能觉察未被平衡的离心加速度，但无不舒服的感觉；

③$g_c = 0.077\,g$，一般旅客能长时间承受这种未被平衡的离心加速度；

④$g_c = 0.1\,g$，一般旅客能承受不频繁的这种未被平衡的离心加速度。

我国铁路用限制欠超高的形式来保证列车通过曲线时的安全性和旅客舒适度，按铁路设计规定：

①在等级较高的线路上，旅客列车的欠超高 $h_d < 70\ \text{mm}$；

②在一般线路上，欠超高 $h_d < 90\ \text{mm}$；

③在既有线路上提速时，某些线路的欠超高 $h_d \leqslant 110\ \text{mm}$。

（2）曲线限速及提速措施。

列车在曲线半径为 R 的曲线上行驶，由于实设超高已定，而且欠超高量 h_d 不能超过规定标准，因此列车在曲线上的最大速度 V_h 限为

$$V_h = \sqrt{\frac{(h + h_d)R}{11.8}} \tag{6-138}$$

式中：h 为实际超高；h_d 为规定欠超高限值。由上式可见，要提高列车在曲线上的限速，必须加大曲线半径，增高线路超高或增大容许欠超高量。但是曲线半径与超高值不易改变。为了提高列车通过曲线时的速度，国外发展各种形式的摆式客车，亦即通过各种措施，使客车的车体，在通过曲线时可以向内侧倾摆，亦即车体相对轨道平面转动一个角度。在车体内的旅客感受到的超高角是线路实设超高和车体倾角之和，因此旅客感受到的重力加速度的横向分量显著增加，可以大幅度抵消列车提速后的离心加速度。

二、车辆行驶安全评估

1. 车辆抗侧倾稳定性

车辆沿轨道运行时受到各种横向力的作用，这些横向力作用造成车辆的一侧车轮减载，另一侧车轮增载。在各种横向力最不利组合作用下，车辆一侧车轮与钢轨之间的垂向作用力减少到零时，车辆有倾覆的危险。

车辆在横向力作用下可能倾覆的程度用倾覆系数 D 表示，计算公式为

$$D = \frac{P_d}{P_{st}} = \frac{P_2 - P_1}{P_2 + P_1} \tag{6-139}$$

式中：P_{st} 为无横向力作用时轮轨间垂向静载荷；P_d 为在横向力作用下轮轨间垂向力变化量；P_2 为增载侧轮轨间垂向力；P_1 为减载侧轮轨间垂向力。

2. 防脱轨车辆稳定性

车辆沿轨道直线部分运行时，在正常工作条件下，车轮上的踏面部分与钢轨顶面相接触。当车辆进入曲线时，各种横向力的作用，使前轮对外侧车轮的轮缘贴靠钢轨侧面。在导向力作用下轮对连同转向架顺着曲线方向前进。如果在某种特定条件下，车轮给钢轨的横向力 Q 很大，而车轮给钢轨的垂向力 P 很小，则导致车轮在转动过程中新的接触点 A' 逐渐移向

轮缘顶部，车轮逐渐升高（见图 6-22）。如果轮缘上接触点的位置到达轮缘圆弧面上的拐点，即轮缘根部与中部圆弧联结处轮缘倾角最大的一点，就到达爬轨的临界点。当接触点超过临界点以后，由于轮缘倾角变小，车轮有可能逐渐爬上钢轨直到轮缘顶部达到钢轨顶面而脱轨。

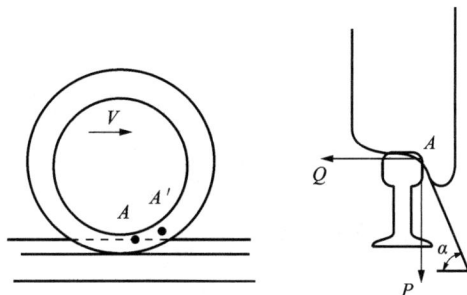

图 6-22　脱轨

车轮爬上钢轨需要一定时间，这种脱轨方式称为爬轨，一般发生在车辆低速情况下。跳轨发生在高速情况下，轮轨之间的冲击力造成车轮跳上钢轨。

评定轮对抗脱轨稳定性的标准如下。

（1）根据车轮作用于钢轨的横向力。

取轮缘上轮轨接触斑为分割体，受力示意图如图 6-23 所示，作用在接触斑上的车轮垂向力为 P，横向力为 Q，钢轨作用在接触斑上的作用力有法向力 N，钢轨给接触斑的摩擦力为 μN，接触斑在各种作用力下处于平衡状态，车轮处于下滑而不能滑动的状况。

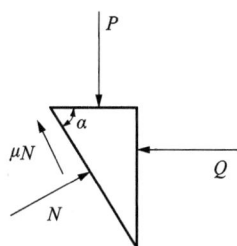

α 为最大轮缘倾角，可得下面公式：

$$P \sin \alpha - Q \cos \alpha = \mu N \tag{6-140}$$

$$N = P \cos \alpha + Q \sin \alpha \tag{6-141}$$

图 6-23　受力示意图

计算可得

$$\frac{Q}{P} = \frac{\tan \alpha - \mu}{1 + \mu \tan \alpha} \tag{6-142}$$

上式为爬轨的临界状态，比值 $\dfrac{Q}{P}$ 为车轮脱轨系数，若 $\dfrac{Q}{P} \geqslant \dfrac{\tan \alpha - \mu}{1 + \mu \tan \alpha}$，车轮有可能爬上钢轨。轮缘角 α 越小，摩擦系数 μ 越大，越容易出现爬轨。

根据《机车车辆动力学性能评定及试验鉴定规范》（GB/T 5599—2019）规定，脱轨系数的评定限值如表 6-4 所示。

表 6-4　脱轨系数评定限值表

车种	脱轨系数 Q/P	
	曲线半径 250 m≤R≤400 m；侧向通过 9#、12#道岔	其他线路（曲线半径 R>400 m）
客车、动车组	≤1.0	≤0.8
机车	≤0.9	≤0.8
货车	≤1.2	≤1.0

（2）根据构架力 H 评价。

由于轮轨之间的横向力 Q 较难测量，在试验时往往采用轮对与转向架相互作用的构架力 H 来评定轮对的脱轨系数。

此时的轮对脱轨系数计为$\frac{H+\mu_2 P_2}{P_1}$，轮对脱轨条件为$\frac{Q_1}{P_1} \approx \frac{H+\mu_2 P_2}{P_1} \geqslant \frac{\tan\alpha_1-\mu_1}{1+\tan\alpha_1\mu_1}$。我国规定$\mu_2$取0.24，同时规定了由侧架力确定的脱轨系数标准。当H的作用时间大于0.05 s时，轮对脱轨系数，即：容许值为$\frac{H+\mu_2 P_2}{P_1} \leqslant 1.2$，安全值为$\frac{H+\mu_2 P_2}{P_1} \leqslant 1.0$。

（3）根据轮重减载率。

上面分析了轮轨横向力及构架横向力对轮对脱轨的影响，这种脱轨是横向力大而垂向力小的结果，但实际运用中还发现，在横向力并不很大而一侧车轮严重减载的情况下也有脱轨的可能。下面分析轮重严重减载情况。

设$H \approx 0$，而P_2很大，P_1很小，由于某种原因，左轮轮缘已在轮缘角最大处与钢轨接触。右轮在很大的踏面摩擦力$\mu_2 N_2$的作用下，左轮仍旧可以保持脱轨的临界状态。此时$H=0$，令$P=\frac{1}{2}(P_1+P_2)$，$\Delta P=\frac{1}{2}(P_2-P_1)$，代入后计算。

轮重减载率为$\frac{\Delta P}{P}$，当轮重减载率超过其临界值后，轮对有可能脱轨。我国规定轮重减载率为：容许标准$\frac{\Delta P}{P} \leqslant 0.65$，安全标准$\frac{\Delta P}{P} \leqslant 0.60$。

脱轨系数和轮重减载率都是根据轮对爬上钢轨必要条件出发而导出的结果。从爬轨过程来看，轮对爬上钢轨轮缘必须贴靠钢轨，轮对与轨道应有一定正冲角并且爬轨过程需要一定的时间。在实测中往往发现，脱轨系数和轮重减载率都已超过规定限度而并未出现脱轨，这是因为其他条件不具备的缘故。

（4）跳轨的评定标准。

我国对轮轨瞬时冲击而造成车轮跳上钢轨的脱轨系数无明确规定。国外规定，当轮轨间横向作用力的作用时间小于0.05 s时，容许的脱轨系数

$$\frac{Q_1}{P_1} \leqslant \frac{0.04}{t} \tag{6-143}$$

式中：t为轮轨间横向力作用时间。

（5）轮轨间最大横向力Q。

轮轨间横向力过大时会造成轨距扩宽，道钉拔起或引起线路严重变形，如钢轨和轨枕在道床上横向滑移或挤翻钢轨等，因而轮轨间最大横向力应当限制。

3.脱轨原因及对策

（1）线路状态。

①曲线超高使车辆的重力产生横向分量。当车辆运行速度低于规定曲线上的速度时，外侧车轮减载，高于规定速度时，内侧车轮减载。因此为了防止车轮减载，在设置超高时应考虑车辆通过时的实际速度，应按规定速度运行，尽可能减少内外侧车轮减载。

②线路的顺坡、三角坑以及局部不平顺，都会使车辆各轮局部减载。当车辆由直线向缓和曲线运行时，前轮对外轮增载，而由圆曲线进入缓和曲线时，前轮对的外侧车轮减载。不少车辆脱轨事故往往发生在由圆曲线进入缓和曲线的情况。为了防止车辆在缓和曲线上脱轨，一方面要保持缓和曲线一定长度以减少线路翘曲程度，同时在转向架设计中要考虑转向

架结构能适应在翘曲线路上运行。

③线路方向不平顺、曲线半径过小以及通过道岔等局部横向不平顺均可引起较大的横向力，因此对线路而言，应尽量减少横向不平顺，采用大曲线半径、大号数道岔，在车辆设计中应使转向架结构适应曲线运行。

④机车在 S 曲线上推送列车时，各车之间的车钩力将引起很大的轮轨横向力，因此在有反向曲线的区段应尽可能加长缓和曲线，避免在 S 曲线上推送列车。

（2）车辆结构。

①转向架构架或车体扭曲，车辆各弹簧垂向变形不同，形成各轮增减载，因此在车辆制造及检修中应严格控制制造公差，减小弹簧之间高差，确保各轮均载。

②心盘和旁承摩擦力矩过大、轴箱定位刚度过大都会影响转向架曲线通过性能，增大轮缘力。因此应控制心盘和旁承的摩擦力矩，适当选择轴箱定位刚度或采用其他措施使车辆过曲线时轮对处于径向位置，减小轮对冲角、减少轮轨间横向力和轮轨冲击力。

③转向架第一系悬挂垂向刚度大，车辆在翘曲线路上运行时车轮的增、减载大，因此减小第一系弹簧刚度或采用变刚度弹簧可减少空车时车轮的增、减载。三大件式转向架结构中应使侧架在垂向平面内有可能相对转动，以适应在翘曲线路上运行。

④车辆重心位置高，在横向力作用下，左右车轮的增、减载大。

⑤车轴平行度、轮缘角及摩擦系数等均对脱轨稳定性有影响，在制造检修中应当注意。

（3）运用情况。

（1）装载状态对脱轨有很大影响，实际运用中发现，空车脱轨比重车多，偏载车脱轨更多，因此要严格规定和控制车体及所载货物的重心位置，防止偏载。在转向架设计中采用两级弹簧刚度提高车辆空车的静挠度。

（2）列车中如果有长短车联挂，当通过曲线时，长车的车钩偏离线路中心的距离比短车大，如果车钩在冲击座处横向间隙不足，则车钩间产生较大横向力，会引起短车脱轨。

（3）严格控制列车通过曲线速度，防止因超高不足或超高过剩使轮轨横向力过大和轮重减载。

复习思考题

1. 车辆在线路上运行时振动的产生原因是什么？

2. 铁道车辆的运行性能可以从哪两个方面评价？

3. 阻尼大小与车辆的振动有没有关系？关系是什么？

4. 车辆上有激振时在什么条件下产生共振？

5. 摩擦阻尼是否能有效地防止共振时振幅增大现象？

6. 车体有哪六种振动形式？分别是如何运动的？

7. 轮对蛇行运动的原因是什么？

8. 评定车辆的运行品质要用哪些指标？

9. 评定车辆的运行安全性要用哪些指标？

10. 未被平衡的离心加速度的评价标准是什么？

11. 铁道车辆爬轨、跳轨的概念是什么？

12. 车辆脱轨的原因有哪些？该如何预防？

第七章

车端连接装置

车端连接装置是机车车辆最基本的也是最重要的部件之一，其作用是连接机车车辆、减缓列车的纵向冲动、传递列车电力、控制通信信号和连接列车风管。

车端连接装置主要包括车钩缓冲器、风挡、车端阻尼装置、车端电气连接装置等。一些货车和动车组上还使用牵引杆装置。现今的机车车辆上均装有车钩和缓冲器，通常将二者合称为车钩缓冲装置，是车端连接装置中起牵引连挂和缓和冲击作用的主要部件。风挡和车端阻尼装置仅在客车车辆使用，而牵引杆则是随着重载运输发展起来的新型铁道车辆连接方式，其一般运用在重载货车车辆上。电气连接器是传递列车动力和控制通信的重要设备。

本章将介绍车钩缓冲装置、风挡和牵引杆等车端连接装置的组成和作用，重点介绍13号车钩和MT-2型缓冲器的主要结构和作用原理等，最后对车钩缓冲装置的发展进行总结。

第一节　车钩缓冲装置的组成、安装及车钩开启方式

在车钩缓冲装置中，如果牵引连挂和缓和冲击的作用是由同一装置来承担，那么该装置称为牵引缓冲装置；如果它们的作用分别由不同的装置来承担，则分别称为牵引连挂装置和缓冲装置。牵引连挂装置用来实现机车车辆之间的彼此连接，起传递和缓和牵引力的作用。缓冲装置用来传递和缓和冲击力，并且使机车车辆彼此之间保持一定的距离。

我国铁路机车车辆连接均采用自动车钩。自动车钩又可分为非刚性车钩和刚性车钩。非刚性车钩允许两个相连接的车钩在垂直方向上有相对位移，刚性车钩不允许两相连接车钩在垂直方向彼此存在位移。我国铁路机车和普通客、货车均采用非刚性的自动车钩，高速列车和城市的地铁和轻轨车辆则采用刚性的自动车钩及密接式车钩。

一、车钩缓冲装置的组成及功能

车钩缓冲装置由车钩、缓冲器、钩尾框、从板等零部件组成。如图7-1所示为车钩缓冲装置的一般结构形式。在钩尾框内依次装有前从板、缓冲器和后从板（有时不需后从板），借助钩尾销把车钩和钩尾框连成一个整体，从而使车辆具有连挂、牵引及缓冲三种功能。

在车钩缓冲装置中，车钩的作用是用来实现机车车辆之间的连挂和传递牵引力及冲击力，并使车辆之间保持一定的距离。缓冲器是用来减缓列车运行及调车作业时车辆之间的冲

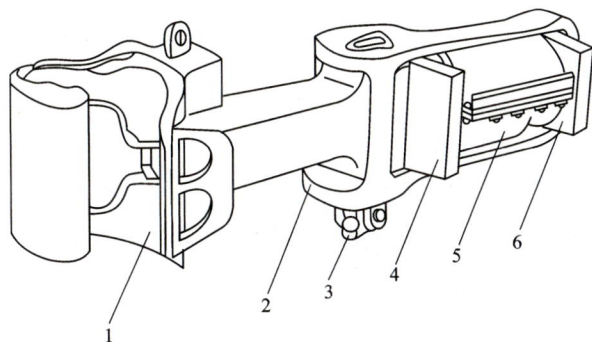

1—车钩；2—钩尾框；3—钩尾销；4—前从板；5—缓冲器；6—后从板。

图7-1　车钩缓冲装置

撞，吸收冲击动能，减小车辆相互冲击时所产生的动力作用。从板和钩尾框则起着传递纵向力(牵引力或冲击力)的作用。

根据以上所述，车钩缓冲装置无论承受牵引力还是冲击力，都要经过缓冲器传给牵引梁及车底架。而缓冲器总是承受压缩力，通过缓冲器的作用，使冲击力减弱，以减少对车底架的冲击和振动，从而提高列车运行的平稳性。

钩尾框用钩尾销与钩尾连接，钩尾框内装有缓冲器和前、后从板，是传递牵引力的主要配件。

钩尾销穿插在钩尾框和钩尾的钩尾销孔内，其下端被装于钩尾销固定挂耳上的横穿的钩尾销螺栓托住，钩尾销螺栓在螺母外侧必须安装开口销，以免钩尾销螺栓丢失，造成列车分离事故。

从板安装在钩尾框内，缓冲器前后各一块。前面的为前从板，承受牵引力，后面的为后从板，承受冲击力，借助从板与从板座接触使缓冲器实现缓冲作用。有时前从板与钩尾接触面为圆弧形，以便扩大接触面，避免从板因受力集中而裂损；另外，可使列车在通过曲线时，车钩摆动自如，减小缓冲器对车钩的作用力，保证运行平稳。

从板座分前从板座和后从板座(图7-2)，铆结于牵引梁内侧面上，用以阻挡从板的移动，从而使缓冲器实现衰减及缓和列车冲击的目的。前从板座承受并传递列车的牵引力，后从板座承受并传递冲击力。

冲击座位于底架端梁的中部，在冲击座下部装有车钩托梁，除了保证车钩缓冲装置能在正常使用的位置，当车钩受到较大的冲击力时，钩肩与冲击座接触，由于有冲击座，可加强端梁强度并将部分冲击力直接传递给底架，避免缓冲器因冲击力过大而破损。

钩尾框托板由钢板压制而成，它是由螺栓组装在牵引梁上，用以托住钩尾框。为了减少磨耗，在钩尾框与钩尾框托板之间装有磨耗板。在牵引梁的上方装有钩尾框挡板，以防止钩尾框翘起，钩头下垂。

二、车钩缓冲装置在车辆上的安装及作用力的传递

车钩缓冲装置一般是组成一个整体安装于车底架两端的牵引梁内，其前、后从板及缓冲器卡装在牵引梁的前、后从板座之间，下部靠钩尾框托板及钩体托梁(货车)或复原装置(客车)托住，各部分相互位置如图7-2(a)所示。

当车辆受牵拉时，作用力的传递过程为车钩→钩尾框→后从板→缓冲器→前从板→前从板座→牵引梁，如图7-2(b)所示。

当车辆受压缩时，作用力的传递过程为车钩→钩尾框→前从板→缓冲器→后从板→后从板座→牵引梁，如图7-2(c)所示。

由此可见，车钩缓冲装置无论是承受牵引力还是冲击力，都要经过缓冲器将力传递给牵引梁，这样就有可能使车辆间的纵向冲击振动得到缓和和消减，从而改善运行条件，保护车辆及货物不受损坏。

为了保证车辆连挂安全可靠和车钩缓冲装置安装的互换性，我国机车车辆有关规程规定：车钩缓冲器装车后，其车钩钩舌的水平中心线距钢轨面在空车状态下的高度为880 mm；两相邻车辆的车钩水平中心线最大高度差不得大于75 mm；牵引梁前、后从板座之间距离为625 mm；牵引梁两腹板内侧距为350 mm；等等。

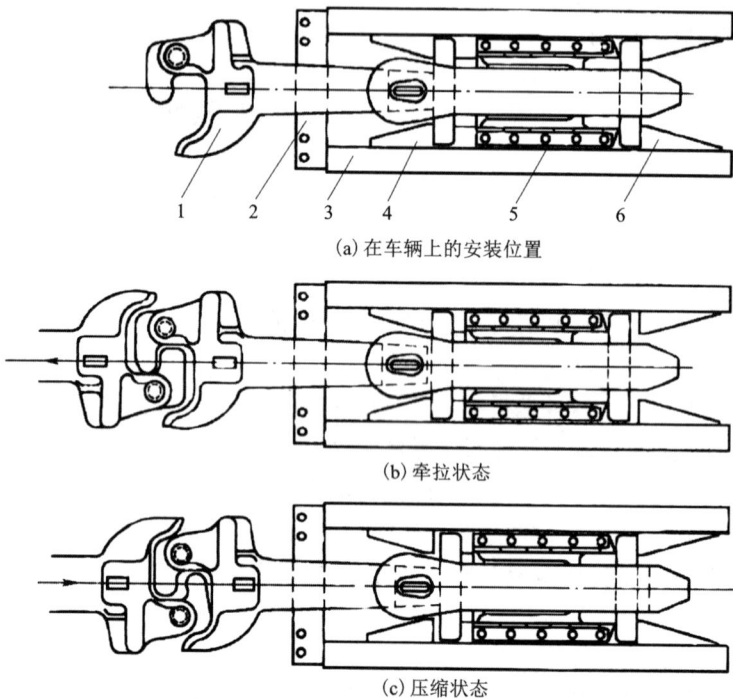

(a) 在车辆上的安装位置

(b) 牵拉状态

(c) 压缩状态

1—车钩缓冲装置；2—冲击座或复原装置；3—中梁或牵引梁；4—前从板座；5—钩尾框托板；6—后从板座。

图7-2 车钩缓冲装置在车辆上的安装位置及受力状态

三、车钩的开启方式

车钩的开启方式分为上作用式及下作用式两种。由设在钩头上部的提升机构开启的，称上作用式，大部分货车车钩为上作用式，这种方式开启灵活、轻便，所以车辆以使用上作用式的车钩缓冲装置为原则。但还有部分货车，例如平车、长大货物车或开有端门的货车，因有碍货物的装卸，或活动端门板需要放平，钩头的上部不能安装车钩提杆。对于客车，因车体端部有风挡和渡板装置，故也无法采用上作用式，而采用下作用式。这时，借助于设在钩头下部的推顶杆的动作来实现开启，不如上作用式轻便。上、下作用式车钩装置分别如

图 7-3 和图 7-4 所示。

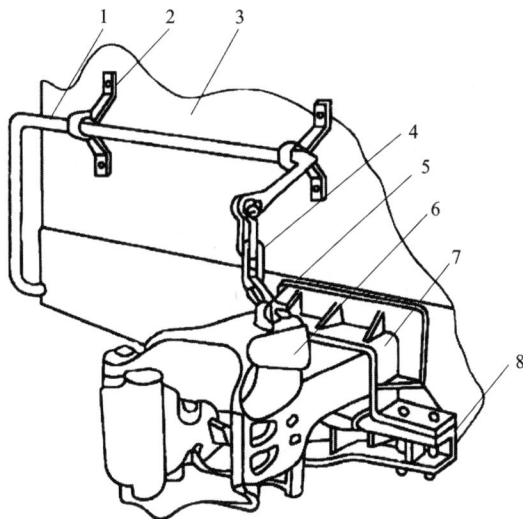

1—车钩提杆；2—车钩提杆座；3—车体端墙；4—提钩链；

5—锁提销；6—锁头；7—冲击座；8—钩身托梁。

图 7-3 上作用式车钩装置

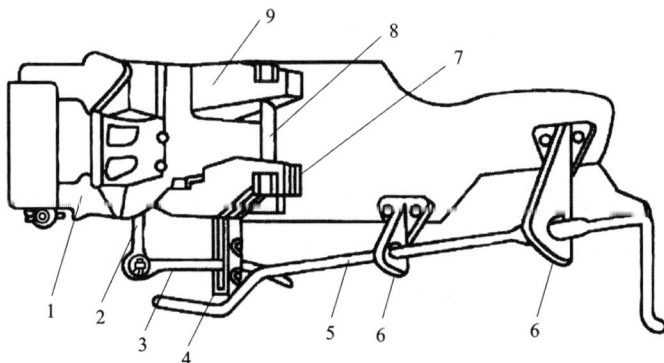

1—锁头；2—锁推销；3—下锁销杆；4—下锁销托吊；

5—车钩提杆；6—车钩提杆座；7—钩身托梁；

8—吊杆；9—冲击座。

图 7-4 下作用式车钩装置

第二节 车钩的类型、组成及作用

一、车钩的类型

我国货车上采用的车钩类型有 13 号、16 号和 17 号车钩，客车上采用 15 号车钩。为了降低列车纵向冲动，改善列车的动力学性能，我国在 13 号车钩的基础上，改进并研制出了

13A 型车钩，在 15 号车钩的基础上，改进并研制出了 15C 型车钩。为了满足大秦线运煤万吨单位列车的特殊要求，我国还研制了 16 号和 17 号联锁式转动和固定车钩，装于运煤敞车上。17 号联锁式固定车钩已成为新的通用货车车钩。

对于高速列车、城市地铁和轻轨车辆的车钩缓冲装置，常采用能同时实现自动连接机械、气路和电路的密接式车钩。这种车钩属于刚性自动车钩，它要求在两钩连接后，其间没有上下和左右的移动，而且纵向间隙也限制在很小的范围之内。这对提高列车运行平稳性，减少车钩零件的磨耗和降低噪声均有重要意义。同时，由于车钩的连挂精度大大提高，在列车连挂和分解时，车钩缓冲装置也能自动地实现列车间空气管路的自动连接和分离。密接式车钩缓冲装置能够保证列车连挂的可靠性、运行的舒适性和安全性。

二、车钩的组成

以 13 号车钩为例（图 7-5），对车钩的组成及各部分的作用进行介绍。车钩由钩头、钩身及钩尾三部分组成。钩头主要起连挂车辆的作用，钩头与钩舌通过钩舌销相连接，钩舌可绕钩舌销转动，钩头内部装有钩锁铁、钩舌推铁、钩提销（下作用式车钩为钩推销）等零件，当这些零件处在不同位置时，可使车钩具有闭锁、开锁、全开三种作用，俗称三态作用；钩身是空心厚壁箱形结构，用以传递牵引力和冲击力；钩尾部分开有钩尾销孔，可借助钩尾销与钩尾框相连。钩头的主要部位包括钩腕、钩腔、钩耳、护销突缘、牵引突缘、上防跳台、下防跳台、二次防跳台、下锁销钩转轴、上锁销孔、下锁销孔和钩肩等，此外，为了插入钩尾销，在钩尾设有钩尾销孔。通过钩尾销使车钩与钩尾连成一体。

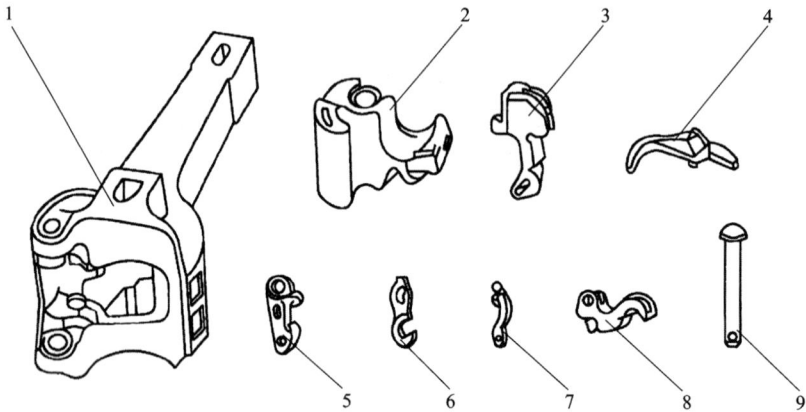

1—钩头；2—钩舌；3—钩锁铁；4—钩舌推铁；5—上锁销杆（上作用）；6—上锁销（上作用）；
7—下锁销杆（下作用）；8—下锁销（下作用）；9—钩舌销。

图 7-5　13 号车钩及钩头零件

除钩头体本身铸造的各部分外，还有安装在钩头上的有关配件，如图 7-5 所示。各配件的构造和作用如下：

①钩舌：装在上、下钩耳之间，插入钩舌销，以钩舌销为回转轴，利用钩舌的开闭进行车辆的摘挂，在钩舌销孔处铸有护销突缘，其尾部上、下面铸有牵引突缘，在锁闭位置时恰与钩腔内的相应突缘吻合，以使牵引力或冲击力直接由钩舌传给钩体。

②钩锁：又称钩锁铁或锁铁，安装在钩腔内钩舌尾部的侧面。主要作用是，在闭锁位置时挡住钩舌尾部，起锁钩的作用；在全开位置时推动钩舌推铁，使钩舌张开。钩锁背部有一空槽及横梁，供上锁销杆连挂钩锁用；其钩锁脚部有一椭圆孔，供插入下锁销用。在钩锁上还设有后座锁面、开锁座锁面等。

③钩舌推铁：横放在钩腔内；有一突起轴插入钩底部轴孔内，起转动轴的作用。其作用是推动钩舌张开达到全开位置。钩舌推铁的一端为钩锁锁座，车钩在闭锁、开锁位置时，钩锁均坐在该锁座上。

④钩舌销：安装在钩耳孔和钩舌销孔内用于连接钩舌和钩头，并起钩舌转动轴的作用。

⑤上锁销、上锁销杆：为上作用式车钩提起钩锁之用。上锁销顶部设有定位突檐，起控制上锁销下落位置，同时避免杂物进入钩腔内的作用。上锁销下部有一突起，称防跳部，在闭锁位置时起防跳作用。上锁销和上锁销杆采用活动连接，不仅便于检修，更为重要的是在闭锁位置时，使上锁销和上锁销杆成弓形，起防跳作用。

⑥下锁销、下锁销体、下锁销钩：为下作用式车钩顶起钩锁之用。下锁销上的下锁销轴插入钩锁锁腿的椭圆斜孔内，便与钩锁相连。在下锁销上设有一次防跳部。下锁销与下锁销体活动连接，在下锁销体上设有二次防跳部，其中部安装车钩提杆。下锁销钩的一端与下锁销体活动连接，另一端挂在钩体的下锁销钩转轴上。

三、车钩的三态作用

根据铁路运输生产的需要，车钩应具有闭锁、开锁、全开三种作用。车辆连挂后车钩应具有闭锁作用以保证列车运行时各车钩不能任意分离；摘解车辆时，车钩应具有开锁作用，以便使两连挂的车钩脱开；连挂车辆时，车钩应具有全开作用，使其中一个车钩钩舌完全张开，才能使另一车钩的钩舌进入其钩腕内，以便两钩连挂。车钩的这三种作用是通过转换钩头内钩锁、钩舌推铁、上(或下)锁销的位置，分别使它们处在闭锁、开锁、全开位置(或称闭锁、开锁、全开状态)而实现的。

1.闭锁位置

闭锁位置是使车钩起闭锁作用的钩头内各零件的位置，两钩连挂以后，其内部零件均应处在此位置，如图7-6所示。

连挂车辆时，一方车钩呈全开位置，另一方车钩呈闭锁位置。呈全开位置的钩舌尾部被另一方钩舌推动，则钩舌以钩舌销为轴转动。当钩舌尾部完全进入钩头内腔时，钩锁、上锁销、上锁销杆因其自重自动落下，钩锁的后座锁面落在钩舌推铁一端的锁座 a 上，卡在钩舌尾部和钩头内壁之间，挡住钩舌尾部，使其不能转动开放而形成闭锁位置。

为了防止列车在运行中由于振动而引起钩锁铁跳动，造成自动脱钩的危险，设有防跳装置。对于上作用式车钩，上锁销杆的下部销钉沿着上锁销的弯孔滑下，致使上锁销杆下部弯钩及上锁销顶部 e 处倒入钩头内腔相应位置的挡棱 f 下方。这样，钩锁铁虽受振动，但因上锁销顶部被钩头内的挡棱所顶挡，起到防跳作用。

对于下作用式车钩，下锁销沿着钩锁铁下部长圆孔滑至钩头下部的挡棱下方，当钩锁铁受振动，虽有往上跳起的趋势，但下锁销顶部 e' 受到钩头内相对应位置处的挡棱 f' 的阻挡，限制了钩锁铁上升，起到了防跳作用。此外，下作用式车钩为防止因钩提杆摆动而发生自动开钩，还加装了二次防跳装置。图7-6中在下锁销杆的 m 处受钩体相对应的 n 处所阻挡，从

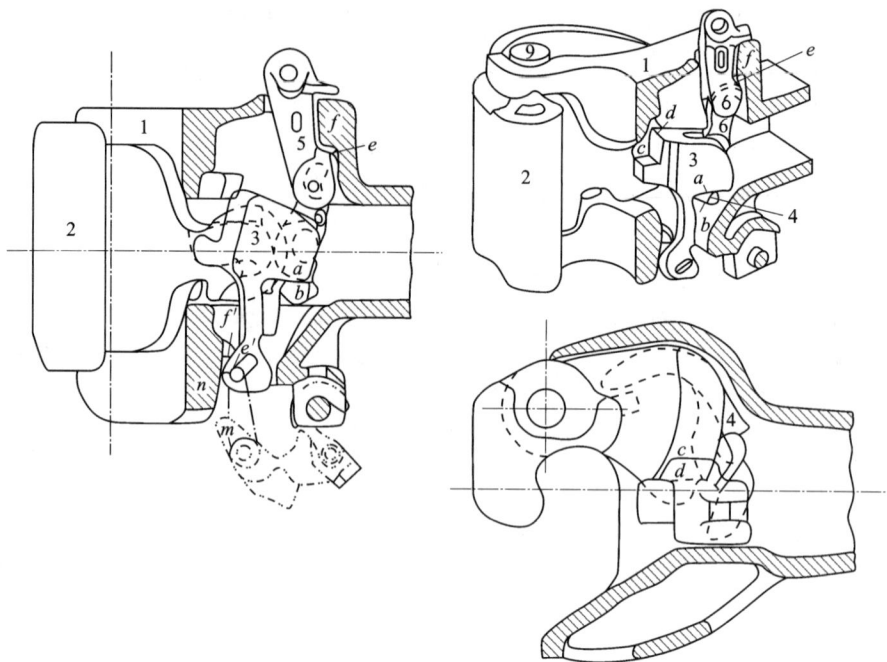

1—钩头；2—钩舌；3—钩锁铁；4—钩舌推铁；5—上锁销杆（上作用）。

图7-6　13号车钩的闭锁位置

注：假想线为下作用式作用位置，以下两图相同。

而防止自动脱钩。

13号上、下作用式车钩已形成闭锁位置的标志是：钩锁的足部（锁腿下端）从钩头下锁销孔露出，上、下锁销充分落下。能从下锁销孔处看到钩锁的足部，说明钩锁已到达闭锁位置；上、下锁销已充分落下（上锁销定位突檐紧贴钩头上表面，下锁销从下锁销孔中露出较多），说明上、下销的防跳部已分别到达钩腔上、下防跳台的下方，起防跳作用。这一点是运输工作人员在连挂车辆后必须注意的重要问题，以免钩锁未能充分落下（假连接）而造成车钩分离事故。

2. 开锁位置

开锁位置是使车钩起开锁作用的钩头内各零件的位置，摘解车辆时，应使一方车钩呈开锁位，牵动另一辆车即可解开车钩，使两车辆分离。

开锁位置如图7-7所示，扳动钩提杆，提起上锁销杆，此时上锁销杆的下部圆销沿上锁销上部的弯孔上滑，使上锁销绕钩锁铁的小提梁转动，从而摆脱了挡棱f的阻挡，继而提起钩锁铁，使钩锁铁中部前面的下端与钩舌尾部几乎处于同一平面。钩锁铁的g处高于钩舌尾部，这时放下钩提杆，则钩锁铁因头重前仰使下部的缺口h处落在钩舌推铁的一端b上，此时钩舌受牵引力即可自由转动，呈开锁位置。

对于下作用式车钩，当扳动钩提杆时，下锁销杆绕钩头下部的固定点转动，推动下锁销，使下锁销的耳轴沿着钩锁铁下部的长圆孔上滑，从而摆脱了钩头内腔挡棱f′的阻挡，继而推起钩锁铁。与上述情况相同，钩锁铁落在钩舌推铁的一端上面，呈开锁位置。

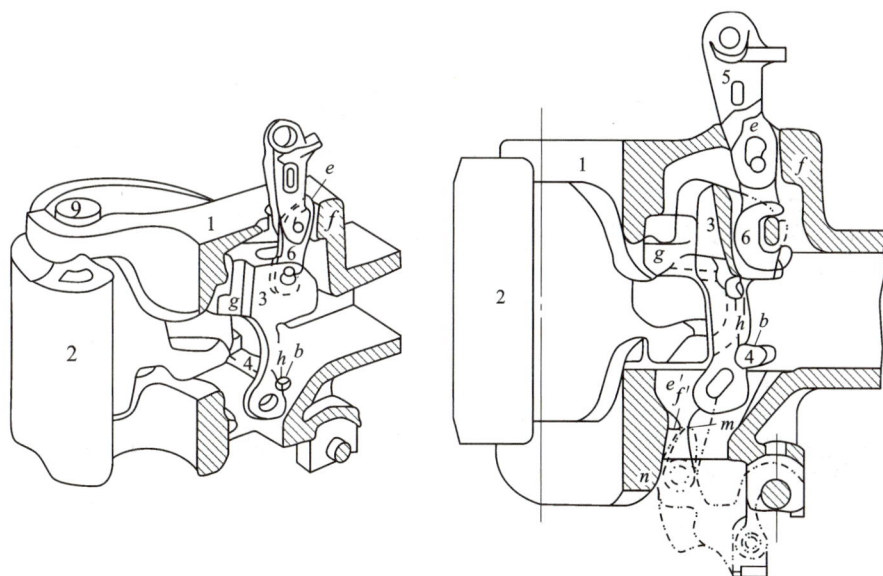

1—钩头；2—钩舌；3—钩锁铁；4—钩舌推铁；5—上锁销杆（上作用）。

图 7-7 13 号车钩的开锁位置

3. 全开位置

全开位置是使车钩起全开作用的钩头各零件的位置。车辆连挂之前，必须使其中的一个车钩处于全开位置，钩舌张开，两钩才能连挂上。

全开位置如图 7-8 所示，如果继续扳转钩提杆至极限位置，使钩锁铁上升至其前端上部的 i 处与钩头内腔的 j 处接触，并以此点为支点，钩锁铁下面的 k 部踢拨钩舌推铁的相应端，则钩舌推铁绕其转轴水平转动，其另一端踢拨钩舌尾部，使钩舌转开至全开状态，此即为全开位置。

下作用式车钩的动作与上作用式基本相同，用力向上扳动车钩提杆后，由下锁销从下向上迅速顶起钩锁而形成全开位。下锁销从下面顶起钩锁，与上锁销从上面提起钩锁效果是相同的。

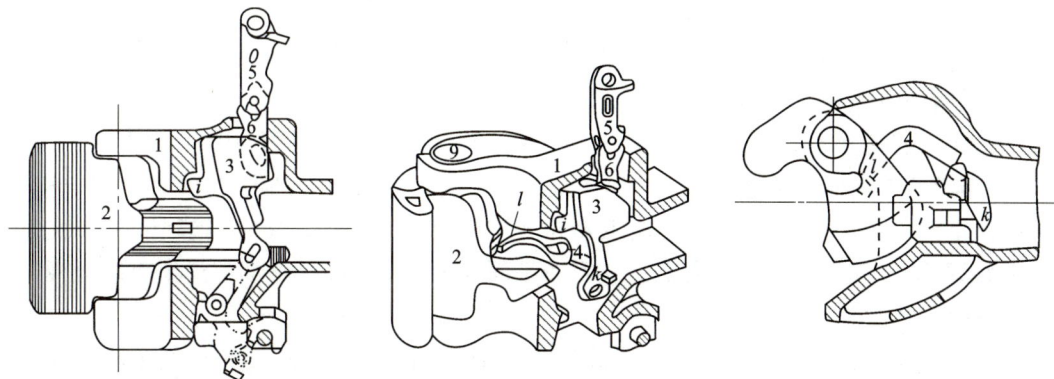

1—钩头；2—钩舌；3—钩锁铁；4—钩舌推铁；5—上锁销杆（上作用）。

图 7-8 13 号车钩的全开位置

四、16 号和 17 号车钩特点

运煤专用敞车使用的联锁式旋转车钩(16 号车钩)和联锁式固定车钩(17 号车钩)是为了满足大秦运煤专用线开行重载单元列车且不摘钩上翻车机进行连续翻转卸货的需要,车钩的组成如图 7-9 所示。16 号、17 号车钩间连接轮廓的自由间隙均为 9.5 mm,比 13 号车钩减少了 52%,从而大大降低了列车运行中的纵向冲击力。目前,16 号、17 号车钩安装在大秦线上运煤专用敞车上。

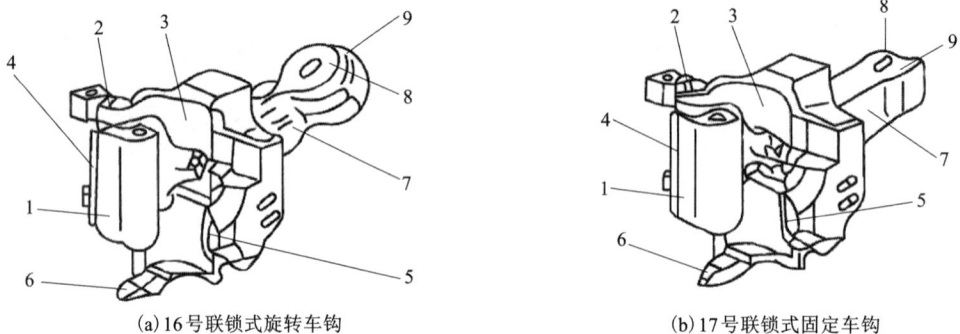

(a)16 号联锁式旋转车钩　　　　　　(b)17 号联锁式固定车钩

1—钩舌;2—钩舌销;3—钩头;4—联锁套口;5—联锁套头;6—联锁辅助支架;

7—钩身;8—钩尾端面;9—球台状钩尾(16 号)、钩尾凸肩(17 号)。

图 7-9　16 号、17 号联锁式旋转和固定车钩

16 号车钩为联锁式旋转车钩,17 号车钩为联锁式固定车钩,分别安装在车辆的 1 位、2 位端。在运煤单元列车上,每组连接的 2 个车钩必须是旋转式和固定式互相搭配。

当车辆进入翻车机位置时,翻车机带动车辆以车钩中心线为旋转轴翻转 135°~180°,底架连同 16 号钩尾框以车钩中心线为转轴,相对于 16 号钩体旋转,16 号钩体则由于受相邻车辆与其连挂的 17 号约束而静止不动。被翻转车辆另一端的 17 号车钩随同底架沿车钩中心线旋转并带动相邻车辆与其连挂的 16 号车钩一起旋转,实现不摘解车钩就可在翻车机上卸货的目的,提高运输效率。

17 号固定车钩的主要特点为:

①车钩具有联锁和防脱功能。17 号车钩的钩体头部设有联锁装置,车钩连挂后可自动实现联锁,在车钩钩头下面设有防脱装置,防止列车运行时脱钩。

②结构强度高,耐磨性能好。17 号车钩采用高强度的 E 级钢材质并经特殊热处理,提高了钩体、钩舌和钩尾框的硬度。同时,钩体最小破坏载荷为 4005 kN,与 AAR 标准规定相同,钩舌的最小破坏载荷为 3439 kN,比 AAR 标准规定的 2950 kN 提高 16%,钩尾框由 E 级铸钢改为 E 级锻钢,具有较高的强度储备。钩身下平面与车钩支撑座接触部位焊装有磨耗板,提高了钩身的耐磨性能。

③曲线通过性能好。17 号车钩尾部设有自动对中凸肩和球形端面,可以使车钩在运行中经常保持正位,同时改善了车辆及列车的曲线通过性能。

④连挂间隙小。17 号车钩的连挂间隙为 9.5 mm,比 13 号车钩的 19.5 mm 减少了 52%,

比 13A 号小间隙车钩的 11.5 mm 间隙减少了 17%，可降低列车的纵向冲动，改善列车纵向动力学性能，延长车辆及其零件的使用寿命。

⑤安全性能好。17 号车钩钩头两侧设有联锁装置，故在列车事故中仍能保持车钩的连挂性能，防止列车颠覆。

第三节　缓冲器的类型、性能及工作原理

缓冲装置(缓冲器)的作用是缓和列车在运行中由机车牵引力的变化或在启动、制动及调车作业时车辆相互碰撞而引起的纵向冲击和振动。缓冲器有耗散车辆之间冲击和振动能量的功能，从而减轻对车体结构和装载货物的破坏作用，提高列车运行的平稳性。

缓冲器的工作原理是借助压缩弹性元件来缓和冲击作用力，同时在弹性元件变形过程中利用金属摩擦、液压阻尼和胶质阻尼等吸收冲击能量。

根据缓冲器的结构特征和工作原理，一般可将缓冲器分为以下几种类型：弹簧式缓冲器、摩擦式缓冲器、橡胶缓冲器、摩擦橡胶式缓冲器、弹性胶泥缓冲器、液压缓冲器及空气缓冲器等。目前应用最广泛的为摩擦式缓冲器和摩擦橡胶式缓冲器。

以前我国铁道车辆上所采用的缓冲器为 1 号环弹簧缓冲器(客车)、2 号环弹簧缓冲器(货车)、MX-1 型橡胶缓冲器和 3 号摩擦式缓冲器等。随着我国列车运行速度的提高和万吨单元列车的开行，对缓冲器容量、性能提出了更高的要求。为此，20 世纪 90 年代我国借鉴美国 Mark-50 型缓冲器的技术研制了 MT-2、MT-3 型缓冲器并已投入批量生产，满足了我国重载列车和万吨单元列车对缓冲器的要求。近年来，弹性橡胶泥缓冲器在我国客车上也得到了发展和运用。

一、缓冲器的主要性能参数

缓冲器的性能直接影响着列车的牵引总重、运行速度、车辆的总重、编组作业效率、货物的完好率等涉及铁路运输效能的主要技术经济指标。决定缓冲器特性的主要参数是：缓冲器的行程、最大作用力、容量、初压力及能量吸收率等。

①行程：缓冲器受力后产生的最大变形量称为行程。此时弹性元件处于全压缩状态，如再加大外力，变形量也不会再增加。

②最大作用力：缓冲器产生最大变形量时所对应的作用外力。

③容量：缓冲器在全压缩过程中，作用力在其行程上所做的功的总和称为容量。它是衡量缓冲器能量大小的主要指标，如果容量太小，则当冲击力较大时就会使缓冲器全压缩而导致车辆刚性冲击。

④初压力：缓冲器的静预压力，初压力大小将影响列车纵向舒适性。

⑤能量吸收率：缓冲器在全压缩过程中，有一部分能量被阻尼所消耗，其所消耗的能量与缓冲器容量之比称为能量吸收率。吸收率越大，则表明缓冲器吸收冲击能量的能力越大，反冲作用就越小；否则，缓冲器必须往复工作几次才能将冲击能量消耗尽，这将导致车钩、车底架过早疲劳损伤，并且加剧列车纵向冲动。

二、MT-2 型缓冲器的结构与工作原理

MT-2 型、MT-3 型缓冲器的出现，是为了适应我国大秦线开行 6000 t 至 10000 t 重载单元列车，主要干线开行 5000 t 级重载列车，以及发展 25 t 轴重大型货车的需要而研制和开发的新一代大容量通用货车缓冲器。MT-2 型缓冲器用于大秦线专用敞车，MT-3 型缓冲器可用于一般的通用货车，目前在 C_{63} 型、C_{76} 型及 C_{80} 型等系列重载货车上均装用了该缓冲器，我国 70 t 级货车也采用了 MT-2 型缓冲器。本节主要以 MT-2 型摩擦式缓冲器为例，对摩擦式缓冲器的结构和工作原理进行讲解。

1. 组成

MT-2 型摩擦式缓冲器系摩擦式弹簧缓冲器，由摩擦机构、主系弹簧和箱体三部分组成，如图 7-10 所示。其中摩擦机构主要包括外固定板、动板、中心楔块、楔块、固定斜板等结构部分。

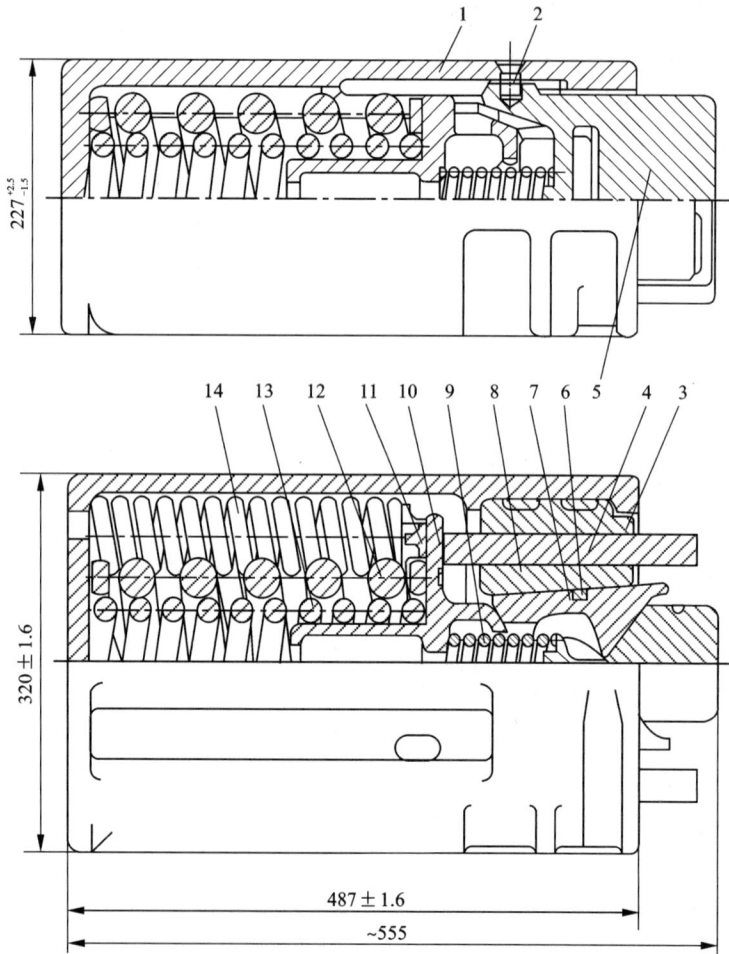

1—箱体；2—销子；3—外固定板；4—动板；5—中心楔块；6—铜条；7—楔块；8—固定斜板；
9—复原弹簧；10—弹簧座；11—角弹簧座；12—外圆弹簧；13—内圆弹簧；14—角弹簧。

图 7-10 MT-2 型缓冲器结构

2.作用原理

当缓冲器受冲击时，中心楔块与楔块沿着固定斜板滑动，同时夹紧动板。当楔块移动到一定距离后，与动板一起移动，这时动板、固定斜板和外固定板构成另一组摩擦部分，消耗吸收一部分动能，并共同推动弹簧座压缩内、外弹簧和角弹簧，将一部分冲击动能转变为弹簧的势能。当缓冲器卸载时，复原弹簧，借助弹力使中心楔块复位，防止卡滞。

3.特点

该型缓冲器在车辆空载或在较低冲击速度时，刚度小且变化平缓；当车辆满载或为大型车，且冲击速度在 7 km/h 以上时，刚度增长较快。缓冲器结构合理，容量大，稳定性好，其检修周期长达 16 年，较适合我国大秦线开行重载单元列车和主要干线发展重载货物列车运输对缓冲器的要求。装设这种缓冲器的车型一般是总重 84~100 t 大型货车，调车允许连挂速度可提高到 7 km/h 以上。其是一种具有广阔发展前景的新型货车缓冲器。

第四节　车辆冲击时车钩力与缓冲器性能的关系

列车在运行中的启动、加速、减速、制动，货车在编组场上进行编组作业，以及在意外事故中车辆或列车间的正面冲突等，都会对车辆产生纵向冲击作用。除了事故冲突外，在正常的情况下，以列车运行时的突然启动，列车低速运行时的紧急制动和车辆编组作业时产生的冲击最为严重。当冲击的剧烈程度超过了车辆结构及装载货物所能承受的能力时，就会造成车辆和货物的损坏。例如，车钩断裂，缓冲器裂损，前后从板座铆钉切断，牵引梁的下垂、涨鼓，心盘的裂纹，等等，都是典型的由纵向冲击所造成的破坏现象。因此，研究车辆冲击时车钩力与缓冲器性能的关系，缓冲器对降低车钩力的作用，以及如何降低车钩力的有害影响等，不论对车辆还是对所运货物的安全，都具有重大的现实意义。

列车运行中车辆间冲击力的大小除了与缓冲器的性能及车体纵向刚度等因素有关外，还与组成列车的总重和车辆的数目、机车的功率、制动机的性能、线路状况，以及司机的操纵技术等多种因素有关，情况较为复杂。但是，车辆间的最大冲击力一般发生在调车溜放冲击工况，所以我们这里仅研究调车溜放时冲击力与缓冲器性能的关系。

对货车缓冲器性能的要求在很大程度上取决于调车作业时货车的连挂速度。我国《铁路技术管理规程》规定，编组站货车允许连挂速度不得大于 5 km/h。如果缓冲器的容量太小，在低于允许连挂速度时缓冲器就已被压死，从而产生刚性冲击，冲击力和冲击加速度必急剧上升，必将导致车辆过早疲劳破坏或装载货物的破损。

在货车进行编组作业时，车辆相互冲击有以下四种工况：一辆车冲一辆车；一辆车冲一组车；一组车冲一辆车；一组车冲一组车。图 7-11 为一辆车冲一辆车试验记录的车钩力（即冲击力）和缓冲器位移的波形图。

当冲击发生时，首先两车的车钩相互接触，缓冲器被压缩，致使两车产生相对位移（相互接近）。相对速度由冲击时的最大值逐渐减小到零，两车达到一个共同的速度并一起运动，这时车钩力在 t_1 时间内急剧增长至 N_1，继而在 t_2 时间内衰减小至零，这即为冲击的第一个循环。接着由于缓冲器的复原反弹作用，使两车重心彼此相背而远离，相对速度随之增大。但由于这时两车已连挂在一起，从而产生拉伸冲击（使相互联结着的车钩承受拉伸冲击的作

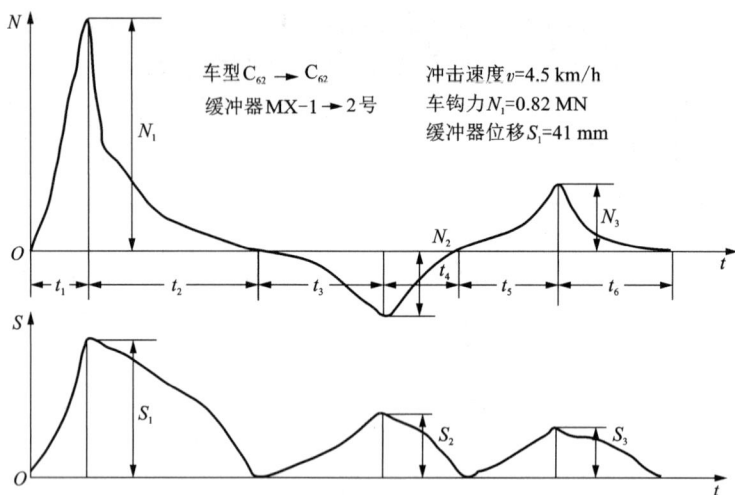

图 7-11 装有缓冲器的车辆，一辆对一辆冲击时的车钩力和缓冲器位移

用），拉伸车钩力为 N_2，同样经历了车钩力的增长和衰减，这为冲击的第二个循环。在此之后如果两车仍存在相对速度，又可能发生再一次的压缩冲击，产生压缩车钩力 N_3。如此继续交替发生压缩冲击和拉伸冲击，直至车钩力完全衰减消失，两车相对运动停止为止。不论车钩承受压缩冲击还是拉伸冲击，对缓冲器而言均受压缩作用。从图 7-11 中可见，对应于压缩车钩力 N_1 缓冲器的位移为 S_1，继之产生的拉伸车钩力 N_2 对应的缓冲器位移为 S_2，当再产生压缩车钩力 N_3 时，缓冲器的位移为 S_3，等等。

从图 7-11 中可清楚地看到，冲击的过程就是冲击力的发生、增长和衰减的过程，在冲击的第一个循环里，车钩力增长至最大值再衰减至零所经历的周期 $T_1 = t_1 + t_2$。冲击的第二个循环为拉伸冲击，周期为 $T_2 = t_3 + t_4$。第三个循环又为压缩冲击，周期为 $T_3 = t_5 + t_6$。

为了比较在车辆上装有缓冲器和不装缓冲器对降低冲击力的不同效果，试验时在冲击车和被冲击车上用矩形铸钢箱代替缓冲器，在相同的冲击速度下测定其车钩力，由图 7-12 可见其车钩力增长时间 t_1 比有缓冲器冲击时短得多，车钩力的数值也大得多。由此可见，装设缓冲器后延长了冲击力的增长时间，减缓了冲击力的增长速度，降低了冲击力的数值，从而达到了缓和冲击和降低车钩力的效果。

缓冲器的性能不同对降低车钩力的效果也不相同。对于我国目前货车上所使用的几种主型缓冲器——2 号、3 号、MT-3 和 MX-1 型缓冲器，在一辆车对另一辆车进行冲击时，当两车均装设同型缓冲器，测得在不同的冲击速度下的车钩力，示于图 7-13（a）。图中还画出了不装缓冲器（即以铸钢箱代替缓冲器）车辆冲击时的车钩力。可以看出：与不装缓冲器相比，装设缓冲器后，同一冲击速度下，车钩力将大幅度地下降。不同型号缓冲器对降低冲击时车钩力的效果也不相同，冲击速度在 6 km/h 以下时，以 2 号缓冲器的效果最佳，MT-3 和 MX-1 型缓冲器次之，3 号缓冲器最差。对于 2 号和 3 号缓冲器，在冲击速度与车钩力的关系曲线上有明显的转折点，超过这一点车钩力增长速率急剧上升，转折点意味着这时缓冲器已达全压缩行程，缓冲器已不起缓和冲击的作用，车辆彼此呈刚性冲击。

三种缓冲器在不同组合时，对冲击时车钩力的影响也不相同。试验表明：当冲击速度低

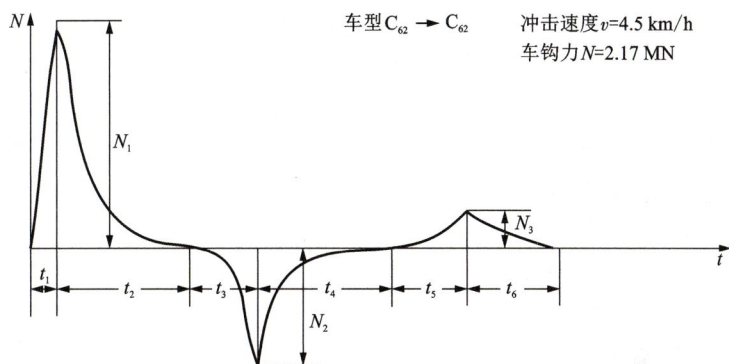

图7-12　不装缓冲器(以铸钢箱代替缓冲器)冲击时车钩力波形图

于6 km/h时，3号与2号组合时车钩力最低，MX-1型与2号车钩力稍高，MX-1型与3号组合时车钩力最高。可见，在非同型缓冲器组合时，凡与 MX-1 型组合者其车钩力均偏高[详见图7-13(b)]。MT-3 型与 MX-1 型组合时随着冲击速度的提高车钩力增长较为平缓，所以 MT-3 型缓冲器较适宜于冲击速度较高的情况。

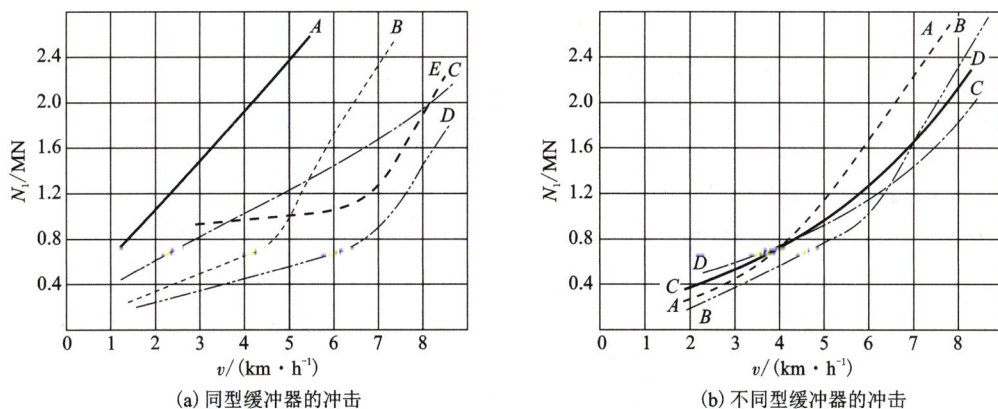

(a) 同型缓冲器的冲击　　　　　　　　(b) 不同型缓冲器的冲击

(a)同型缓冲器的冲击：A—钢箱→钢箱；B—3号→3号；C—MX-1→MX-1；D—2号→2号；E—MT-3→MT-3。

(b)不同型缓冲器的冲击：A—MX-1→3号；B—3号→2号；C—MX-1→2号；D—MT-3→ MX-1。

图7-13　装设同型和不同型缓冲器车辆冲击时的车钩力

所以不论是在同型还是在不同型缓冲器组合条件下，对降低车钩力的效果以2号，特别是2号与2号组合时为最佳。3号缓冲器在冲击速度小于4.5 km/h 时尚可，大于4.5 km/h 时性能急剧恶化。MX-1型缓冲器在低速冲击时性能较差，但在大于7 km/h 时车钩力增长比2号和3号缓冲器缓慢，这是由于 MX-1 型缓冲器容量较大之故。MT-3 型缓冲器不论是低速还是高速冲击时性能均优于 MX-1 型缓冲器，较适宜于较高冲击速度的情况。

当一组车冲击一辆车或一组车冲击一组车时，在装设同样缓冲器的情况下，车钩力比一辆车冲击一辆车稍有增加，试验表明一般仅增加10%~15% 。这是因为一组车中各辆车之间并非刚性连接，而是通过缓冲器彼此弹性连接，另外，各车钩间还具有间隙。

列车运行中车辆间的冲击力与缓冲器性能的关系，比调车冲击工况要复杂得多，影响因素也多得多。根据我国大秦线5000 t重载列车纵向动力学试验资料，最大车钩力发生于低速（10~20 km/h）紧急制动工况，位于列车长度的2/3处，为压缩力；当低速拉车长阀制动时，最大车钩力发生于列车长度的1/3处，为拉伸力；低速缓解时，车钩力沿列车长度由压缩状态，经自由状态，再过渡到拉抻状态，在列车的1/2处出现最大拉伸力，拉断车钩往往发生于这种工况。缓冲器的作用主要是吸收车辆的冲击动能，减小剩余冲击动能，降低车辆的车钩力和加速度。合理选择缓冲器的容量和阻抗特性，达到与列车总重、车辆单重、冲击速度等最合理的匹配关系，方能最大限度地降低列车运行时的车钩力和纵向加速度。

第五节　车钩缓冲装置的发展概况

根据我国铁路运输发展规划和铁路技术政策，客运繁忙干线行车速度为140~160 km/h，并开始运行开行速度达到250~350 km/h的高速动车组。货运繁忙线路要求开行5000~6000 t重载列车，个别线路要求开行万吨单元列车或组合列车，因此，对车钩缓冲器等车端连接装置提出了更高的要求。

一、车钩发展概述

发展5000~6000 t重载货物列车，要求车钩的静拉破坏强度不低于3.1 MN，万吨单元列车或组合列车对车钩强度要求必然更高。为了提高车钩的强度，一方面，在材质上采用高强度低合金的C级钢和E级钢代替原普通钢，13号车钩的强度可得到较大幅度的提高。另一方面，可研制新型的高强度车钩，如新研制的16号、17号联锁式旋转和固定车钩，满足大秦线万吨运煤单元列车在不解钩基础上翻车机卸货的要求，并能与普通货车车钩连挂。

运行速度在200 km/h以上的高速列车，一般均应采用密接式车钩缓冲装置，最大限度地减小车钩的纵向间隙，以实现机械、电气和空气管路的自动连接，改善列车运行的纵向动力学性能。密接式车钩有多种制式，其机械连挂原理各不相同，不同类型的动车组使用的密接式车钩不尽相同，目前，在中国使用的主要有日本柴田式车钩、夏芬伯格密接式车钩以及我国自主研制的25T型密接式车钩。

以柴田密接式车钩为例介绍该型车钩的结构和主要工作原理。柴田式车钩通过一个在车钩头内可以旋转的半圆形钩锁实现车钩的密接式连接和锁闭。连挂时，对面车钩的凸锥会推动钩锁旋转，车钩面密贴到位后，钩锁在拉伸弹簧的作用下恢复至倾斜位置，卡住连挂车钩的钩头体，实现连挂和锁闭。

该型车钩由钩头、钩舌、解钩风缸、钩身、钩尾等部分组成。钩头为带一平面的凸圆锥体，侧面是带有凹孔的钩身，其组成如图7-14所示。

两钩连挂时，凸锥插进对方相应的凹锥孔中，此时凸锥的内侧面在前进中推压对方的钩舌使其转动，这时解钩风缸的弹簧受压缩，钩舌旋转，当两钩连接面接触后，凸锥的内侧面已不再压迫对方的钩舌，由于弹簧的作用，钩舌向相反方向旋转恢复到原来的状态，此时处于闭锁位置，完成了两车连挂。

两钩分解时，由司机操纵解钩阀，压缩空气由总风管进入本车的解钩风缸，同时经解钩

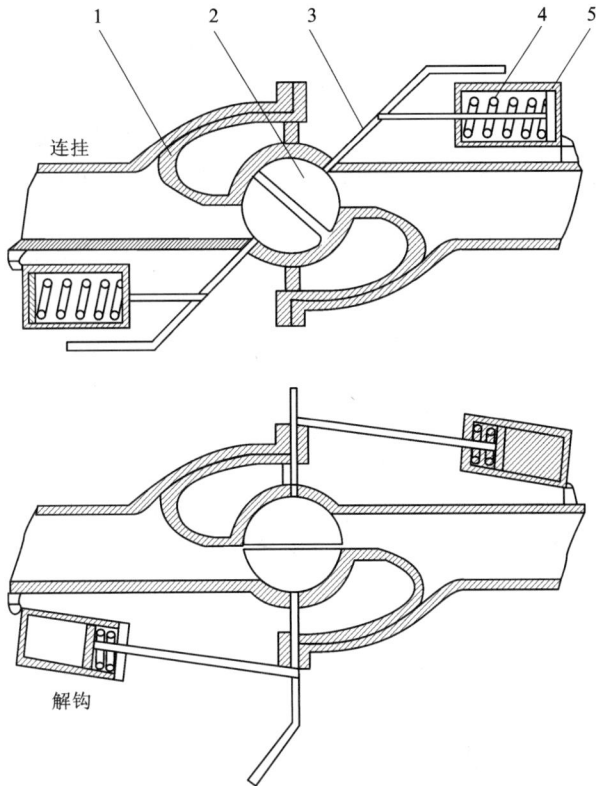

1—钩头；2—钩舌；3—解钩杆；4—弹簧；5—解钩风缸。

图7-14 密接式车钩作用原理

风管连接器将压缩空气送入相连挂的另一辆车的解钩风缸，活塞杆向前推并带动解钩杆，使钩舌逆时针向转动至开锁位置，此时两钩即可解开。如果采用手动解钩，只要用人力推动解钩杆，也能使钩舌转动至开锁位置实现两钩的分解。

我国25T型提速客车为了满足运行需要采用了密接式车钩，其可以使车辆连挂时紧密连接，最大限度地减小纵向连接间隙，使列车的纵向冲击水平下降，提高列车舒适性和安全性。该车钩自动连挂系统主要作用是实现车钩自动连接和分解，25T型客车用密接式车钩缓冲装置连挂系统只实现机械连挂功能。25T型密接式车钩的连挂可自动实现，但是解钩仍需要人工来完成。

二、缓冲器发展概述

随着车辆重载列车总重和运行速度的增大，以及货车编组场车辆允许连挂速度的提高，车辆之间的纵向动力作用愈趋加剧。为了保护车辆结构和所装运的货物不受损害，各国都研制大容量、高性能的新型缓冲器。

我国2004年第5次大提速的25T型车上使用的缓冲器全部是弹性胶泥缓冲器，其中有两种形式：一种是与密接式车钩配套使用的弹性胶泥缓冲器（缓冲系统），另一种是与15号小间隙车钩配套使用的KC15型弹性胶泥缓冲器。另外，在机车或货车上使用的QKX100大容量弹性胶泥缓冲器也得到了长久的发展。

弹性胶泥缓冲器具有容量大、阻抗小、结构简单、性能稳定、检修周期长的优点。弹性胶泥具有流体的特性，因此，弹性胶泥缓冲器具有良好的动态和静态特性。在编组场调车时的动态特性使得冲击速度很大；在紧急制动时的动态特性使列车的紧急制动力大幅降低；在列车运行工况下的静态特性使机车车辆间的车钩力和机车车辆的纵向加速度很小，具有较高的舒适性。

弹性胶泥缓冲器中起缓冲作用的关键部件是弹性胶泥芯子。缓冲器通过胶泥芯子的往复运动吸收能量，运动过程中弹性胶泥的分子之间产生内摩擦，弹性胶泥通过阻尼孔产生摩擦而耗散能量。弹性胶泥芯子的结构如图7-15所示。当活塞杆受到外力作用而压缩时，活塞杆向左运动，使活塞杆左侧弹性胶泥压力上升，弹性胶泥通过阻尼孔向右流动，使缓冲器能承受压力。当外力撤销后，压缩胶泥膨胀，使活塞杆自动恢复原位。

除了摩擦式缓冲器、弹性胶泥缓冲器，在国外，还有采用液体来吸收冲击能量的液压式缓冲器，主要用于客车或装易碎货物的专用货车。液压缓冲器具有诸多优点，但在国内铁道机车车辆上的应用目前仍是空白。究其原因，主要是液压密封件的可靠性问题。目前我国也在尝试研制液压式缓冲器。

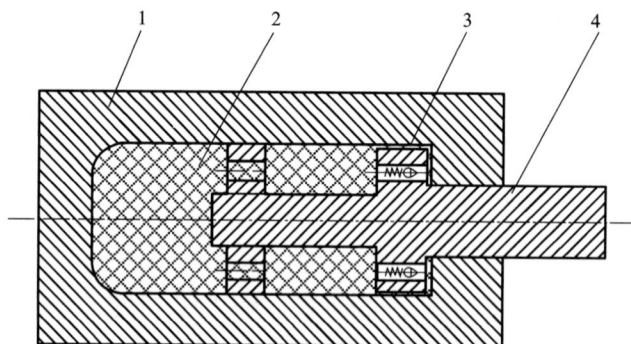

1—圆筒；2—弹性胶泥；3—单向阀；4—活塞杆。

图7-15　弹性胶泥芯子结构

第六节　其他车端连接装置

除了前面几部分重点介绍的车钩缓冲装置外，其他车端连接装置还有风挡、车端阻尼装置、牵引杆装置、电气连接装置、总风软管连接器等。

我国铁路客车所采用的风挡装置包括铁风挡、橡胶风挡及密接式风挡。其中铁风挡的密封性、安全性、保温性以及隔热性均较差。而橡胶风挡的密封性能比铁风挡有较大程度的提高，并具有良好的纵向伸缩性和横向垂向弹性，能适应车辆通过曲线的缓冲振动。随着客车运行速度的不断提高，密接式风挡在提速客车上得到了大量的应用。该风挡和橡胶风挡相比，密封性进一步提高，较好地解决了传统列车连接处噪声大、灰尘多、气密性差以及保温隔热不良等问题。

列车运行速度的提高，使得车体的摇头、侧滚等振动问题更加突出，成为影响列车运行品质的主要因素。车端阻尼装置主要起着衰减车辆间的相对振动的作用，其对车辆各个自由度振动的约束作用显得尤为重要，能大大提高运行舒适性。车端阻尼装置一般指除车钩缓冲装置以外的车辆端部具有阻尼特性，能够衰减车辆间相对振动的连接设备，其中最主要的是车端减振器。车端减振器包括纵向减振器和横向减振器，其中纵向减振器主要是衰减车体间的相对点头，即纵向运动；横向减振器主要衰减车体间的相对横移摇头和侧滚运动。

牵引杆装置作为新型的铁道车辆连接方式，已经在国内外重载运输的单元列车中得到成功应用，如美国、巴西等国均不同程度地在长大重载货车上采用了牵引杆装置。因为牵引杆装置取消了车钩，减轻了重载列车的间隙效应对纵向动力学性能的影响。

此外，车端电气连接装置和总风软管连接器也是车端连接装置的重要组成部分，且对列车的运行和安全起着举足轻重的作用。车端电气连接装置包括电气连接器、通信连接器、电空制动连接器，与邻车的连接器相连，以沟通列车的供电回路、通信回路和电空制动回路。客车或货车制动时需要风，客车的风动门、空气弹簧、集便器等设备的正常工作，也需要风。而总风软管连接器就是连接相邻车的总风管，以便机车向客车或货车供风。

一、客车用风挡

为了防止风沙、雨水侵入车内及运行时便于旅客安全地在相互连挂的车辆间通过，在车辆两端连接处装有风挡装置。我国的客车风挡有帆布风挡、铁风挡、国际联运铁风挡、橡胶风挡、单层密封折棚式风挡、密接胶囊式风挡等形式。

帆布风挡用于 22 型客车及一些老型客车上，由帆布和折棚组成。特点为结构简单，维修方便，但不太美观且易损坏。

铁风挡是我国客车通用件，其特点为结构简单，车辆之间连挂方便，但风挡噪声大，磨损及腐蚀严重，维修量比较大。

橡胶风挡由左右立橡胶囊、横橡胶囊、橡胶垫、防晒板、缓冲装置等组成。橡胶风挡具有特殊形状的弹性橡胶囊和密封垫，具有良好的纵向伸缩性和横向、垂向柔性，比铁风挡噪声小。橡胶风挡的应用广，不仅对常规客车适用，对高速客车更为适用。

单层密封折棚式风挡，取消了原来形式的折棚柱及渡板，配有专用渡板，且把渡板包在风挡内。主要结构件为折棚、连接架、拉杆、四连杆式渡板、挂钩、板簧、锁盒等，用于提速客车及动车组。优点为外形美观，密封性好；缺点为连挂不太方便，车端阻尼小，耐候性较差。

随着我国铁路运输业的快速发展，对旅客列车的安全、舒适性提出了更高的要求。对于提速客车风挡装置，不仅要美观舒适，还应具有良好的纵向伸缩性和横向、垂向柔性，以承受和适应车辆之间在运行中的错位和冲击，保证列车安全通过曲线和道岔。尤其是 200 km/h 以上的高速动车，客运风挡对气密性、隔音性要求更高。密接式胶囊风挡就是为 200 km/h 以上的电动车组研制的，主要由风挡座、胶囊对接框、风挡悬挂装置、内饰板、渡板、手动夹紧装置等组成，其结构如图 7-16 所示。

该风挡与国内同类产品相比具有以下优点：

①提高了乘客通过的安全性，由于采用内饰板及新结构渡板，避免乘客挤伤手脚现象的发生。

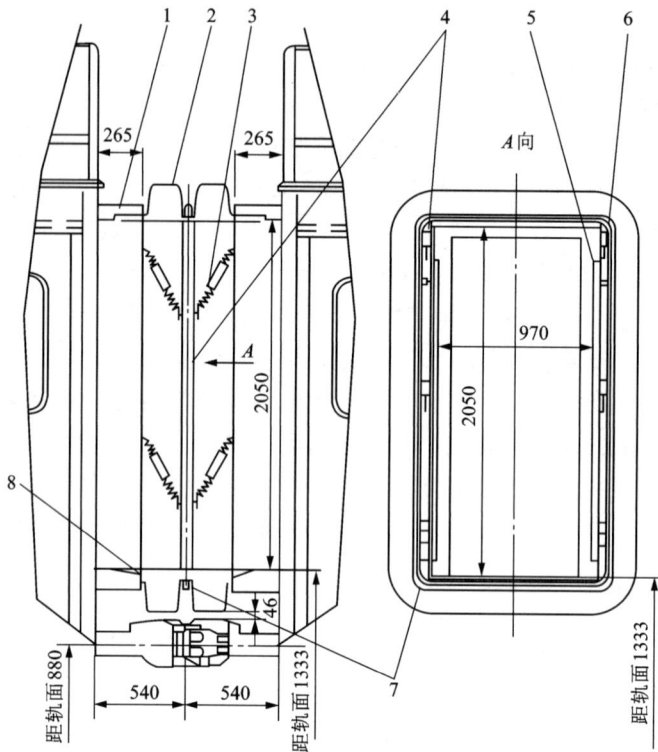

1—风挡座；2—胶囊；3—风挡悬挂装置；4—对接框；5—内饰板；6—手动夹紧装置；7—密封条；8—渡板。

图 7-16 密接胶囊式风挡示意图

②具有良好的气密性，风、雨、雪、沙尘不能侵入，同时防噪声效果大大提高，使乘客乘坐舒适性大大提高。

③过道美观，内饰板连接选择合适的贴面，可以实现与客室同色调。

④可圆滑地过渡列车走行时发生的两车之间的错动。

⑤风挡胶囊采用特殊橡胶材料制成，可耐高温 150 ℃，耐低温 -40 ℃。

二、牵引杆装置

牵引杆装置作为新型的铁道车辆连接方式，已经在国外重载运输的单元列车中得到成功应用，如美国、澳大利亚、南非等国均不同程度地在长大重载货车上采用了牵引杆装置。按其组成可分为普通牵引杆装置和无间隙牵引杆装置，主要区别为前者带有缓冲器，后者则无缓冲器。其中核心部件牵引杆按其使用性能可分为旋转牵引杆和不旋转牵引杆，无间隙牵引杆装置与现有车辆的牵引缓冲装置不能互换，因此没有得到大范围的推广。

我国的 RFC 型牵引杆是根据大秦线重载运输的需求，针对大秦线重载货车运用的特点和进一步发展的要求，遵照具有一定强度储备原则和与现有 16、17 型车钩互换的原则研制的可旋转牵引杆。其结构如图 7-17 所示，牵引杆整体为杆状铸件，牵引杆杆身为箱形结构，牵引杆的一端为固定端，另一端为转动端，在中间设有与拨车机匹配的挡肩，牵引杆与从板配合的两端面为球面。其采用与安装车钩时相同的缓冲器及钩尾框，牵引杆的长度与车钩的连接长度一致，实现与车钩缓冲装置的互换。

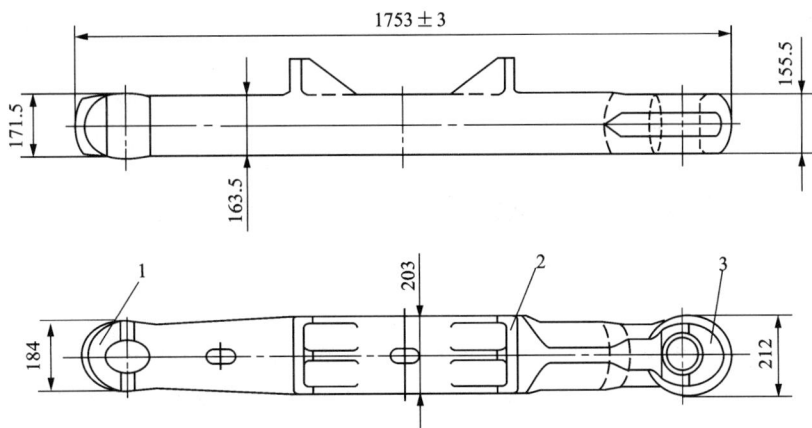

1—固定端；2—挡肩；3—转动端。

图 7-17　RFC 型牵引杆

该牵引杆具有结构强度高、耐磨性能好、互换性好和转动功能等特点。使用该牵引杆装置的列车可缩小列车的纵向间隙，减轻长大货车由于间隙效应对纵向动力学性能的影响。由于取消了车钩，简化了车辆结构，不仅降低了车辆自重，而且降低了制造及检修成本。

复习思考题

1. 铁路车端连接装置由哪些部分组成，它们各起什么作用？

2. 查找相关资料了解客货车常用车钩是如何发展的，结合该发展历程，谈谈对自己人生发展的启示。

3. 客运和货运列车对车钩和缓冲器有哪些不同的要求，产生这些差异的原因是什么？

4. 对于高速和扩编组的客运列车，对车端连接装置提出哪些新的要求？解决的途径是什么？

5. 对于重载列车，对车端连接装置提出哪些新的要求？解决的途径是什么？

第八章

货车车体

铁路运输货物的种类繁多，货车车辆的结构、数量、质量等对铁路运输能力的提高以及运输质量的保证起着重要作用。货车车体既要保证运货质量，又要考虑到装、卸货物方便。不同类型的铁道车辆用途不同，其结构形式也各不相同。

本章首先介绍货车车体的分类、受力和承载形式，之后重点对敞车、棚车、平车、罐车的车体结构进行分析，最后对货车车体的发展进行简要的概述。

第一节　车体基本知识

一、货车类型

货车按用途可分为通用货车和专用货车两类。通用货车有平车、敞车、棚车、罐车和保温车等。专用货车有长大货物车、漏斗车、自翻车和集装箱专用平车等。每种车都包括几种不同构造和特点的车型。

货车的数量和车种的配备应根据货物运量和所运货物的性质来确定。根据国家铁路集团2023年发布的数据，我国铁路现有货车已超过100万辆，其车种的构成比例为：敞车约60%；平车(包括集装箱平车)约5%；棚车约15%；罐车约15%；其他专用车约占5%。

二、车体的受力状况

车体结构承担了作用在车体上的各种载荷，其所受到的载荷主要包括以下4类。

①垂向载荷：包括车体自重、载重、整备质量以及由于轮轨冲击和簧上振动而产生的垂向动载荷。在大部分情况下，这些载荷是比较均匀地铅垂作用在地板面上，如图8-1(a)所示。某些货车(如敞车、平车)有时也要考虑装运成件货物而造成的集中载荷。

②纵向载荷：指当列车启动、变速、上下坡道，特别是紧急制动和调车作业时，在车辆之间以及机车和车辆之间所产生的牵引和压缩冲击力。此纵向力通过车钩缓冲装置作用于底架或车架上，如图8-1(b)所示。随着列车长度和总质量的增加，纵向力的数值也会增大，对车体来说，也是一种主要载荷。

③侧向载荷：包括风力和离心力等，如图8-1(c)所示，当货车装运散粒货物时，还要考

虑散粒货物对侧墙的压力。侧向载荷比起前两种载荷虽然小得多,但对车体的局部结构有一定影响,例如会使侧柱产生弯曲变形,进而加重侧墙各构件的弯曲变形等。

④扭转载荷:当车辆在不平顺线路上运行或车体被不均匀地顶起时(如检修时的顶车作业),车体将受扭转载荷,如图 8-1(d)所示。

此外,车体钢结构上还承受着各种局部载荷,例如底架上悬挂的制动、给水、车电等装置引起的附加载荷,客车侧墙上的行李架承载物品时引起的载荷等。

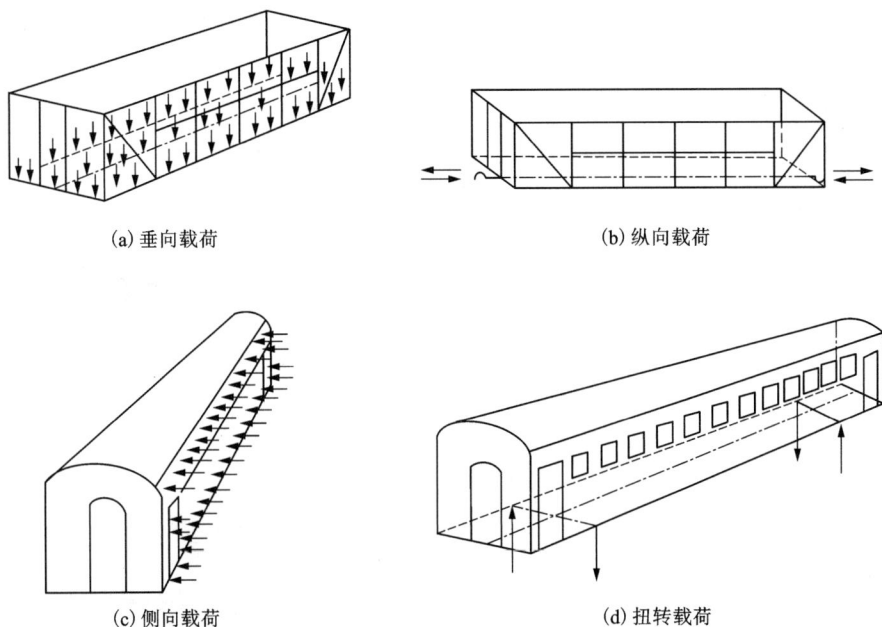

(a)垂向载荷　　　　　　　　　　　　　　(b)纵向载荷

(c)侧向载荷　　　　　　　　　　　　　　(d)扭转载荷

图 8-1　车体受力状况

三、车体承载方式

车体按照承载方式可分为底架承载结构、侧墙和底架共同承载结构及整体承载结构三种形式。

1.底架承载结构

全部载荷均由底架来承担的车体结构称为底架承载结构。平车及长大货物车,由于构造上只要求其具有载货地板面,而不需要车体的其他部分,故作用在地板面上的载荷完全由底架的各梁来承担。因此,中梁和侧梁都需要做得比较粗大。为了使受力合理,中、侧梁均制成中央断面尺寸比两端断面尺寸大的鱼腹形,即为近似等强度的梁。图 8-2 为典型的底架承载结构。

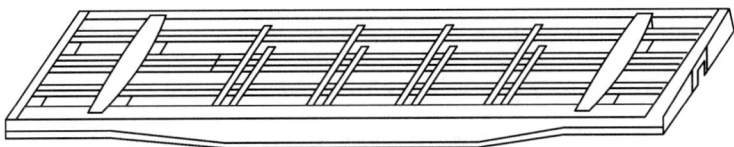

图 8-2　底架承载结构

2.侧墙和底架共同承载结构

载荷由侧、端墙与底架共同承担的车体结构称为侧墙和底架共同承载结构,简称侧墙承载结构。由于侧、端墙分担了部分载荷,底架就可以相对轻巧些,中、侧梁断面均可减小,中梁不需要制成鱼腹形。侧梁型钢的断面尺寸比中梁型钢小,减轻了底架的质量。

侧墙和底架共同承载结构大多采用板梁式。在侧端墙的钢骨架上敷以金属薄板就形成板梁式侧墙承载结构,如图 8-3 所示。这种结构的侧、端墙具有足够的强度和刚度,除了能与底架共同承担垂向载荷外,还能承受部分纵向载荷,所以可显著减轻中梁的负担。为了保证金属板受力后不致失稳,板的自由面积不宜过大,常采用压筋或外加斜撑的方式解决。

3.整体承载结构

在板梁式侧、端墙上固接由金属板、梁组焊而成的车顶,使底架、侧墙、端墙、车顶牢固地组成为一整体,车体各部分均能承受垂向力和纵向力,这种结构称为整体承载结构,如图 8-4 所示。

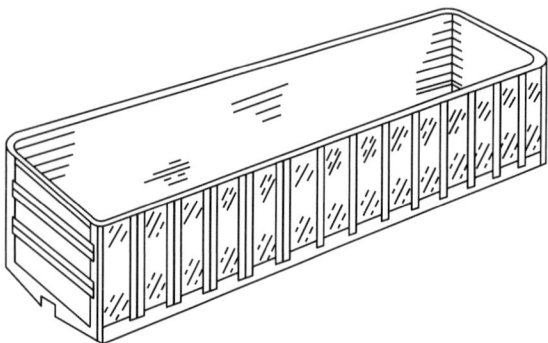

图 8-3　板梁式侧墙承载结构

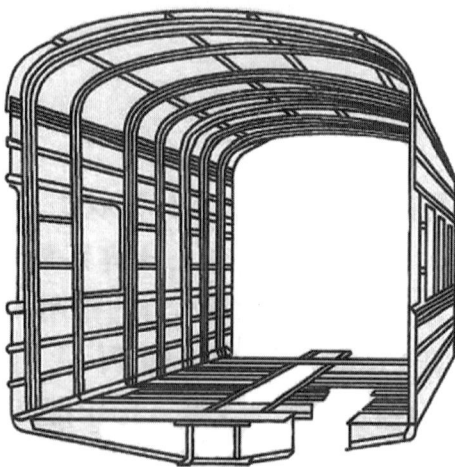

图 8-4　整体承载结构

整体承载结构的车体骨架是由很多小截面的纵向、横向杆件组成一个个钢环,与金属包板组焊在一起,具有很大的强度和刚度。因此底架的结构可以制作得更为轻巧,甚至可以将底架中部的一段中梁取消而制成无中梁的底架结构。

对于某些形式的车辆,例如罐车,其罐体本身具有很大的强度和刚度,能承受各种载荷,此时连底架也可以取消,仅在罐体的两端焊上牵引梁和枕梁,供安装车钩及缓冲装置和传递载荷,如图 8-5 所示。

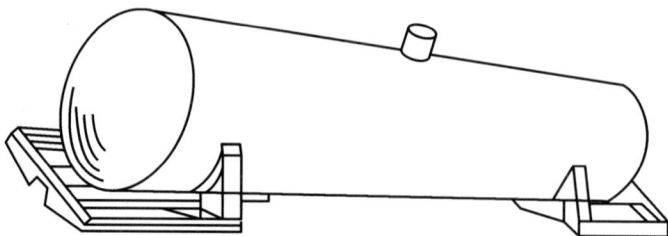

图 8-5　整体承载罐车

需要指出的是，仅货车才具有以上三种承载结构形式的车体；所有客车车体均为整体承载结构形式；内燃机车仅包含底架(通常称为车架)承载结构和整体承载结构两种形式，而所有电力机车均为整体承载形式。

第二节　敞车

敞车是铁路运输中的主型车辆，主要用于运送煤炭、矿石、建材物资、木材、钢材等大型货物，也可用来运送质量不大的机械设备。若在所装运的货物上面蒙盖防水帆布或其他遮篷物，可代替棚车承运怕受雨淋的货物。因此敞车具有很强的通用性，在货车组成中数量最多，约占货车总数的 60%。敞车按卸货方式不同可分为两类：一类是适用于人工或机械装卸作业的通用敞车；另一类是适用于大型工矿企业、站场、码头之间成列固定编组运输，用翻车机卸货的专用敞车。

目前，我国主型敞车有载重 60 t 级的 C_{64} 系列和载重 70 t 级的 C_{70} 系列通用敞车；利用翻车机卸货专用敞车有载重 61 t 的 C_{63} 型系列敞车、载重 75 t 的 C_{75} 系列敞车和 C_{76} 系列铝合金敞车，以及载重 80 t 的 C_{80} 系列敞车等。

一、21t 轴重系列 C_{64} 型系列敞车

C_{64} 型敞车采用全钢焊接结构，其车辆载重 61 t，比容系数 1.2 m^3/t，每延米轨道载重 6.2 t/m，能满足翻车机卸货的要求。

为承受翻车机压力的作用，C_{64} 型敞车的上侧梁及上端梁均采用冷弯专用型钢；为缓解因长期使用翻车机卸货，侧开门上门锁锁闭机构变形问题，改进了中侧门结构，加粗了侧开门上门锁轴，并增加了侧开门中部支点等。如图 8-6 所示，其车体由底架、侧墙、端墙等部件组成，端墙、侧墙与底架牢固地焊接在一起。车体选用低合金耐候钢焊接而成，其强度和刚度较早期系列敞车有较大的加强，而且侧墙刚度较大，基本满足翻车机卸货的要求。

C_{64} 型系列敞车侧墙为板柱式侧壁承载结构，由上侧梁、侧柱、侧板、斜撑、侧柱连铁、侧门、内补强座和侧柱补强板组焊而成，两侧柱间设"人"字形斜撑。侧墙下半部由侧柱、连铁和侧梁组成刚性框架，中间开设门孔。

敞车侧门的位置、数量及开启方式对装卸作业、侧墙强度和刚度影响颇大。侧门的开度既要便于装卸，又要保证侧壁的承载能力不受太大影响。全车有 12 扇下侧门及 2 扇对开式中侧开门。侧开门采用带有压紧机构的新型门锁装置。

C_{64} 型系列敞车中换装用转 8AG 型转向架的车辆，车型确定为 C_{64T} 型；换装用转 K2 型转向架的车辆，车型定为 C_{64K} 型；换装用转 K4 型转向架的车辆，车型定为 C_{64H} 型。

1. 底架

底架是车体的基础，车钩缓冲装置、制动装置都安装在底架上。底架承受着作用于车辆上的一切垂直方向的载荷和纵向作用力，因此，底架要有足够的强度和刚度。货车底架由中梁、侧梁、枕梁、端梁、大横梁、小横梁及地板托梁等组成。敞车底架的一般结构如图 8-7 所示，其中主要的梁介绍如下。

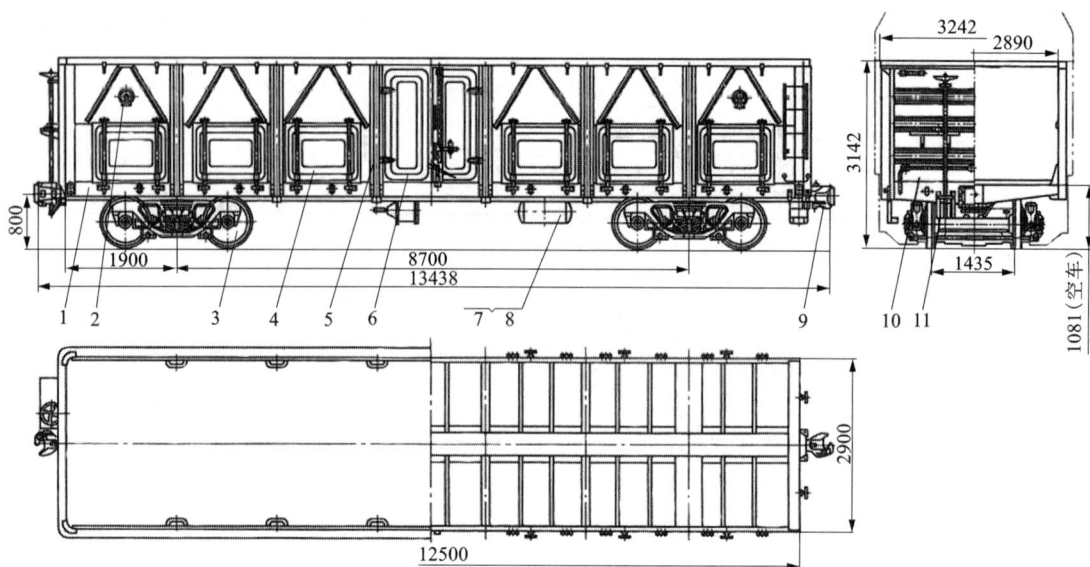

1—底架组成；2—标记；3—转向架；4—下侧门组成；5—侧墙组成；6—侧开门组装；7—底架附属件；
8—风制动装置；9—车钩缓冲装置；10—端墙组成；11—手制动装置。

图 8-6 C₆₄ 型敞车总图

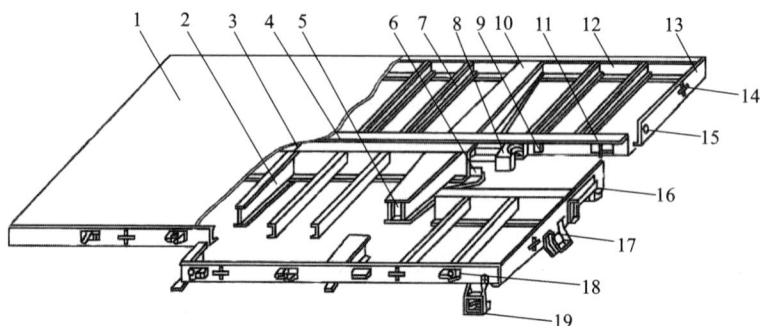

1—钢地板；2—大横梁；3—中梁隔板；4—中梁；5—枕梁隔板；6—心盘座角钢；7—小横梁；8—后从板座；9—磨耗板；
10—枕梁；11—前从板座；12—侧梁；13—端梁；14—绳栓；15—制动总管孔；16—冲击座；17—手制动轴托；
18—下侧门搭扣；19—脚蹬。

图 8-7 C₆₄ 型敞车底架组成

（1）中梁。

中梁在底架中部贯通全车，它是底架的主梁和其他各梁的支撑，因此，它是底架各梁中最主要的受力构件。有的车底架中梁只通到两枕梁，称为非贯通式中梁。C₆₄ 车体底架的中梁由两根乙型钢组焊而成。在中梁的两端铆有前、后从板座，以便安装车钩缓冲装置。中梁两端安装车钩缓冲装置的部分称为中梁的牵引部分。非贯通式中梁的车底架以及无中梁的车辆（部分罐车、水泥车），其安装车钩缓冲装置的部分称为牵引梁。

（2）侧梁。

侧梁又称边梁，位于底架两侧，与枕梁及各横梁连接，是底架的主要构件之一，除了直接安装侧墙和承受部分垂直载荷外，还要承受侧向作用力（如向心力、侧向压力等）。C_{64}车体底架的侧梁采用槽钢制成，槽口向内，便于和车底架各横向梁连接，其外侧又可方便地铆装侧门搭扣座、脚蹬、柱插和绳栓等附件。

（3）枕梁。

枕梁承受垂直载荷，它将车底架承受的载荷通过心盘传给转向架的横梁。C_{64}车体底架的两根枕梁设在两端梁的内侧，由于受力较大，一般用钢板制成变截面等强度的鱼腹形结构。在枕梁下部中央设上心盘，在转向架中央设下心盘，当上心盘嵌入下心盘时，车体及车底架便支撑在转向架上。此时，既能把车底架承受的载荷通过上、下心盘传给转向架，也有利于车辆转向。在枕梁下部两端，各设一个上旁承，与转向架上的下旁承相对。

（4）端梁。

车底架两端的横向梁称为端梁，它与中、侧梁连接，其上安装端墙。C_{64}车体底架的端梁中部开有钩口，钩口外面铆有冲击座，以承受车钩钩头的冲击，保护端梁。在端梁的外部焊有车钩提杆座，以便安装车钩提杆；在一位端梁外部焊有手制动轴托，以便安装手制动机。

（5）大、小横梁。

大横梁设在两枕梁之间，货车一般有2~4根。它承受部分载荷，并将载荷传给中梁。小横梁的作用与大横梁相同。C_{64}车体底架的大横梁为变截面等强度I型结构，小横梁为等截面结构。

2. 侧端墙

侧墙由侧立柱、上侧梁及其他杆件、侧墙板和门窗组成，侧墙安装在车底架上。端墙的结构与侧墙基本相同，除端梁（缓冲梁）外，还设有角柱、端立柱和端墙板等。车顶的结构包括车顶弯梁、车顶横梁、车顶端弯梁及车顶板等。车辆大多采用钢墙板与梁、柱结合为一体的全钢焊接结构。

二、25 t 轴重系列 C_{80} 运煤敞车

随着我国国民经济的持续、快速、稳定发展，铁路管理和研究部门通过一系列改革和技术革新，使我国的铁路事业取得了令人瞩目的成绩。为满足大秦铁路开行2万t重载列车的运输要求，自2004年以来，中国国家铁路集团有限公司提出在保证安全可靠性的前提下，以提速、重载为核心，以新材料的应用为重点，以降低检修、维护成本为目标，立项开发研制25 t轴重专用运煤敞车，相继推出了 C_{76B} 型、C_{76C} 型、C_{80} 型敞车，C_{80B} 型（配装转 K6 型转向架）及 C_{80EH} 型（配装转 K5 型转向架）运煤敞车。C_{80} 型铝合金运煤敞车较 C_{76} 型钢浴盆敞车车体轻了5 t，较 C_{63A} 型敞车轻了19 t，在车辆总重不变的情况下，大大提高了车辆有效载重。此外，铝合金运煤敞车还有节省燃料、寿命长、耐腐蚀、运营维护费用低等优势。

现以 C_{80} 型铝合金运煤敞车为例，介绍25 t轴重系列运煤专用敞车车体结构。C_{80} 型铝合金敞车首次采用双"浴盆"式铆焊组合新结构，自重20 t，载重达80 t。C_{80} 型铝合金运煤敞车采用转 K5、转 K6、转 K7 型转向架，具有运行速度快、动力学性能稳定等特点。铝合金运煤敞车在我国铁路货车上首次采用了铝合金等轻型新材料，大大减轻了车辆自重，降低了车辆重心，载重达到了80 t，可适应2万t重载列车编组要求，具有显著的经济及社会效益，是

我国铁路货运发展的一次飞跃。

该车车体为钢铝双浴盆铆焊结构，钢结构之间采用焊接，钢与铝、铝与铝之间采用铆接，其铆接部位均采用铆钉进行连接，主要由底架、侧墙、端墙和撑杆等组成。车体钢结构材料采用屈服强度为 450 MPa 的耐大气腐蚀钢；采用 16 和 17 型车钩、MT-2 或 HM-1 型缓冲器、120-1 型空气控制阀及 NSW 型手制动机。该车辆的总图如图 8-8 所示，车体主要组成部分的爆炸图如图 8-9 所示，主要组成部分的简要介绍如下。

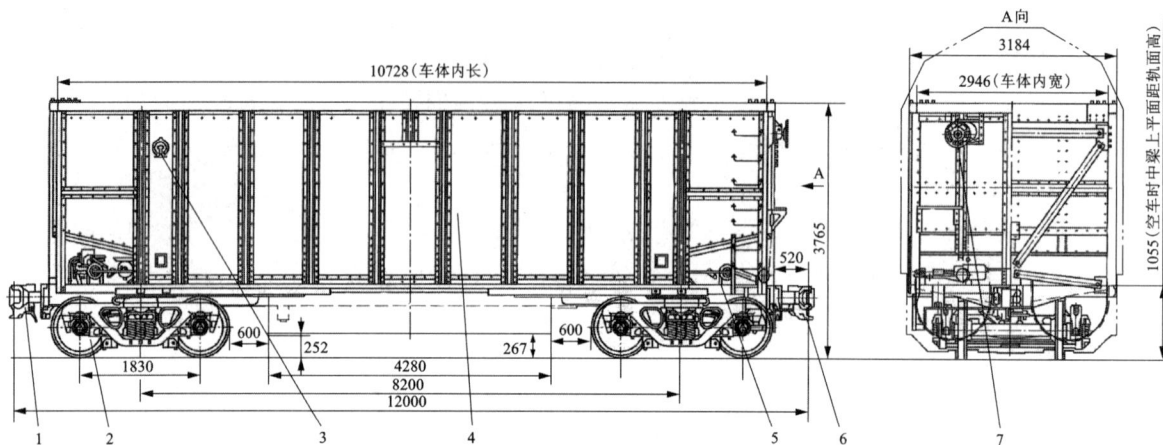

1—转动车钩缓冲装置；2—转向架；3—标记；4—车体；5—空气制动装置及附属件；
6—固定车钩缓冲装置；7—手制动装置。

图 8-8 C₈₀ 型敞车总图

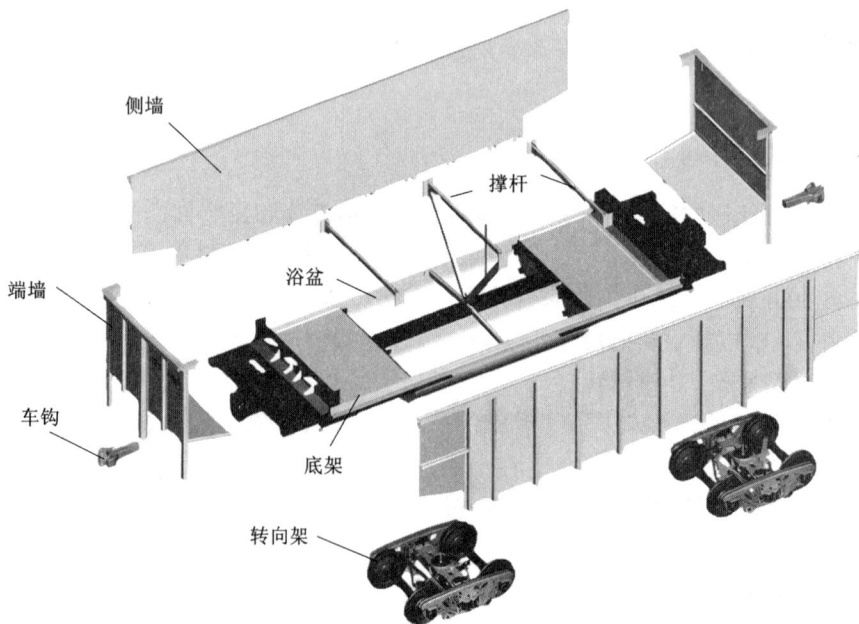

图 8-9 C₈₀ 型敞车结构爆炸图

1. 底架

该车底架由中梁、侧梁、枕梁、端梁、纵横梁、地板、挡板、浴盆等组成。中梁由槽型冷弯型钢与下盖板、下翼缘等组焊而成，浴盆内部中梁表面采用铝合金板进行包覆；枕梁为双腹板箱形变截面结构；侧梁采用冷弯槽钢与铝型材铆接结构；浴盆由铝合金材质的弧形板、浴盆端板等组成，与底架之间采用专用拉铆钉连接，浴盆底部设有排水孔。采用材料为 C 级铸钢的整体式上心盘（直径 358 mm）及整体式冲击座。

2. 侧墙

侧墙由上侧梁、下侧梁、侧柱和侧板等组成。上侧梁、下侧梁、侧柱采用专用挤压铝型材，侧板为铝合金板。侧板与侧柱之间及侧柱与上下侧梁之间采用闭锁式拉铆钉连接。为方便清扫车体内的积煤，在侧墙中部设置了下侧门。

3. 端墙

端墙由上端梁、端柱、侧端柱、角柱、辅助梁和端板等组成。上端梁、端柱、侧端柱、角柱、辅助梁采用专用挤压铝型材，端板为铝合金板。端板与辅助梁、侧端柱之间，上端梁端柱、角柱与端板之间采用闭锁式拉铆钉连接。

4. 撑杆

为增强两侧墙及侧墙与底架之间的连接刚度，防止侧墙外涨，车内设有撑杆，其材质为挤压铝型材，撑杆与撑杆座采用铰接结构连接。

第三节　棚车

棚车是铁路货车中的通用车辆，在我国铁路货车总数中约占 15%。它主要用来运输怕日晒、雨淋、雪浸的货物。这些货物包括各种粮食、食品、日用工业制成品及贵重仪器设备等。加上一些必要的附属设备后，一部分棚车还可运送人员和马匹。

我国棚车种类较多，旧有的棚车大部分是载重 30 t 的钢木混合结构的小型车，如 P_1、P_3 型棚车，这种棚车远不能满足我国铁路运输发展的需要，现已全部淘汰。从 1953 年起，我国开始研制载重 50 t、容积 101 m^3、车体为全钢铆焊结构的 P_{50} 型棚车。1957 年以后，先后设计制造了载重 60 t、容积为 120 m^3 的 P_{13}、P_{60}、P_{61} 型棚车。1980 年开始设计制造了 P_{62} 和 $P_{62(N)}$ 型棚车。进入 20 世纪 90 年代初，我国又研制了大容积的 P_{64} 型棚车，其后在此基础上陆续研制了 P_{64A} 和 P_{64C} 等 P_{64} 型系列棚车。为了适应铁路货车提速和行包快运的需要，20 世纪末我国又研制了 P_{65} 型行包快运棚车和带押运间的 P_{65S} 型快运棚车。为适应铁路运输装备跨越式发展的需要，2005 年我国又研制了更大载重量的 P_{70} 型棚车。

一、P_{64} 型系列棚车

P_{64} 型系列棚车是在 $P_{62(N)}$ 型棚车的基础上改进设计的具有内衬结构的棚车，载重为 58 t，容积为 116 m^3，车体为全钢电焊结构。将 P_{64} 型棚车的人字形结构车顶改为圆弧形车顶，扩大了容积，即为 P_{64A} 型棚车。为了提高 P_{64A} 型棚车的载重，在充分考虑其强度、刚度和耐腐蚀性的前提下，通过优化结构设计和采用新型材料，我国在 2001 年完成了新型减重棚

车的设计，即 P_{64C} 型棚车，其载重可以达到 60 t。该系列棚车的结构形式大体相同，均由底架、侧墙、端墙和车顶组成，其钢结构主要梁件及板材件均采用低合金耐候钢，内衬板和地板采用竹材板。

二、P_{65} 型行包快运棚车

P_{65} 型行包快运棚车是为适应铁路货车提速和行包快运的需要而研制开发的，其主要用于装运行包等各种轻浮和怕日晒、雨雪侵袭的贵重货物，也可运送人员。由于多考虑轻浮货物，因此其容积较大，达到了 135 m³，载重为 40 t，自重为 25.9 t。

三、$P_{70}(P_{70H})$ 型棚车

$P_{70}(P_{70H})$ 型通用棚车于 2005 年研制成功。该车适用于在中国标准轨距铁路上运输免受日晒、雨雪侵袭的成件、包装、袋装货物及各种箱装、零担货物。除满足人工装卸要求外，还能适应叉车等机械化装卸作业。

该车的主要特点是：①主要结构采用屈服强度为 450 MPa 的高强度钢，载重大、自重轻；优化了底架结构，提高了纵向承载能力，适应万吨重载列车的运输要求。②该车容积 145 m³，载重 70 t，容积比 P_{64GK} 型棚车增加 10 m³，载重比 P_{64GK} 型棚车增加 10 t，单车载重量提高了 16.7%。③该车每延米重 5.5 t，比 P_{64GK} 棚车增加 0.4 t，在既有 850 m 站场及线桥条件下，列车提高运能 300 t。④采用 E 级钢 17 型高强度车钩和大容量缓冲器，提高了车钩缓冲装置的使用可靠性，有助于解决车钩分离、钩舌过快磨耗等惯性质量问题。⑤采用转 K6 型或转 K5 型转向架，确保车辆运营速度达 120 km/h，满足提速要求；改善了车辆运行品质，降低了轮轨间作用力，减轻了轮轨磨耗。⑥在既有棚车运用经验基础上优化了结构，并采用高强度钢材料，提高了车体的疲劳强度；转向架、车钩缓冲装置及制动系统的主要零部件通过可靠性设计和完善的工艺、质量保证，实现了寿命管理；取消辅修修程，段修期由 1.5 年提高到 2 年，降低了检修维护成本。⑦满足现有棚车的互换性要求，主要零部件与现有棚车通用互换，方便维护和检修。

该车主要由车体、转向架、车钩缓冲装置及制动装置等组成，如图 8-10 所示。该车车体为全钢焊接整体承载结构，主要由底架、侧墙、端墙、车顶、车门、车窗等组成。

底架主要型钢、板材采用高强度耐大气腐蚀钢 Q450NQR1，端、侧墙及车顶的主要型钢板材采用 09CuPCrNi-A 耐大气腐蚀钢。底架由中梁、枕梁、下侧梁、大横梁、端梁、小横梁、纵向梁、地板等组成，如图 8-11 所示。中梁采用热轧 310 乙型钢或冷弯中梁；采用直径为 358 mm 的锻钢上心盘和 C 级铸钢的前、后从板座；下侧梁为冷弯型钢组焊成的鱼腹形结构；枕梁为双腹板、单层上下盖板组焊而成的变截面箱形结构；大横梁为工字形组焊结构；底架铺设铁路货车用竹木复合层积材地板，门口处装 3 mm 厚扁豆形花纹钢地板，装用铁路货车车号自动识别系统车辆标签，预留便器安装座及火炉安装孔。前、后从板座与中梁间，脚蹬与侧梁间均采用专用拉铆钉连接。

侧墙为板柱式结构，由侧板、侧柱、门柱、上侧梁等组焊而成，如图 8-12 所示。侧板为 2.3 mm 厚钢板压型结构，侧柱采用 4 mm 厚的 U 形冷弯型钢，上侧梁为冷弯矩形管与冷弯角型钢组焊而成。

端墙为板柱式结构，由端板、端柱、角柱、上端梁等组焊而成。端板采用 3 mm 厚钢板，

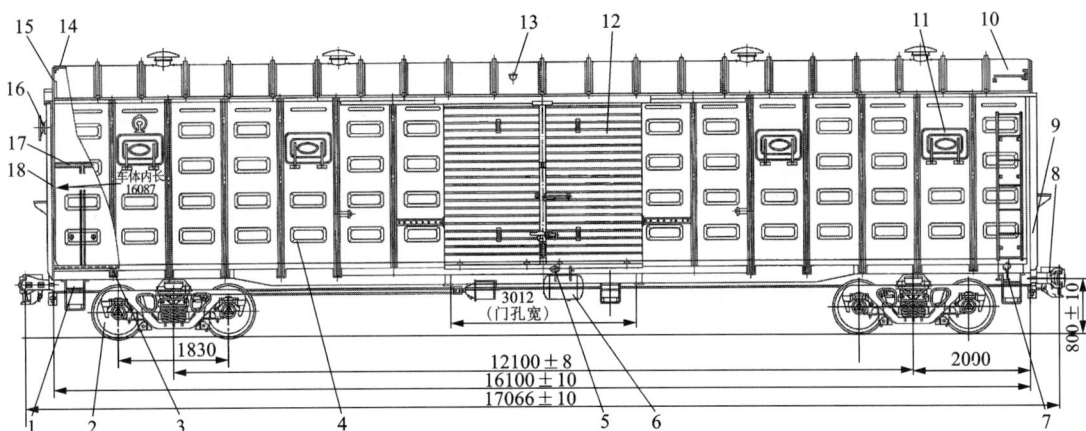

1—底架组成；2—转向架；3—底架木结构；4—侧墙组成；5—底架附属件；6—风制动装置；7—便器组成；
8—车钩缓冲装置；9—端墙组成；10—车顶组成；11—车窗组成；12—车门组成；13—烟囱组成；14—车顶木结构；
15—电气安装；16—手制动装置；17—侧墙木结构；18—端墙木结构。

图 8-10　$P_{70}(P_{70H})$ 型棚车总图

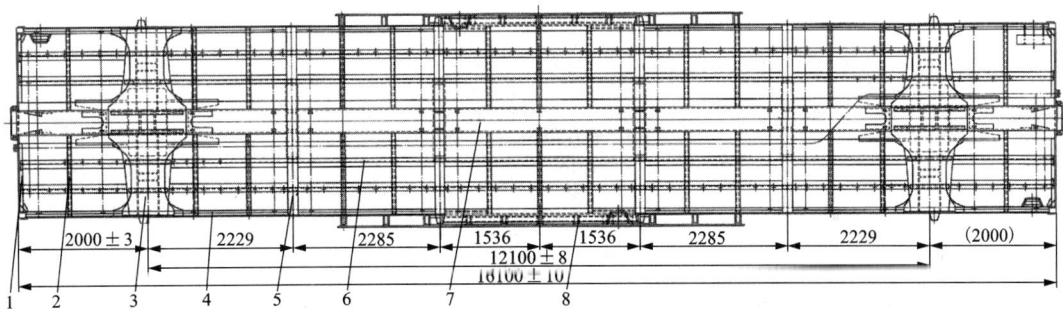

1—端梁；2—小横梁；3—枕梁；4—下侧梁；5—大横梁；6—纵向梁；7—中梁；8—导轨。

图 8-11　$P_{70}(P_{70H})$ 型棚车底架组成

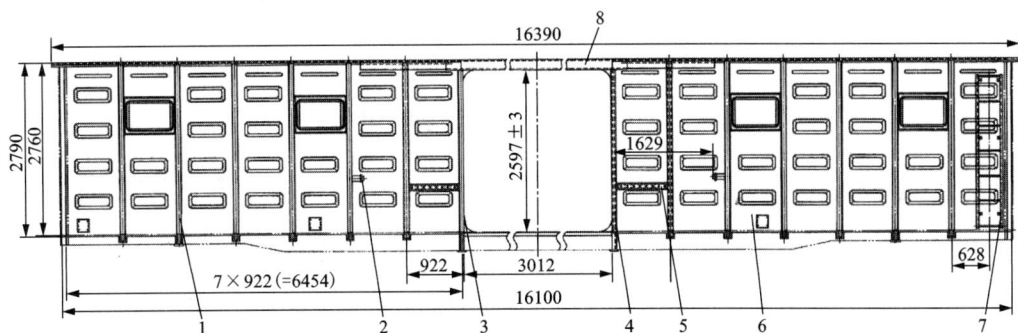

1—侧柱；2—车门止挡；3—左门柱；4—右门柱；5—开门座；6—侧墙板；7—扶梯；8—上侧梁。

图 8-12　$P_{70}(P_{70H})$ 型棚车侧墙组成

端柱采用热轧槽钢，角柱采用 125 mm×125 mm×7 mm 的压型角钢，上端梁采用 140 mm×
60 mm×6 mm 的压型角钢，端板上预留电源线通过孔及照明设施安装座。

车顶由车顶板、车顶弯梁、车顶侧梁、端弯梁等组焊而成。车顶弯梁为圆弧形结构，车
顶侧梁采用冷弯型钢。车顶外部安装 4 个通风器和 1 个烟囱座，车顶弯梁处设有照明设施安
装板。

车体每侧安装一组推拉式对开车门，如图 8-13 所示，车门板采用 1.5 mm 厚冷弯波纹
板。车体每侧设 4 扇下翻式车窗。车顶内衬采用厚度为 5 mm 的 PVC 板，侧端墙内衬采用厚
度为 3.5 mm 的竹材板。

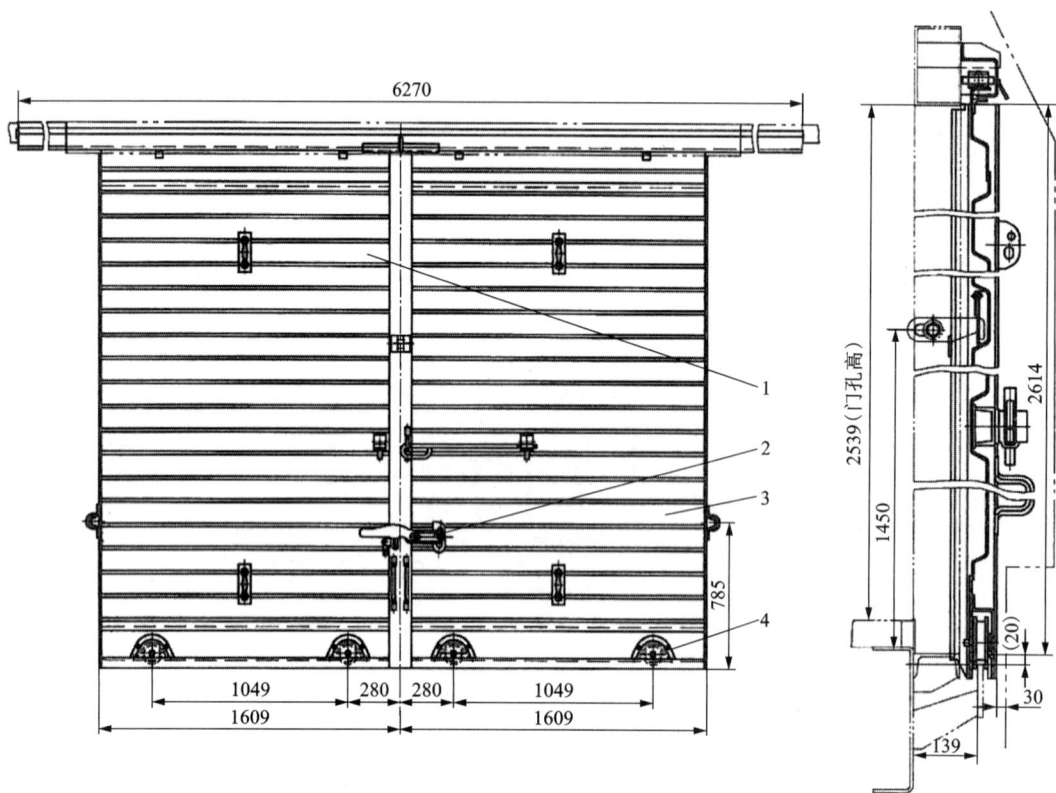

1—左门组成；2—门锁安装；3—右门组成；4—滑轮组装。

图 8-13　P_{70}（P_{70H}）型棚车车门组成

四、其他棚车

1. P_{66} 型活动侧墙棚车

P_{66} 型活动侧墙棚车是为了适应我国货物运输品种、要求多样化发展起来的侧墙采用全
开门结构的新型棚车。该车适用于在中国标准轨距线路上运行，可装运各种怕日晒、雨雪侵
袭和较贵重的托盘、箱装、袋装、打包货物，以及外形较规则稳定的长大货物，特别适合各型
规格的叉车等机械化装卸作业。

2. 新型活顶棚车

新型活顶棚车的主要特点是整个车顶由 1 扇固定车顶和 2 扇活动车顶组成，通过传动机构可将其中一扇活动车顶升起，车顶打开时，两活顶重叠，一次可打开整个车顶的一半，完成货物的垂直装卸。同时其车门采用 3 m 宽塞入式车门；门板采用波纹板；车门上设置两个曲拐，曲拐上部加装导向轮，下部与走行小车相连，下部滑轮中加装了滚动轴承，提高了车门刚度，增强了车门开闭的灵活性。当该车不作为活顶棚车使用时，可通过车门装货，作为通用棚车使用。车顶采用圆弧形车顶结构，充分利用车辆上部限界，使该车总容积为 130 m^3。

第四节　平车

平车主要用于运送钢材、木材、汽车、拖拉机、军用车辆、机械设备等体积或重量比较大的货物，也可借助集装箱装运其他货物。装有活动墙板的平车也可用来装运矿石、沙土、石砟等散粒货物。此外，平车还可以装运桥梁等特殊长大货物和需跨装运输的一般超长货物。

平车没有固定的侧壁和端壁，故作用在车上的垂向载荷和纵向载荷完全由底架的各梁承担，是典型的底架承载结构。

新中国成立以来，我国研制了多种平车。从结构上看，有不设端、侧板的平车，有仅设端板的平车和设有端、侧板的平车。从用途上分，有通用平车、集装箱专用平车、运输小汽车专用平车和运输集装箱和散件货物的两用平车等。在 20 世纪 50 至 60 年代，我国先后开发了载重为 30 t 的 N_1 型平车，载重为 40 t 的 N_4 型平车，载重为 50 t 的 N_5 型平车，载重为 60 t 的 N_6、N_{60}、N_{12} 和 N_{16} 型平车。70 年代之后，我国主要对 N_{17} 型平车进行了大量的改进，形成了 N_{17} 系列产品。为适应我国集装箱运输的发展需要，我国于 80 年代开始研制了 X_6 系列集装箱专用平车。为了提高铁路运输效率，减少车辆运用中的排空，20 世纪末，我国又研制开发了 NX_{17} 型平车—集装箱共用平车。同时，为了适应我国小汽车工业的发展以及国际贸易的扩大，我国又开发了 SQ 系列运输小汽车专用平车。

一、N_{17A} 型平车

N_{17A} 型平车由底架和活动端墙组成，如图 8-14 所示。底架结构由中梁、侧梁、枕梁、端梁、横梁、小横梁和纵向辅助梁等组成，如图 8-15 所示。

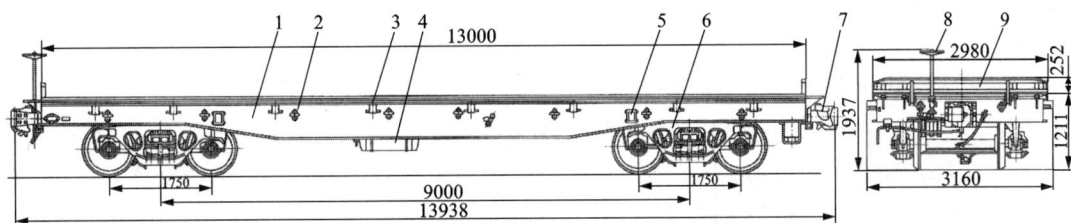

1—底架；2—绳栓；3—柱插；4—风制动装置；5—标证；6—转向架；7—车钩缓冲装置；8—手制动装置；9—端墙。

图 8-14　N_{17A} 型平车总图

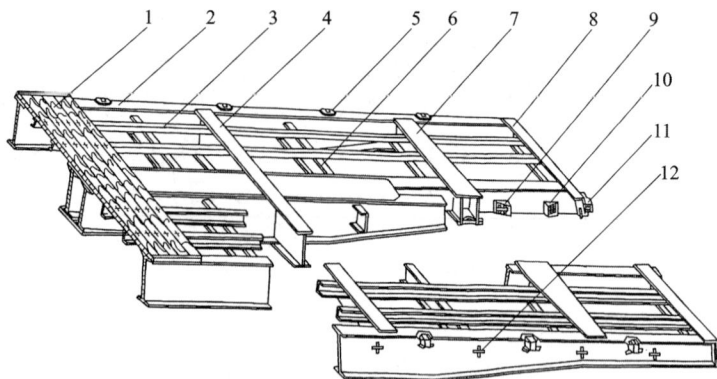

1—木地板；2—侧梁；3—纵向辅助梁；4—大横梁；5—柱插；6—小横梁；7—枕梁；8—端梁；
9—后从板座；10—前从板座；11—冲击座；12—绳栓。

图 8-15　N_{17A} 型平车底架结构图

由于作用在 N_{17A} 型平车上的载荷全部由底架承担，因此底架各主要梁件具有较大的断面。中梁由两根 56a 型工字钢及厚 10 mm 的上、下盖板组成，两工字钢腹板内侧距为 350 mm，以适应两端安装缓冲器的要求。中梁两端因受地板面高度和转向架心盘高度的限制，其断面高度一般在 300~350 mm，比中间部分小，因此中梁呈鱼腹形状。侧梁和中梁一样也采用 56a 型工字钢，且作成鱼腹形。中梁、侧梁采用鱼腹形梁，不仅受力合理、减轻了自重，而且也利于转向架的检修。侧梁腹板外侧装有结扎货物用的绳栓和安装木侧柱用的柱插，为了防止柱插超出限界，在安装柱插处的侧梁上翼缘割出切口，切口周围用补强板加固，以弥补切口对侧梁强度的削弱。端梁用厚 8 mm 的钢板折压成不等翼的槽形断面。端梁上固定有绳栓、钩提杆座、手制动座(一位端)及脚踏板托架等零件。枕梁由厚 12 mm 的上、下盖板及厚 8 mm 的双腹板组焊成封闭的箱形断面，枕梁是把侧梁承受的垂直载荷传至心盘的最重要的梁件，也是承受纵向水平载荷重要梁件之一，所以此断面较强大，且为变截面的等强度梁。大横梁共 2 根，布置在枕梁之间，它由厚 10 mm 的上、下盖板和厚 6 mm 的腹板组焊成工字形断面梁，上、下盖板均分为两段，搭焊在中梁上、下盖板及侧梁上、下翼缘上。6 根小横梁采用 12 型槽钢。

底架上铺设有 70 mm 厚的木质地板，地板用地板卡铁和螺栓固定在纵向辅助梁上，共有 4 根 12 型槽钢制成的纵向辅助梁。地板四周的边缘包有地板压条，用螺栓把压条和地板固定于侧梁上，以加强联结并防止地板边缘开裂、磨损擦伤。

N_{17A} 型平车两端设有用厚 6 mm 的钢板压型后与 50 mm×50 mm×5 mm 的角钢焊制的矮活动端墙，活动端墙能放平做渡板，便于移动装运在平车上的车辆。N_{17A} 型平车是 1992 年在 N_{17} 型平车的基础上改进设计的。N_{17} 型平车除底架、端墙外，两侧各装有 6 扇高度为 467 mm 的活动侧墙，活动侧墙有木结构和钢板组焊结构两种。为了与活动端墙高度衔接，每侧两个端侧板做成"抹斜式"(即有上倒角)，活动侧墙采用锁铁式锁闭机构。锁铁的中部开有长椭圆孔，锁铁一端为楔形。当侧壁板关闭后，锁铁下部插在支座内并卡紧，此时楔形端挡住折页，使侧壁板处于垂向位置紧密关闭；当放下侧壁板时，只需将锁铁往上推起，此时锁铁能绕支座轴旋转180°使侧壁板处于放下位置，而锁铁楔形端还能卡住折页，使侧壁板放下后运行不会产生晃动现象。

二、NX$_{17}$型系列平车—集装箱共用车

NX$_{17}$型系列平车—集装箱共用车为在我国标准轨距上运行，兼有普通平车和集装箱专用平车双重功能，载重为60 t的四轴两用平车，既能装运原木、钢材、汽车、拖拉机、成箱货物机械设备、大型混凝土桥梁、军用设备（如坦克）等货物，还可装载ISO 668：1995所规定的1AAA、1AA、1A、1AX、1CC、1C、1CX型集装箱和《铁路10 t通用集装箱型式尺寸和技术条件》（TB/T 2114—1990)规定的铁路10 t通用集装箱。

三、NX$_{70}$型共用车

2002年，随着铁路货车制造技术的发展，25 t轴重转向架技术逐渐成熟，为适应重载运输的新形势，我国开始研制大载重平车—集装箱共用车。2005年该车定为NX$_{70}$型共用车，该车轴重定为23 t，载重70 t。NX$_{70}$型共用车是在我国标准轨距上运行，兼有普通平车和集装箱专用车双重功能，既能装运原木、钢材、汽车、拖拉机、成箱货物、机械设备、大型混凝土桥梁、军用设备（如坦克）等货物，还可装载ISO 668所规定的1AAA、1AA、1A、1AX、1CC、1C、1CX型集装箱和《铁路10 t通用集装箱型式尺寸和技术条件》（TB/T 2114—1990)规定的铁路10 t通用集装箱。

四、集装箱专用平车

集装箱运输具有货损少、效率高、速度快等优点，因此近年来发展很快。国外集装箱货车的发展先后经历了普通集装箱车、关节式集装箱车、双层集装箱车、公铁两用车、驮背运输车等过程。我国铁路集装箱运输从1955年开始，当时没有运输集装箱的专用车辆，而是用通用敞车或平车装运集装箱。一辆50 t或60 t的敞车只能装运12个3 t集装箱或6个5 t国标型集装箱，载重利用率只有60%。为了提高运输能力，自1980年开始，我国研制了第一代NJ$_{4A}$型集装箱专用平车，专门用于运输国际标准ISO的40 ft、20 ft和5D型5 t集装箱及10 t集装箱。1986年又研制了第二代NJ$_{6A}$型（后改名为X$_{6A}$型）集装箱平车，该型车除运输国际标准箱外，还能装运J10型10 t铁道部标准箱。1993年研制的X$_{6B}$型集装箱平车是在X$_{6A}$型基础上改进设计的，由于车体长度加大，载重量增加了，而且还增加了运输45 ft集装箱的性能，适应我国国际贸易和运输发展的需要。为简化生产工艺、减轻车辆自重，在X$_{6B}$的基础上，1996年我国又研制了X$_{6C}$型平车。2000年为适应集装箱快速运输的需要，研制了X$_{1K}$型集装箱专用平车。该车采用焊接构架式的转K3型转向架，运行速度达到120 km/h，是我国第一代快运集装箱专用平车。2004年为满足集装箱双层运输的需要，研制了X$_{2H}$（X$_{2K}$）型双层集装箱运输车辆。该车载重达到78 t，集装箱双层叠装，可以装运ISO 668：1995所规定的1AAA、1AA、1A、1AX、1CC、1C、1CX型国际标准集装箱及45 ft、48 ft、50 ft、53 ft等长大集装箱。2005年为提高集装箱专用平车的适用范围和装载量，又研制了X$_{4K}$型集装箱专用平车，该车载重达到72 t，采用转K6型转向架，也可以装运国际标准集装箱及45 ft、48 ft、50 ft、53 ft等长大集装箱。截至2023年中，我国集装箱专用平车的保有量达50000多辆。

五、SQ 型系列运输小汽车双层平车

随着我国汽车工业的发展及国际贸易的扩大，小汽车运输量逐年增加，过去一直采用通用平车运输，运量小，运能损耗大。从 20 世纪 80 年代末开始，我国研制运输小汽车的 SQ_1 型双层平车，随后又在 SQ_1 型基础上研制了 SQ_2 和 SQ_3 型运输汽车双层平车。1999 年又研制了 SQ_4 运输汽车专用车，该车略短于 SQ_3 型车，采用全封闭结构，侧墙将网状框架改为整体钢板制成，并安装了可开关的百叶窗。

SQ4 型运输汽车专用车主要用于国产及进口各种微型、小型和中型(轿、客、货、客货两用)汽车的铁路运输。运输微、小型汽车时采取双层单排装载；运输中型汽车时采取下层单排装载，上层根据净空高可配装微、小型汽车；各种微、小和中型汽车可混装运输。采用手拉葫芦，可将上层支撑架一端降至下层地板面上，供上层汽车直接自行驶装卸；下层净空高可调整，汽车紧固装置采用止轮器和捆绑联合作用。为提高运输货物的通用性，降低回空率，在下层地板上还可以均布装运汽车零件及其他成箱货物。

车体为全钢焊接筒形结构。车辆主要由底架、侧墙、车顶、上层支承架、端门、汽车紧固装置、随车附件、风制动装置、手制动装置、车钩缓冲装置、标记、转向架等部件组成，如图 8-16 所示。

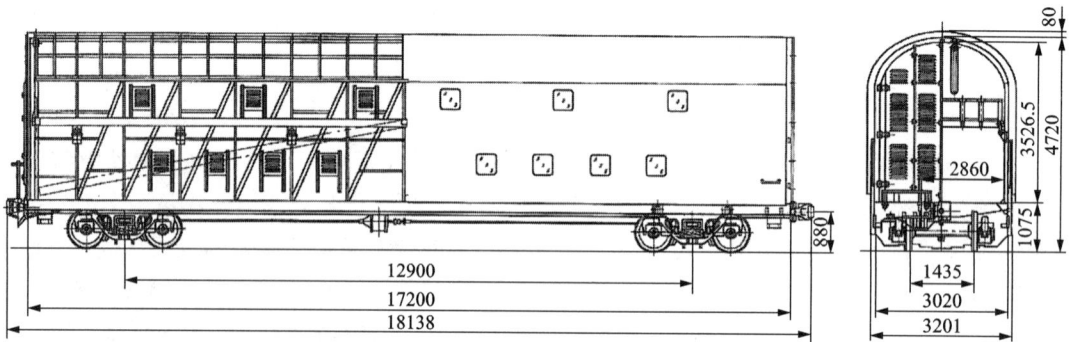

图 8-16　SQ_4 型运输汽车双层平车

底架由中梁、侧梁、枕梁、横梁、端梁、小横梁、小顺梁及带有翻边椭圆孔的钢质地板组焊而成。侧墙由槽钢侧立柱、上侧缘、角钢斜撑、侧墙板及玻璃采光窗、防护窗板等组成。车顶形状为圆弧形，由上边梁、弯梁、纵向梁组成全钢焊结构骨架，其外铺有 2.5 mm 厚车顶板。上层支承架由槽钢侧梁、空心矩形型钢端梁、槽钢小横梁、带有翻边椭圆孔的钢质地板及锁闭装置组成。端门由空心矩形型钢门框、6 扇对折端门及用国际集装箱门锁制造的锁杆等组成，端门门板为百页式。端门另设有专用门锁，在车体内、外均可锁闭和开启端门。汽车紧固装置由轿车紧固带(带自张紧装置)、止轮器等组成。采用 13 号下作用式 C 级钢车钩及尾框，MT-3 型缓冲器。制动装置采用 120 型空气控制阀并设有防盗装置，采用 KZW-4G 自动空重车调整装置、254 mm×254 mm 整体锻压式制动缸、球芯折角塞门、铁路货车制动编织软管总成、组合式集尘器、制动管路法兰连接及磷化处理的制动管系，安装 ST2—250 型闸瓦间隙自动调整器。采用折叠链式手制动机。

转向架为转 8AG 型滚动轴承转向架，采用高摩合成闸瓦、贝氏体（ADI）斜楔、制动梁加装防脱装置、弹性旁承。

第五节 罐车

罐车是一种车体呈罐形的车辆，用来装运各种液体、液化气体及粉末状货物等。这些货物包括汽油、原油、各种黏油、植物油、液氨、酒精、水、各种酸碱类液体、水泥、氧化铝粉等。罐车在铁路运输中占有很重要的地位，约占我国货车总数的 15%。新中国成立初期我国只能生产载重 25 t、有效容积仅为 30.5 m³ 的油罐车，1953 年开始设计制造了载重 50 t、有效容积 51 m³ 的全焊结构罐车，之后又制造了有效容积 60 m³、载重 52 t 的罐车以及有效容积 77 m³、载重 63 t 的各种罐车。目前我国生产的直径和容积最大的罐车是中部直径为 3100 mm，有效容积为 110 m³ 的 GQ 型液化气体罐车，其罐体呈鱼腹形。多年来，经过不断的实践、认识及改进，我国的罐车设计和制造水平逐步提高，结构日趋完善。其结构改进主要有几个方面：增大容积，提高载重；改进罐体结构，减小附加应力；简化底架结构，降低自重；加温装置的变更；排油装置的改进；安全阀的改进；外梯及工作台的改进；进入孔装置的改进；等等。

罐车的标记载重过去是指装水时的重量，所以 50 t 的载重量意味着罐体容积为 50 m³。现在的标记载重量是以实际所装油类、酸碱类的比重计算的。由于各种液体的密度不同，罐车的实际载重量就需根据所运货物的性质来确定。因此，罐车的装载能力以体积来度量更为合适。罐内液体的重量不是用地磅来量得，而是测量罐体内所盛液体水平面的高度，然后根据罐体容积表查得所盛液体的重量。对于每一种规格的罐体，均有其容积折算表。

罐车按结构特点可分为有底架、无底架罐车；有空气包、无空气包罐车；上卸式和下卸式罐车。按用途可分为轻油类罐车、黏油类罐车、酸碱类罐车、液化气体类罐车及粉状货物罐车等。

罐车的车型虽然很多，但均为整体承载结构，一部分罐车的车体都是由罐体和底架两大部件组成，如 G₁₇ 型黏油罐车和 G₆₀ 型轻油罐车。由于罐体是一个整体厚壁（壁厚一般在 8~10 mm）筒形结构，具有较大的强度和刚度，罐体不但能承受所装物体的重量，而且也可承担作用在罐体上的纵向力，因此，罐车的底架较其他种货车底架结构简单。新研制的罐车一般取消了底架，称为无底架罐车，如 G₁₉、G₆₀ₐ、G₇₀、G₇₀ₐ 型等无底架轻油罐车，G₁₇ₐ、G₁₇ʙ 型无底架黏油罐车等。近年来开发的 70 t 级罐车 GQ₇₀ 型轻油罐车和 GN₇₀ 型黏油罐车、GY₈₀ₛ 和 GY₁₀₀ₛ 型液化气体罐车等均采用无底架结构。

一、G₁₇ 型黏油罐车

G₁₇ 型黏油罐车由底架、罐体、加温套、暖气加温装置和排油装置等组成，如图 8-17 所示。

由于罐体本身具有很大的刚度，因此罐内液体的重量主要由罐体来承担，然后通过托架及枕梁传至转向架。罐车底架主要承受水平的纵向牵引力和冲击力，因此 G₁₇ 型罐车底架结

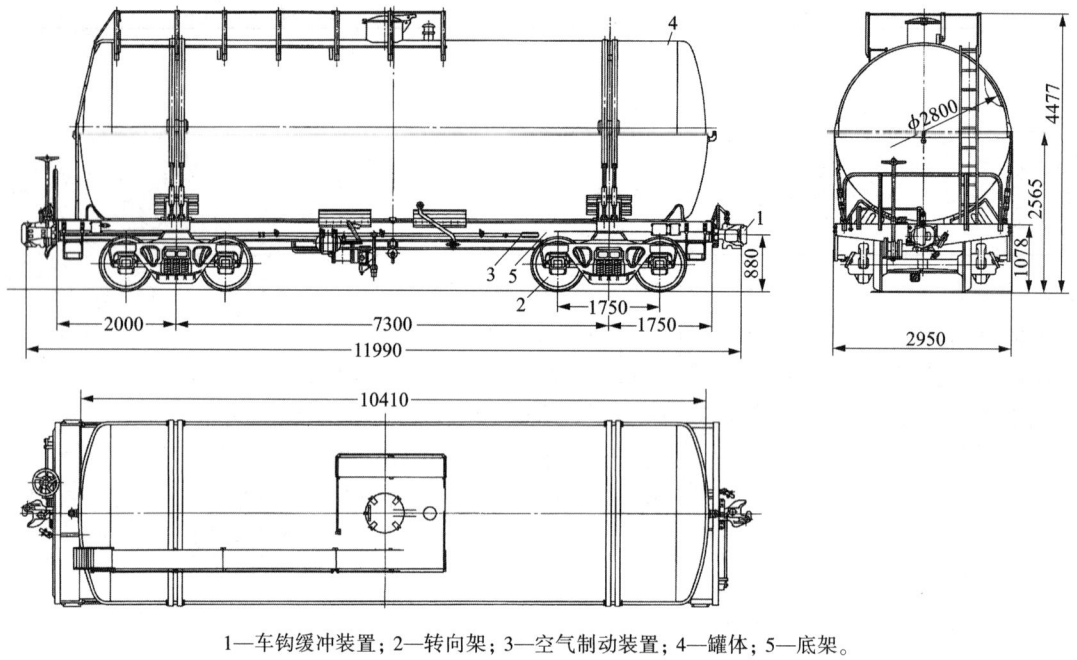

1—车钩缓冲装置；2—转向架；3—空气制动装置；4—罐体；5—底架。

图 8-17　G_{17} 型黏油罐车

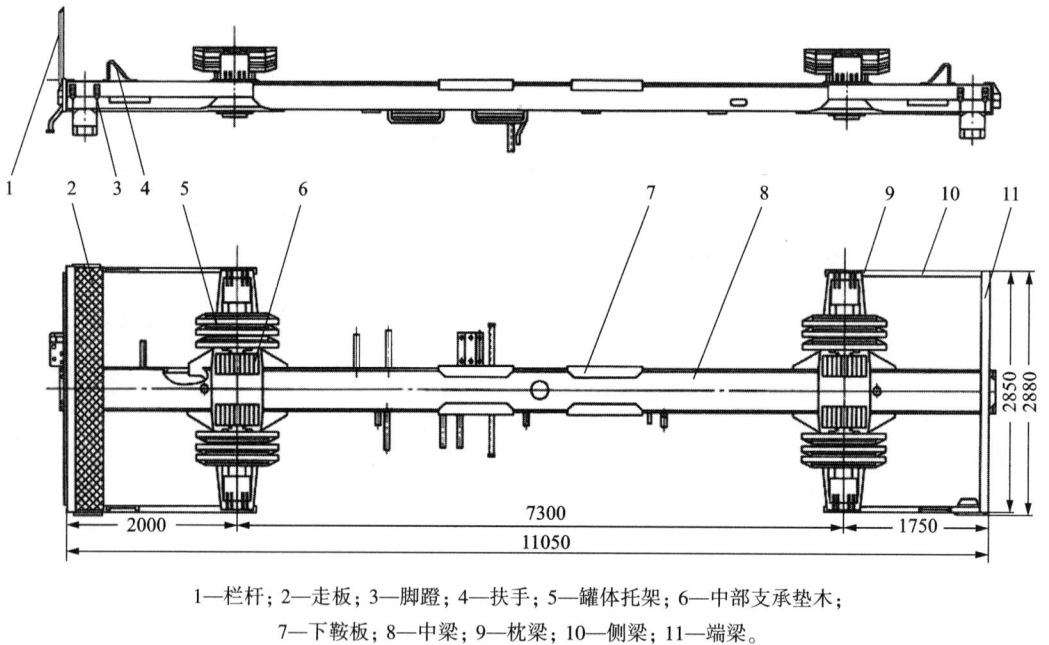

1—栏杆；2—走板；3—脚蹬；4—扶手；5—罐体托架；6—中部支承垫木；
7—下鞍板；8—中梁；9—枕梁；10—侧梁；11—端梁。

图 8-18　G_{17} 型黏油罐车底架

构比较简单，它由中梁、端侧梁、枕梁、罐体托架及端梁等部件组成，如图 8-18 所示。中梁采用两根 30b 型槽钢和厚 7 mm 上盖板组焊而成，在中梁上盖板上焊有 4 块下鞍板，以便与罐体上的上鞍板用螺栓连接，借以防止罐体与底架之间的纵向错动。G_{17} 型罐车底架不设通长的侧梁，仅在枕梁与端梁之间组焊有一段连系梁，一般称端侧梁，它由 16 型槽钢制成。枕梁由 7 mm 厚的腹板和 10 mm 厚的上、下盖板组焊成箱形结构。罐体托架由厚 8 mm 的压形蹼形板和 12 型槽钢及连接板组焊而成（图 8-19）。槽钢内设有纵木座，枕梁上盖板设有两组中木座，组装时根据罐体外形研配各木座。枕梁两端焊有厚 10 mm 的卡带座，与固定罐体的卡带紧固连接，防止运行中由于振动使罐体产生垂直方向或横向移动。端梁用厚 6 mm 的钢板压制而成，其下部焊有 6 mm 厚的下翼板。

　　该罐车的罐体内径为 2800 mm，长 10410 mm，有效容积为 60 m³，总容积为 62.09 m³。简体部分由上板、底板和端板焊接而成（图 8-20）。上板由厚 8 mm 的钢板卷制成型，底板由于受力较大而采用厚 10 mm 的钢板，底板约占简体周长的 1/4。端板为厚 10 mm 的钢板热压成带有过渡圆弧部分的球形凸面板，一般罐车端板球面半径约为 3500 mm，过渡半径为 100 mm。罐体材质选用 09Mn2 低合金钢。罐体下部焊有四块由厚 10 mm 钢板压制而成的上鞍板。

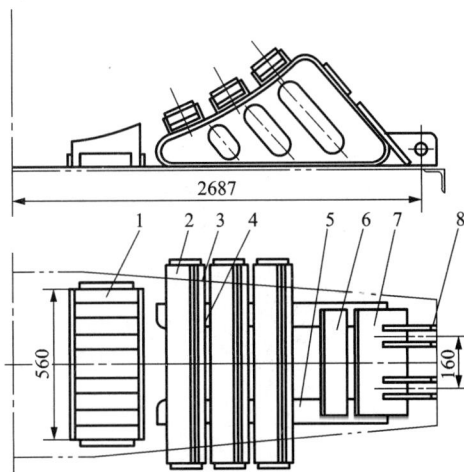

1—中木座；2—枞木座；3—木座托铁；
4、5—蹼形板；6、7—连铁板；8—卡带座。

图 8-19　罐体托架

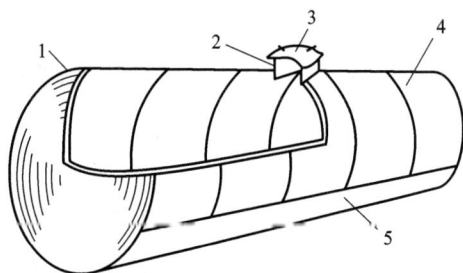

1—端板；2—进入孔（或气泡）；
3—进入孔盖（或气包盖）；4—上板；5—底板。

图 8-20　罐体结构

　　最初设计的 G₁₇ 型黏油罐车上部设有空气包装置，空气包的主要作用是当气温变化时作为液体膨胀的附加容器，且可减少液体对罐体的冲击作用。但由于空气包的存在，使制造工艺较为复杂，也不便于罐体的清刷工作。此外，实践证明液体未装满时，对罐体端板的冲击影响并不显著，故后生产的罐车取消了空气包。为了保证罐体的总容积不变，加长了罐体长度，以弥补空气包这一部分容积。此时，罐体内设有标尺限定载油量，并留出供液体膨胀的空容积，避免液体膨胀时外溢。取消了空气包的罐车顶部，为便于工作人员清洗罐体，开设有 567 mm×300 mm 的人孔座。

　　由于黏油在冬季和寒冷地区会凝固，为了便于卸出货物，在卸油时需要加热溶化油品，因此黏油罐车均设有加温装置。G₁₇ 型罐车加温套是用 40 mm×40 mm×4 mm 的角钢制成的，由 1 根沿罐体中心线环绕罐体一周的纵向支铁和 4 根环向支铁组成的一个支架，焊在罐体下半部。在支架上覆盖 5 mm 的钢板，组成一个暖气加温层，加温层两侧与设在底架下面的暖气主管相连接，蒸汽由此进入加温套，冷却后的蒸汽及凝结水由两端下部排水口排出车外。当通入蒸汽时，为了排出加温套的冷空气，在加温套两端的上部设有排气口。

G_{17} 型黏油罐车采用车下操纵的下卸式排油装置，罐内液体直接由排油阀卸出。为保护罐车的安全运用，罐体上装有呼吸式安全阀。罐车顶部还设有走板、工作台和安全栏杆，罐内设有内梯，供清洗和检修罐体内部时工作人员进入罐内使用。

罐体与底架的连接是通过两枕梁处的 4 根罐带和罐体上鞍板与底架中梁处的下鞍板间的 32 个 M24 螺栓紧固的。罐带断面为 80 mm×10 mm，其两端部焊有卡带连接杆，与底架枕梁端部的卡带座紧固连接。

二、GN_{70}（GN_{70H}）型黏油罐车

GN_{70}（GN_{70H}）型黏油罐车主要用于装运一般性黏油类介质。装卸方式为上装下卸。其主要特点为：①运输效率明显提高，与 G_{17BK} 型黏油罐车相比，单车载重提高 7 t，增加 11%。②可满足我国现有装卸台位的要求。我国主要的罐车使用单位一般均采用固定台位，成列装卸。该车的车辆长度为 12188 mm，可以使用现有的地面装卸设施进行成列装卸作业。③提高了运用可靠性，采用单腹板，侧管支撑结构的牵枕形式，提高了强度储备量和可靠性。④采用斜底罐体结构，提高了卸净率。⑤采用新型助开式人孔装置，提高了人孔密封性能；大幅降低了开启人孔时的劳动强度。⑥GN_{70} 加热系统采用内置排管式加热系统，罐外底部设加热槽钢；排油装置中采用带蒸汽加热套的下卸阀座。⑦采用转 K6 型或转 K5 型转向架，改善了车辆运行品质，可适应 120 km/h 提速要求；采用 E 级钢 17 型车钩，提高了车钩缓冲装置的安全可靠性，可适应编组万吨重载列车牵引的要求。制动装置采用车端集中方式布置，方便制造、检修。

三、GQ_{70}（GQ_{70H}）型轻油罐车

GQ_{70}（GQ_{70H}）型轻油罐车主要用于装运汽油、煤油、轻柴油等轻油类介质。装卸方式为上装上卸。其基本特点为：①容积大、载重大，同 G_{70} 轻油罐车相比，有效容积增大 9 m³，载重增加 8 t，提高 13%。②该车车辆长度 12216 mm，适应现有地面装卸设施，能利用现有地面设施成列装卸，用户的装卸设施不需做任何改造；按 5000 t 列车编组计算，车辆总长度为 648 m，比 G_{70} 罐车减少 72 m。③牵枕装置借鉴 G_{70} 罐车及美国成熟的牵枕结构方案，通过优化设计提高了该车关键部件的可靠性、安全性。④采用斜底罐体结构，提高了卸净率。⑤采用新型助开式人孔装置，提高了人孔密封性能；大幅降低开启人孔时的劳动强度。⑥制动装置采用车端集中方式布置，方便制造、检修。⑦采用转 K6 型或转 K5 型转向架，改善了车辆运行品质，可适应 120 km/h 提速要求；采用 E 级钢 17 型车钩，提高了车钩缓冲装置的安全可靠性，可适应编组万吨重载列车牵引的要求。

四、GF_{70}（GF_{70H}）型氧化铝粉罐车

为满足市场需求，我国于 1987 年研制开发了 GF_1 型氧化铝粉罐车，该车为卧罐小底架全钢焊接结构，罐体整体承载，强度高。罐体采用 10 mm 厚 Q235 钢板制造，罐内采用大流化床结构，与罐体、支架和多孔钢板焊接成一体，既可提高罐体垂向刚度，又增加了罐体承受

纵向载荷的能力。2001 年，随着我国铁路货车提速改造，GF$_1$ 型氧化铝粉罐车定型为 GF$_{1T}$ 型氧化铝粉罐车。该车罐体采用标准椭圆形封头，罐内采用斜槽流化床，并安装有自主知识产权的吹风装置。2000 年还研制了上装上卸的 GF$_{1M}$ 型氧化铝粉罐车。该车也采用卧罐小底架全钢焊接结构，载重达 60 t，罐体材质为 16 MnR，相对流化效果好，残存量少。

第六节　特种车辆

铁路特种用途货车是指按装运货物的需要或者特种用途设计制造的一类货车，包括长大货物车、长大平板车、凹底平车、落下孔车、钳夹车等。其他特种车为办理铁路自身业务用的车辆，在使用中可以是单辆车，或由若干辆组成的车列，如除雪车、救援车、限界检查车、长钢轨车等。此外，还有检衡车、试验车、电路修理车等。本节主要对铁路特种用途货车车辆进行介绍。

一、长大货物车

长大货物车是铁路运输中使用的一种特种车辆，装运各种长大重型货物，例如大型机床、发电机及汽轮机转子、轧钢设备、变压器、化工合成塔及成套设备等。

长大货物车按其结构形式可分为长大平板车、凹底平车(或称元宝车)、落下孔车和钳夹车等。由于这些车的载重量及自重较一般平车大，所以，车轴数目需要很多才能适应线路允许的轴重要求。当车辆较长时，通过曲线所产生的偏移量很大，故车辆中部的最大宽度受到车辆限界的限制需要缩小。有的车辆还需设置专门的侧移机构，使车辆在曲线上运行时车体能自动向曲线外侧移动，以保证装载在车辆中央部分的货物及可移的车辆底架中心线与曲线中心线相接近，使货物及车辆底架中央部分不超过车辆限界尺寸或超限货物规定的最大限界尺寸。

二、漏斗车

我国铁路货运中，散装货物的运量占总量的 77% 左右，而其中绝大部分为煤炭和矿石等。为了加速车辆周转，对于货流量大且装卸地点较固定的散装货物，采用漏斗车或自翻车可提高装卸效率，获得较好的经济效益。

漏斗车按其结构可分为无盖和有顶两大类。属于无盖漏斗车的有 K$_{13}$ 型石砟车、K$_{16}$ 型矿石漏斗车、K$_{18}$ 型煤炭漏斗车等；属于有顶漏斗车的有 K$_{15}$ 型水泥漏斗车及 L$_{18}$ 型粮食漏斗车等。这些漏斗车卸货都是利用货物的重力作用从卸货门自流卸出。卸货门有集中或单独的开闭机构，其开关方式可分为风控风动、电控风动和手动三种。车内设有与水平呈一定角度的漏斗板，其倾角随所承运的货物品种而不同。卸货门设在车底部或侧部。

三、自翻车

自翻车是一种无盖的货车，大部分用于矿山，是工矿企业的专用车。在卸货地点操纵作用阀，即可利用列车管充入储风筒的压缩空气进入倾翻风缸或由车上油泵供给的高压油进入倾翻油缸顶起车体呈 45° 倾角，同时倾翻侧的侧壁随之自动开启，货物沿着倾斜的地板卸至轨道一侧。这种卸货方式效率极高,适宜于装卸频繁的矿山运输。

四、保温车

保温车用于运送鱼、肉、鲜果、蔬菜等易腐货物。这些货物在运送过程中需要保持一定的温度、湿度和通风条件,因此保温车的车体装有隔热材料,并且车内设有冷却装置、加温装置、测温装置和通风装置等,使其具有制冷、保温和加温三种性能。保温车车体外表涂成银灰色,以利用阳光的反射,减少太阳的辐射热。

第七节　货车车体的发展

铁路运输不但经济、方便、运量大,而且其能源消耗也比公路、航空运输低,因此在很多国家运输业的竞争中,铁路货运占很大优势。铁路货物运输量的不断增长,促进了各国车辆事业的发展。世界各国货车发展的趋势主要是:不断调整货车车种的构成,以适应本国待运货物的种类;加大载重量,改进车辆结构,减少制造和维修费用以提高铁路货运的经济性。

在研制新型货车时,各国注意到要最大限度地适应本国所运输货物的种类和性质,在最低的基建投资和运用费用下,尽量保证货物的完整性。因此,世界各国所研制的车种不尽相同。比如法国的通用货车数量较少,而向专业化货车发展。法国研制了很多种专用货车,如:用于运输托盘货物的全侧门棚车,使货物免受雨雪浸湿的机械帐篷平车,用于运输冶金产品、钢板卷和纸卷等重质货物的活顶车,专运钢板卷的钢板卷运输车,专供运输标准尺寸钢管和铸铁管的钢管运输车,装运集装箱的集装箱平车以及运输小轿车用的专用车等。

随着国民经济的迅速发展,国家科学技术政策和中长期铁路网计划对我国铁路运输设备现代化提出了更高的要求。根据车体结构强度及其技术应用要求,需要分别研究车体的主要承载构件和非主要承载构件。重载机车已成为现代铁路运输设备发展的一个重点方向。车体是机车负荷传输和保证设备安全的重要载体,是机车轻量化技术研究的重要组成部分,因此对轻量化技术的研究十分重要。车身结构轻量化设计不是为了减轻车身结构的重量,而是为了满足整个车身的结构强度及其所用的技术要求,必须充分考虑到其硬件技术和维修技术,并经过优化设计,实现轻量化的主要目标。

复习思考题

1.结合车体的基本知识,谈一谈不同类型的车体在设计时应考虑哪些基本的设计原则?

2.结合我国国情,思考我国将会重点发展哪些类型的货车?

3.安全性是货车设计时需要考虑的一个重要原则,当前的设计均能满足主动安全的原则,思考如果出现意外情况,如何进一步提高车辆的安全?

4.简要叙述敞车、平车和棚车底架结构的特点和差异?

5.结合我国货车的发展趋势,谈一谈货车会向什么方向发展?

第九章

客车车体

铁路以其快速、安全、节能和环保等特点，一直是人类最为重要的交通运输工具之一。为了增强铁路与公路、水运和航空运输竞争的能力，必须提高旅客列车的运行速度，缩短旅行时间，改善乘车条件，保证行车安全，制造出轻、快、稳的铁路客车。

本章将简要介绍我国客车的发展历程和客车的主要类型，然后重点介绍 25 型客车、双层客车以及城市轨道交通车辆中典型的车体结构，最后对客车车体的发展进行总结。

第一节　客车的发展和类型

回顾我国铁路客车发展历史，随着国民经济的发展、科学技术的进步和人民生活水平的提高，铁路客车的设计制造水平也不断提高。铁路客车车型共经历三代。

从 1953 年开始，我国自行设计生产了第一代产品，即 21 型系列客车产品。该车型车长 21.97 m，车宽 3.00 m，构造速度为 80~100 km/h。车型包括硬座车、硬卧车、餐车、行李车和邮政车等，先后共生产了 3110 辆，1961 年停止生产。该型客车由于构造速度低、制造工艺性差、技术经济指标和舒适性等方面都满足不了要求，所以被 22 型客车所取代。

我国于 1954 年试制并于 1959 正式生产第二代铁路客车，即 22 型系列客车产品。该车型长 23.6 m，宽 3.10 m，构造速度为 120 km/h，各种性能均较 21 型客车先进。22 型客车系列产品包括硬座车、硬卧车、软座车、软卧车、餐车、行李车、邮政车和发电车等，至 1992 年底共生产了约 26000 辆，1994 年停止生产。

22 型客车车体钢结构是由普通碳钢制造，由于钢结构腐蚀严重，其结构及车辆性能满足不了时代的要求，需要更新换代。因此，产品性能和技术经济指标更先进的第三代客车，即 25 型客车，逐步取代其他型号客车，成为主型客车。相比于其他型号客车，25 型客车主要优势体现在：增加了定员；构造速度提高到 140 km/h 以上；改进了车体钢结构，车体更大但自重降低；提高了车体密封性，降低了噪声，提高了乘坐舒适性、安全性。该型客车从 1966 年开始研制，1967 年正式生产，1993 年定型为主型客车。车体长为 25.5 m，车辆定距为 18 m，采用耐候钢制车体结构，车辆寿命可达 25~30 年。

25 型客车也发展了一系列产品，从车型上分为 25 型（试验型）、25A 型（空调）、25B 型（燃煤、空调）、25D 型（动车组）、25G 型（25A 改型）、25K 型（快速）、25S 型（双层）、25Z 型

(准高速)和25T型(提速)等。25型客车发展的过程是一个技术上逐渐成熟的过程,不断改善了工艺设备,引进国外先进技术和样车,这些均为25型客车的设计、制造提供了成熟的技术及可借鉴的经验。

除上述干线旅客列车中的各型客车外,我国在城市轨道交通方面,稳步地发展了地铁交通系统。从20世纪70年起,首先在北京、天津两大城市开通了地下铁道交通运营线路。进入90年代之后,为了缓解大城市市内交通拥挤状况,北京、上海、广州、天津、深圳及重庆等城市均大力发展了城市轨道交通系统。截至2023年底,我国59个城市拥有城市轨道交通系统。与此同时,城市轨道交通车辆的车型也越来越多。

在我国客车总数中,数量最多的新造客车是25型客车。一般长途旅客列车中编挂的车种有硬座车、硬卧车、软卧车、餐车、行李车、邮政车。下面主要以25T型客车车型为例进行简要介绍。

一、YZ$_{25T}$型硬座车

如图9-1所示,YZ$_{25T}$型空调硬座车在两端设通过台;一位端设小走廊、洁具柜、PLC电气综合控制柜、电茶炉、乘务员室、厕所;中部为客室;二位端设小走廊、垃圾箱、双人洗脸间、厕所。乘务员室设照明监控柜、温水箱控制箱、便器电源柜、办公桌、固定单人座椅凳、安全锤、衣帽钩、扬声器、电加热器、空调送风口等。客室行李架采用铝合金行李架。客室布置按原铁道部统型方案执行。车顶设烟火报警器探头、隐藏式空调送风口,采用统型顶灯照明;在座位间的侧壁设带状电加热器;两端设信息显示屏。

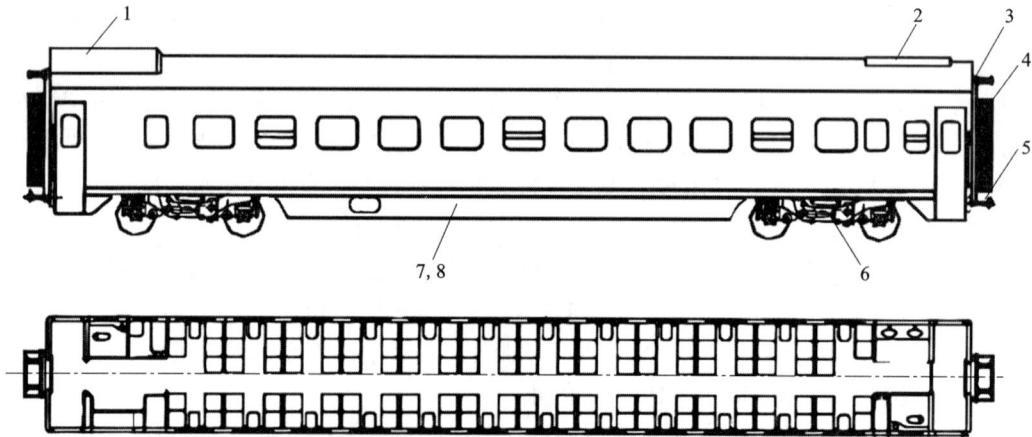

1—空调;2—车顶活盖;3—车端阻尼装置;4—折棚风挡;5—密接车钩;6—转向架;7—裙板;8—制动装置。

图9-1　YZ$_{25T}$型硬座车平面布置图

1.车体结构

车体采用整体承载全钢焊接无中梁薄壁筒形结构,其横断面如图9-2所示。车体钢结构中板材和型材厚度≤6 mm的采用镍铬系耐候钢,厚度≤2.5 mm的采用05 CuPCrNi型钢,厚度>6 mm的钢板允许采用普通碳素钢。全车广泛采用冷轧型材及不锈钢板,如通长波纹地板,茶炉室钢地板采用2 mm厚不锈钢板,车顶安装空调的平顶采用3 mm厚的不锈钢板。车体钢结构的零部件在组焊前均进行钢材预处理和抛丸处理，薄钢板表面进行了化学处理，使其表面清洁度达到一定要求，处理后均喷涂防锈底漆。车顶两侧及塞拉门门口设雨檐，侧墙无压筋，枕梁内侧 2 m 范围内设顶车位。枕梁内侧让开顶车位设裙板。

车体内部装修使用的防火板、玻璃钢及隔热材料、地板革等均采用防火阻燃材料，内部装修材料选用阻燃和难燃材料，以提高整车防火安全性能。地板层铺设 PVC 地板革。

在各板、梁、柱间均采用垫加弹性隔音垫的方法，采取一系列减振措施，降低车辆高速运行时的噪声水平。通向车外的管路四周均采用隔音堵，加强了结构的密封性，与钢结构连接的部位采用隔热套（垫）等，隔断热桥，从而保证了整车的隔音、减振、密封性能。

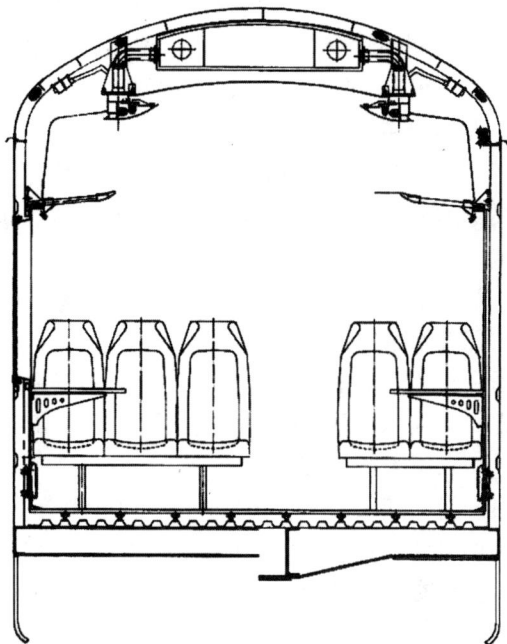

图 9-2　YZ$_{25\,T}$ 型硬座车断面图

车内间壁板，一、二位小走廊平顶板，通过台顶板采用胶合板覆贴防火板；侧墙板、顶板采用模压玻璃钢整体成型；茶炉室、厕所、洗脸间采用仿大理石玻璃钢地板，以保证水不渗到墙、地板内部；厕所、洗脸间采用模压玻璃钢整体成型盒子间。各墙顶板接缝采用明缝不露螺钉。车内五金装饰件采用喷塑或表面敷塑处理工艺，表面色泽与整车美工色彩协调。

车体隔热材料采用玻璃棉板，墙、顶隔热材内侧加铝箔，铝箔设在玻璃棉包装薄膜外侧，覆贴于整车内壁（地板除外），保证整车的隔热性能。

为减小两车连挂纵向冲动，采用密接式车钩、弹性胶泥缓冲器。部分车辆一位端装设密接式车钩，二位端装设 15 号小间隙车钩，也可方便地更换为密接式车钩。采用密封式折棚风挡，装设车端阻尼装置。

2. 转向架

转向架采用 CW-200K 或者 SW-220K 型无摇枕转向架，能满足 160 km/h 运行要求，并继承了原转向架成熟和稳定的优点，其运行平稳性、安全可靠性得到进一步提高，检修也更加方便。

3. 制动系统

制动装置采用 104 型集成式电空制动装置、气路控制箱、盘形制动及电子防滑器等先进技术。制动机、气路控制箱、各种风缸及管路等通过风缸吊带、螺栓及管卡等安装在吊架上组成制动模块，整体吊装在焊接于车辆底架的安装座上，各大部件通过管路连接起来，管路上设有各种截断塞门、止回阀等。枕梁内侧纵向管路设两路风管，一路为列车制动主管，另一路为总风管。采用管排车下组成，整体吊装于车体底架上，充分保证了管路的组装质量。

所有制动管路及截断塞门均采用不锈钢材质,采用球形折角塞门与集尘器联合体,制动软管连接器采用制动软管总成。车辆一位端设手制动机,车上设一个紧急制动阀及制动管和总风管压力表,车上、车下均设缓解阀拉把,车下两侧装设制动—缓解显示器。

4. 给水装置

给水装置中车上水箱为不锈钢水箱,设于一、二位端车内顶部,水箱总容量为1500 L,所有的给水管路均采用不锈钢管。车外两侧下部各设一注水口,注水口设有防污设施,水箱及各阀均能够便于检修。车内一位端茶炉室设有嵌入式电茶炉一个,采用嵌入式安装的接水面板,茶炉室内另设便于乘务员接水的水阀。

5. 卫生装置

厕所内设蹲式真空集便装置、模压玻璃钢台面柜,地漏设水封,顶部设自然通风器,便器控制单元及水增压装置,水阀选用档次较高、性能可靠的手动水阀,水阀材质为铜或不锈钢。一、二位厕所各装设一个550 L污物箱,分别吊挂在厕所相应底架上,污物箱两侧设置63.5 mm排污接头,可以从车体两侧进行排污。污物箱设置80%、100%液位传感器。车内乘务员室组合柜内设置80%、100%液位显示、加热工作等显示。

6. 空调取暖装置

该车空调装置由空调机组及送风道、回风道等部件组成;空调机组采用两台制冷量为29 kW的平底端部送风的车顶单元式空调机组。机组安装于车的一、二位端车顶部。采用静压送风道,客室采用隐藏式送风形式,形成独立的送风系统。

夏季客室温度设置为24~28 ℃,相对湿度≤65%;冬季设置客室内温度≥18 ℃,厕所温度≥16 ℃。冬、夏季沿客室度长度、高度方向的温差≤3 ℃。新鲜空气量:夏季15~25 m³/h,冬季10~15 m³/h。废气排风机设于车辆二位端,及时将车内废气排出车外

空调机组由设于一位小走廊的智能综合电气控制柜控制,空调机组有自动调节位和手动调节位,根据气候的变化可以使车内进行通风换气、降温、除湿、加温、滤尘、排除废气等,使客室保持舒适、清新宜人的优雅环境。空调机组制冷及通风满足160 km/h速度运行的要求,在外温+45 ℃时保证正常启动,机组安装方便检修和保养。

采暖装置为采用带状板式电加热器采暖。

7. 供电照明装置及其他

采用DC 600V供电,分散变流。车端每位角设KC20D、110V改进型连接器,39芯通信连接器,电空制动连接器各1个。一、四位角设侧灯插座和侧灯插各1个。

本车交、直流电源线在车上控制柜汇合,供电母线设在线漏电检测,控制柜内设PLC控制单元,整列车构成无主网络监控系统。

车下设DC110V、120 A·h中倍率碱性蓄电池,DC600V/DC110V、8 kW的充电机1台,输出电压DC118~123V可调。

所有用电设备控制电源均为DC110V。空调采用AC380V供电;温水箱、开水炉、电加热器采用DC600V供电;电伴热采用AC220V(由车下15 kV·A隔离变压器供电);插座采用AC220V,由单相不间断隔离逆变器供电;车内照明、信息显示、轴温报警、塞拉门、烟火报警系统等采用DC110V供电。

照明控制柜、轴温报警之声光报警、车厢管理器、火灾报警、集便器控制、温水控制箱等设备设置于乘务员室内,车端设39芯通信连接器,满足音像、通信、监控系统的需要。车内

外配线布在经部审查过的有内绝缘的金属线槽、线管、金属软管内，车下分支线布在阻燃低烟无卤尼龙管内，并采取措施防止雨水进入线路及连接器，按规定配线时交、直流分设线槽，防止干扰。车内设有播音系统，设48V共线电话插座。

车端设有DC48V尾灯插座。

车内照明装置与车内部装修饰设计格调协调，设应急照明装置。

8. 旅客信息系统

设有集中控制的旅客信息系统，主机设在播音室。旅客信息系统可以显示运行速度、时间、车外温度、前方到站等旅客关心的信息及厕所有无人显示，信息内容可以修改。

9. 监控系统

监控系统包括列车电气监控系统和行车安全监测系统。两系统各自有一套列车网络。车辆及行车安全监测装置设在乘务员室，系统主机设在车辆工程师室，并将相应的行车故障信息发送给设在车辆工程师的列车电气监控系统主控站，由主控站统一向外发送。

设烟火报警系统。本车烟火报警系统控制柜设在乘务员室，并入列车电气监控网络系统且自成网络。烟火报警系统的通信协议服从列车电气监控网络。

PLC系统对空调系统、电源供电系统进行电气性能的监视和控制，对逆变器、充电机进行电气性能的监视。PLC系统对塞拉门、轴温报警系统、防滑器、烟火报警系统和行车安全检测诊断系统进行监视

采用LONWORKS现场总线，通信介质为双绞屏蔽线。各子系统的通信协议服从本车监控系统。行车安全监测诊断系统的主控站设在车辆工程师室，塞拉门集控系统设在播音室。乘务员室及客室顶板设扬声器。

10. 门、窗

侧门采用带集控功能的电控气动塞拉门；内端门采用电动触摸式自动门；外端门为手动双开拉门；乘务员室门为防挤手折页门，设观察窗；隔门为大玻璃窗摆门；厕所门为防挤手折页门。包间门采用拉门，滑道采用新型滑道。

车窗采用整体单元式组合铝窗，车上装有固定和活动窗两种，车窗尺寸分为长614 mm和1064 mm两种。该车窗密封性能好，安装方便并便于检修。

二、YW$_{25T}$型硬卧车

YW$_{25T}$型硬卧车按车上布置可划分为系列品种：普通车、播音车、车辆工程师车、播音残疾人车等。如图9-3所示，普通车两端设通过台；一位端设小走廊、PLC电气综合控制柜、电茶炉、乘务员室、蹲式便器厕所；中部设封闭的11个6人半包硬卧包间；中部二位侧为大走廊；二位端设小走廊、垃圾箱、洁具柜、蹲式便器厕所和三人洗脸间。三人洗脸间采用SMC模压玻璃刚体(残疾人车的双人洗手室采用整体玻璃钢)，内设扶手、衣服钩、镜子、二三芯带保护门的防水插座、电加热器、排风口、SMC模压玻璃钢台面柜(洗脸盆为不锈钢)、手动冷热水阀、角形灯等设施。播音车和车辆工程师车为将普通车乘务员室分别改为播音室和车辆工程师室，其他布置不变。播音残疾人车为将播音车二位端取消一个包间，二位端部设小走廊、残疾人厕所、垃圾箱、洁具柜和双人洗脸间，其他布置不变。残疾人厕所采用整体玻璃钢，内设扶手、护窗杆、便纸架(两个)、衣帽钩、镜子、电加热器、排风口、玻璃钢台面柜、坐式便器、独立式垃圾箱、手动水阀、顶灯等设施。

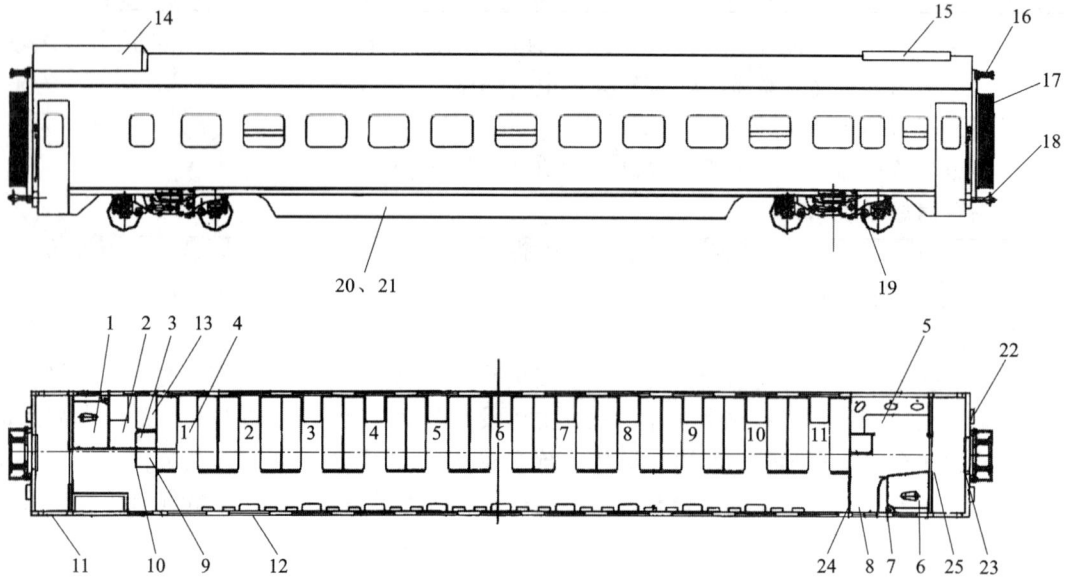

1—厕所；2—乘务员室；3—物品柜；4—包间；5—洗面室；6—厕所；7—灭火器，清扫用具柜；8—电茶炉；9—灭火器，垃圾箱；10—车长阀；11—塞拉门；12—窗；13—监控室；14—空调；15—车顶活盖；16—车端阻尼装置；17—折棚风挡；18—密接车钩；19—转向架；20—裙板；21—制动装置；22—供电系统；23—外端手动对开拉门；24—双向摆门；25—电动内拉门。

图 9-3　YW$_{25T}$ 型硬卧车平面布置图

半包硬卧间设上、中、下三层硬卧铺各 2 个，还有固定茶桌、衣帽钩、上铺脚蹬及拉手、床头灯、烟火报警器探头、空调送风口；门口上部设行李台；茶桌下设带状电加热器。采用统型顶灯照明。YW$_{25T}$ 型硬卧车横断面如图 9-4 所示。

车体钢结构、转向架、制动系统、给水装置、空调供热装置、卫生装置、旅客信息系统、监控系统和门窗等均与 YZ$_{25T}$ 型硬座车类似。

三、RW$_{25T}$ 型软卧车

软卧车是一种比硬卧更为舒适的客车。RW$_{25T}$ 型软卧客车的平面布置图如图 9-5 所示。两端设通过台；一位端设小走廊、PLC 电气综合控制柜、电茶炉、乘务员室、坐式便器厕所；中

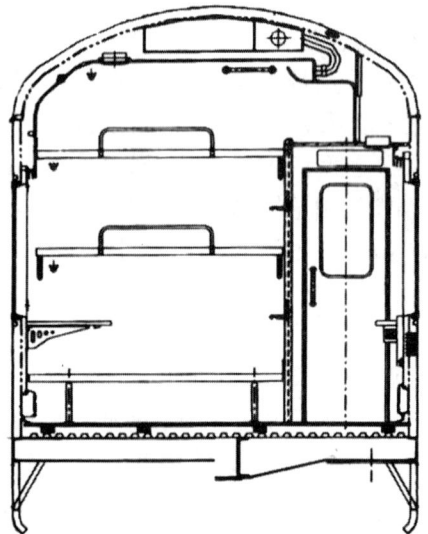

图 9-4　YW$_{25T}$ 型硬卧车断面图

部设封闭式的 9 个 4 人软卧包间，其铺位设有软垫；中部二位侧为大走廊，二位端为小走廊，设垃圾箱、洁具柜、坐式便器厕所。

软卧包间设上、下软卧铺各 2 个，以及固定茶桌、衣帽钩、上铺脚蹬及拉手、床头灯、烟火报警器探头、空调送风口；门上部设行李台；茶桌下设带状电加热器，采用统型顶灯照明。

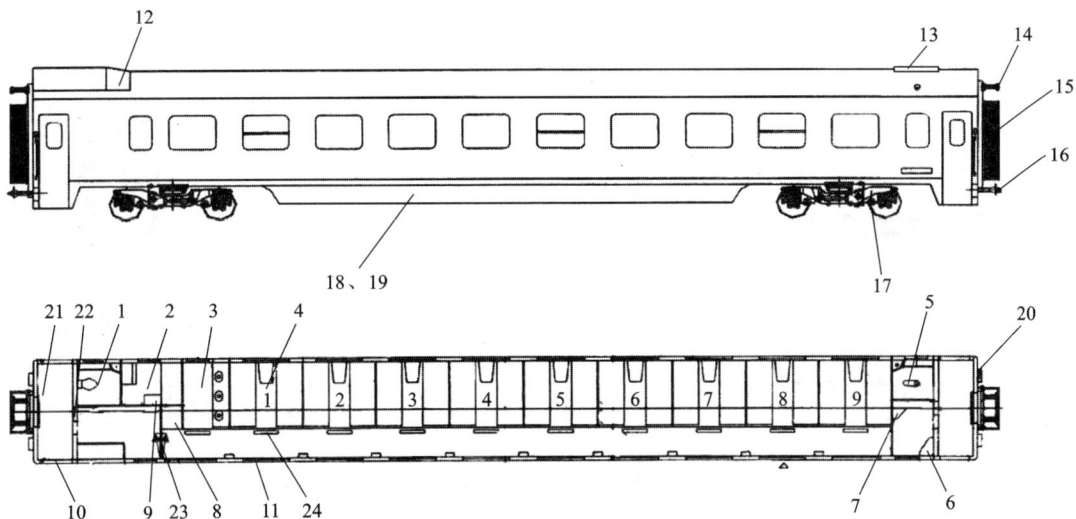

1—厕所；2—乘务员室；3—洗脸室；4—包间；5—厕所；6—清扫用具柜；7—上部灭火器，下部垃圾箱；8—上部灭火器，下部电茶炉；
9—车长阀；10—塞拉门；11—窗；12—空调；13—车顶活盖；14—车端阻尼装置；15—折棚风挡；16—密接车钩；17—转向架；
18—裙板；19—制动装置；20—供电系统；21—外端手动对开拉门；22—电动内拉门；23—双向摆门；24—包间拉门。

图 9-5　RW$_{25T}$ 型软卧车平面布置图

该车的横断面如图 9-6 所示。大走廊侧墙侧设板凳、安全锤、扬声器开关，吸尘器插座；两隔门上方设信息显示屏；侧墙窗上设通长饰带；采用统型顶灯照明。一位端小走廊设电茶炉，电茶炉面板上方设 2 个干粉灭火器、电气综合控制柜、紧急制动阀及总风管、电加热器等，采用统型灯照明。二位端小走廊设洁具柜、垃圾箱、电加热器等，垃圾箱上部设 2 个水性灭火器，采用统型顶灯照明。

车体钢结构、转向架、制动系统、给水装置、空调供热装置、卫生装置、旅客信息系统、监控系统和门窗等均与 YZ$_{25T}$ 型硬座车类似。

四、CA$_{25T}$ 型餐车

餐车是为供旅客在旅行中用餐而编挂在列车中的一种车辆。CA$_{25T}$ 型空调餐车的平面布置如图 9-7 所示，断面如图 9-8 所示。其一位端设 PLC 电气综合控制柜、3 个储藏室、小走廊和送餐小车区域。二位端设电气化厨房、大走廊和厨房用电设备电气柜。中部为 40 定员餐厅和酒吧区。餐厅定员 40 人，餐椅采用固定式餐椅，座面采用阻燃纺织品。餐桌采用固定式，桌面贴防火板，周边用 PVC 封边。

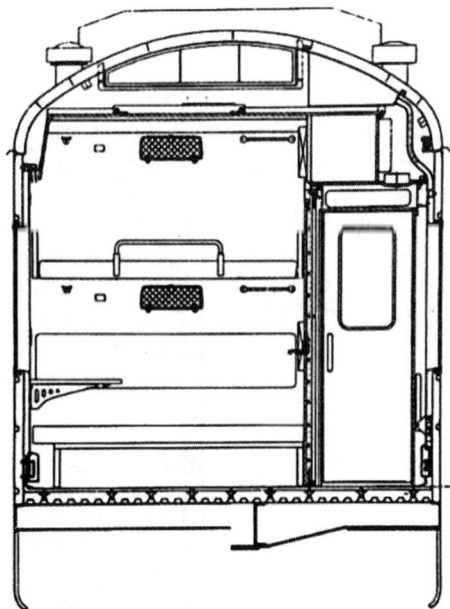

图 9-6　RW$_{25T}$ 型软卧车断面图

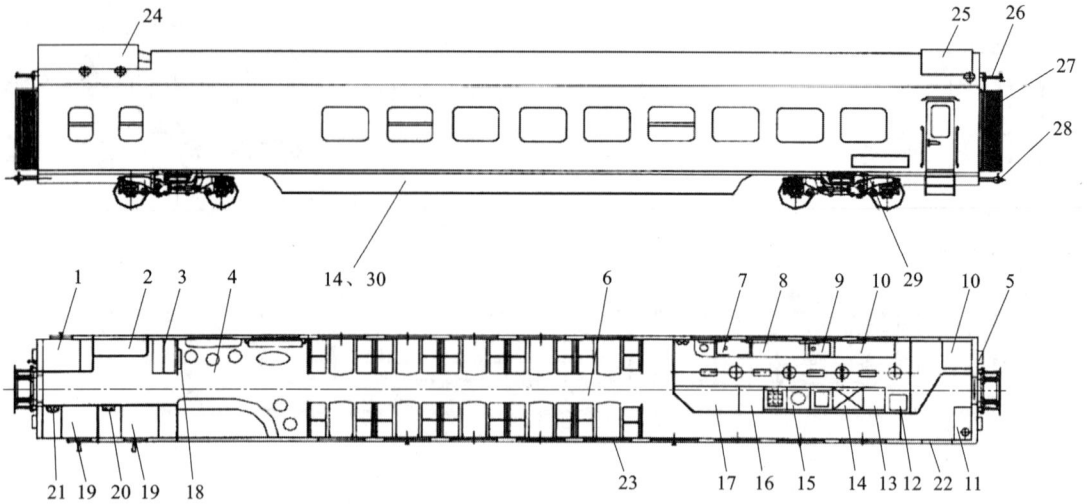

1—储藏室；2—配电柜；3—送餐小车；4—吧区；5—供电系统；6—餐厅；7—洗池；8—碗柜，切菜区；9—加水冰箱；
10—立式冰箱；11—配电柜；12—电茶炉；13—电蒸饭锅；14—制动装置；15—电灶组成；16—碗柜；17—卧式冰箱；
18—TV；19—储藏室；20—车长阀；21—灭火器；22—折页门；23—窗；24—空调；25—车顶活盖；26—车端阻尼装置；
27—折棚风挡；28—密接车钩；29—转向架；30—裙板。

图 9-7   CA$_{25T}$ 型餐车平面布置图

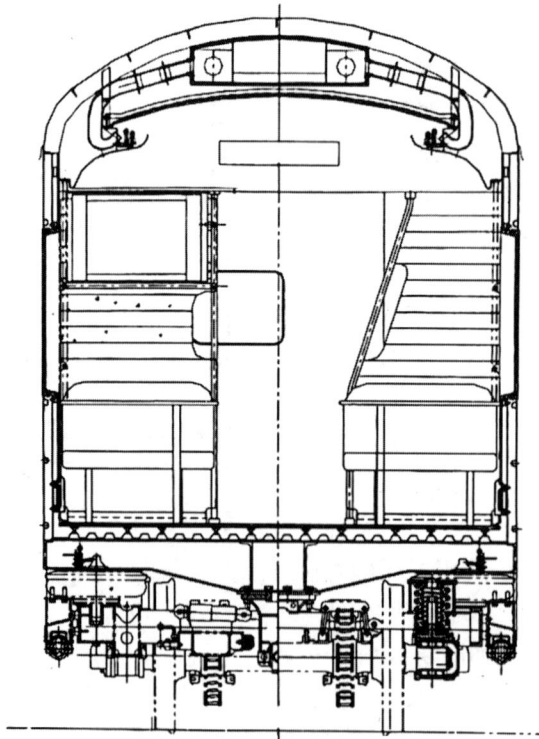

图 9-8   CA$_{25T}$ 型餐车断面图

车体钢结构、转向架、制动系统、旅客信息系统和监控系统等均与 YZ$_{25T}$ 型硬座车类似。

第二节　25 型客车车体

25 型客车车体钢结构为全钢焊接结构，由底架、侧墙、车顶和端墙等四部分焊接而成。在侧墙、端墙、车顶钢骨架外面，在底架钢骨架的上面分别焊有侧墙板、端墙板、车顶板和纵向波纹地板及平地板，形成一个上部带圆弧、下部为矩形的封闭壳体，俗称薄壁筒形车体构。壳体内面或外面用纵向梁和横向梁、柱加强，形成整体承载的合理结构。

虽然 25 型各种客车的结构不尽相同，但其外形尺寸和结构形式基本一致。图 9-9 为 1996 年以后生产的 25 型硬座客车车体钢结构，按其大部件的生产方式，可划分为底架、侧墙、车顶、外端墙、内端墙及其他零部件。

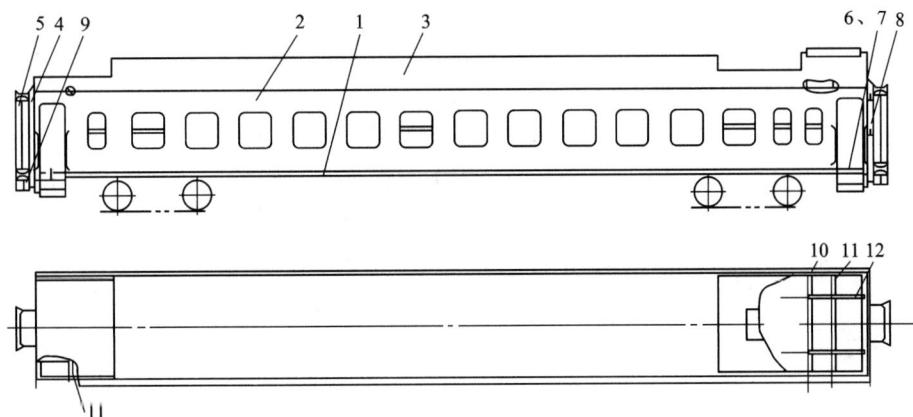

1—底架钢结构；2—侧墙钢结构；3—车顶钢结构；4—端墙钢结构；5—风挡；6—一、四位翻板安装；7—二、三位翻板安装；8—脚蹬组成；9—车钩缓冲装置；10—水箱横梁；11—横梁；12—水箱吊梁。

图 9-9　硬座车车体钢结构

一、底架

底架由牵引梁、枕梁缓冲梁、下侧梁、枕梁间的纵向金属波纹地板及枕外金属平地板等组成，如图 9-10 所示。

底架自上心盘中心到缓冲梁间的中梁称为牵引梁，由两根 30a 型槽钢及牵引梁上下盖板组焊而成。其上盖板厚 8 mm、宽 490 mm，下盖厚 10 mm、宽 490 mm。为了符合在牵引梁腹板间安装缓冲器的尺寸要求，两槽钢腹板间距为 350 mm，并将牵引梁端部的一段加高至 400 mm 或 420 mm，为适应安装车钩缓冲装置而设计。两槽钢腹板内侧铆接有前后从板座、焊有磨耗板和防跳板。

缓冲梁由 6 mm 厚钢板压制而成，两侧翼板宽 180 mm，中部腹板高 400 mm。在缓冲梁中部开有安装车钩用的缺口，缓冲梁的中央部分与牵引梁端部组焊在缓冲梁与端梁间有两根角断面的纵向梁上，以增强其联结强度和刚度。

枕梁是由厚 8 mm、间距为 350 mm 的两块腹板及厚 10 mm、宽 600 mm 的下盖板，厚 8 mm、宽 600 mm 的上盖板组焊而成的闭口箱形断面，枕梁近侧梁端为小端，近牵引梁端为大端，它是一个近似的等强度鱼腹梁。在与牵引梁交叉处安装有心盘座，以提高该处的承载作用，提高枕梁和牵引梁的连接强度和刚度。在枕梁两端的上旁承安装处焊有旁承加强筋板，枕梁端部还焊有供顶车用的防滑垫板。

枕梁、缓冲梁与牵引梁组成的结构被称为牵枕缓结构。

底架两侧有沿底架两端梁间全长纵向布置的两侧梁，其断面为 18a 型槽钢。在横向，底架的枕梁及全部横梁的端部都与侧梁焊接，金属地板也与侧梁的上翼缘表面搭接；侧墙的立柱、侧墙板分别焊在侧梁的上翼缘表面和腹板外表面上，所以侧梁是联结侧墙和底架的重要构件。

在底架缓冲梁和枕梁之间、两枕梁之间都设置有较为均布的横梁。这些横梁的两端分别与下侧梁和牵引梁或是两端与下侧梁焊接。这样，底架的牵枕缓、侧梁和横梁共同形成底架钢骨架。在骨架的上面焊上金属地板。在缓冲梁和枕梁上盖板间为平地板，板厚为 2 mm；两枕梁间为纵向波纹金属地板，板厚为 1.5 mm。由底架钢结构骨架和金属地板共同组成底架钢结构。每端缓冲梁和枕梁间设有 2 对 50×180×50×4 的槽形断面横梁；在两枕梁间设置有 22 根 50×150×50×4 的槽形断面横梁。这些横梁的作用：一是把牵枕缓结构与侧梁联结起来形成底架钢结构骨架，从而保证底架有足够的强度和刚度，以承受作用于底架上的各种载荷；二是成为平地板和纵向波纹地板的支撑，在纵向力作用下防止纵向波纹地板的失稳，所以横梁间距均布在 1m 以内。由于两枕梁间无贯通的中梁，因而作用于底架上的纵向拉压力均由波纹地板和底架侧梁来承担。车体钢结构静强度试验表明，纵向波纹地板能承受 1/3 以上的总纵向拉伸或压缩力，这种结构的底架称为无中梁底架。

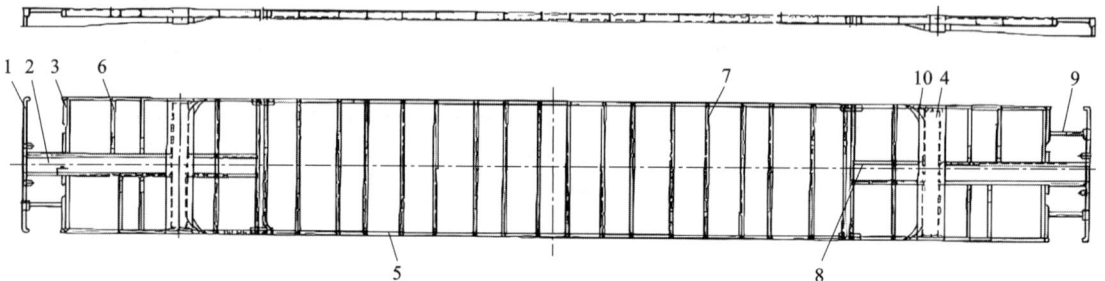

1—缓冲梁；2—牵引梁；3—端梁；4—枕梁；5—侧梁；6—枕外横梁；7—横梁；8—纵向加强梁；9—纵向梁；10—加强板

图 9-10　底架

二、侧墙

25 型客车车体钢结构的侧墙外表面为平板无压筋，在平整的外墙板内侧焊有垂直立柱和水平纵向梁，形成板梁式平面承载侧墙结构，如图 9-11 所示。

侧墙上侧梁为 45×90×25×2.5 的槽形断面梁，长度为侧墙全长。侧墙水平纵向梁共 3 根，窗上 1 根，窗下 2 根，为 24×22×46×2×24×2 的帽形梁。这 3 根纵向梁起到加强侧墙的垂直弯曲强度和刚度的作用，同时也减少了侧墙板自由表面的面积。在侧墙窗口间有一条短的窗间小纵向梁，设置目的是增强窗间板的强度与刚度。在各窗口两侧共有 31 根垂向的窗边侧立柱，它们与所有纵梁、上侧梁、下侧梁联结起来，组成侧墙钢骨架，并与侧墙板焊接形成侧墙钢结构。侧墙板为厚 2.5 mm 的耐候钢（09CuPCrNiB）。侧墙板上开有 11 个大窗孔，尺寸为 1064 mm×1014 mm，4 个小的窗孔的尺寸为 614 mm×1014 mm。每侧侧墙端部有两个侧门孔。门窗开孔处是侧墙的薄弱区域，通过周边的梁柱予以加强，并选择合适的窗角板的圆角半径来降低其应力集中。

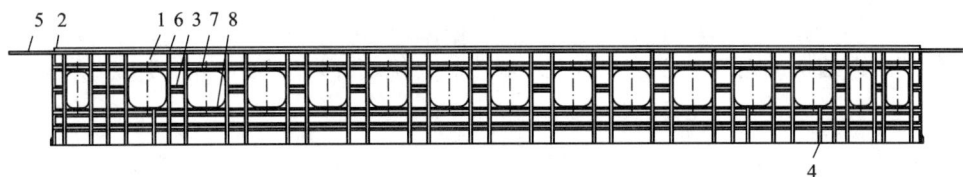

1—侧墙板；2—门立柱；3—窗间纵梁；4—窗下立柱；5—上侧梁；6—立柱；7—窗上纵向梁；8—窗下纵向梁。

图 9-11　侧墙

三、车顶

车顶由上边梁、车顶弯梁、车顶纵向梁、空调机组安装座平台、水箱盖等组成钢骨架，在骨架的外面焊有车顶板，共同组成车顶钢结构，如图 9-12 所示。

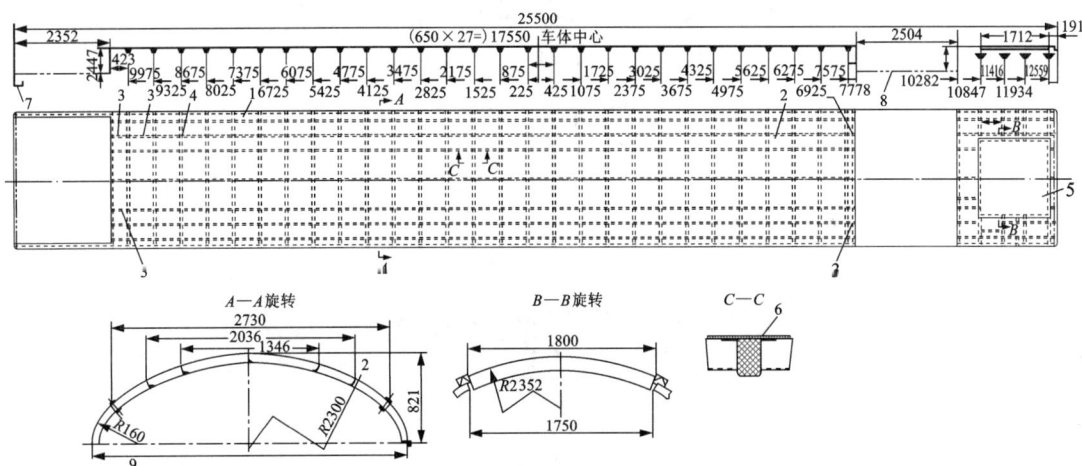

1—侧板；2—中顶板；3—纵梁；4—车顶弯梁；5—水箱盖；6—防寒材；7—车顶弯梁；8—平顶。

图 9-12　车顶

车顶上边梁沿车顶两侧全长，为 45×72×2.5 的钢板压制成角形断面。上边梁与顶端横梁组成车顶下部框架。车顶一、二位端各有一个空调机组安装座平台钢结构，作为安装空调机组的基础。二位端还有一个水箱盖组成。车顶的中间部分结构，其上焊有 30 根 26×70×46×70×26×2 的帽形断面车顶弯梁。车顶端部的弯梁为 30×55×62.5×45×2 的折角形钢板压型件。在车顶的横断面上，除两根车顶上边梁外，还有 5 根 30×60×20×2 的乙字形车顶纵向梁。

车顶板由侧顶板和中顶板两部分组成。侧顶板是冷轧型钢，将雨檐与小圆弧板（R458）及纵向梁合为一体制造成型，从而提高了侧顶板的平整度，并提高了小圆弧部分的抗弯刚度和强度，还简化了制造工艺。中顶板为大圆弧板（R2 300），车顶板厚度均为 2 mm。

车顶一、二位端平顶部分钢结构是安装单元式空调机组的支撑结构。两端各有一根 18a 槽钢制成的顶端横梁。

车顶钢结构是由纵横梁件组成的空间梁系，其上焊有曲面金属包板组成的梁板结构，共同承受作用于其上的各种载荷，车顶结构具有足够的强度和刚度，并通过防漏雨试验。

四、端墙

客车车体钢结构的两外端，通常称为外端墙。一位端外端墙钢构如图 9-13 所示。

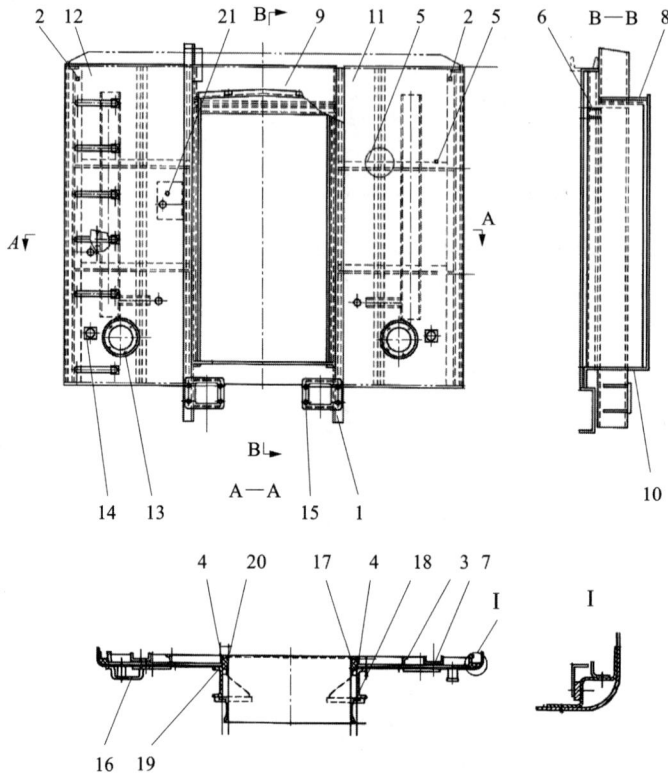

1—折棚柱；2—角柱；3—立柱；4—门立柱；5—横梁；6—门上横梁；7—线槽；8—门上板；9—上墙板；
10—踏板；11—右墙板；12—左墙板；13—电源连接器座；14—连接器座；15—挡风缓冲器座；16—扶手；
17—右门板组成；18—角铁；19—防寒材料；20—右门板组成；21—垫板。

图 9-13 端墙

外端墙有两根强大的槽钢 24b 制成的折棚立柱；两根 59.5×65.5×50.5×61.5×2 钢板压制成折角形的角柱；两根位于端门两侧的 40×70×35×2.5 的乙形门边立柱，还有位于端门立柱和角柱之间的同上断面的乙形立柱。上述所有立柱的上端与车顶的顶端横梁相焊接，下端焊在底架缓冲梁的上翼缘上。在角柱与门边立柱之间焊有两根角形断面的水平横梁，门上横梁是乙形断面，上述梁柱构成端墙钢骨架。在骨架的外表面焊有 2 mm 厚的墙板，与钢骨架组成梁板组焊结构。此外，还有与端墙垂直的门板、门上板、踏板等与风挡连接，形成由一节车向相邻车通过的安全通道。

在外端墙板内外面还焊装一些如电线槽、角铁、电力连接器座、连接器座、风挡缓冲杆座、扶手等附件。

端墙结构应具有足够的强度和刚度，特别是抗纵向冲击的强度。

为了防止风沙、雨水侵入车内及运行时便于旅客安全地在列车内通行，在车辆两端连接处有风挡装置。

脚蹬翻板装置由翻板组成、框组成、轴组成、轴座组成、拉簧安装、翻板固定器安装、脚蹬组成及面板等组成。脚蹬板装置的作用是当列车运行时，通过翻板固定器和车侧门使翻板处于水平位置，使通过台形成封闭空间。当旅客在停站上下车时，翻板在拉簧的作用下，可以自动绕着转轴向内端墙侧翻转至垂直位置，旅客可以通过脚蹬踏板上下车。该脚蹬翻板装置既适用于低站台，也适用于高站台。

第三节　双层客车车体

我国在 20 世纪 50 年代末开始研制第一列双层客车，包括硬座车、可躺式软座车、软硬卧车和行李发电车四种车种。第一代双层客车的构造速度是 120 km/h，高度为 4667 mm，车体长 23600 mm，宽 3106 mm。我国第一列双层旅客列车，先后在北京—沈阳、上海—杭州等铁路线上运行，因其载客量较大，结构新颖，运行平稳，曾受到国内外广大旅客的好评与欢迎。第一代双层客车历时 20 余年的运营，鉴于当时的技术水平，其舒适性难以满足乘客的需要，于 1982 年报请铁道部批准报废。

从 20 世纪 80 年代后期起，我国开始研制第二代双层旅客列车，运行速度是 140 km/h，车体长 25500 mm 宽 3105 mm，车辆定距 1830 mm（短途双层客车为 19200 mm）。所设计的双层空调硬座车如图 9-14 所示。全车设座席 174 席。中层一位端设有通过台、侧门、端门、茶炉间、乘务员室、清洁柜、工具室及上下楼梯，并设有 6 人座席。中层二位端设有通过台侧门、端门、2 个厕所、2 个洗脸室、清洁箱及上下楼梯，并设有 6 人座席。上层客室座椅排列为 3+2，设 80 人座席，中间为走道；下层客室座椅排列为 2+3，设 82 人座席，中间为走道。行李架能放置全车旅客的行李物品。

乘务员室设双人座椅、物品柜、空调控制柜、茶桌、活动座椅、衣帽钩、顶灯、通风口、扬声器、轴温报警、电话插座、220 V 电源插座及运行图表等。

茶炉室设电开水炉 1 个。工具室设有双人座椅、衣帽钩、顶灯、小茶桌等。洗脸室设洗脸盆、灯具、水阀等。厕所设有蹲式不锈钢便器、洗手器、水阀、通风口和灯具等。

双层空调硬座客车车体钢结构为带非贯通中梁的整体承载薄壁筒体全钢焊接结构。选用 6 mm 及 6 mm 以下厚度的钢板为高强度耐候钢板，包括各种钢板压型件。为保证钢结构使用寿命达 25~30 年，在钢结构内表面涂刷了防锈底漆和沥青浆，在封闭断面型材内使用了防腐液，在钢结构主要外露面采用高档面漆，其他部位涂刷改性醇酸磁漆。

双层客车车体钢结构可划分为一位端墙、二位端墙、底架、一位侧墙、二位侧墙、上层地板钢结构、车顶钢结构七大部件，如图 9-15 所示。车钩缓冲装置、铁风挡、脚蹬和翻板等几个部件安装在大部件上。车体所承受的纵向力由侧壁、底架中部、上层和下层波纹地板共同承受。

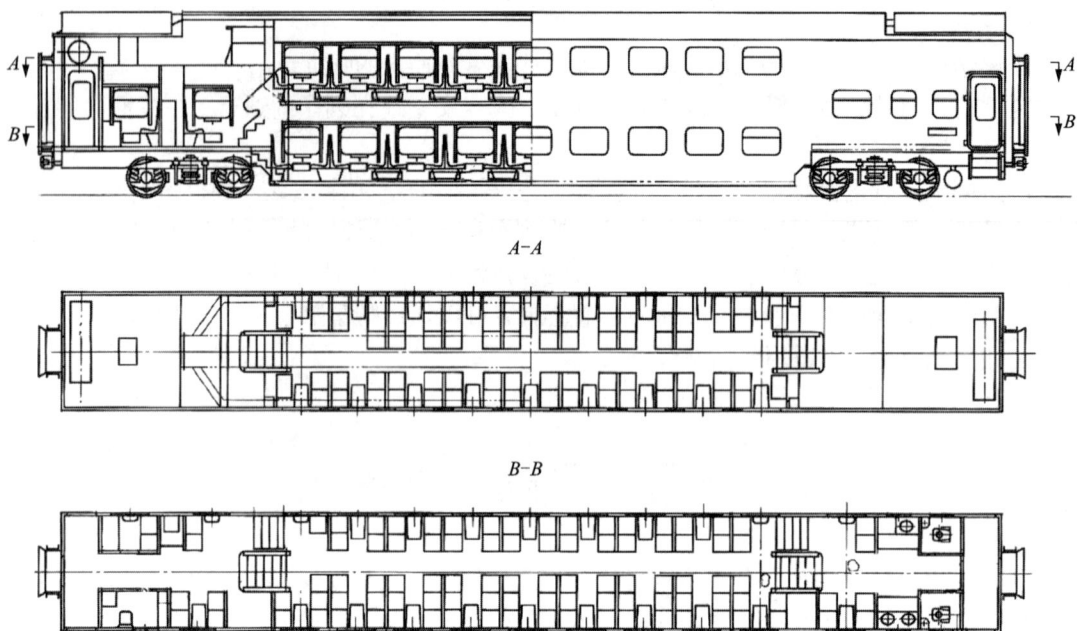

A-A

B-B

图 9-14 双层车平面结构

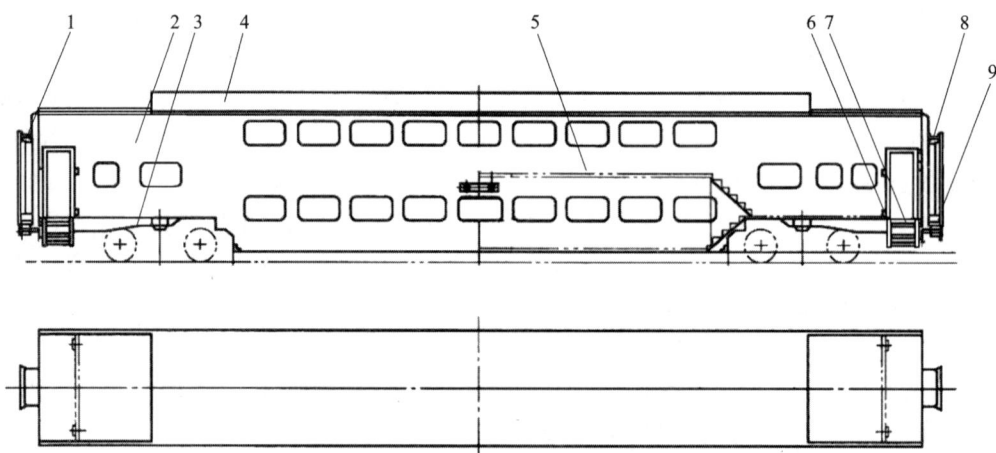

1—端墙；2—侧墙；3—底架；4—车顶；5—上层地板；6—翻板；7—脚蹬；8—风挡；9—车钩缓冲装置。

图 9-15 车体钢结构组成

一、底架钢结构

双层客车底架钢结构如图 9-16 所示，由三大部分构成：一、二位中层底架，一、二位楼梯钢结构，中部鱼腹钢结构。一、二位中层底架结构与普通单层客车底架的端部结构相似，它由底架的牵枕缓结构、例梁、横梁及纵向梁组成钢骨架，其上面敷有 2 mm 厚的金属平地板组成底架端部的钢结构。

其中牵引梁由槽钢 30a 制造，端部高 400 mm，两槽钢腹板内侧距为 350 mm，牵引梁下盖板为厚 8 mm 的钢板。枕梁为箱形断面，近似等强度鱼腹梁，上盖板宽 800 mm，厚 10 mm，下盖板宽 750 mm，厚 10 mm，两腹板内侧距为 600 mm，腹板厚 10 mm。侧梁采用 16 型槽钢。缓冲梁为槽形断面，近牵引梁端高 400 mm，近侧梁端高 160 mm，板厚 6 mm。底架端梁采用 100×160×50×6 乙型断面梁。横梁采用 65×60×65×4 乙型断面梁。

一、二位端楼梯钢结构是由两根 100×40×5 型槽钢制成的立柱及一些立柱和横梁组成的钢骨架，骨架的外侧面上焊有 4 mm 厚的钢壁板，形成强大的梁板组焊楼钢结构。楼梯钢结构上面起到支撑上层地板的端部的作用，下面支撑在底架的上面，楼梯钢结构起着连接和承载的作用。

中部下层底架结构，纵向边梁为槽形断面，沿下层底架全长；下边梁为角形断面，沿下层底架全长；小立柱采用 60×40×4 的角钢，共有 25 根，将纵向边梁和下边梁联结起来。在纵向波纹地板下面焊接有 25 根 40×60×3 的方钢管制成的横梁，在横梁的下面焊接有 1.5 mm 厚的金属平地板。以上各零部件共同组成中部底架钢结构。

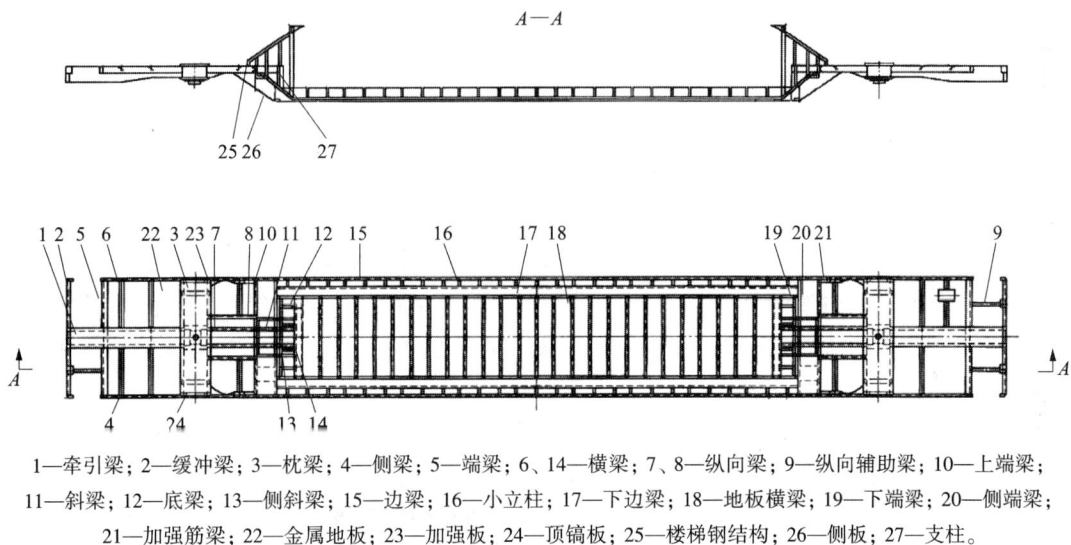

1—牵引梁；2—缓冲梁；3—枕梁；4—侧梁；5—端梁；6、14—横梁；7、8—纵向梁；9—纵向辅助梁；10—上端梁；11—斜梁；12—底梁；13—侧斜梁；15—边梁；16—小立柱；17—下边梁；18—地板横梁；19—下端梁；20—侧端梁；21—加强筋梁；22—金属地板；23—加强板；24—顶镐梁；25—楼梯钢结构；26—侧板；27—支柱。

图 9-16　底架钢结构组成

二、上层地板钢结构

上层地板钢结构如图 9-17 所示。它由门头、横梁、罩板、纵向波纹地板、边梁和上层地板横梁等组成。

门头由箱框、边框和衬板等组成。其作用是提供由中层通往下层时与楼梯斜面相匹配的上顶空间结构，便于旅客往返中、下层的楼梯部分的行走。上层地板钢结构的端部横梁置于楼梯的左右两立柱上，起连接楼梯钢结构和上层地板钢结构的作用。另一横梁是长横梁，与两侧墙的纵向梁连接起来。在两长横梁间有 32 根 60×30×3.5 方形钢制成的上层地板横梁，端部与 50×50×5 角钢制成的侧梁焊接起来，并在地板横梁与侧立柱相连的角部有加强立筋板，以加强该处的联结强度和刚度。上层地板横梁的作用是支撑波纹地板，并与边梁焊接形成上层地板钢结构骨架，在骨架上面焊有纵向波纹地板形成上层地板钢结构，它既是上层地板钢结构，又是下层的车顶结构。波纹地板厚 1.5 mm，波高 15.2 mm。

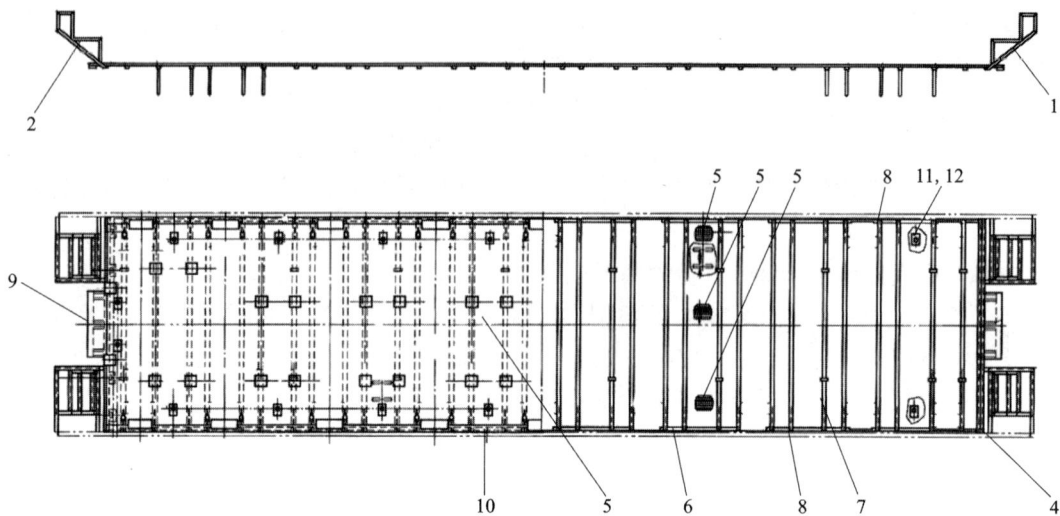

1、2—门头；3、4—横梁；5—波纹地板；6—边梁；7—地板横梁；8—筋板；9—端地板；10—罩板；11—吊；12—垫板。

图 9-17　上层地板钢结构组成

三、侧墙钢结构

侧墙钢结构如图 9-18 所示。它主要有侧墙门立柱、窗边立柱、窗上立柱、窗下立柱、窗间立柱等垂直构件；侧墙的纵向梁有侧墙上边梁、窗上纵向梁、窗下纵向梁、窗间纵向梁等水平构件；侧墙板为 2.5 mm 厚的耐候钢板。侧墙是由上述梁、柱、板组焊而成的板梁式组焊结构。

在侧墙结构中，32×60×80×32×3 帽形断面的纵向水平梁与 50×50×5 的角钢制成的上层地板纵梁焊接而固定上层地板钢结构。侧墙上边梁为 40×70×3 的角钢。侧墙大多数立柱均为 30×60×50×3 的乙形梁。侧墙钢结构外形是根据两端的中层客室和中部上下层两层的要求形成鱼腹形状结构。

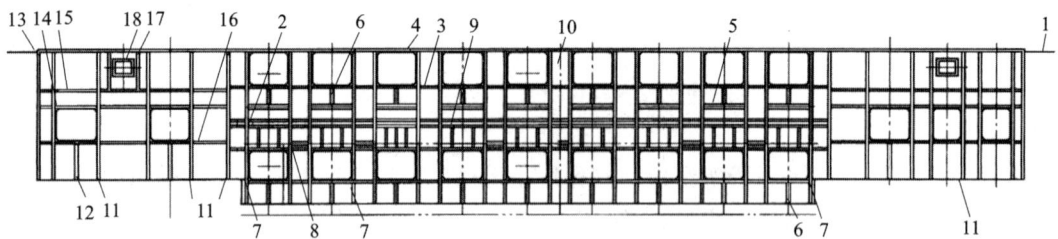

1—上边梁；2—纵梁；3—窗间纵梁；4—窗上横梁；5—窗下纵梁；6、12、17—窗下立柱；7—窗边长立柱；
8—窗间横梁；9、11—立柱；10—墙板组成；13—门立柱；14、15、16—横梁；18—废排风道座。

图 9-18　侧墙钢结构组成

四、车顶钢结构

双层硬座空调客车车顶钢结构为适应空调机组，在车顶上的两端安装，车顶钢结构由车顶组成(中间部分车顶结构)、平顶部分组成(一、二位端平顶部分钢结构，为安装空调机组的座结构)以及其他一些附属件组成。

车顶钢结构组成如图9-19所示，车顶弯梁沿纵向均匀分布，间距为620 mm，共31根，形成横向骨架，弯梁采用35×50×35×3乙字形钢压制而成。车顶弯梁大圆弧半径为3650 mm，小圆弧半径为470 mm。纵向构件由5条纵向梁及2根车顶上边梁(侧梁)组成。纵向梁采用45×35×4的角钢，两根车顶上边梁沿车顶全长两侧布置，采用50×50×3的角钢。车顶最外两端的弯梁采用45×70×5的角钢。车顶板由R3 650 mm的中顶板和R 470 mm的两侧板，沿纵向搭接焊组成。小圆弧板带有侧面雨檐。

车顶钢结构两端的平顶部分，由纵横向梁板组焊而成，用来安装空调机组及水箱的基础钢结构。车顶高691 mm，车顶宽3 100 mm，车顶全长25 495 mm。

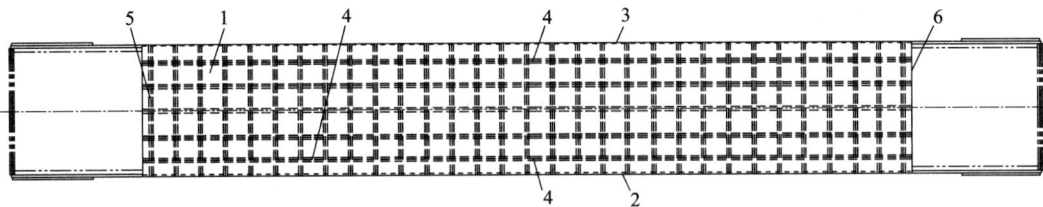

1—车顶板组成；2、3—侧梁；4—车顶纵梁；5、6—车顶弯梁。

图9-19　车顶钢结构组成

五、端墙钢结构

车顶端墙钢结构由一、二位外端墙和一、二位内端墙组成。其中一位外端墙钢结构如图9-20所示。

外端墙是车体钢结构的最外端的部分。其钢结构主要由两根24b槽钢折棚柱组成，布置在端门两侧，它是保证端墙强度和刚度的重要构件。两根角柱是连接端墙板与侧门板的构件，为钢板压制为62×50.5×65.5×50×2.5的角形断面。端墙上还有横梁、立柱等组成的平面交叉梁系，在梁柱的外面有2.5 mm厚的耐候钢板组焊在一起构成端墙梁板组合结构。在端墙上还装有风缓冲杆座、扶梯、连接器座及电力连接器座等。

由上述底架、上层地板、两侧墙、两端墙和车顶钢结构七大部件组成车体钢结构，车体钢结构组成后做电磁打平，侧墙、端墙板的平面度达到每米内不大于2 mm，车顶钢结构组成后按《铁道车辆漏雨试验方法》(TB/T 1802—1996)进行漏雨试验。

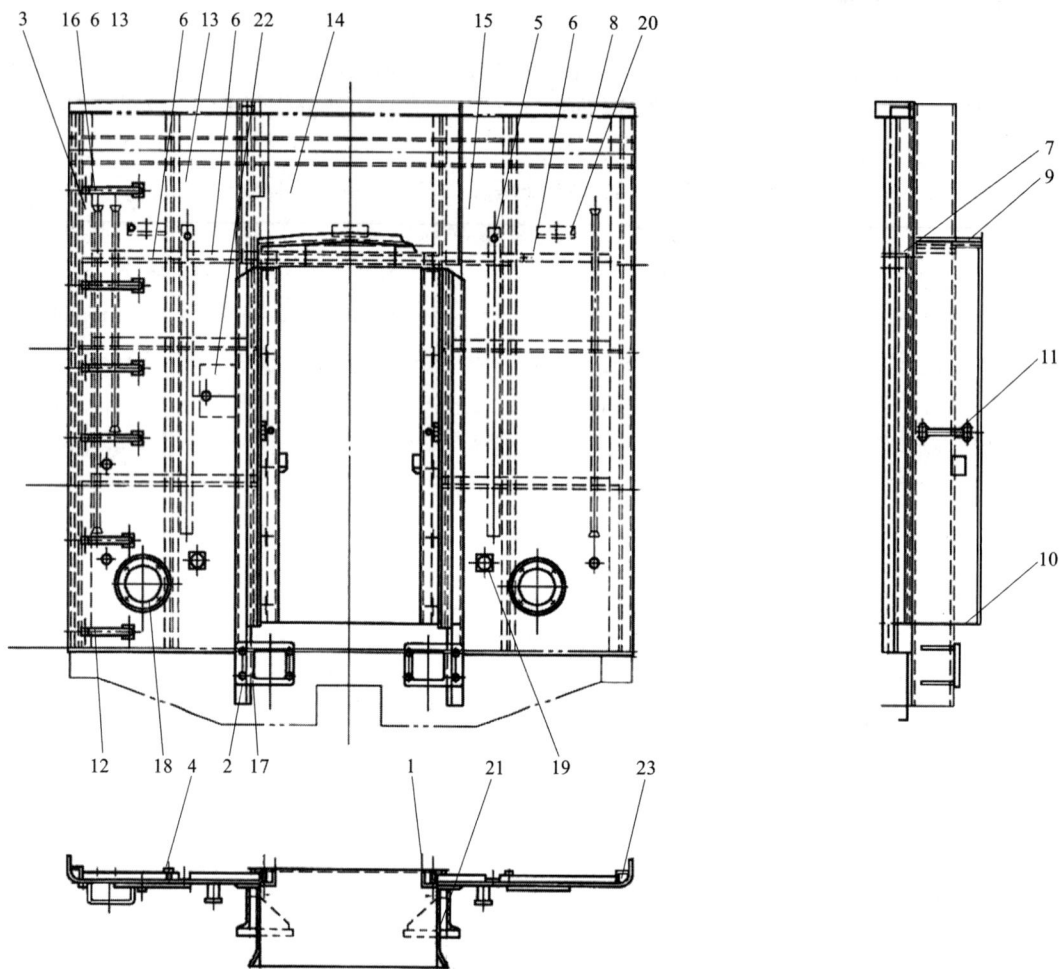

1—门板组成；2—折棚柱；3—角柱；4—立柱；5—电线槽；6—横梁；7—上横梁；8—走板；9—门上板；10—踏板；11—门扶手；12—扶手；13—右端板；14—上端板；15—左端板；16—扩口管；17—风挡缓冲杆座；18—电力连接器座；19—连接器座；20、21—角铁；22—垫板；23—防寒材料。

图 9-20　外端墙钢结构组成

第四节　城市轨道车辆车体

　　城市轨通交通是指其有固定线路、铺设固定轨道、配备运输车辆以及服务设施等的公共交通设施，一般分为有轨电车、地下铁道、市郊快速铁道、轻轨交通、单轨交通、城市磁悬浮等。城市轨道交通车辆一般由车体、转向架、制动装置、风源系统、电气传动控制、辅助电源、通风、采暖与空调、内部装修及装备、车辆连接装置、受流装置、照明、自控监控系统等组成。由于各种城市轨道交通车辆的服务地区、服务对象等的差异，其具体结构也存在较大差异。本节将以北京市地铁车辆为代表进行介绍。

一、基本情况简介

为适应北京市(地铁 13 号线)运输的要求，我国于 2003 年研制了 DKZ_5 型电动车辆。列车采用 4 辆编组，共包括 3 个车种：带可机室的动车 M_C、两种拖车 T 和 T_1。列车采用 4 编组，如图 9-21 所示。M_C 车的总体布置如图 9-22 所示，T 车的总体布置如图 9-23 所示，车辆的横断面如图 9-24 所示。

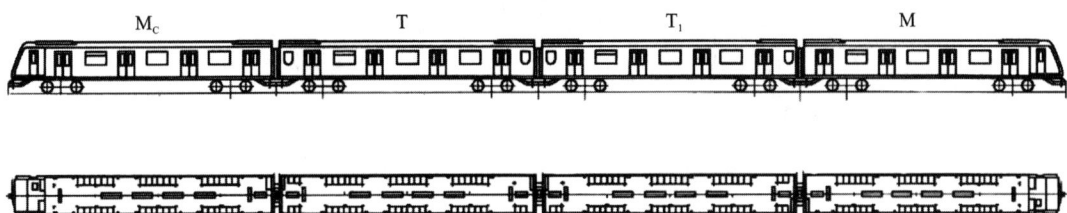

图 9-21　DKZ_5 电动车组编组图

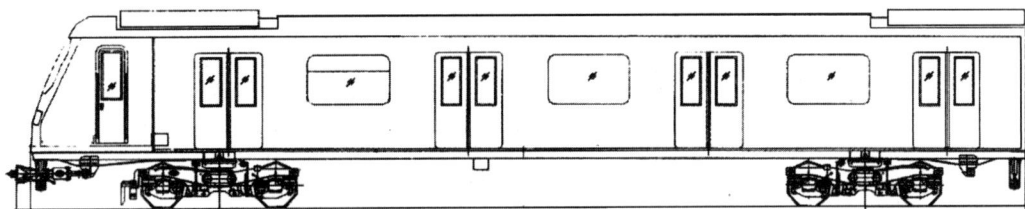

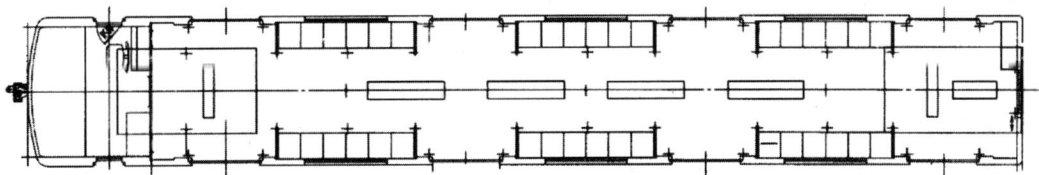

图 9-22　M_C 车的总体布置

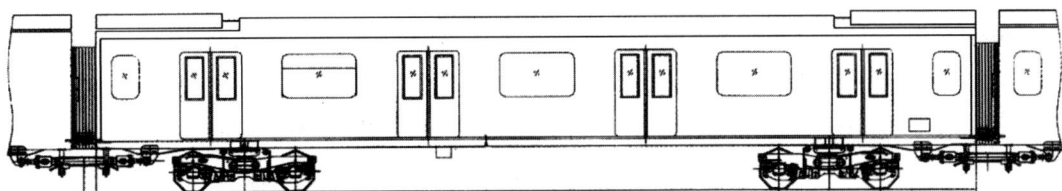

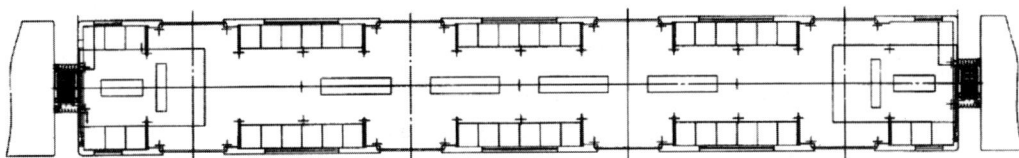

图 9-23　T 车的总体布置

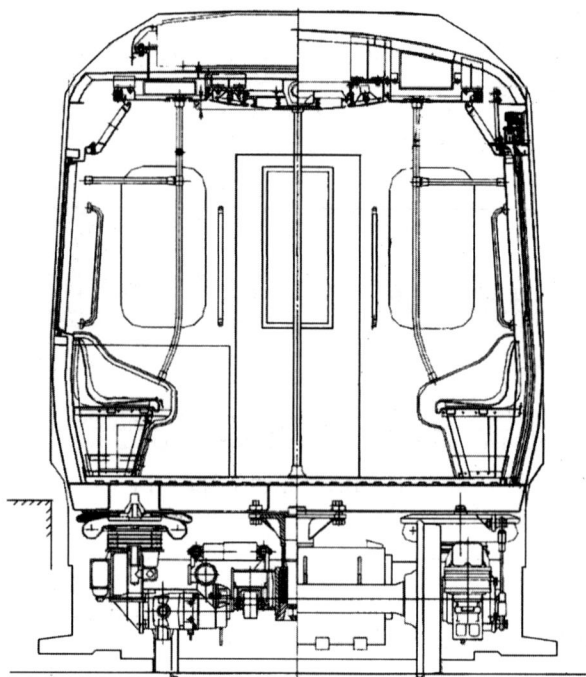

图 9-24　北京地铁 13 号线电动车组车辆横断面图

该车车体钢结构采用耐候钢鼓形车体，头车加长 0.5 m 并采用小流线型前端造型。电传动系统采用先进的矢量控制的 VVVF 交流传动系统、静止逆变器（SIV）辅助低压电源、模拟式电空制动系统、电动内藏侧拉门、列车自动防护（ATP）车载设备、车载无线通信设备和列车监控系统，以及 LED 到站、终点站显示设备等。该车在国产城轨车上首次安装客室空调系统和采暖装置，增强了乘客乘车的舒适性。车辆走行装置采用无摇枕转向架，转向架的牵引装置采用"Z"拉杆结构，基础制动为单元制动。

二、车辆技术参数

DKZ$_5$ 型电动车钢的主要技术性能参数如表 9-1 所示。

表 9-1　北京城市铁路（地铁 13 号线）车辆主要技术性能参数表

序号	项目	内容
1	列车编组	M_C+T+T_1+M_C
2	主要尺寸/mm	M_C 车长 19500；T 车长 19000 宽 2800（最大处）；高 3695 车辆定距 12600；车钩高度 660^{+10}_{0} 列车两车钩连接面间长 79080 室地板面距轨顶面高 1100；客室内净高 2100

续表 9-1

序号	项目	内容
3	定员	M_C 车：226。T 车：244
4	重量	M_C 车：36.8 t。T 车：30.8 t
5	最高运行速度/$(km \cdot h^{-1})$	80
6	转向架	无摇枕空气弹簧转向架；M_C 车传动齿轮的齿数比 7.69 固定轴距 2200 mm；车轮直径 840 mm
7	主要设备	牵引电机：交流电动机功率 180 kW。逆变器装置：约 1400 kV·A。 电机控制方式 1-3，2-4。制动电阻：1.3 Ω/2 mm。 辅助电源装置：130 kV·A。电动空气压缩机：2130 L/min
8	VVVF 控制方式	采用 PWM 方式进行三相输出电压的变压变频(VVVF)控制，带有 再生和电阻制动
9	制动方式	再生、电阻和空气混合制动方式，带有滑行控制功能
10	车载设备	ATP 列车自动防护系统、车载无线通信
11	空调功率/$(kJ \cdot h^{-1})$	83600
12	供电条件	DC750V，第三轨上部接触受电

三、车体钢结构

车体钢结构采用无中梁、底架薄壁筒型整体承载焊接结构。DKZ_5 型车车体钢结构主要采用耐候钢材料。为提高车体钢结构的防腐能力，在组焊前，钢板均进行良好的防腐预处理。同时，车体钢结构的内外表面均涂环氧酯底漆。另外，在车外侧还有不饱和聚酯腻子或环氧酯腻子、环氧中间层漆、丙烯酸改性高档面漆；车内侧还喷涂 2~5 mm 厚的阻尼隔声防腐浆和丙烯酸类密封胶。车顶、侧墙、端墙内侧敷设超细玻璃棉，作为隔热减振材料。

底架由牵引梁、枕梁、端梁、侧梁、横梁和纵向金属波纹地板组成。DKZ_5 型车的牵引梁由两根 8 mm 厚钢板压制而成的槽形断面梁及 10 mm 厚的下盖板组焊而成。枕梁由 8 mm 厚钢板压制而成的槽形断面的上盖板和 10 mm 厚的下盖板组焊而成。牵引梁、枕梁、端梁组成的结构称为牵枕端结构。端梁、横梁由 5 mm 厚钢板压制而成。底架侧梁采用 5 mm 厚钢板压制而成的呈槽形断面的冷弯型钢，侧梁是连接底架和侧墙的重要结构件。波纹地板的波形为燕尾形，材料为不锈钢 0Cr18Ni9，板厚 1.2 mm，波高 13 mm。

侧墙是由侧墙上侧梁、立柱、横梁、侧门柱和侧墙板组成的板梁式鼓形承载结构。侧墙板为平板无压筋，采用厚度 2 mm 的 05CuPCrNi 钢。侧墙的主要梁柱都是采用 3 mm 厚钢板压制而成。侧墙上侧梁是呈角形断面的冷弯型钢。立柱、横梁采用帽形断面。侧门柱由两个钢板压型呈槽形的立柱组焊而成。

车顶由侧顶板、弯梁、纵向梁、空调机组安装座平台等组成骨架，在骨架外侧焊有厚度 3 mm 的车顶板。侧顶板是厚度 3 mm 的冷弯型钢。弯梁采用厚度 2.5 mm 钢板轧制而成，断面为乙型和槽形两种。纵向梁采用板厚 2.5 mm 钢板轧制成乙型梁。顶板的厚度为 2 mm。

端墙由端墙上端梁、端角柱、门立柱、横梁和端墙板组成。端墙板的厚度为 2 mm。

DKZ$_6$型车体钢结构主要采用不锈钢材料，仅底架牵枕端结构仍采用耐候钢焊接结构。由于不锈钢具有良好的防腐能力，不需要对钢板进行防腐预处理，车体外表面不涂刷油漆。在侧墙窗口下侧粘贴装饰彩带。车体主要采用点焊焊接工艺，因此梁柱之间设有连接板。车顶、侧墙、端墙内侧敷设超细玻璃棉，作为隔热减振材料。

端梁、横梁由 3 mm 厚钢板压制而成。底架侧梁采用 3 mm 厚钢板压制而成的呈槽形断面的冷弯型钢，侧梁是连接底架和侧墙的重要结构件。波纹地板的波形为燕尾形，材料为不锈钢 0Crl8Ni9，板厚 0.6 mm，波高 13 mm。

侧墙是由侧墙下侧梁、立柱、横梁、侧门柱和侧墙板组成的板梁式鼓形承载结构。侧墙板为平板无压筋，采用厚度 1.5 mm 钢板制成，分为上墙板、中墙板、下墙板，其表面带有装饰花纹。侧墙的主要梁柱都是采用 1 mm 厚钢板压制而成，立柱、横梁采用帽形断面。侧墙上墙板是呈角形断面的冷弯型钢。

车顶由侧顶板、弯梁、空调机组安装座平台等组成骨架，在骨架外侧点焊有车顶板。侧顶板是厚度 1.5 mm 的冷弯型钢。弯梁采用厚度 1 mm 钢板轧制而成。顶板是厚度 0.6 mm 的波纹顶板，波形为梯形波。

端墙由端墙上端梁、端角柱、门立柱、横梁和端墙板组成。端墙板为平板无压筋，采用厚度 1.5 mm 的钢板，其表面带有装饰花纹。梁柱采用 1.5 mm 钢板压制而成。

四、客室内部装饰

侧墙和端墙板采用大型玻璃钢整体成型结构，接缝少、表面光洁、装饰性好。

顶板为铝板喷塑，厚度为 2 mm。中顶板为铝型材结构，表面喷塑，其中部为格栅结构，便于辐流风机的风从中吹出来。

侧顶板为铝型材结构，表面喷塑。为了方便侧拉门控制机构的检修，所有的侧顶板均能够打开。每个侧顶板的上部装有两个折页，在侧顶板上还设有广告框，在侧门口处的侧顶板上设有线路和到站显示装置。

地板采用在波纹地板上面铺设陶粒砂和粘贴地板布的结构形式。地板的总厚度为 40 mm。侧门口区用不锈钢踏板盖住接缝，踏板表面设有防滑的沟槽。地板布为 PVC，具有良好的抗拉强度、耐磨性、阻燃性和防化学腐蚀性能。

M$_c$ 车的客室与司机室之间设有间壁，间壁为铝蜂窝结构，厚度 28 mm。客室侧的间壁上，左右各有一个检查门，分别采用 4 把锁固定在间壁上。

扶手和立柱采用复合不锈钢管。座椅为玻璃钢座椅。座椅旁边的挡风板为铝蜂窝结构。

五、电气传动系统

车辆电气传动系统主要由可变电压可变频率(VVVP)逆变器和三相交流牵引电动机组成。在辅助电源系统中，采用了静止逆变器(SIV)电源，每列车还配备有两组蓄电池，分别安装在两辆拖车下，包括 110 V 和 24 V 两组蓄电池。

六、制动系统

制动系统采用微机控制的模拟式电空制动系统。它可以根据载荷信号的大小对制动力进行调节，使列车所获得的制动率保持恒定。

七、空调与采暖

每辆车客室及司机室内均装有 2 台制冷能力 83600 kJ/h 的超薄型车顶单元空调机组。冷空气通过风道及出风口均匀地送入客室及司机室。风道采用具有隔音、隔热功能的铝风道。客室车顶沿车辆纵向布置一定数量的辐流风机。每辆车客室及司机室均加装电采暖装置，采用翅片管式电热器。电热采暖装置由司机进行集中控制。

八、转向架

转向架分为动车转向架和拖车转向架。一系弹簧为圆锥叠层橡胶弹簧，二系弹簧为空气弹簧，构架由钢板和无缝钢管组焊而成。转向架的牵引装置采用"Z"形拉杆结构。在转向架上设有高度自动调整阀、差压阀、横向油压减振器和单元式基础制动装置等。由于采用降噪车轮，显著降低了轮轨噪声。

第五节　客车车体的发展

车辆自重减轻可以节省牵引动力，减小对轨道的压力，减少车轮和轨道的磨耗，降低车辆和线路的维修保养成本，并且直接减少车辆材料的消耗等，因而在保证客车车辆安全的前提下，实现车体的轻量化直接影响经济效益。对于客车车辆用材的选择来说，需要设计人员在轻量化、耐蚀性能、经济成本、运行品质等多方面予以折中考虑。世界各国的客车车辆设计者普遍追求轻量化车体结构，研究新型材料和新型结构，达到轻量化的目的。

一、新材料的发展

采用铝合金材料挤压成大型宽幅挤压型材制造铁道车辆构件，使车体仅由少数构件采用少量纵向长焊缝制成车体结构。由于铝合金的比重只有钢的 1/3，因此实现了材料轻量化。由于挤压型材的形状和断面设计成与外力及外力矩的分布情况相适应，从而优化了断面，充分发挥材料的力学性能，也节省了材料。大型宽幅挤压型材实质上是许多零件的组合，这样就相当于节省了由零件组合成部件的制造过程，既省工时，又节省了焊缝金属，从而减轻了结构自重。由于铝合金材料抗腐蚀性强，因而省去油漆与刮腻子等工序，既省工时，又减轻了承载结构的自重。

由于不锈钢具有良好的耐腐蚀性能，因此采用不锈钢制造车体钢结构可以不需要涂装防腐蚀的防锈油漆等，同时考虑钢材腐蚀对结构强度的影响而增加的结构强度裕量也可以适当缩小，因此采用不锈钢也可以降低车体自重。

碳纤维复合材料有着较轻的重量，与金属材料相比，相同情况下碳纤维的质量仅有金属的 1/5，并且碳纤维复合材料有着耐腐蚀、耐高温、质量轻等特点，可以为列车进行整体减重。由于碳纤维本身具备优异的性能，因此还可以很大程度上降低后期的维护费用。碳纤维复合材料由于这些特性，已经成为车体轻量化设计的首选材料之一，应用碳纤维复合材料制造的车体具有质量轻、强度高、刚性大等特点，在有效地降低车体重量的同时，也提高了车体运行的平稳性和安全性。此外，碳纤维复合材料在列车制造上的应用还能够有效地降低列车运行过程中与运输轨道接触所产生的噪声，显著强化乘客的体验感和舒适感。

目前，碳纤维在轨道交通领域的主要应用包括车体外壳、车头罩、转向架、设备舱以及其他零部件的生产和设计。例如，四方公司研制的新一代碳纤维地铁车辆"CETROVO"，车体、转向架构架、司机室、设备舱及设备机体等均使用碳纤维复合材料制造，是大规模应用碳纤维复合材料的地铁车辆，实现了碳纤维复合材料在车体、转向架构架、司机室等车辆主承载结构上的全面应用。碳纤维使车辆实现大幅"瘦身"。与采用钢、铝合金等传统金属材料相比，新一代碳纤维地铁车辆的车体、司机室、设备舱分别减重30%以上，转向架构架减重40%，整车减重13%。

二、新结构的发展

车辆要实现轻量化，在确保车辆结构的刚度和强度的同时，选用合理的结构也越发重要。目前新型材料和新型结构应用越来越多，像芳纶纸蜂窝、AIR-PLU板、酚醛树脂发泡板、轻芯钢、三明治轻型结构等材料及结构逐步发展起来。其中轻芯钢是一种新型复合材料，密度约为玻璃钢的1/5，具有轻质度高、隔音降噪、保温阻燃、耐腐等功能，可应用在客车车辆上的风道、地板、顶板、侧墙上，从而实现客车车体局部的减重。在车辆顶部空调、车辆下部材料选用方面，从传统的碳钢、不锈钢材料，到目前可应用轻质铝合金、铝基复合材料等，同时可采用新型的结构实现减重。

轨道车辆发生碰撞时的被动安全性是车辆运行安全的重要部分，随着我国轨道交通的蓬勃发展，对车辆安全性的要求越来越高，轨道车辆上碰撞吸能结构的设计备受关注。轨道车辆的被动吸能装置一般由钩缓装置、防爬吸能装置、主吸能器装置组成。在碰撞发生时，被动吸能装置根据碰撞能量的不同，依次进行塑性变形，将碰撞能量以可控、渐进的方式耗散掉，从而更好地保护司乘人员及车辆安全。防爬吸能装置是轨道车辆上应用范围最广、最为重要的吸能装置，不仅要求其在承受纵向冲击时，触发峰值应力小，塑性压溃变形的压溃力平稳，还要求其具备一定的垂向刚度，防止前端防爬齿锁定后的抬升力引起吸能部件折弯。

复习思考题

1. 我国现有铁路客车有哪些车种？每种客车的用途及特点是什么？

2. YZ_{25}型硬座客车车体钢结构由哪些部件组成？其作用如何？每个大部件又由哪些小部件及主要零件组成？其作用又如何？

3. 为什么要发展双层旅客列车？双层客车与普通客车结构上有哪些区别？

4. 25型双层硬座客车钢结构由哪些大部件组成？每个部件的作用如何？

5. 城市轨道车辆电动客车车体结构有哪些特点？为什么？

6. 我国车体的发展未来趋势有哪些？

第十章
机车总体

　　20世纪70年代，世界上主要发达国家已先后完成了铁路牵引动力现代化，即以内燃机车及电力机车来替代蒸汽机车。铁路牵引动力现代化，究竟是内燃牵引为主还是电力牵引为主，是与各国的具体国情分不开的。例如，北美洲一些国家和澳大利亚，以内燃牵引为主，用内燃机车多机牵引1万t至2万t及以上的重载货物列车，不再对铁路进行电气化改造，这样既能完成运输任务又比较经济。西欧大陆一些国家则以电力牵引为主，这些国家的铁路以客运为主，旅客列车主要开行高速列车(时速200 km以上)及快速列车(时速160~200 km)。发展中国家则多以内燃牵引为主，这是因为内燃牵引投资较低的缘故。

　　内燃牵引的优点是机动、灵活，一次投资少，上马快。但内燃机车自身要装备柴油机来提供牵引动力，因而机车的功率受柴油机的限制。而电力机车的功率只受牵引电动机的限制。同样重量的机车，内燃机车的功率不如电力机车大。因此，对于牵引高速及快速旅客列车，要求机车有较大的功率，内燃机车就不及电力机车。当然内燃机车也可以用来牵引快速及高速列车，但牵引辆数比电力机车少。同理，由于电力机车功率较大，牵引同样重量的货物列车时通过限制坡道的速度较快，因而线路的通过能力较大，亦即线路的运输能力较大。当然，内燃机车双机或多机牵引也可达到电力机车的水平，但往往不如电力机车经济。

　　目前我国服役的机车包括直流机车(交-直流传动)和交流机车(交-直-交流传动)。同等功率的直流牵引电动机体积比较大，而机车的结构本身已经限制了电机的安装空间。同等功率等级的直流电机重量比较大，增加了机车转向架簧下质量，使轮轨的冲击比较大。直流牵引电机本身机械特性较软，机车黏着利用率低，重载牵引容易发生空转，制动时容易滑行，且空转后不易恢复。机车的轴控比较困难，一般采用转向架控制技术，不易提高机车的黏着和功率的利用。由于牵引本身带有换向器，需定期维护，高速、大电流运行时电机换向困难，容易出现电机环火等故障。直流传动的缺点正好是交流传动的优点，随着电力电子技术和计算机控制技术的发展，电传动已进入交流传动时代。

　　和谐型大功率交流传动电力机车具有牵引性能优越、功率大、黏着利用率高、启动加速性能好、可靠性高、节能减排好等特点。体现在：牵引系统采用大功率交-直-交传动方式，牵引电机具有功率大、重量轻、结构简单、可靠性高、维护量小等特点；牵引变流器采用世界先进的大功率IGBT器件，具有开关频率高、控制性能优良、可靠性高的优点；采用先进的车载计算机网络控制系统，牵引及制动控制性能优良、设备状态监测与系统自诊断功能完善；轮轨关系、车网关系、车载通信信号等系统技术与我国铁路基础设施具有良好的匹配性；传动效率大于 0.85,再生制动,节能效果显著。

和谐型交流传动机车是当前中国铁路网内广泛应用的、具有世界先进技术水平的铁路运输牵引动力装备,是中国铁路技术装备现代化的典型代表之一。和谐型交流传动机车是中国铁路总公司按照国务院《中长期铁路网规划》和《铁路主要技术政策》确定的铁路技术装备现代化的战略规划,坚持"自主创新与技术引进相结合"的基本原则,先是用了不到 5 年的时间,完成了我国铁路技术装备水平的快速提升,提高了运能与运力;后又经自主设计、自主创新,形成了系列化具有自主知识产权的世界先进的铁路运输牵引动力装备。2018 年,全路在用的和谐型交流传动机车已超过 1 万台,占铁路机车保有量的 50% 以上,和谐型交流传动机车完成的货运工作量占全路机车完成的货运总工作量的近 80%,成为铁路运输牵引动力的绝对主力,机车技术装备的现代化,已在运输生产中结出了丰硕的成果。

本章将以 HX_N5 型内燃机车和 HX_D3 型电力机车为主,对交流传动机车的整体进行介绍,重点介绍机车不同于车辆的部分,随后对我国重载铁路机车的发展展开介绍。

第一节　机车概述

一、机车的分类

1. 按动力来源分类

铁道机车按照动力来源可分为蒸汽机车、内燃机车和电力机车。由于蒸汽机车已逐步退出历史舞台,本章主要介绍内燃机车和电力机车。

(1)内燃机车。

内燃机车是以内燃机作为原动力,通过传动装置驱动车轮转动的机车。根据机车上内燃机的燃料种类划分,在我国铁路上采用的内燃机车绝大多数配备柴油机。燃油(柴油)在汽缸内燃烧,将热能转换为由柴油机曲轴输出的机械能,但并不用来直接驱动动轮,而是通过传动装置转换为适合机车牵引特性要求的机械能,再通过走行部驱动机车动轮在轨道上转动。

内燃机车的优点包括:运输效率高,内燃机车具有良好的加速性和强大的动力,能够满足快速运输的需求;适用范围广,内燃机车适用于各种路况和地形,具有较强的穿透能力,可以在各种条件下运行;便于维护,内燃机车的维护成本相对较低,机车的日常维护和保养也比较方便,容易找到维修点。但是,内燃机车也存在一些缺点,如:环保性差,因为燃烧产生废气和污染物,严重影响了环境和人类健康;能源消耗较大,内燃机的动力来源于化石能源,随着资源的枯竭和价格的上涨,其运营成本也会逐渐增加。

(2)电力机车。

电力机车是指通过受电弓从电气化铁路沿线接触网上获得电能,通过牵引电机将电能转换成机械能,进而驱动车轮运行的机车。电力机车是第二次工业革命的产物,在第三次工业革命中得到了迅猛发展,如今广泛应用于干线铁路的运营,几乎服务于所有的城市轨道交通系统。

与蒸汽牵引和内燃牵引相比,电力牵引具有功率大、效率高、气动快、过载能力强(爬坡性能好)的优点,从而可以很好地提高列车运行速度和承载重量,并且大幅度提高铁路的运输、通过能力；运营费用低、劳动条件好、基本不污染环境，电力机车运行时不像蒸汽机车或内燃机车那样产生废气，可以使用低污染的水力、风力发电来获得驱动源，提高热效率；性能优异，电力机车不同于蒸汽机车和内燃机车，不需要携带很重的引擎和燃料，进而减轻了自重，因此在加减速和最高速方面能力更出众。

其缺点是一次性投资费用大，在电力机车研制、生产、维修和电气化铁路的建设、运营、维护等过程中都需要高额费用和高端技术，造成了电气化铁路整体系统的施工、养护等成本远远高于其他铁路。

2.按用途分类

机车按用途分类，主要可分为以下五类。

①客运机车：用于牵引旅客列车，其特点是运行速度高，牵引力不大，对机车的安全性能要求较高。

②货运机车：用于牵引货物列车，其特点是牵引力大，运行速度不太高。

③调车机车：用于站场上列车编组、解体及车辆调送作业，其特点是运行速度较低，牵引力也不大，但有较大的启动加速度和制动减速度，启动和制动频繁。因对调车机车灵活性要求较高，通常采用内燃机车作为调车机车。

④动车组：高速列车均采用动车组形式，包括动力集中型和动力分散型动车组，其特点是有较大的启动加速度和制动减速度，运行速度高。

⑤工矿机车：用于大型工厂、矿山等的内部运输，特点是运行速度低，牵引力的大小视具体使用情况而定。

二、机车代码和轴列式

机车的种类主要有蒸汽、内燃和电力机车三种，机车的代码包含基本型号和辅助型号，此处仅涉及内燃和电力机车两种。

1.机车车种编码方法

早期直流型号的机车，如东风和韶山系列的机车，其车型由基本型号和辅助型号两部分组成，我国制造的机车的基本型号采用基本名称或者基本代号表示，也可同时使用。机车的基本型号即机车的车种编码，其中基本名称用汉字表示，基本代号用车型名称中每个汉字的第一个大写汉语拼音字母表示。如车型的基本名称为"东风"，基本代号为"DF"。

2.机车车型、车号编码方法

机车车型编码即机车的辅助型号，机车车号编码即机车的制造顺序号码。机车辅助型号由车型顺序号和车型变型号组成，其中车型顺序号用阿拉伯数字表示，车型变型号用大写的英文字母表示。车型变型号位于车型顺序号之后，两者均写在基本型号的右下角。如韶山型电力机车 SS_{8B}，其中"8"表示车型顺序号，"B"表示该车型的改进型号。

机车车号用4位阿拉伯数字表示，表示机车的制造顺序号，车号由铁路总公司编排给定。按一台机车编定车号的双节机车，分别在两节机车车号后缀以节号，节号分别用大写英文字母A或B表示。如"SS_{4B} 0032A"和"SS_{4B} 0032B"，其中"0032"表示制造顺序号，"A"和"B"表示双机中的节号。

我国新造的和谐型交流机车的代码编制与上述直流机车稍有差别，主要体现在：①车型右下角增加了D或者N，分别表示电力机车和内燃机车；②辅助型号中顺序号表示生产厂家，如和谐电力机车的"1"代表株洲电力机车厂，"2"代表大同机车制造厂，"3"代表大连机车制造厂。如机车代码为"HX$_D$1C0001"，"HX$_D$"表示和谐型电力交流机车，"1"表示株洲电力机车厂生产，"C"表示改进型号，"0001"表示车号。

3. 机车转向架的轴列式

机车转向架轴列式表示方法，采用"A""B""C"和"D"表示转向架动轴数目（相应动轴数目为1、2、3和4）；采用下脚"0"表示转向架轮对单轴驱动，一般为电传动，无下脚"0"表示转向架轮对成组驱动，一般为液力传动；采用"–"表示二转向架间无活节联结，"+"表示二转向架间有活节联结；如果机车由两台或者多台机车共同控制牵引，则可在轴列式前增加数字表示牵引的机车台数。

例如："B–B"和"B$_0$–B$_0$"表示机车有2台二轴转向架，每台转向架2组动轮对，前者成组驱动，后者单轴独列驱动；"C$_0$–C$_0$"表示机车有2台三轴转向架，每台转向架3组动轮对，单轴独列驱动；"2(B$_0$–B$_0$)"表示2台机车重联牵引，每台机车的轴列式均为B$_0$–B$_0$。

三、铁道机车的发展

20世纪70年代，世界上主要发达国家已经先后完成了铁路牵引动力现代化，即以内燃机车和电力机车来替代蒸汽机车。铁路牵引动力现代化，究竟是内燃牵引为主还是电力牵引为主，是同各国国情分不开的：北美洲一些国家和澳大利亚，以内燃牵引为主，不再对铁路进行电气化改造；西欧一些国家则以电力牵引为主，这些国家铁路以客运为主，旅客列车主要开行高速列车，因此需要采用电力牵引。

我国铁路牵引动力改革始于20世纪60年代，牵引动力改革初期，内燃机车的发展比电力机车快；但是在20世纪90年代，我国加快了电力牵引的发展。如今，铁路电力牵引已占主导，尤其是高速列车的发展主要采用电气化铁路。

1. 我国内燃机车发展概况

我国1958年开始试制内燃机车，20世纪60年代，先后有DF型等型号内燃机车投入批量生产，采用直流电力传动或者液力传动。1969年后，开始批量生产交–直流电传动的DF$_4$型系列客货运内燃机车以及液力传动的北京型和东方红系列客运内燃机车，柴油机的可靠性和经济性得到了明显的提高。20世纪80年代开始，我国干线内燃机车均采用电传动。

为了满足铁路客运提速的需求，20世纪90年代成功研制快速客运内燃机车DF$_{11}$型及DF$_{4D}$型，适用于最高时速170 km。为了满足铁路货运重载的需求，20世纪90年代研制成功25 t轴重的DF$_{8B}$型货运内燃机车，这是我国当时功率最大的内燃机车。

2006年以来，和谐型大功率交流传动HX$_N$3和HX$_N$5型内燃机车诞生并批量投入运营，标志着我国内燃机车成功实现了由交–直流传动向交–直–交流传动的转化。和谐型内燃机车采用大功率交–直–交传动方式，牵引电动机为交流异步电机，具有功率大、重量轻、结构简单、可靠性高、维护工作量小等特点。牵引变流器采用先进的大功率IGBT器件，控制性能优良，可靠性高。采用先进的计算机网络控制系统，数据传输量大，牵引及制动控制性能优良，设备状态检测与系统自诊断功能完善。

和谐型内燃机车是我国内燃机车今后主要的发展方向，如改进型HX$_N$5型内燃机车，快速客运HX$_N$5K型内燃机车均已研制成功。

2.我国电力机车发展概况

1958年我国电力机车制造开始起步,主要仿造国外电力机车。1968年起,我国跳出仿造的框架,对试制的电力机车进行重大的技术改造,机车各项经济指标明显提高,可靠性提高,并能够正式运行。改造设计的机车命名为SS_1型电力机车。20世纪70年代开始设计新型的SS_3型电力机车,并于1978年开始批量生产,逐步取代SS_1型机车,成为主型电力机车。

1979年以后,我国发展了SS_4型重载货运机车,由两节相同的四轴机车连接而成,并逐步投入批量生产。20世纪90年代,设计生产了SS_8型客运电力机车,最高运行速度达到160 km/h。

所有韶山型电力机车均采用交-直流传动装置,2006年以来,各种和谐型大功率交流传动电力机车研制成功并投入生产使用,标志着我国电力机车成功实现了由直流传动向交流传动的转化。

大功率交流电力机车主要有HX_D1,HX_D2和HX_D3三种型号,前两者为八轴机车,即由两台四轴机车组成,主要在运煤专线大秦线运行;后者为六轴机车,在繁忙的干线单机牵引重载列车。

和谐型电力机车采用大功率交-直-交传动方式,牵引电动机为交流异步电机,具有功率大、重量轻、结构简单等一系列优点,牵引变流器采用先进的大功率IGBT器件,控制性能优良,可靠性高。采用先进的车载计算机网络控制系统,牵引及制动控制性能优良,设备状态检测与系统自诊断功能完善,采用再生制动,节能效果显著。

和谐型电力机车是我国电力机车今后主要的发展方向,如在设计HX_D1,HX_D2和HX_D3的基础上,我国已成功研制了HX_D1B和HX_D3B单机大功率货运机车,是世界上单节功率最大的电力机车,同时我国也成功研制了HX_D1D和HX_D3D等大功率客运电力机车,运行时速可达160 km。

第二节 内燃机车基本组成和工作原理

内燃机车在构造上包括发动机、传动装置、车体和车架、转向架及辅助装置五大部分。车体和车架、转向架等机械部分的内容已在前述章节中进行了介绍,本章将重点关注内燃机车的以下主要部分。

①发动机是机车的动力装置,其作用是将燃料的化学能转变为机械功。内燃机车采用柴油机,即利用燃油燃烧时所产生的燃气直接推动活塞做功。因此,一般所说的内燃机车是指柴油机车。

②传动装置的作用是将发动机的机械功传给转向架,力求发动机的功率得到充分发挥,并使机车具有良好的牵引性能。当前我国主流的传动装置主要采用电传动形式。

③辅助装置的作用是保证发动机、传动装置和转向架的正常工作和可靠运行。内燃机车的辅助装置主要包括燃油供给系统,预热及冷却水系统,机油系统,空气管路、制动及撒砂系统,电控和照明系统等,此外还有辅助驱动装置、信号装置、通风装置、防寒设备、灭火器以及常用工具等。

一、HX_N5 型内燃机车的基本特性

1. HX_N5 型内燃机车的总体特点

HX$_N$5 型内燃机车的柴油机额定功率(装车功率)为 4660 kW，牵引发电机输入功率为 4400 kW，轮周功率为 4000 kW。柴油机输出的功率，扣除辅助装置消耗功率(辅助功率)，便是牵引发电机输入功率，该机车的辅助消耗功率为 260 kW。消耗柴油机功率的辅助装置有：柴油机散热器冷却风扇电动机、空气压缩机电动机、牵引变流器和牵引发电机通风机电动机、牵引电动机通风机电动机以及排尘风机电动机等。所有这些驱动辅助装置的电动机均由柴油机驱动的容量为 490 kW 的辅助发电机供电。这些辅助电动机不可能同时都处于最高负荷工况，所以机车的辅助功率消耗要比各电动机额定功率之和小得多。辅助功率的数值是根据测试和统计来确定的。该机车的辅助功率为柴油机输出功率的 5.58%，这是一个很低的数值，一般内燃机车此数值为 8%～10%。牵引发电机输入功率经发电机转换成电功率，而后经整流器、逆变器和异步牵引电动机转换成机械功率，再经过传动齿轮驱动轮对，以轮周功率的形式使机车前进。

2. HX_N5 型内燃机车的设备布置

机车为外走廊车架承载结构。机车分上下两部分，上部为司机室、罩式车体、安装在车体内的设备；下部两端为转向架，两转向架之间，车架中部设有承载式燃油箱。机车的总体布置如图 10-1 所示。

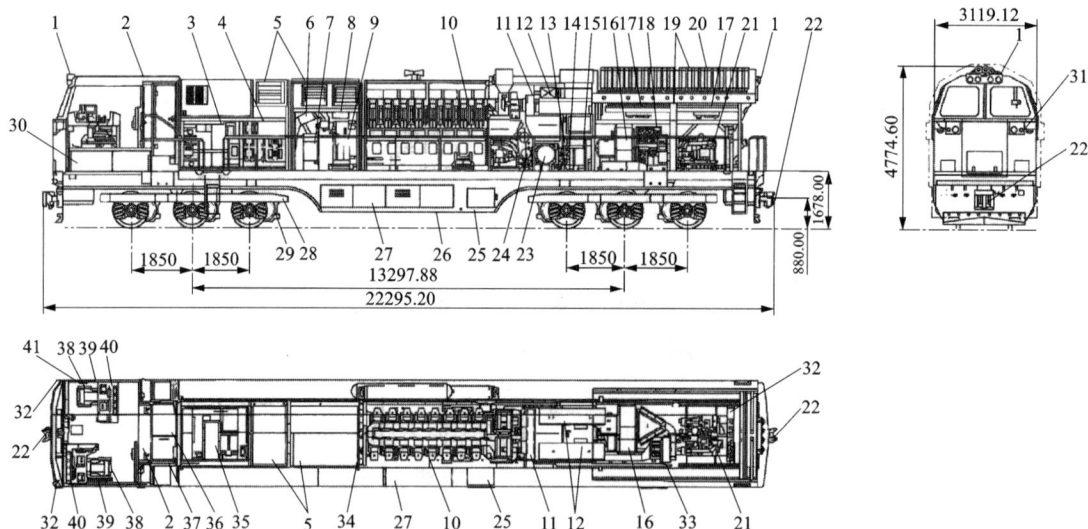

1—头灯；2—控制设备柜；3—牵引逆变器；4—功率装置柜；5—电阻制动装置；6—发电机组通风道；7—辅助发电机；8—CTS 起机转换开关；9—牵引发电机；10—柴油机；11—空气滤清器箱；12—膨胀水箱；13—低压燃油泵；14—预润滑机油泵；15—润滑油冷却器；16—牵引电动机通风机；17—冷却风扇；18—通风机滤清器箱装配；19—散热器百叶窗；20—散热器；21—空气压缩机组；22—车钩；23—机油滤清器；24—燃油滤清器；25—污油箱；26—燃油箱；27—蓄电池箱；28—转向架；29—牵引电动机；30—空调；31—标志灯；32—砂箱；33—排尘风机；34—总风缸；35—逆变/发电机组通风机；36—卫生间；37—行车安全设备柜；38—座椅；39—取暖器；40—操纵台；41—空气制动设备柜。

图 10-1　HX$_N$5 型内燃机车设备布置示意图

　　机车上面部分为相对独立的五个室，即司机室、辅助室、发电机室、柴油机室和冷却室，如图 10-2 所示。

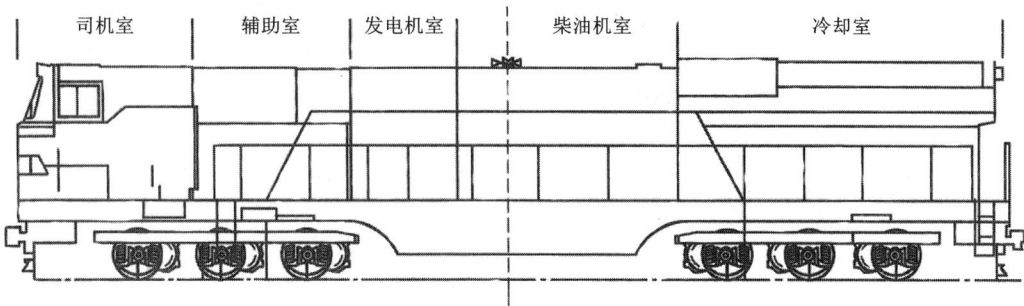

图 10-2　HX$_N$5 型内燃机车各室示意图

　　司机室为机车前端，冷却室为机车后端。车体左右两侧在辅助室前端部位和冷却室后端部位，均设有扶梯，供司乘人员上下。司机室后端墙左、右两侧设有通往机车外部走廊的门。

　　车架下面中部为承载式燃油箱(图 10-1 中 26)，燃油箱右侧设两个总风缸(图 10-1 中 34)，两总风缸间装有高压安全阀；总风缸前端设有空气干燥器、辅助用风精滤器，后端设有制动用风精滤器；燃油箱左侧设有蓄电池箱(图 10-1 中 27)。

　　机车控制区 CA 是机车上的封闭区域，其中安放了由电子控制和电功率调节系统组成的若干设备。各控制区如图 10-3 所示。

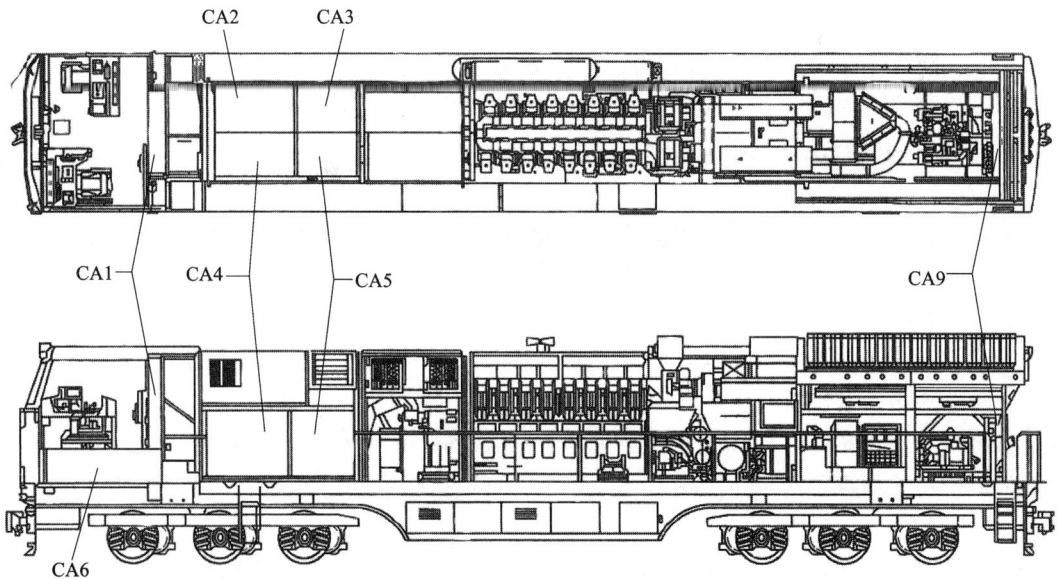

图 10-3　HX$_N$5 型内燃机车各控制区示意图

（1）司机室。

司机室前窗为 PVB 夹层玻璃，具有加热防霜功能，前端下部左右两侧设有前转向架的砂箱（图 10-1 中 32）；司机室两侧侧窗下部有取暖器（图 10-1 中 39）。

司机室内部铺有防滑吸音特性材料的地板，地板上部前端左侧和后端右侧分别设置正操纵台和副操纵台，操纵台上安置了驾驶和信息控制设备。操纵台后面设有司机座椅（图 10-1 中 38）。司机室前端前窗下部设有监控系统主机、信号系统主机、冰箱、加热盘、电烤箱、灭火器和工具箱。司机室后端设有控制设备柜（图 10-1 中 2）（CA1 控制区），控制设备柜的后面右侧为卫生间（图 10-1 中 36），左侧为行车安全设备柜（图 10-1 中 37）。

司机室地板下部为空气制动设备柜（图 10-1 中 41）、空调（图 10-1 中 30）、压力开关、变压器等设备。

（2）辅助室。

辅助室内部用底板分隔为上辅助室和下辅助室。

上辅助室前端为逆变/发电机组通风机的进风区间，其车顶两侧设有 V 形滤网和惯性式空气滤清器，车顶前端中间设有排尘出风口。上辅助室内设置逆变/发电机组通风机（图 10-1 中 35）和排尘风机。上辅助室后端为机车最前面一组电阻制动装置工作区，两侧都装有制动电阻进风（下部）和排风（上部）百叶窗，内部安装有一组电阻制动装置（图 10-1 中 5）。

下辅助室安装机车多个辅助牵引和变流器控制设备的电气柜。电气柜以中间隔板隔为前后两室。前室为低压电气柜——左为 CA4 控制区、右为 CA2 控制区；后室为高压电气柜——左为 CA5 控制区、右为 CA3 控制区。牵引系统的主要部件——主整流器、牵引逆变器等，也布置在控制区内。低压电气柜内还设有逆变/发电机组通风机的风道。

（3）发电机室。

发电机室分为上下两部分，上部为机车后面两组电阻制动装置工作区，两侧都装有制动电阻进风（下部）和排风（上部）百叶窗，内部安装有两组电阻制动装置（图 10-1 中 5）。发电机室下部安装有同轴连接的牵引发电机（图 10-1 中 9）和辅助发电机（图 10-1 中 7）以及用于启动柴油机的起机转换开关（图 10-1 中 8）。

（4）柴油机室。

柴油机室内安装有 GEVO16 型柴油机。柴油机输出端左侧设有盘车机构的接口。柴油机排气烟囱（消音器）安装于柴油机自由端增压器出口，与后顶盖相关联。柴油机室中部顶盖外安装有风喇叭。

柴油机与发电机组通过螺栓刚性连接。发电机组两侧分别用 3 个弹性支承安装在车底架上；柴油机两侧分别通过两个位于第 2 曲轴箱观察孔位的弹性支承安装在车底架上。柴油机发电机组由左右两根拉杆与车架上的拉杆安装块紧固，该结构可避免由于机车的速度变化，使柴油机发电机组前后晃动，可减少安装在柴油发电机组上的部件发生松动的情况。

（5）冷却室。

冷却室分为前后两部分。前半部分上方装有膨胀水箱（图 10-1 中 12）和空气滤清器箱（图 10-1 中 11），下方为集成的设备安装架，其中包括机油滤清器（图 10-1 中 23）、润滑油冷却器（图 10-1 中 15）、燃油加热器、燃油滤清器（图 10-1 中 24）、预润滑机油泵（图 10-1 中 14）和低压燃油泵（图 10-1 中 13）。

后半部分上面为冷却水系统。冷却装置封闭作业区上方设有由压缩空气驱动的散热器百叶窗(图 10-1 中 19)，百叶窗下方为散热器，散热器下部装有冷却风扇(图 10-1 中 17)。在冷却装置封闭作业区下部空间内，前端为牵引电动机通风机(图 10-1 中 16)、通风机滤清器箱装配(图 10-1 中 18)及排尘风机(图 10-1 中 33)，后端为空气压缩机组(图 10-1 中 21)。

冷却室后端墙上装有 CA9 控制箱，左右两侧装有供后转向架用砂的砂箱(图 10-1 中 32)。

二、HX$_N$5 型内燃机车动力装置

1. 概述

HX$_N$5 型内燃机车采用 GEVO16 型柴油机，该柴油机是 GEVO 型柴油机的系列产品，额定功率为 4660 kW，采用泵-管-嘴电子控制燃油喷射系统。在 GEVO 型柴油机开发阶段，通过改进燃油喷射控制，提高压缩比，优化配气定时，提高增压器效率，增大进、排气道流量系数，以及优化进气冷却和燃烧室几何形状等，使柴油机的性能和排放指标达到了开发目标的要求。

2. 总体布置

柴油机 16 个气缸分成左、右两列，两列气缸呈 V 形 45°夹角排列，为便于对柴油机各部分进行描述，作出如下规定：

①柴油机输出端：指与主发电机连接的端，也称柴油机后端。

②柴油机自由端：指与输出端相反的一端，又称柴油机前端。

③柴油机左右侧：面向柴油机输出端，左边为柴油机左侧，右边为柴油机右侧。

柴油机的总体布置如图 10-4 所示。

前端集成箱体紧固于机体前端面，上面安装两台增压器，上部两侧内腔内各安装一个抽屉式的中冷器。前端集成箱前端罩盖上左侧安装一台水泵，右侧安装一台润滑油泵。在左侧下方，装有加油口和油尺。

由气缸盖、气缸套和加强套组成的气缸组件安装在机体两侧，组成柴油机上部的 V 形结构。柴油机气缸内，空气与燃油混合燃烧后的燃气推动活塞做往复运动，并通过连杆推动曲轴做旋转运动，输出功率。

图 10-4　HX$_N$5 型内燃机车的柴油机外形

曲轴通过主轴承盖及轴承悬挂在机体中部，曲轴输出端轴颈上压装飞轮，飞轮通过螺栓与主发电机转子连接，将柴油机功率传给主发电机。曲轴齿轮压装在飞轮内侧轴颈上，通过惰轮带动凸轮轴齿轮驱动凸轮轴转动。泵传动齿轮通过螺栓与曲轴自由端法兰连接，驱动水泵和润滑油泵。曲轴自由端安装有减振器改善柴油机扭转振动。

两根凸轮轴分别置于机体左右两侧，凸轮轴的配气凸轮推动气门驱动机构，控制气门的开闭，凸轮轴的供油凸轮推动电喷泵下体的油泵滚轮，使电喷泵产生高压燃油。

单体电控喷油泵安装在加强套下部外侧，电喷泵外侧的电磁阀接收燃油控制系统发出的信号，控制电喷泵的供油定时和供油量。电喷泵输出的高压燃油经由高压油管和喷油器向气缸喷油，在气缸内燃烧做功。

机体 V 形夹角下部铸有冷却水腔，冷却水通过机体水腔进入加强套和气缸盖进行冷却。夹角中间安装进气和冷却水出水组件，组件的下部为进气总管，上部为出水总管。经过中冷器冷却的增压空气，经前端集成箱体内腔进入进气总管，分别进入各气缸。进气和出水管组件上方的左右两侧布置两根排气总管，左右气缸的排气经各支管接入该侧的排气总管，通过过渡管进入增压器的涡轮端，驱动涡轮做功。

三、HX$_N$5 型内燃机车传动装置

HX$_N$5 型内燃机车属交流电传动机车，柴油机产生的机械能经牵引发电机转换成三相交流电。由于该交流电频率及电压均不适合交流牵引电机的牵引性能要求，所以首先由主整流器组将三相交流电转换成直流电，然后经逆变器转换成频率及电压均可调的三相交流电。在机车牵引时，牵引传动系统提供给牵引电机的电源频率所产生的定子旋转磁场转速略高于转子的转速，牵引电机处于电动机工况，其电磁转矩的方向与其转子的转向相同，机车的牵引力方向与机车运行方向相同。牵引电机将电功率转换成机械功率，驱动轮对使机车做牵引工况运行。电阻制动工况时，列车的动能经轮对传输给三相交流牵引电机，此时逆变器提供给牵引电机的电源频率所产生的定子旋转磁场转速略低于转子的转速，牵引电机处于发电机工况，其电磁转矩的方向与其转子的转向相反，机车的制动力方向与机车运行方向相反。牵引电机发出的三相交流电功率经逆变器反向二极管整流成直流电功率，再传输给制动电阻，以电阻损耗形式将电能转换成热能，然后由并联在制动电阻抽头上的直流电动机驱动的通风机将热能吹散到大气中。

HX$_N$5 型内燃机车牵引电传动包括牵引发电机、整流及逆变装置、牵引电机、制动电阻装置、辅助电气装置等。其中用于列车牵引传动控制的主要传动模块如图 10-5 所示。

1. 牵引发电机

HX$_N$5 型内燃机车的牵引发电机采用的是凸极转子的同步发电机，牵引发电机与辅助发电机同轴，结构复杂。

同步发电机由固定的定子和可旋转的转子组成。定子铁芯的内圆均匀分布着定子槽，槽内嵌放着按规律排列的三相对称绕组，也称电枢绕组。转子铁芯上装有一定形状的成对磁极，磁极上有励磁绕组，通以直流电会在发电机的气隙形成极性相间的励磁磁场。柴油机拖动转子旋转，极性相间的励磁磁场随轴一起旋转并顺次切割定子各项绕组。由于电枢绕组与励磁磁场的相对切割，电枢绕组将会感应出大小和方向按周期性变化的三相交流电。

滑环组装与转轴之间采用过盈配合连接。钢质滑环和滑环毂之间的绝缘采用浇铸式，有别于传统工艺。接线柱上有绝缘套管，滑环表面车有右旋螺旋槽，4 套滑环分别为主、辅助发电机转子绕组励磁供电，励磁电缆连线由转轴上的凹槽穿过轴承连接励磁绕组和滑环。

刷架系统安装在端盖外侧，共有 16 个刷盒，每个刷盒内均有一块斜碳刷，碳刷尺寸为 19.05 mm×44.45 mm。刷架系统由上下可拆卸的两个保护罩与外界防尘隔离。刷架系统引出线安装在下方保护罩上。

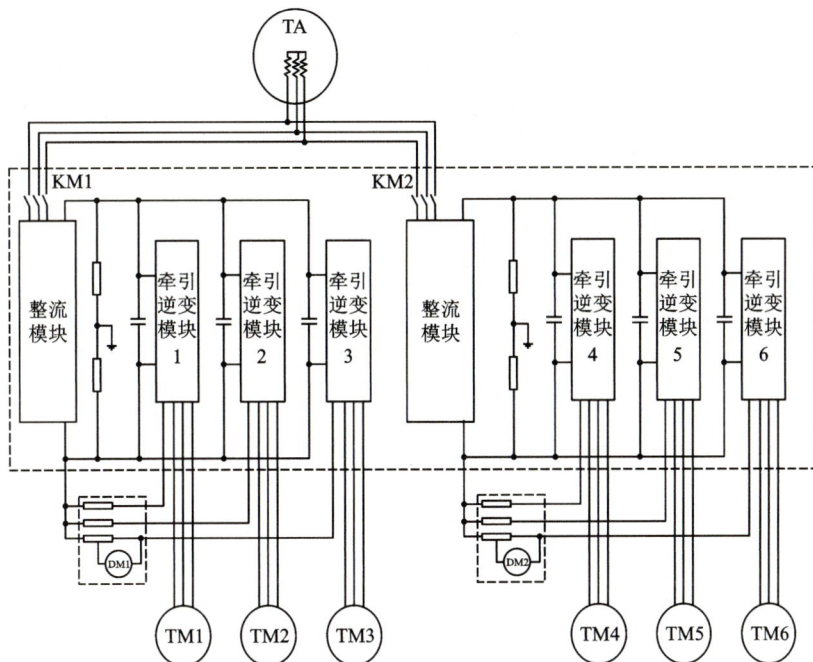

图 10-5　HX_N5 型内燃机车的主要传动装置示意图

2. 整流器及逆变器

HX_N5 型内燃机车是交流电传动机车，主牵引变流器主要由 1 台三相全波不可控整流器和 6 台 IGBT 逆变器构成，它将牵引发电机发出的三相交流电压整流成脉冲直流电，再逆变成变频变压的三相交流电以驱动 6 台交流牵引电机。此外，主牵引变流器还包括检测电路、牵引控制器及保护电路等部分。

3. 牵引电机

HX_N5 型内燃机车的牵引电机的型号是 5GEB32，与青藏线用 NJ_2 型内燃机车的配套电机 5GEB30 同属于一个系列。5GEB32 是在 5GEB30 电机的基础上将定子绕组从 8 匝改为 7 匝，铁芯长度从 411.5 mm 增加到 488.44 mm，输入功率从 455 kW（基波有效值 517V/620A）增加到 693 kW（基波有效值 635V/750A），机械输出功率从 420.6 kW 增加到 643.3 kW，拥有大量互换件（包括铁芯冲片）的系列电机。

4. 辅助电气装置

HX_N5 型内燃机车的辅助发电机与牵引发电机集成在一起，统称发电机组，其型号为 5GMG201E1。其中，辅助发电机包括 1 套励磁绕组和 3 套互相独立的输出绕组。柴油机启动后，在辅助发电机励磁绕组通有励磁电流的情况下，3 个输出绕组分别输出不同等级的交流电源供给机车辅助电路。辅助发电机主要包含（但不限于）励磁供电系统、辅助电机供电回路、蓄电池充电系统以及控制系统等。

四、HX_N5 型内燃机车辅助系统

内燃机车辅助系统是保证机车柴油机、传动装置、转向架、制动装置与电气控制设备等

正常运转，以及乘务人员正常工作条件的各项装置。它是内燃机车必不可少的重要组成部分。内燃机车辅助系统包括：冷却系统、机油系统、燃油系统、压缩空气系统、通风装置、空气滤清系统、预热系统、空气管路系统、辅助驱动装置、撒砂装置以及改善乘务员工作条件的各种设备。关于 HX_N5 型内燃机车辅助系统的简介如下。

1. 冷却系统

内燃机车冷却系统，按其冷却方式的不同大体可分为通风冷却系统、柴油机水冷却系统、增压空气冷却系统及各类油(机油、液力传动工作油等)的冷却系统。除通风冷却系统与空气有关外，其余各系统均与水有联系，因此亦可将其余各系统统归于水冷却系统内。所以内燃机车的冷却系统可概括分为通风冷却系统和水冷却系统两类。

HX_N5 型内燃机车的通风冷却系统采用集中式通风方式，如图 10-6 所示，机车正压通风系统，分别为变流器冷却塔、主发电机、牵引电机通风，同时为电气室、动力室提供正压通风风源。

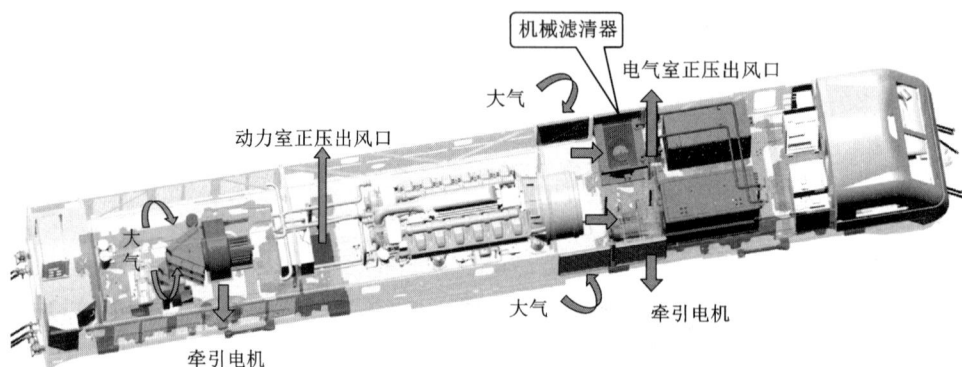

图 10-6　HX_N5 型内燃机车的通风冷却装置示意图

HX_N5 水冷却系统采用加压冷却方式，由柴油机冷却水系统以及机车冷却水系统组成。机车水冷却系统主要由散热器、膨胀水箱、润滑油冷却器、流向控制阀、燃油加热器，以及相应的管路、阀门等组成。主要水冷却装置如图 10-7 所示。

图 10-7　HX_N5 型内燃机车的主要水冷却装置示意图

2. 机油系统

柴油机工作时，曲轴相对于轴瓦、活塞，及活塞环相对于气缸壁等都要产生相对运动，在其相互接触的表面产生摩擦。由于摩擦的存在，不但因其摩擦阻力大而增加了柴油机的功率消耗和机件的磨损，而且摩擦时产生的高温将使机件摩擦表面烧损，配合间隙破坏，甚至咬死，严重时可造成机破事故。为了使柴油机各运动零件在工作时具有良好的润滑条件，提高柴油机的可靠性、耐久性，设置了机油系统。机油系统的作用是把具有一定压力和适当温度的清洁的机油输送到各运动零件的摩擦表面，并使之循环使用。

HX_N5 型内燃机车的机油系统，支持系统采用模块化、轻量化设计，减轻系统重量，提高系统的可维护性。当柴油机启动以后，由柴油机曲轴经齿轮带动润滑油泵，润滑油泵从油底壳吸油，将润滑油泵入润滑油冷却器进行冷却，然后进入润滑油滤清器进行滤清，最后进入柴油机前端盖，并分配到柴油机机体的各个油道，对柴油机各运动部件进行润滑和冷却，从各运动部件出来的润滑油流回柴油机油底壳，完成循环过程，该工作回路如图 10-8 所示。

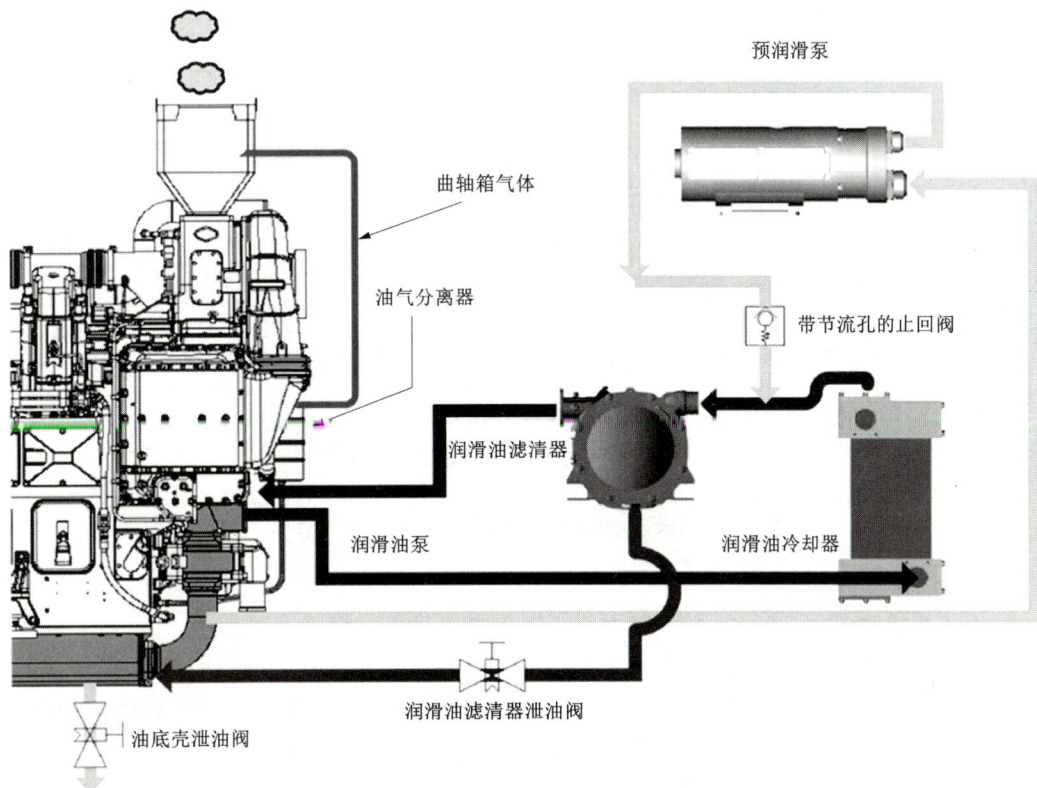

图 10-8　HX_N5 型内燃机车的机油循环回路示意图

3. 燃油系统

燃油系统的首要任务是向柴油机各喷油泵供应足够数量且具有一定压力的清洁燃油，然后由喷油泵通过喷油器送入气缸。燃料油箱必须有足够的储油量，根据机车的用途，机车的燃料油储备量必须保证一个交路所需的燃料油。为完成上述任务，内燃机车燃油系统中设有专用的燃油输送泵，向柴油机燃油总管压力循环供油。在柴油机工作时，燃油总管内保持恒定的压力，燃油在循环过程中经二级过滤后送到喷油泵进油总管，而多余部分燃油经过燃油预热器返回油箱。

HX$_N$5 型内燃机车的燃油系统主要由燃油箱、燃油粗滤器、燃油泵电机组、燃油加热器、温度调节阀、燃油滤清器及相应的管路、阀类等组成。燃油系统循环回路如图 10-9 所示，燃油被燃油泵从燃油箱中抽出，经加热、滤清后输送给各动力组的高压喷油泵。机车燃油系统由三个功能部分组成：吸油、低压供油和回油/泄油。

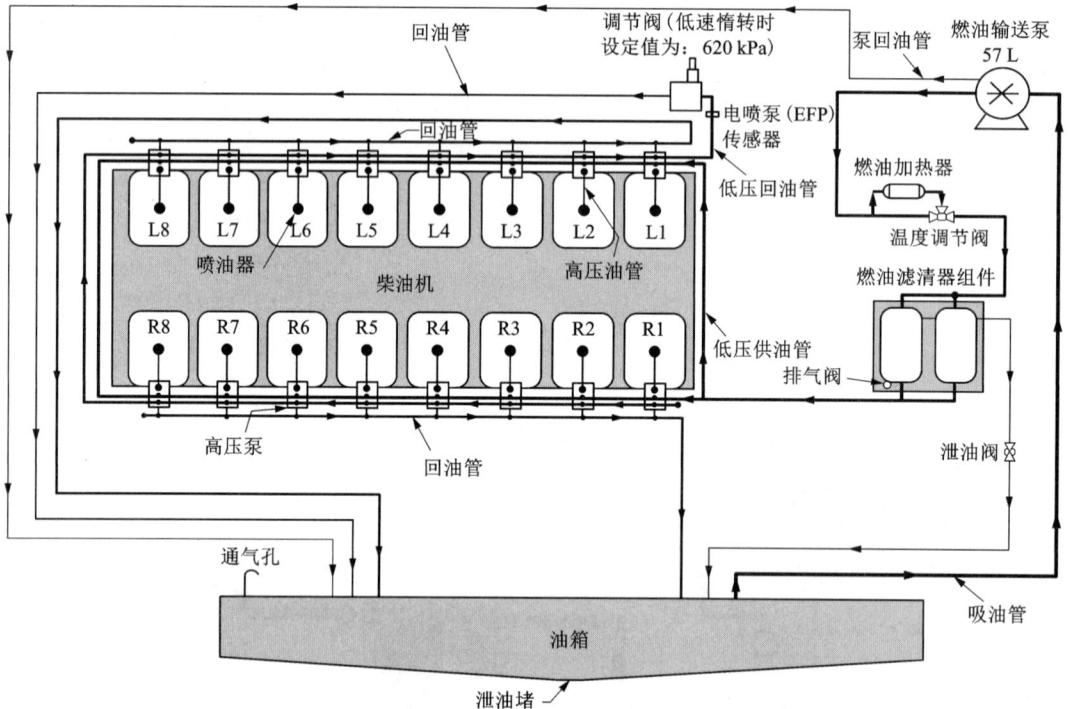

图 10-9　HX$_N$5 型内燃机车的燃油循环回路示意图

4.预热系统

内燃机车柴油机启动或停机时，对柴油机的机油、燃油及冷却水的温度都有一定的要求。例如内燃机车运用保养中规定：当油、水温度低于 20 ℃时，柴油机不准启动；当油、水温度低于 40 ℃时，柴油机不准加负荷；冬季柴油机停机保温时，油、水温度不得低于 20 ℃。润滑油、冷却水温度过低，不仅使柴油机启动困难，而且运动零件磨损严重，燃油雾化不良，影响燃烧质量。为此，在内燃机车上设置预热系统，以保证柴油机能在规定的油、水温度下启动，或者停机时间较长时保持一定的油、水温度。

内燃机车预热系统的任务为预热和保温。预热即当外界温度较低时，在启动柴油机前对柴油机油、水应进行预热，以保证柴油机能在规定的油水温度下启动。保温即机车在停机保温状态，预热系统应保证柴油机保持着一定的油、水温度。HX$_N$5 型内燃机车的预热系统与冷却系统采用相同的回路。

5. 空气滤清系统

内燃机车的空气滤清系统，包括电机、电器等设备冷却用空气的滤清和柴油机燃烧用空气的滤清。柴油机工作时不仅需要燃油，而且还需要充足干净的新鲜空气。我国内燃机车一般都采用外吸气式，即空气来源于车体的外部。内燃机车在铺有碎石路基的线路上运行时，在柴油机进气高度的空气中含有各种灰尘和其他机械杂质。如果这些杂质随空气进入增压器和柴油机气缸内，就会造成活塞、缸套、气门等的异常磨损，降低柴油机功率和使用寿命。因此，为了保证进入柴油机气缸的空气和其他空气冷却系统空气的清洁度，在内燃机车上应设置空气滤清系统。

HX_N5 型内燃机车的空气滤清系统布置如图 10-10 所示，其主要部件空气滤清箱如图 10-11 所示。由增压器叶轮高速旋转形成的真空度，首先通过多孔 V 形网吸入空气，使较大的杂物被阻隔在外不能进入该系统。然后空气经过惯性滤清器的滤清，较大的颗粒和灰尘等从空气中除掉。最后空气进入袋式滤清器滤清，在该处把细小的颗粒物从空气中滤掉，滤清后的空气进入增压器被压缩并经中冷器冷却后进入各气缸。

图 10-10　HX_N5 型内燃机车的空气滤清装置位置

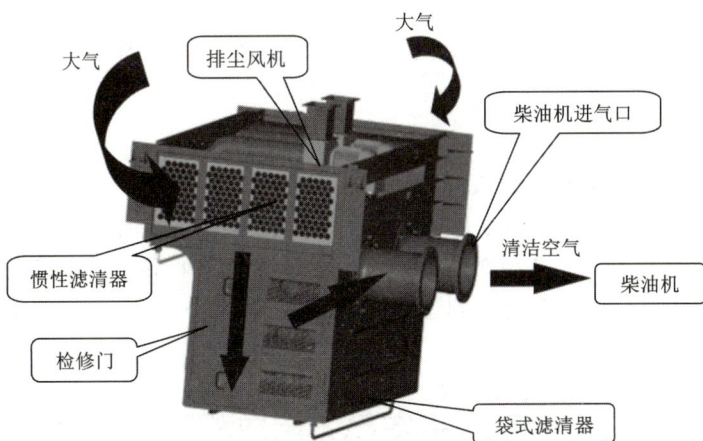

图 10-11　HX_N5 型内燃机车的空气滤清箱布置结构

6. 空气管路系统

机车空气管路系统是保障列车运行安全，提高列车技术速度和铁路通过能力的重要装置。空气管路系统包括风源系统、制动系统、撒砂系统、风喇叭和刮雨器系统、控制用风系统和其他辅助用风装置。为确保内燃机车各用风系统的正常工作，并具有必要的可靠性和耐久性，首先要求风源系统所提供的压缩空气必须是足够的、符合质量要求的清洁和干燥的压力空气，其次是安全可靠性。除了空气管路系统各主要零部件的设计结构应充分具有安全可靠性能以外，还必须对整个结构和装置采取完备的安全措施。例如对关键容器必须备有安全阀、空气压缩机的容量储备及多重控制装置等。

风源系统的主要任务是准时供给列车制动系统足够的、符合规定压力的和高质量的压缩空气，同时也供给机车撒砂系统、风喇叭和刮雨器系统、控制用风系统和其他用风装置所需的压缩空气。内燃机车风源系统由空气压缩机、风源净化装置、总风缸、止回阀、高压安全阀、调压器和油水分离器等主要部件组成，如图 10-12 所示为风源系统。

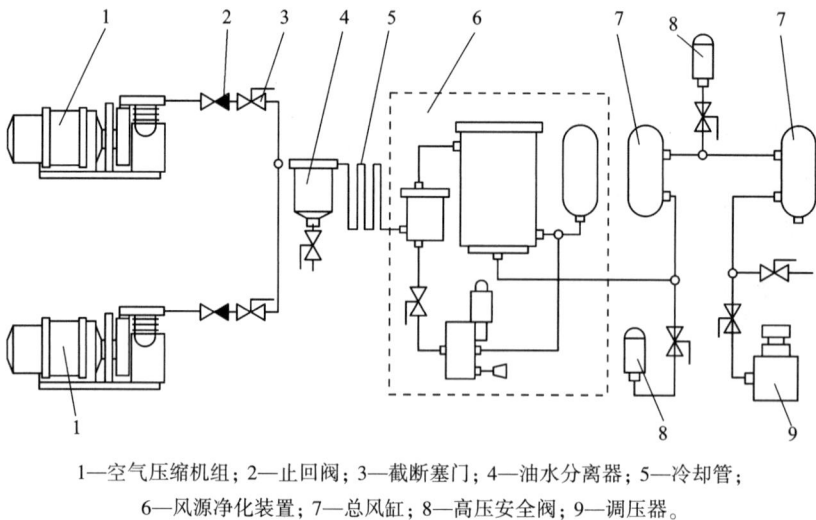

1—空气压缩机组；2—止回阀；3—截断塞门；4—油水分离器；5—冷却管；
6—风源净化装置；7—总风缸；8—高压安全阀；9—调压器。

图 10-12　HX$_N$5 型内燃机车的风源系统示意图

7. 辅助驱动装置

内燃机车辅助装置的运转会直接或间接地消耗柴油机部分功率，其中必须由柴油机直接提供能量，而且功率消耗较大的有通风装置、冷却装置和空气压缩机。因此，对内燃机车辅助装置的基本要求是提高其主要机组的经济性、可靠性和保证机车工作的安全性。此外，在条件许可的情况下，要尽可能给司机创造舒适的工作环境。

第三节　电力机车基本组成和工作原理

电力机车在构造上由电气部分、机械部分和空气管理系统三大部分组成。其中机械部分主要包括车体、转向架、车体支承装置和牵引缓冲装置，相关内容已在前述章节中进行了介绍。

电气部分主要包括牵引变压器、整流硅机组、牵引电动机、辅助电动机组和牵引电器等，其功能是将来自接触网的电能转变为牵引列车所需要的机械能，或将列车的机械能转变为电能反馈回电网，实现能量的转换；同时，电气部分还实现机车的控制。这是电力机车最重要的部分，通常也称为牵引电传动系统。

空气管路系统主要包括风源系统、控制管路系统和辅助管路系统三部分，分别实现机车的空气制动、机车上各种设备的风动控制，并向各种风动器械供风。此外，制动系统也属于空气管路系统的一部分。本节将以 HX_D3 型电力机车为主，对电力机车进行介绍。

一、HX_D3 型电力机车的基本特性

HX_D3 型电力机车是按中国铁路重载货运要求设计的交流传动电力机车。中国北车集团大连机车车辆有限公司（现中车大连机车车辆有限公司）在机车研制过程中，本着"高起点、高标准、造精品车"的目标，与日本东芝公司进行技术合作，采用了国内外成熟可靠的新技术。机车轴式为 C_0-C_0，单机轮周功率 7200 kW，牵引 5000 t，列车在平道上可达到 120 km/h，这也是 HX_D3 型机车的最高运行速度。机车采用 IGBT 水冷变流器，交流电机矢量控制，采用牵引电机轴控方式，机车采用网络控制技术。考虑能够在中国全境范围内运行，机车能在环境温度 $-40 \sim +40$ ℃，海拔高度 2500 m 以下的条件下运行。考虑到不同的线路情况，可以 3 台机车重联控制运行。该机车能够满足中国铁路重载、快捷货物运输的需要。

HX_D3 型电力机车在 2007 年实现了大批量生产，目前已在武汉铁路局和上海铁路局担当主要牵引任务。在 HX_D3 型电力机车研制基础上，逐步发展出了 HX_D3A、HX_D3B、HX_D3C 和 HX_D3D 型电力机车。

1. HX_D3 型电力机车结构特点

HX_D3 型交流传动电力机车装有两台结构相同的三轴转向架，机车全长约 21 m，机车轮周功率 7200 kW，最大启动牵引力 570 kN，最高运行速度 120 km/h。机车的主要特点如下：

①机车总体设计采用高度集成化模块化的设计思路。采用中间走廊、电气屏柜和各种辅助机组分功能对称布置在中间走廊的两侧；采用规范化司机室，尽量考虑单司机值乘的要求。

②机车装有两台结构相同的三轴转向架，牵引力传递系统采用中央低位平拉杆推挽式牵引装置，具有黏着利用率高的优点。

③机车车体采用整体承载的框架式车体结构，有利于提高车体的强度和刚度，车体整体能够承受 3400 kN 的静压力和 2700 kN 的静拉力而不产生永久变形。

④转向架采用滚动抱轴承半悬挂结构，二系采用高圆螺旋弹簧。

⑤采用独立通风冷却技术。牵引电机采用由顶盖百叶窗进风的独立通风冷却方式；牵引变流器水冷和牵引变压器油冷，采用水、油复合式铝板冷却器，由车顶直接进风冷却；辅助变流器采用车外进风冷却的方式。

⑥电传动系统采用交-直-交传动轴控技术；采用 IGBT 水冷变流机组，1250 kW 大转矩异步牵引电机，具有启动/持续牵引力大、恒功率速度范围宽、黏着性能好、功率因数高等特点。

⑦辅助电气系统采用两组辅助变流器，能分别提供变压变频的 VVVF 和定压定频的 CVCF 三相辅助电源，对辅助机组进行分类供电；该系统冗余性强，一组辅助变流器故障后可

以由另一组辅助变流器以 CVCF 控制模式对全部辅助机组供电。

⑧采用微机网络控制系统，实现逻辑控制、自诊断功能及机车的网络重联功能。

⑨采用下悬式安装的一体化多绕组牵引变压器，具有高阻抗、重量轻等特点，并采用强迫导向油循环风冷技术。

⑩采用微机控制集成化气路的空气制动系统，机械制动采用轮盘制动。

⑪采用新型双塔空气干燥器，有利于压缩空气的干燥，减少制动系统阀件的故障率。

2. HX$_D$3 型电力机车设备布置

HX$_D$3 型电力机车为六轴货运机车，在机车的两端各设有一个司机室，两个司机室的中间为机械室。在机械室内设有 600 mm 宽的中央通道，在通道左右两侧设有变流器通风机、空气压缩机等设备。在车体下设有两台三轴的转向架及牵引变压器，在顶盖上设有高压电器。车内设备布置以平面斜对称布置为主，设备成套安装，有利于机车的重量分配、机车的制造、检修和部件的互换。全车分为司机室设备安装、车顶设备安装、车内机械室设备安装和车下设备安装等五部分，机车设备布置及外形如图 10-13 所示。

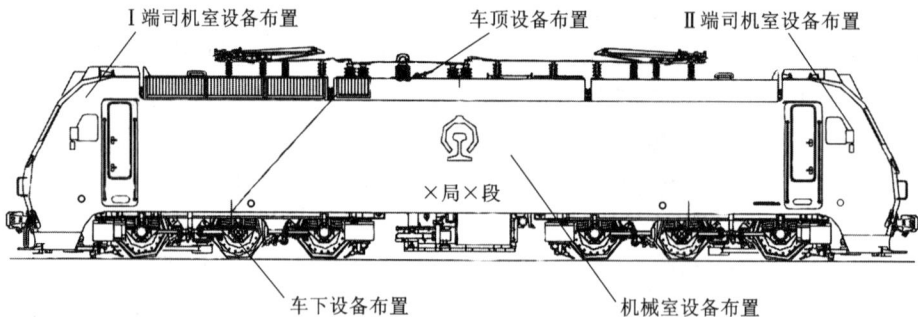

图 10-13 HX$_D$3 型电力机车外形及设备布置图

机车主要设备布置如图 10-14 所示。

（1）司机室设备布置。

司机室的结构和设备布置按规范化司机室要求设计，按照人机工程学理论设计司机的座椅位置、腿部空间及司机的瞭望视野。主司机座椅尽量靠近司机室中间，保证司机两侧的视野范围。司机室顶部设有空调装置(冷热)、风扇、头灯、司机室照明等设备。司机室前窗采用电加热玻璃，窗外设有电动刮雨器，窗内设有电动遮阳帘。侧窗外设有机车后视镜。司机室后墙上设置有饮水机、暖风机、空调控制箱、灭火器等，此外还装有一个紧急制动阀，以备急需。司机座椅前方是操纵台。操纵台是机车人机交换设备，司机通过操纵台上各装置发出控制机车指令，完成机车牵引制动等各项工作。通过操纵台上各个仪表、显示器等观测机车运用状态。操纵台上最重要的是司机控制器和制动控制器，分别在司机座椅右前方、左前方。司机用右手控制牵引，用左手控制制动。

（2）机械室设备布置。

机械室分为Ⅰ端机械室、中央机械室和Ⅱ端机械室。Ⅰ端机械室紧邻Ⅰ端司机室，室内布置有牵引电机通风机组、卫生间、蓄电池充电装置、蓄电池柜、滤波装置微机及监控柜、控

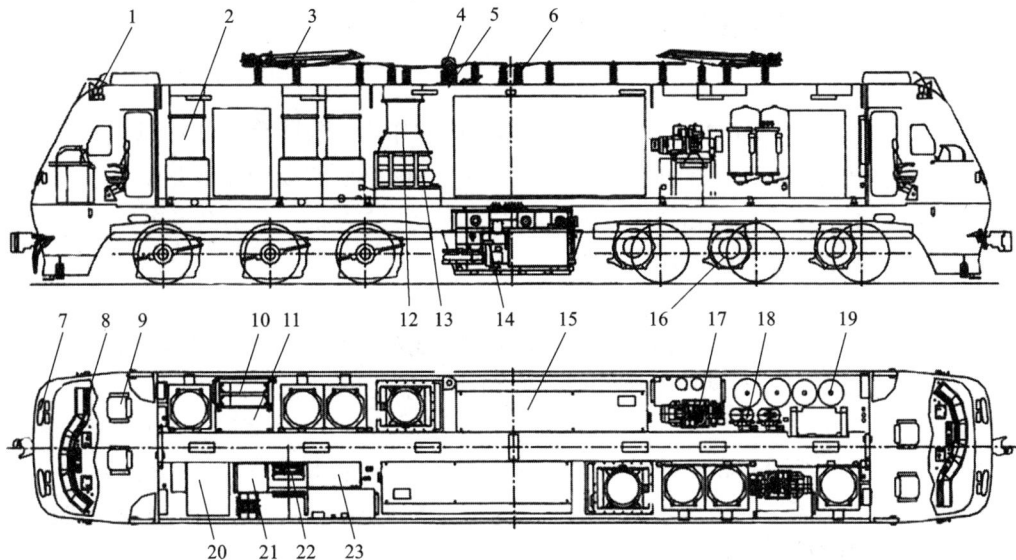

1—前照灯；2—牵引电机通风机组；3—受电弓；4—主断路器；5—高压电压互感器；6—高压隔离开关；7—标志灯；
8—操纵台；9—司机室座椅；10—滤波柜；11—蓄电池充电器；12—复合冷却器通风机组；13—复合冷却器；
14—牵引变压器；15—变流器；16—牵引电机；17—空气压缩机；18—空气干燥器；19—总风缸；20—卫生间；
21—综合通信柜；22—微机及监控柜；23—控制电器柜。

图 10-14　HX$_D$3 型电力机车主要设备布置图

制电器柜、综合通信柜、辅助变压器等设备，设备布置以电气设备为主，各装置按功能和电压进行分区集中布置，这样可提高系统可靠性，降低故障率。

Ⅱ端机械室紧邻Ⅱ端司机室，室内布置有牵引电机通风机组、空气压缩机总风缸、辅助风缸、空气干燥器、制动屏柜等设备，以空气系统设备为主。这样布置有利于布管作业和缩短空气管路，尽量组合成单元，以提高作业效率。

中央机械室位于机车中部室内，布置有主变流装置、复合冷却器及复合冷却器通风机组等设备。中央机械室内安装有两套完全一样的牵引变流器和两台用于冷却牵引变流器的复合冷却器及其通风机组，上述两套设备在中央走廊左右两侧按斜对称布置，以利于机车的重量分配。

（3）机车顶部设备布置。

机车顶盖由三个顶盖组成，都可以从车体上吊离，以利于车内设备的安装。Ⅰ端与Ⅱ端顶盖设备布置完全一样，布置有受电弓和空气绝缘子，设有牵引电机冷却风进风口。车体侧墙不设通风口，以利于提高车体强度。两端顶盖设有通风口，以利于夏季车内降温。Ⅰ端顶盖上开有卫生间通风口。机车上的主要高压设备大部分布置在中央顶盖上，有受电弓高压隔离开关、高压电压互感器、真空断路器接地开关、避雷器、高压电缆及连接母线等，此外还设有辅助变流器通风口和过滤网。

（4）车下设备布置。

车下设备主要为两台三轴转向架，在转向架上配置牵引电机及驱动装置等设备。两转向架之间，在车体底架下面吊挂牵引变压器。另外，在车下还配置了库内移动机车用的电源插座、辅助/控制电路外接电源插座。

二、HX$_D$3 型电力机车电气部分

1. 牵引传动系统

HX$_D$3 型电力机车各种电机、电器设备按其功能和作用、电压等级分别组成几个独立的电路系统，即主电路、辅助电路和控制电路。其中，主电路所实现的功能是电能和机械能的相互转换，是产生机车牵引力和制动力的电器设备电路，主要设备包括高压电器、主变压器、牵引变流装置、牵引电机及相应控制系统。

（1）主变压器。

机车主变压器是将 25 kV 的接触网电压变换为电力机车所需的各种低电压，以满足电力机车各种电机电器工作的需要。主变压器由油箱、器身、油保护装置、冷却系统、其他附属装置等组成。器身由铁心、绕组、绝缘件组成。其中，绕组有 3 种线圈：高压线圈、牵引线圈、辅助线圈。高压线圈的高压端子安装在油箱壁上，其余端子都安装在油箱箱盖上。

通风机和冷却器安装在车体台架的上方。考虑到机车的使用环境，变压器具有抗振、机械强度大、耐热等级高、使用寿命长等特点。

（2）牵引变流装置。

变流装置用于直流和交流之间电能的变换，并对各种牵引电机起控制和调节作用，从而控制机车的运行。每台机车装有 2 台变流装置，每台变流装置内含有 3 组牵引变流器和 1 组辅助变流器，使其结构紧凑，便于设备安装。

HX$_D$3 型电力机车设有两套辅助变流器，向空气压缩电动机、主变压器油泵、司机空调、主变压器内部的水泵、辅助变流器风机等供电。当某一套辅助变流器发生故障时，另一套辅助变流器可以承担机车全部的辅助电动机负载。

（3）牵引电动机。

牵引电动机是机车的重要部件之一，它安装在转向架上，通过齿轮与轮对相连。机车在牵引运行状态时，牵引电动机将电能转换成机械能，通过轮对驱动机车运行。机车在制动状态运行时，牵引电动机将机械能转换成电能，产生机车的制动力，此时电机处在发电状态。

机车在运行中，牵引电机要在启动、爬坡这样的大电流状态下运行；要在过弯道、过道岔这样的冲击和振动状态下运行；还要能适应沿海多雨潮湿、内地干燥风沙的环境。对于交流变频调速异步牵引电动机来说，还有一个特殊之处，就是要在 PWM 波调制的，含有大量谐波和尖峰脉冲的，非标准的正弦波电源供电下工作。因此，牵引电机的工作条件十分恶劣。

HX$_D$3 型机车使用 6 台 YJ85A 型三相鼠笼式交流电牵引电动机，每台输出功率为 1200 kW。该电机为滚动抱轴结构、单端输出；采用强迫外通风，冷却风从非传动端进入，传动端排出；采用 3 轴承结构，3 个轴承均为绝缘轴承，在二端盖处均设有注油口，使用中可补充润滑脂。

2. 高压电器

（1）受电弓。

受电弓是一种铰接式的机械构件，它通过绝缘子安装于电力机车车顶。受电弓的弓头升起后与接触网网线接触，从接触网上集取电流，并将其通过车顶导线传递到车内供机车使用。

HX$_D$3 型电力机车所使用的 DSA200 型单臂受电弓，如图 10-15 所示。

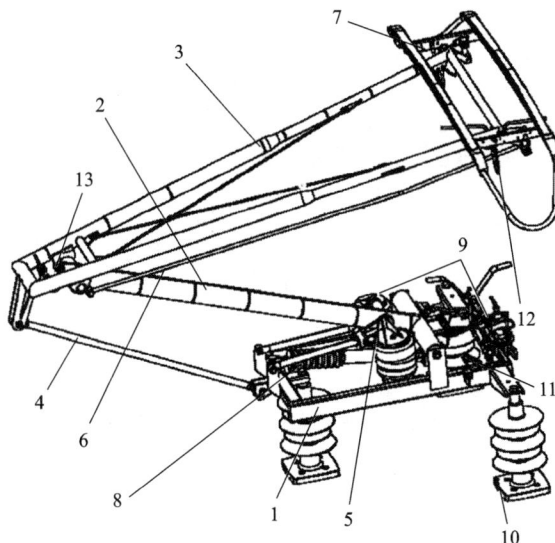

1—底架；2—下臂杆；3—上框架；4—拉杆；5—气囊升弓装置；6—平衡杆；7—弓头组装；8—阻尼器；
9—气路及 ADD 装置；10—支持绝缘子；11—底架电流连接组装；12—弓头电流连接组装；13—肘接电流连接组装。

图 10-15　受电弓结构

受电弓通过支持绝缘子和安装座固定在车顶上，机架上有 3 个电源引线连接点和升弓用气路，机车自动降弓保护功能由受电弓自带的自动降弓装置和 ZD 系列主断控制器共同完成。还装有自动降弓用快速排气阀，ADD 试验阀和 ADD 关闭阀，当电网故障时，可自动降弓保护。受电弓上设置有高压隔离开关，可以实现当　台受电弓发生故障时，可通过控制电器上的隔离开关，将其隔离至对应的隔离位，切除故障的受电弓，使用另一端受电弓维持运行。

（2）主断路器。

主断路器是电力机车的一个重要部件，用于开断、接通电力机车的 25 kV 电路，同时用于机车过载和短路保护。

HX$_D$3 型机车主断路器采用真空断路器，安装在机车顶盖上，以底板为界，分为上下两部分，上面为高压部分和与地隔离的绝缘部分，下面为电空机械装置和低压部分，结构如图 10-16 所示。

真空断路器以真空作为绝缘介质和灭弧介质，利用真空状态下的高绝缘强度和电弧高扩散能力形成的去游离作用进行灭弧，电弧熄灭后，介质强度恢复速度特别快。与空气断路器相比，它具有结构简单、工作可靠、分断容量大、动作速度快、绝缘强度高、机械寿命长、维护保养简单等诸多优点。该设备的设计和开断操作完全适应机车电力牵引的要求和工作条件。

（3）高压隔离开关。

HX$_D$3 型电力机车采用 2 台 BT25.04 型高压隔离开关。机车运行时，高压隔离开关 1、2 均处于闭合位，接通机车两架受电弓的车顶高压线路，从而可用机车上的任意一架受电弓、

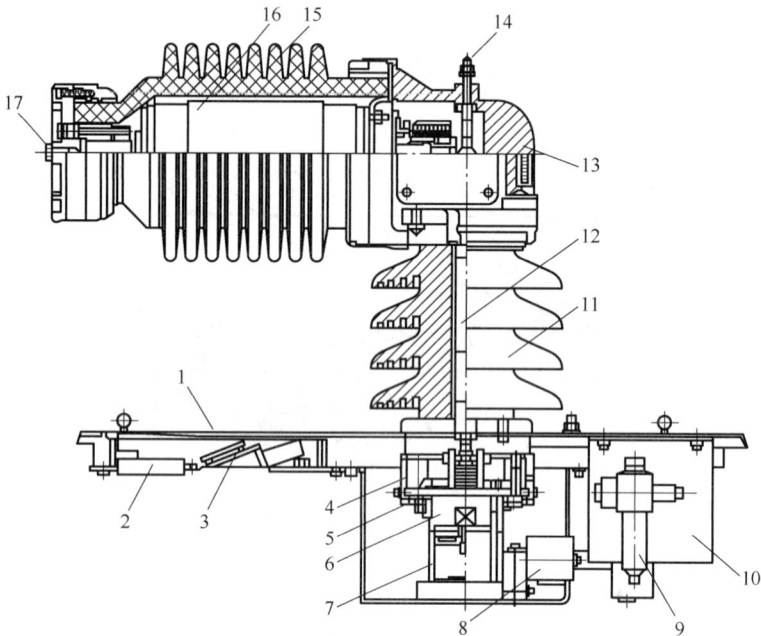

1—底板；2—插座连接器；3—110V 控制单元；4—辅助触头；5—肘节机构；6—保持线圈；7—风缸；8—电磁阀；
9—调压阀；10—储风缸；11—垂直绝缘子；12—绝缘操纵杆；13—传动头组装；14—高压连接端(HV1)；
15—水平绝缘子；16—真空开关管组装；17—高压连接端(HV2)。

图 10-16 主断路器结构图

主断路器控制机车；如果机车的某一架受电弓发生故障，可以通过转换开关断开相应的高压隔离开关，切除故障受电弓，维持机车运行。

（4）高压接地开关。

高压接地开关的主要功能是：当进行机车检查、维护或修理时，把机车主断路器两侧的高压电路接地，保证机车的安全操作，并保证工作人员的人身安全。

此外，还设有高压电压互感器、高压电流互感器。将电力系统的一次电压和电流按照一定的变比缩小为满足要求的二次电压和电流，供各种二次设备使用。

3. 辅助电气

HX_D3 型电力机车的辅助电气系统由辅助变流器、各辅助机组及辅助加热设备等组成。该系统采用冗余设计，具有电压稳定、平衡、节能、噪声小、维护工作量少等优点，辅助变流器是为通风机和压缩机等辅助机组提供三相交流电源的电源装置，根据负载特性不同，系统具有可变电压、可变频率的 VVVF 控制和固定电压、固定频率的 CVCF 控制两种功能。为了确保根据机车运行状况而提供实际所需的冷却风量和降低运转噪声，系统中设有 2 台冷却塔用于通风和设定为 VVVF 控制模式的 6 台牵引电机通风机用于降噪，其他负载采用 CVCF 控制模式。

三、HX$_D$3 型电力机车空气管路部分

1. 风源系统

HX$_D$3 型电力机车风源系统采用两台螺杆式空气压缩机组，配套使用两个双塔干燥器和两个微油过滤器作为风源系统滤水、滤油的处理装置。另外，机车采用 4 个容积均为 400 L 的风缸串联作为压缩空气的储存容器，风缸采用车内立式安装。

（1）主风源系统。

①空气压缩机组。机车空气压缩机组型号为 SL22-47，螺杆式压缩机组。排风量为每台 2750 L/min，其驱动电机为 KB/26-180LB 型交流电机。此空气压缩机组具有温度、压力控制装置，可以实现无负荷启动。冷却器排风口向下向车内排风。空气压缩机组的开停状态由总风压力开关进行自动控制，也可以通过手动按钮强行控制开停。

②空气干燥器。干燥器型号为 LTZ3.2-H，属于双塔吸附式干燥器。该干燥器具有低温加热功能，位于空气压缩机组和总风缸之间，具有过滤压缩空气中油、水，降低压缩空气露点的功能，保证空气系统在正常使用时，不会出现液态水。

（2）辅助风源系统。

该装置采用 LP115 型辅助压缩机组作为辅助风源，将其和升弓控制模块、升弓风缸及风表相连。辅助压缩机组的控制开关位于电器控制柜上，点动开关后，辅助空压机开始工作，当风压达到（735±20）kPa 时，自动切断辅助压缩机的电源。为保证压缩空气和管路的清洁，辅助压缩机配有小型的单塔干燥器和再生风缸。

辅助风源由直流电机、空气压缩机和干式空气过滤器等主要部件组成。辅助空压机为单级压缩，自带法兰安装。直流电机通过联结器和空压机连接。干式空气滤清器可以为压缩机提供纯净的空气。

2. 控制管路系统

HX$_D$3 型电力机车控制管路包括升降弓控制模块。确认车顶门及高压电气控制柜门锁好，拔出黄色钥匙后，插入主断接地开关 QS10，将 QS10 放至运行位后，再将 QS10 上的蓝色钥匙拔出，插入空气管路柜上的升弓气路阀，打开升弓气路。

升弓时，司机将受电弓扳键开关扳至"升"位，控制受电弓电空阀使压缩空气通过电空阀流经由空气过滤器、升弓用单向节流阀、精密调压阀、压力表、降弓用单向节流阀、安全阀组成的受电弓气源阀板和高压绝缘软管进入车顶受电弓升弓装置。气囊充气，推动导盘前移，通过钢索带动下臂绕轴顺时针旋转，此时上臂在推杆的作用下逆时针转动，使受电弓弓头升起。调节节流阀可以调整升弓时间，调节调压阀可以调整滑板对接触网的压力。

降弓时，司机将受电弓扳键开关扳到"降"位，控制受电弓电空阀使气路与大气接通，气囊收缩，下臂做逆时针转动，最终使受电弓弓头降到落弓位。调节节流阀可调整降弓时间。

3. 辅助管路系统

HX$_D$3 型电力机车辅助管路系统主要由停放制动装置、踏面清扫装置、撒砂和鸣笛等装置组成。

（1）停放制动装置。

司机通过位于操作台的旋转开关可以对停放制动进行控制。当旋到制动位时，脉冲电磁

阀的制动电磁阀得电，于是停放制动缸制动；当旋到缓解位，脉冲电磁阀的缓解电磁阀得电，于是停放制动缓解。同时，设置了停放制动和空气制动的连锁，即当制动缸充风制动时，自动缓解停放制动缸。

在发生供电障碍的情况下，就使用脉冲阀的手动装置对停放制动装置进行手动操作。在系统无风的情况下，可以使用停放制动单元的手动缓解装置缓解停放制动。手动缓解后，不能再次实施停放制动，如果需要重新实施停放制动，必须使系统总风压力达到 550 kPa 以上，方可实施停放。

（2）踏面清扫装置。

为了清扫车轮圆周表面的杂物，增大机车和钢轨的黏着系数，每个车轮配有踏面清扫器来配合制动单元的工作。当制动缸压力高于 100 kPa 时，通过压力开关使清扫电磁阀得电，总风进入踏面清扫装置；达到 50 kPa 时，踏面清扫解除。

（3）撒砂和鸣笛装置。

机车设有 8 个砂箱和撒砂装置，每个转向架上设有 4 个砂箱，容积为 100 L/个，撒砂量可在 0.5~1 L/min 范围内调节。撒砂动作与司机脚踏开关、紧急制动、防空转、防滑行等功能配合使用。

机车两端均设有 2 个高音喇叭，1 个低音喇叭，其电空阀由司机操纵台面板上的喇叭按钮、操纵台下的喇叭脚踏开关分别控制。

四、HX$_D$3 型电力机车通风冷却系统

电力机车的通风冷却系统是一个非常重要的系统，它的主要作用是对机车上一些需要进行强迫冷却的电气设备进行冷却，使这些电气设备工作中产生的大量热量经空气冷却，散发到大气中，使工作温升不超过允许值，从而保证机车正常可靠地工作。另外，空气冷却系统还包括机车司机室空调换气装置，以给司乘人员提供一个舒适的工作环境。

当代电力机车均采用独立通风系统，与过去传统的从车体内吸入空气的通风方式不同，车外空气不直接进入车体，而是通过各自独立的风道从车外吸入空气对各部件进行冷却。独立通风方式使车体内形成正压而不是负压，保持机械间相对清洁、干净，减少车内灰尘对车内各种电气设备的污染。

1. 复合冷却通风系统

为减小体积和减轻重量，简化机车冷却系统，主变压器的冷却油和牵引变流器的冷却水共用一套具有强制通风冷却功能的复合冷却系统。

HX$_D$3 型电力机车安装有 2 台复合冷却系统，对称布置在机车中心线两侧，每台复合冷却系统负责对一台牵引变流器的水和主变压器的油(1/2 油)进行冷却。

由于牵引变流器冷却水的工作温度低于主变压器冷却油的工作温度，因此在复合冷却器中将水散热器置于油散热器之前，冷却空气先冷却水再冷却油。把水散热器和油散热器置于一个容器里，用空气冷却，称为复合冷却器。

从牵引变流器来的冷却水（热水）在一定的水压下强迫流经水管进入水散热器的进水侧道，再由此进入散热器水扁管进行散热冷却，水扁管将热传给风翅片，把散热面积扩大，在垂直风向吹送下，热量被空气带走，空气继续吹向下部油散热器，冷却变压器油后排向大气。

由主变压器来的冷却油（热油）在一定油压下经过油管进入油散热器的进油侧道，然后进

入油扁管进行散热冷却，油扁管将热传给风翅片，热量被空气带走。这样，空气经水、油散热器的风侧两次吸收热量后排向大气。经过冷却后的水和油各自通过侧通道、回水(油)管返回牵引变流器和主变压器重新吸收热量，周而复始，循环冷却。

HX$_D$3 型电力机车的 2 台复合冷却器采用 2 台通风机组进行独立冷却。每台复合冷却通风系统示意图如图 10-17 所示。空气由车顶滤网经过进风道进入复合冷却通风机后，再经异径风道，进入复合冷却器进行冷却，而后风从车底排入大气。

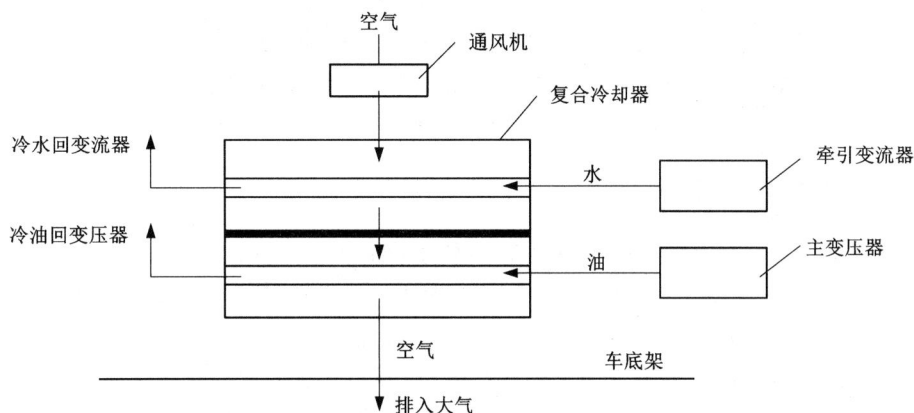

图 10-17 复合冷却通风系统示意图

2.牵引电机通风冷却系统

由 6 台牵引风机组等部件组成的牵引电动机通风冷却系统分别对 6 台牵引电动机进行独立冷却。每台牵引电动机通风冷却系统示意图如图 10-18 所示。

机车可拆卸顶盖的夹层作为进风道，大气通过百叶窗、顶盖夹层进入牵引通风机组后再经过风道内的惯性过滤器进入牵引电动机进行冷却，然后空气排向车外大气。通过惯性过滤器的空气还有两个分支路，一个支路是经过自动排尘装置排入大气，另一个支路是经过牵引通风机底座的

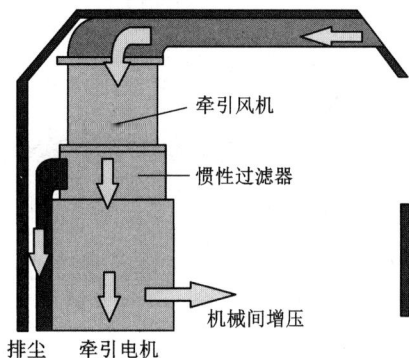

图 10-18 牵引电动机通风冷却系统示意图

风道侧旁风口，通过金属过滤网向车内排风，以确保机械间内空气的清洁，并在机械间内形成对流，及时带走机械间各电气部件散发的热量，有效地降低机械间温度。

3.辅助变流器通风冷却系统

机车具有 2 台辅助变流器，分别安装在 2 台辅助变流器柜内，具有各自独立的通风冷却系统。

第四节 机车车体

机车的车体属于机械部分的重要组成之一，主要用来安设司机室和绝大多数的电气设备、辅助机组。机车的车体主要由司机室和机械间组成，其中司机室是指机车操纵人员操纵机车的工作场所。现代干线电力机车车体两端均设司机室，可以双向行驶，不需转头。机械间为安装各种设备的处所。大多数机车电气设备及辅助电动机组，都安设在机械间内。根据主要设备的布置，机械间内又分为若干个室，如变压室、高压室、低压室、机械室等。本节以 HX_D3 型电力机车以及 HX_N5 型内燃机车为例，对机车车体进行介绍。

一、HX_D3 型电力机车车体

HX_D3 型大功率交流传动货运电力机车车体为整体承载结构，图 10-19 为车体总图。车体钢结构主要由司机室装配、底架装配、侧墙装配以及车顶连接横梁等结构组成一个封闭框架的箱形构体，在这一长方形构体中，最重要的是合理配置骨架材料，使侧墙立柱，车顶固定横梁、底架横梁连接位置一致，接近于环状结构，从而形成车体整体刚性，同时，它与牵引装置、前围板装配、排障器安装等辅助结构组成一个完整的功能整体。司机室采用框架/网架式，外形采用小流线型形式；侧墙采用网架式；底架采用有中梁式(不贯通)，中梁作为机械间中间走廊的支撑。由此，车体整体框架由柱、梁和桁架等纵向贯通构件来承受轴向力成

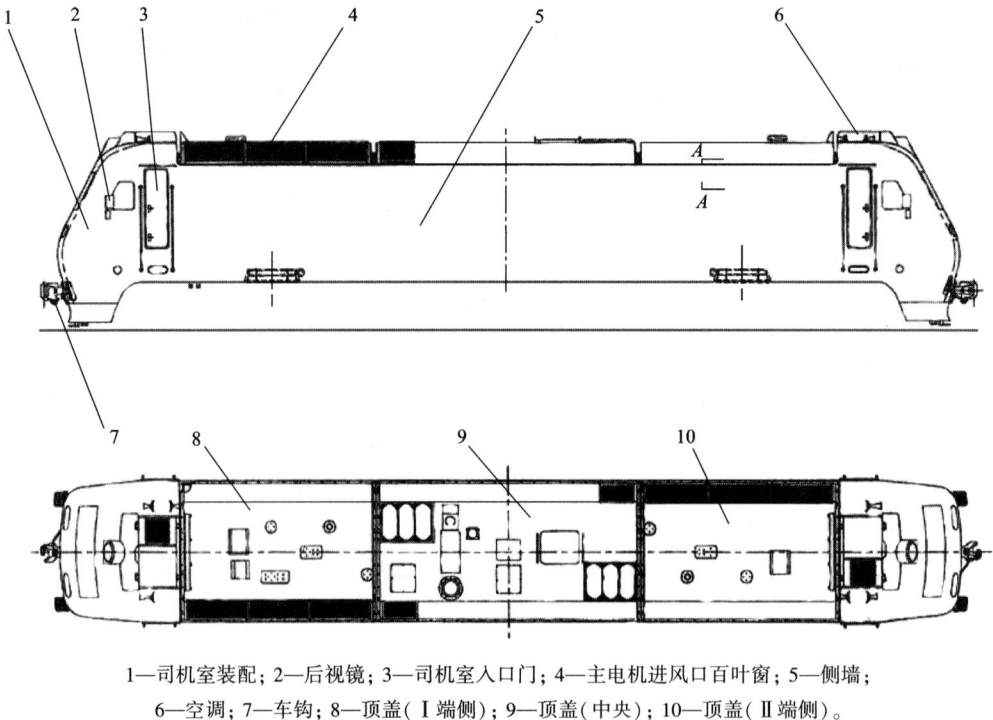

1—司机室装配；2—后视镜；3—司机室入口门；4—主电机进风口百叶窗；5—侧墙；
6—空调；7—车钩；8—顶盖(Ⅰ端侧)；9—顶盖(中央)；10—顶盖(Ⅱ端侧)。

图 10-19 HX_D3 型电力机车车体总图

分，由蒙皮、底架盖板等薄板来承担剪切力成分。由于载荷不能直接传递到这些薄板上，所以要通过底架、侧墙、司机室骨架等构件来承受载荷，并将其分散到薄板上。机车设备主要集中在车上，也就是大部分设备安装在车体底架上。除底架外，车体侧墙也承受着部分垂直载荷，侧墙立柱都与底架相连，负责将载荷分散传递到蒙皮上。由于侧墙承担着几乎所有的因垂直载荷而产生的车体剪切力，因而侧墙的强度与提高车体弯曲刚性的关系最为密切。如果将车体看作是由转向架在旁承座处支承的"梁"，则由垂直载荷所产生的最大剪切力作用在旁承梁处。另外，司机室有入口门、前大窗、侧提窗等，这些在司机室钢结构上的开口部分是强度较为薄弱的环节，因而在钢结构设计上应尽可能避免应力集中，同时配置补强板以增加刚性。

考虑到机车落轮、吊装、救援的需要，在底架靠近前后旁承座部位设置有整体起吊用吊车销孔，在前后端部牵引梁处设置救援用的吊车销孔，并在车体边梁上安装吊座，以便在需要时将车体和转向架一并吊起。

1. 底架装配

底架是机车主要承载部件，它承受车体本身的重量和车内所有设备的重量，同时还传递牵引力和制动力以及复杂的动应力。图 10-20 是 HX_D3 型车体底架装配示意图，主要有端梁、旁承梁、变压器梁、边梁等。其中端梁安装有钩缓装置用以牵引；变压器梁下面吊挂着主变压器；旁承梁则通过旁承座连接转向架，支撑整个车体。对于重载机车，底架钢结构的强度和刚性尤其重要。

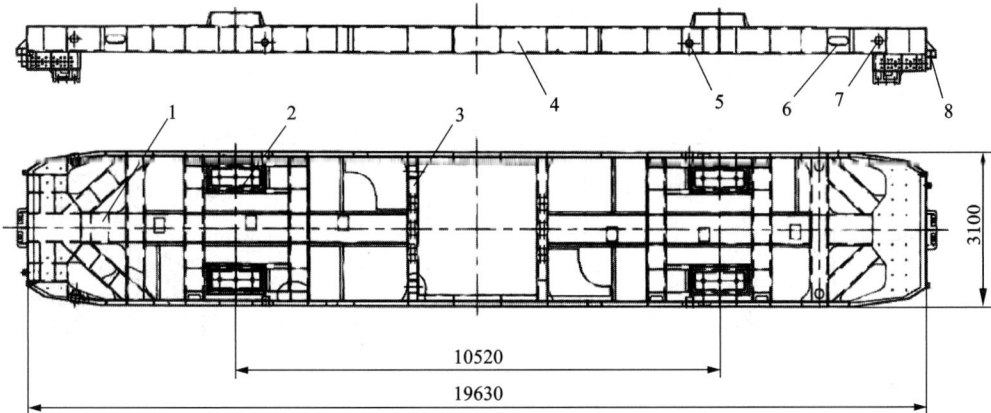

1—端梁；2—旁承梁；3—变压器梁；4—边梁；5—吊车筒；6—脚蹬；7—救援吊座；8—冲击座。

图 10-20　HX_D3 型机车底架装配

底架前后端梁直接传递机车的纵向牵引力、制动力以及纵向冲击载荷，其下部结构为车钩箱，用于安装车钩及缓冲器。该机车用单牵引拉杆低位牵引，牵引拉杆座位于端梁端部下方，落差较大，极易造成应力集中。端梁是较为复杂的焊接箱形体，要使受力结构件组成的横截面平缓过渡，从而很好地消除应力集中，将牵引载荷顺利地过渡到端梁的中间梁，进而传递到底架两侧边梁。在端梁两侧边梁上，安装有整体铸造的救援吊座，作为单头起吊吊销孔。

旁承梁通过旁承座与转向架二系弹簧连接，承受机车的垂向载荷。旁承梁是钢板组焊成的箱形梁，横向跨连着底架两边侧梁，纵向连接着端部牵引梁与中梁，往中间通过中梁与变压器安装梁相连，使底架成为整体的框架。

变压器梁是由两根横梁加侧边梁组成的方形结构，横向与底架侧梁连接。变压器梁的横梁是箱形结构，具有足够的刚度和强度。主变压器通过安装螺栓吊挂在变压器梁下方。变压器梁主要承受变压器的垂向载荷及其产生的惯性力。

边梁是底架的重要受力部件。边梁是狭长的箱形结构，由压型槽钢与宽 550 mm、厚 16 mm 的外板组焊而成，箱形梁内部布置有加强筋板。车体侧墙就固定在边梁上面。

2. 司机室钢结构

根据司机室"小流线"外形特点，钢结构采用传统的"板梁组合"结构，所有的板梁厚度均为 8 mm，而跟底架焊接的板梁厚度为 20 mm。由于司机室是车体承载纵向力的必经之路，再加上前窗四周，侧窗上下等某些特殊位置容易形成应力集中，所以在这些部位布置有较强的封闭箱形梁，以满足承载的要求。

3. 侧墙

侧墙立柱都与底架边梁相连，由于侧墙承担着几乎所有的因垂直载荷而产生的车体剪切应力，因此侧墙的结构设计极其重要，要保证侧墙的强度并提高车体弯曲刚度。侧墙的主要抗剪切构件是外蒙皮。HX_D3 型机车车体侧墙的骨架是由立柱和横梁组成的骨架网格（图 10-21），该网格梁全部采用方管。蒙皮焊在骨架网格上。底架的载荷有效地、均匀地传递至网格和蒙皮。这种网格加蒙皮的侧墙具有很好的强度与刚度，而且重量也较轻。侧墙两端与司机室骨架连接。侧墙蒙皮在上横梁处翻边 10 mm，用于顶盖密封胶条安装。

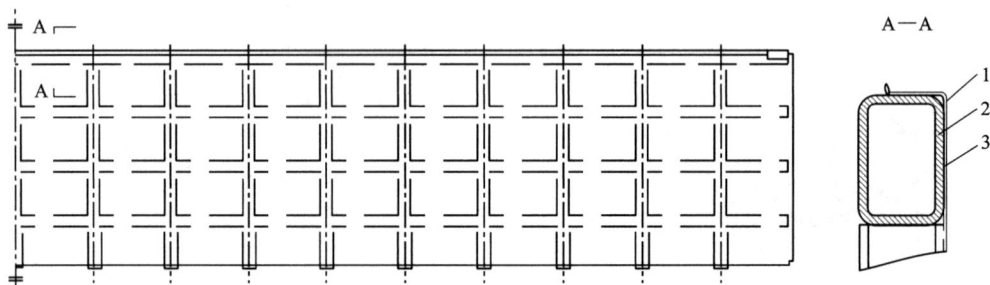

1—上蒙皮；2—骨架方管；3—侧墙蒙皮。

图 10-21　HX_D3 型机车车体侧墙

4. 顶盖

HX_D3 型机车车体顶部设有 3 个可拆卸的活动顶盖，分别为 Ⅰ 端侧顶盖、中央顶盖、Ⅱ 端侧顶盖。虽然顶盖不作为车体整体的承载部分，但其上面有车顶电气设备，如受电弓、断路器、隔离开关、导体、绝缘体等，另外对提高车体的自振频率有很大的作用，因此结构设计时也要求考虑到足够的强度和刚度。同时，牵引电机通风也从顶盖部分进入，在 Ⅰ 端侧顶盖、Ⅱ 端侧顶盖上设有独立结构通风风道，风道成为顶盖的主要构架。中央顶盖蒙皮内侧分布有立板梁，作为支撑，板梁之间用压型梁连接，作为网格骨架，各顶盖上根据车顶电气设备安装需要，设有相关的安装支座。在车内设备相应位置，在顶盖设有进风口，装有百叶窗供通风冷却。为能够通过车内梯子到达车顶进行各种作业，设置有活动天窗(人孔盖)。

由于电力机车内布置大量电气设备，且顶盖的制造精度以及顶盖与车体之间的间隙很难达到理论设计尺寸要求，因此整个顶盖的密封防水就显得尤为重要。HX_D3 型机车顶盖安装方式是采用双层密封胶条结构，确保顶盖安装密封。

二、HX_N5 型内燃机车车体

HX_N5 型内燃机车采用单司机室外走廊罩式车体、车架承载方式。车体所有载荷均由车架承担，车架要设计得具有足够的强度和刚度。车体的上部结构不必进行特殊的设计，只要能保证其自身工作所需的强度和刚度即可。采用车架承载、罩式车体，使得结构简单紧凑，造价低，上部车体(罩)易于拆装，便于机车设备的安装和维修。走廊设在车罩外，司乘人员检修机器设备时，必须打开车罩侧面的门。司机室布置在机车的一端，高于并宽于车罩，以便司机向两端瞭望。司机室内布置有正操纵台和副操纵台，分别用于控制机车 1 号端方向和 2 号端方向运行。机车折返时，不必通过转盘换向。一般机车前后都设有司机室，该机车采用单司机室使车体结构简化，并缩短了长度。新生产的 HX_N5 型内燃机车则采用了双司机室结构。

1. 车体结构

HX_N5 型内燃机车由车架、司机室(电气柜、厕所设置在内)、辅助室、发电机室、柴油机室和冷却室等组成，如图 10-22 所示。两端各设扶手和侧梯，供司乘人员上下机车。

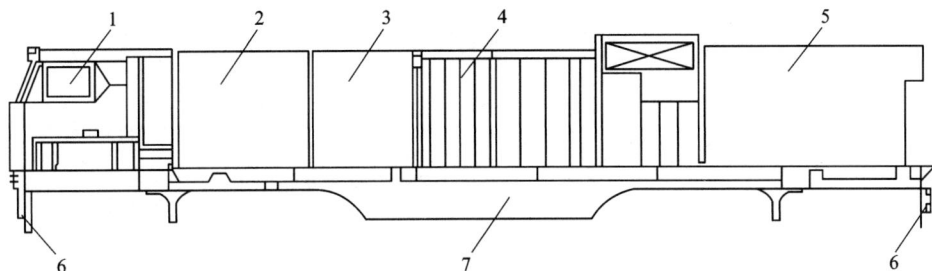

1—司机室；2—辅助室；3—发电机室；4—柴油机室；5—冷却室；6—排障器；7—车架。

图 10-22 HX_N5 型内燃机车车体结构

2. 车架

车架(图 10-23)是承载部件，所有的力都由车架传递，因此对车架的强度和刚度都有很高的要求。HX_N5 型内燃机车的车架采用双箱形梁结构，车架中部的燃油箱与车架焊成一个整体，参与车架承载，显著地增大了车架的强度和刚度。

车架由车架端部一(一号端)、车架端部二(二号端)、整体承载式燃油箱、侧脚蹬以及扶手等组成。

车架端部一和端部二前后对称，由左右箱形梁、左右起重梁、间壁梁、牵引销装配和端部装配等组装而成(图 10-24)。

车架受力的基础是前后贯通的两根箱形梁。箱形梁由 20 mm 厚的上下盖板和 8 mm 厚的

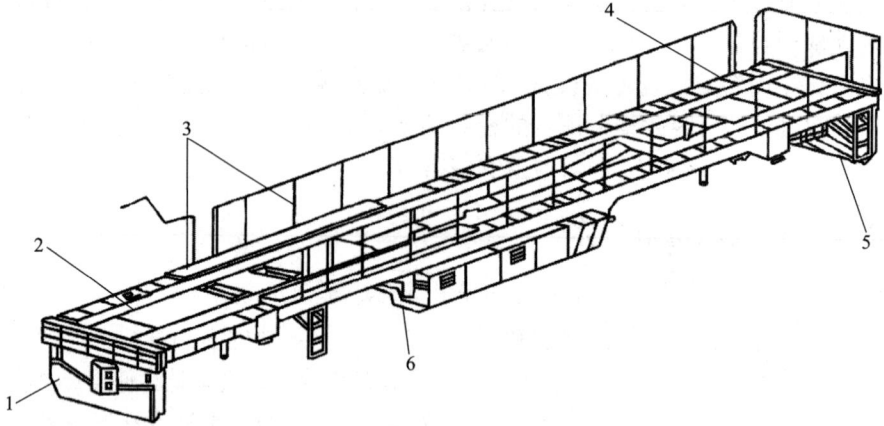

1—排障器；2—端部一；3—扶手栏杆；4—端部二；5—排障器；6—燃油箱装配。

图 10-23　HX$_N$5 型内燃机车车架

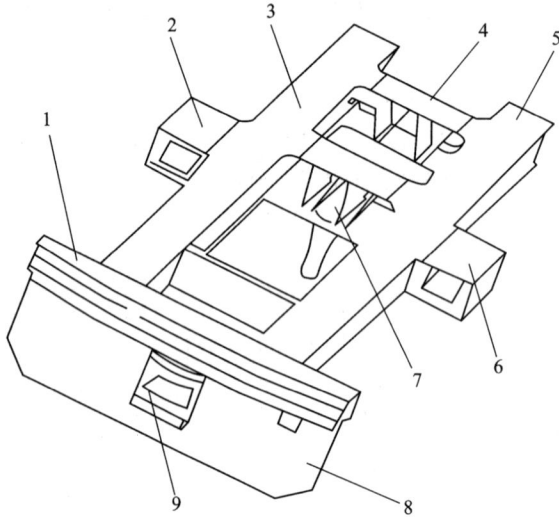

1—防爬装置；2—右起重梁；3—右箱形梁；4—间壁梁；5—左箱形梁；
6—左起重梁；7—牵引销装配；8—排障器；9—钩缓安装座。

图 10-24　HX$_N$5 型内燃机车车架端部

左右侧板焊成箱形。起重梁也用 20 mm 厚的钢板焊接而成。为方便线缆管路布置，箱形梁和起重梁设计有管路线缆穿孔。

间壁梁上下盖板采用 12 mm 厚的钢板，中间搭配 12 mm 厚的筋板呈 W 形排列。牵引销装配上部与间壁梁结构相似，下部装牵引销。端部装配由排障器、车钩缓冲器安装座、防爬装置等组成。

排障器在车架前后各设置一个，为 12 mm 厚度的大平面钢板。排障器下端面距轨面高度可随车轮踏面磨耗调整为(110+10) mm。排障器中央底部能承受相当于 140 kN 静压力的冲击力。排障器除了能够排除轨道障碍物外，还具有一定的除雪功能。

第五节　重载铁路的发展

推进交通运输低碳发展，节约资源，解决用高级能源运输初级能源的问题，是我国践行绿色发展"十三五"规划的主要工作方向之一。铁路运输尤其是重载铁路运输因其运能大、效率高、运输成本低而受到世界各国铁路部门的广泛重视，在世界范围内迅速发展。据统计，对于煤炭等大宗货物的运输，与公路相比，重载铁路运输的成本为其 1/4~1/3，能耗约为其 1/14，吨公里事故损失额约为其 1/73。重载铁路运输是全球公认的最具可持续发展性的交通运输方式，是铁路货运发展的主流方向。《中国制造 2025》技术路线图将研制 30 t 轴重的重载电力机车列为 6 个重点发展产品之一，也充分彰显了发展大功率重载电力机车的重要意义。可以说"货运重载"是继"客运高速"之后我国铁路发展的又一大引擎。

世界各国铁路由于运营条件、技术装备水平不同，采用的重载列车运输形式和组织方式也各有特点。国际重载协会先后于 1986 年、1994 年和 2005 年 3 次修订重载铁路标准。根据最新的标准定义，对于新申请加入国际重载协会的重载铁路，必须满足以下 3 条标准中的至少 2 条：①列车质量不小于 8000 t；②轴重达 27 t 以上；③在长度不小于 150 km 线路上年运量不低于 4000 万 t。重载铁路具有轴重大、牵引质量大、运量大的特点，大多采用单元、组合等列车编组形式。与普速客货共线铁路相比，重载铁路在功能定位需求、内在技术特点和运输组织模式等方面存在显著差异。

当前我国满足重载列车需求的主要有以下三条线路。

(1) 大秦铁路。

大秦铁路是国内第一条开行重载单元列车的双线电气化铁路，全线长 653 km，西起大同，东至秦皇岛，年运量开始为 5500 万 t，远期可达 1 亿 t，于 1992 年 12 月 21 日正式开通。

2014 年 4 月 2 日，由中国铁路总公司在大秦铁路组织实施的牵引重量 3 万 t 重载列车运行试验取得了圆满成功。这是我国铁路重载运输发展新的里程碑，中国也成为世界上仅有的几个掌握 3 万 t 铁路重载技术的国家之一。

(2) 瓦日铁路。

线路起点为山西省吕梁市兴县瓦塘镇，终点为山东省日照港。线路正线全长 1260 km (含吕临支线共线部分)，山西省境内 599 km，河南省境内 255 km，山东省境内 426 km。初步设计方案线路经山西省吕梁市、临汾市、长治市后以隧道形式翻越太行山进入河南省境内，经安阳市、鹤壁市至终点汤阴东站，根据部、省要求，工程于 2010 年 4 月 1 日在山西境内全线开工，瓦塘—碛口段到 2013 年 9 月 30 日竣工，工期为三年半；碛口以东至日照到 2014 年 9 月 30 日竣工，工期为四年半；2010 年山西省境内要完成投资 115 亿元。

山西中南部铁路通道项目的实施对我国能源发展战略、建设大型煤炭生产基地、保证沿海和华东地区煤炭需求、保障我国能源安全、强化煤运通道能力和煤运系统运输安全，以及实施中部崛起战略、促进沿线地区经济发展、建设和谐社会、盘活国家存量资产具有重要意义。

2014 年 12 月 29 日，瓦日铁路(原山西中南部铁路通道)全线正式开通。货运列车可直接进入日照港，并在日照市区实现货运南进南出。

（3）神华铁路。

神华铁路以外运神华自产煤为主，适当兼顾地方运量，现拥有包神铁路集团公司、神朔铁路分公司、朔黄铁路公司、准能大准铁路公司、铁路货车公司、神华轨道维护分公司、准池铁路、蒙东铁路公司等 8 个骨干企业。截至 2014 年底，营运里程共计 2026 km，在建里程 340 km。2014 年完成货运量 4.12 亿 t。

在本节中，主要对大秦重载铁路发展进行介绍。

一、大秦线简介

大秦铁路是中国第一条双线重载电气化运煤专线，全长 653 km。1985 年开工建设，1992 年底全线投入运营。2002 年大秦铁路运量已达到 1 亿 t 设计能力，中国经济发展要求大秦铁路必须快速成倍提高运输能力。

2003 年以来，中国铁路依靠技术创新，持续提高大秦铁路的运输能力。2007—2009 年，大秦铁路年运量都超过了 3 亿 t，其中最高达到 3.4 亿 t，是原设计能力的 3.4 倍。中国大秦铁路已成为世界上运量最大的重载铁路。

大秦线多山区、多曲线、多隧道，最长的军都山隧道 8.4 km，重车方向有两段长大下坡道，分别为 47 km 和 50 km，坡度分别为 8.2‰和 9.1‰，最大坡度达 12‰。

二、大秦线运输特点对技术的要求

大秦线集、疏、运系统呈树形结构，西部有 100 多个装车点，东部有秦皇岛港等十几个卸车点，大秦线是多点对多点的运输方式，而不是点对点的运输方式。

列车轨道需要经常维修，以确保行车安全、平稳，按规定的速度运行。重载运输条件下的轨道与一般轨道相比，承受列车轴重由原来的 10 t 增加到 25 t，甚至最大达到 35 t；列车牵引总重，从原来的 1000 多吨增加到最大数万吨。因此加剧了轨道部件的损坏、道床残余变形的积累，严重影响行车安全。

重载铁路需要谨慎考虑自然灾害对路基稳定性的影响。重载对路基强度及稳定性的另一方面的要求是保证基床有足够的强度以满足重载远行列车的需要。和一般条件线路相比，重载铁路的路基基床承受着更大的载荷。重载条件下列车对基床的作用有着更复杂的动力效应。

重载铁路列车必须采用大功率的电力或内燃机车，并追求轮轨之间的最佳黏着特性来提高机车的牵引能力。大功率交流传动内燃机车和电力机车采用径向转向架成为国际重载机车的发展趋势。重载机车无线遥控操纵系统（LOCOTROL）能够有效减少成本。对重载列车，提高轴重并降低自重迫在眉睫，新型制动技术对列车运行也至关重要。养路机械的采购更新也必须紧跟步伐。

大秦重载铁路建设面临的主要技术难点包括：

①山区铁路通信信号可靠性问题，必须保证在山区、隧道等恶劣地形条件下无线传输指令的安全可靠。

②长大下坡道周期循环制动问题，必须通过空气制动与电制动配合使列车减速，保证下次制动时有足够制动力。大秦线路主要的长大坡道如图 10-25 所示。

③长大列车纵向冲动问题，必须解决好 2700 m 的长大重载组合列车产生的较大纵向力。

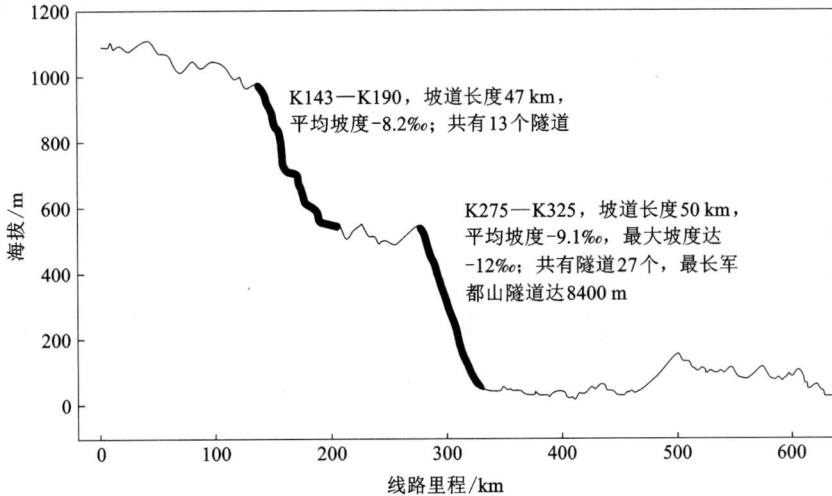

图 10-25　大秦线的长大坡道信息

三、大秦线重载运输的先进技术

大秦线重载运输所采用的先进技术如图 10-26 所示，对该技术的详细介绍如下。

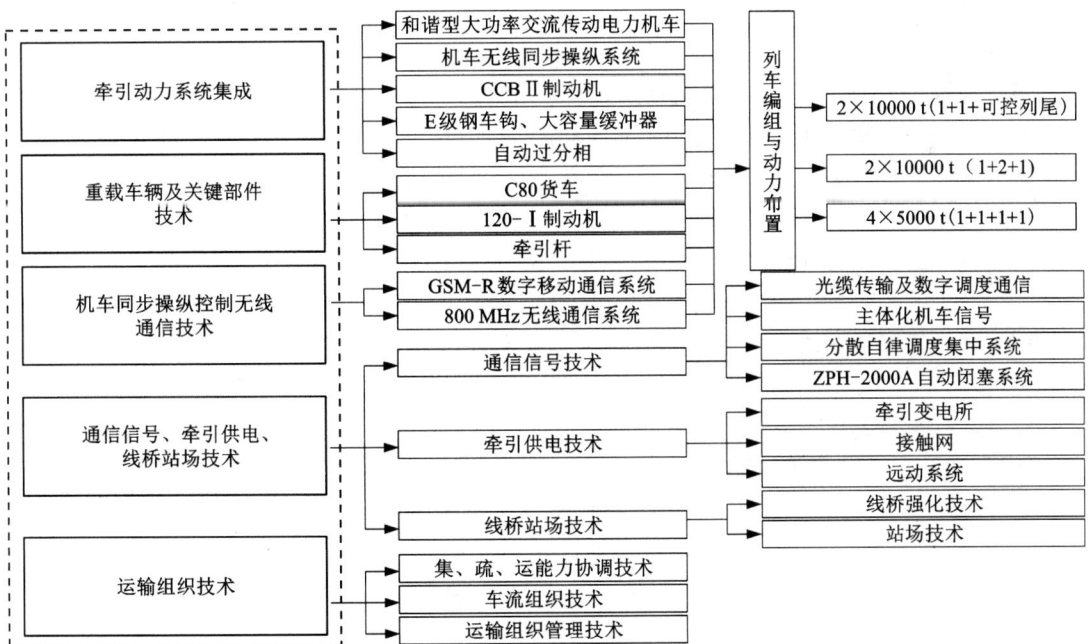

图 10-26　大秦线重载运输采用的新技术

①采用网络化无线同步操纵系统。在世界上首次实现了 LOCOTROL 技术与 GSM-R 技术的结合，并成功应用于 2×10000 t 重载组合列车。可实现列车编组内机车台数、主控和从控机车距离以及控制的列车对数不受限制。

②实现 800 MHz 数据电台与机车无线同步操纵技术结合，通信传输距离由 450 MHz 的 650 m 提高到 800 MHz 的 790 m。

③研制采用和谐型大功率机车，当前大秦线正逐步用大功率交流电力机车替代原来的直流机车。

④研制采用 25 t 轴重、载重 80 t C_{80} 型铝合金运煤专用敞车和 C_{80B} 型不锈钢运煤专用敞车。

⑤研制采用 120-I 制动阀、中间牵引杆、E 级钢车钩和大容量弹性胶泥缓冲器等配套技术装备，使列车纵向冲击力减少了 35%。

⑥研制采用机车自动过分相装置，可实现单台机车自动过分相、双台外重联机车自动过分相和无线分布式组合列车机车自动过分相功能。

⑦研制开发了可控列尾装置，可节省 1 台尾部机车，提高了制动效能，减少了列车纵向冲动。

⑧对机车 LOCOTROL 制动机的控制保护进行优化，大幅减少紧急/惩罚制动保护数量。

⑨改进机车制动机和车钩缓冲器性能，优化组合列车操纵，提高组合列车运行安全性。

⑩进行不同型号机车混合牵引 2 万 t 重载组合列车的技术改造和试验验证。

⑪研制采用大容量牵引变压器、重载电气化铁路 150 mm² 承力索、接触线及 16 种配套的接触网零件。

⑫研究了重载铁路桥涵加固技术和延长钢轨使用寿命技术，研制了新型 75 kg/m 钢轨，强化了线桥设备。

⑬开发了大秦铁路分散自律调度集中系统(CTC)，确保运输安全，提高运输效率。

⑭研制采用 5T 车辆运行安全监控系统，利用红外测温、力学检测、声学诊断、图像检测等检测手段和信息化技术，对运行中的车辆进行动态检查，确保安全，提高运输效率。

⑮对站场、牵引供电、信号设备进行了必要的技术改造，使其达到重载铁路的运行需求。

复习思考题

1. 结合我国国情，谈一谈我国为何要大力发展电力机车？与此同时，为什么仍然需要保留内燃机车？

2. 内燃机车的辅助系统包含哪些部分？它们分别起什么作用？结合内燃机车辅助系统的分工合作，思考个人与团队之间的相互关系。

3. 交-直-交型内燃机车的基本工作原理是什么？相比于交-直型内燃机车，有哪些优势？

4. 交-直-交型电力机车的工作原理是什么？有哪些组成部分保证其正常工作？

5. 谈一谈未来我国机车可能的发展走向。

第十一章
动车组总体

第一节　动车组基本组成和分类

　　动车组指由若干带动力的车辆(动车)和不带动力的车辆(拖车)组成的,在正常使用寿命周期内始终以固定编组运行,不能随意更改编组的一组列车。

　　动车组由车体、辅助供电系统、车辆连接装置、转向架、列车控制与监测系统、车辆内部设备、牵引控制系统、制动装置等组成,如图11-1所示。

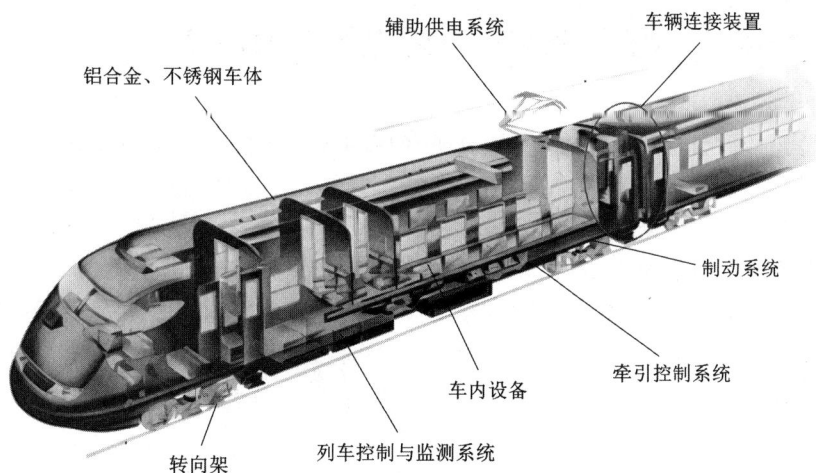

图11-1　动车组基本组成

1.按速度等级划分

①准高速动车组——最高运行速度为 160~200 km/h;

②高速动车组——最高运行速度为 200~400 km/h;

③超高速动车组——最高运行速度在 400 km/h 以上。

2. 按牵引动力类型划分

①内燃动车组——由柴油机提供动力；

②电力动车组——由供电接触网提供动力；

③磁悬浮动车组——由电磁系统提供动力。

3. 按动力配置方式划分

①动力集中型动车组。动力集中型动车组是指将整列车动力集中在动车组一端或两端的车辆上，其余中间车辆不带动力(即为拖车)，动力车只牵引不载客，拖车只载客不牵引。例如 ICE1、TGV-A 等。

②动力分散型动车组。动力分散型动车组是指将整列车动力分散到动车组的若干车辆上，车辆有带动力的动车，也有不带动力的拖车，也可以全部车辆都带动力。动车组的全部车辆都可以载客。例如 300 系、ICE3、AGV 等，我国生产的 CRH 型动车组均属于动力分散型动车组。

4. 按转向架连接方式划分

①独立式高速动车组。独立式动车组采用传统的车辆与转向架的连接方式，每节车辆的车体都置于两台转向架上，车辆与车辆之间用密封式车钩相连接，列车解体后车辆可独立走行。例如德国的 ICE 型动车组、日本新干线动车组。

②铰接式高速动车组。铰接式动车组将两节车辆的车体用弹性铰相连接，并放置在一个共用的转向架上，因此每节车辆不能从列车上分解下来独立走行。例如法国的 TGV、AGV 动车组等。

第二节 动车组主要技术特点

动车组是包括材料、机械、电子、计算机和控制等现代技术的集中体现，其具备以下技术特点。

1. 良好的空气动力性能

不同列车速度下空气阻力所占的比例如表 11-1 所示，动车组速度>200 km/h，往往靠头尾部以及整个列车的流线型(包括车顶和车下设备)来减低空气阻力，并尽量降低表面粗糙度和列车高度。还需考虑列车明线运行气动性能、列车交会气动性能、列车过隧道气动效应、列车风、横风稳定性等。

表 11-1　不同列车速度下空气阻力所占的比例

速度/(km·h^{-1})	20	50	100	160	200	300
空气阻力所占比例/%	2	15	41	55	70	>85

2. 车体结构轻量化

车体结构的轻量化技术一是采用新材料，二是合理优化结构设计。各国高速动车车体主要材料是铝合金、不锈钢和高强度耐候钢，从发展趋势看，铝合金将成为动车组车体的主导材料。

由于车内设备约占客车总重量的20%，轻量化具有重要意义。车内设备如门、窗、行李架、座椅、供水设备、卫生设备等，选用轻合金或高分子工程材料和复合材料，可大大减轻设备重量。车内装饰板材广泛采用薄膜铝合金墙板、工程塑料顶板等。其他设备轻量化举例如下：日本100系采用直流牵引电机，每台质量825 kg(功率为230 kW)，而300系采用交流感应电机，每台质量仅390 kg(功率增至300 kW)；德国ICE-3的主变压器铁芯采用优质铁-铝合金，使导磁率提高4~5倍，又将铜编线改为铝编线，冷却使用硅油，其总质量由11.5 t降为7 t等。

转向架结构轻量化技术：通过构架结构轻量化，采用焊接构架可比铸钢结构减重50%左右；轮对轻量化，采用空心车轴和小直径车轮，从而减轻转向架重量；轴箱和齿轮箱采用铝合金材料，铝合金轴箱的重量只有原来的40%左右，齿轮箱亦减到原来的56%。

3. 密接式车钩缓冲装置

车辆间的牵引缓冲装置是关系到缓和列车冲击、提高旅客舒适性和列车安全的重要部件，高速列车对牵引缓冲装置提出了更高的要求。目前世界各国高速列车(如日本、德国)普遍采用密接式车钩连接装置，两车钩连接面的纵向间隙一般小于2 mm，上下、左右偏移也很小，为提高列车的运行平稳性和电气线路、风管的自动对接提供了保证。

4. 交流传动技术

早期电力牵引传动系统均采用交-直传动，由于直流电动机的单位功率重量较大，使高速列车既要大功率驱动又要减轻轴重，特别是与减轻簧下部分的质量形成难以克服的矛盾。在交流传动系统中，交流牵引电动机具有额定输出功率大、结构简单、体积小、重量轻、易维修、速度控制方便、效率高等系列优点。

5. 列车自动控制及故障诊断技术

目前高速铁路自动控制方式主要分两类：一类是以设备为主、人控为辅的控制方式，以日本新干线采用的ATC方式为代表；另一类是人机共用、人控为主的方式，以法国TGV高速列车为代表，主要采用TVM300型安全防护系统及改进的TVM430型安全防护系统，还有德国ICE高速列车采用的FRS速差式机车信号和LZB型双轨条交叉电缆传输式列车控制设备等。

6. 车辆信息控制系统

车辆信息控制系统通过列车总线来传送信息，控制传输部分为双重系统，系统由冗余性系统组成：信息中央装置、信息终端装置、列车信息显示器、车内信息显示器。

7. 动车组监测诊断系统

实施车上监测和诊断的目的是提高运营安全性和车辆运用率，优化运行管理，便于运用和维修作业。监测和诊断的主要任务：

①识别部件磨耗和偶发性故障，并记录故障信息；

②尽量明确显示故障发生的部位和功能范围；

③在故障情况下提示运行方式，包括提出保持功能措施的建议；

④提示迅速排除故障的维修方式；

⑤必要时提示紧急制动作用；

⑥自动化整备作业，包括全自动制动过程试验等。

第三节　和谐号系列动车组

一、和谐号动车组结构特征及类型

1. CRH1 型动车组结构特征及类型

图 11-2 为 CRH1 型电力动车组，主要有四种型号——CRH1A、CRH1B、CRH1E 和 CRH1A-A，其中 CRH1B 和 CRH1E 各有两种头型。

CRH1A 采用交流传动及动力分散式，标称速度为 200 km/h，持续运营速度为 200 km/h，最大运营速度为 250 km/h。列车编组方式是全列 8 节，包括 5 节动车及 3 节无动力中部车厢（5M3T）。动车组正常运行时，采用单弓受流，另一台备用，处于折叠状态。车端连接装置采用德国系统的夏芬伯格式 10 号密接全自动车钩，内置机械、空气、电气连接机构和通路。头车两端采用半自动密接车钩，内有机械、空气连接机构和通路，带有车钩引导杆，容许两组

图 11-2　CRH1 型电力动车组

动车重联运行。列车网络控制系统采用符合 IEC 61375 标准的 TCN 分布式智能网络系统，通过网络对列车及各设备实施控制、监视和诊断。

如图 11-3 所示，CRH1A 型动车组由钢材设计，内部构架提供足够的强度和刚度。车体为不锈钢点焊结构，摇枕、前端构造和缓冲梁采用低碳钢。在带司机室车体结构中使用碳钢能吸收撞击能量，驾驶室为变形区。

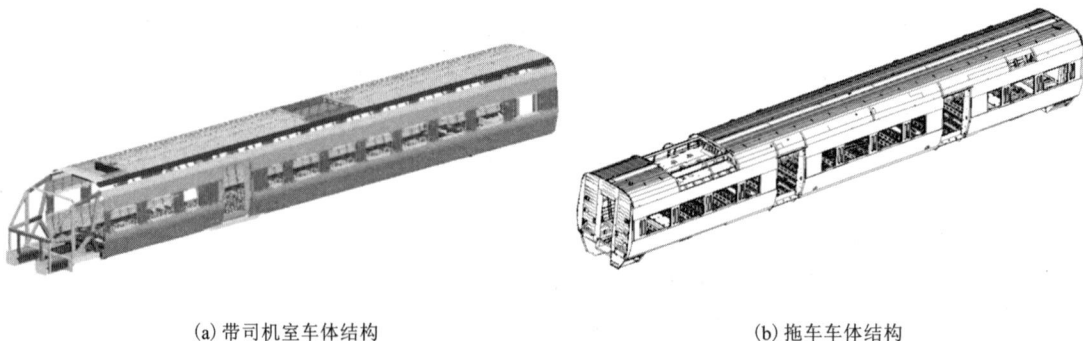

(a) 带司机室车体结构　　　　　　　　(b) 拖车车体结构

图 11-3　CRH1A 型电力动车组车体结构

图 11-4 为端墙，端墙结构由不锈钢制成，由两个车端立柱、角柱、横梁、车顶弯梁和外

部平面覆层组成。车端立柱焊接在缓冲梁上。车端立柱与底架连接牢固以防撞击变形。

图 11-4　端墙

2. CRH2 型动车组结构特征及类型

图 11-5 为 CRH2 系列动车组，主要的分类型号有 CRH2A、CRH2B、CRH2C、CRH2E 和 CRH2G。CRH2A/C 为八编组列车，编组长度为 201.4 m。CRH2B/E 为 16 编组列车，编组长度为 401.4 m。带司机室头车长 25.7 m，中间车长 25 m，车辆宽度 3380 mm，车辆高度 3700 mm，轨距是 1435 mm。动车组车钩高 1000 mm，两端过渡车钩高 880 mm。通过最小曲线半径：联挂运行时为 180 m，单车调车时为 130 m。车门地板距轨面高度 1300 mm，转向架中心距 17500 mm，固定轴距 2500 mm，轮径 860 mm。

图 11-5　CRH2 型电力动车组

CRH2 型动车组车体结构特点：

①车体断面：图 11-6 为车体断面构造图，宽幅车体，车体横断面最大宽度 3380 mm，高 3700 mm。

②车体结构采用双壳结构，大幅减少零件数量，其刚性强，降噪效果好，乘车舒适性高。

③质量比钢制车体轻，大幅降低轴重。

④车体使用铝合金材料，可回收，对环境损害低。

⑤防腐性好，可以实现无涂装设计。

⑥采用不燃性材料，防火性能好。

⑦能扩大自动化焊接范围，提高生产效率，降低制造成本。

⑧在部分中空铝型材的中空空腔内部贴有防振材料以达到隔音减振的目的。

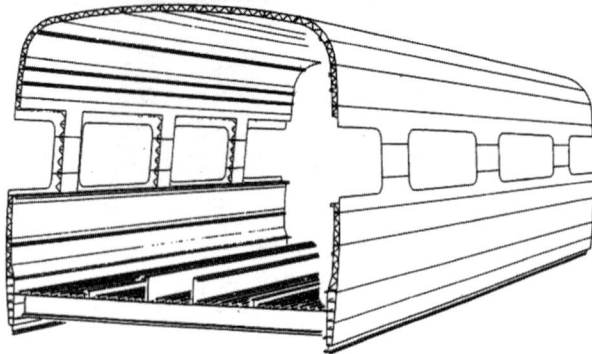

图 11-6　CRH2 车体断面构造图

图 11-7 为 CRH2 底架构造图，底架包括边梁、牵引梁、枕梁、端梁、横梁等。边梁采用通长铝合金挤压型材拼焊而成。牵引梁主要由铝合金挤压型材和铝合金板焊接而成。枕梁由铝合金挤压型材和铝板焊接而成，枕梁为转向架安装提供相应结构，枕梁外侧有抬车座。端梁由铝合金挤压型材和铝合金板焊接而成。横梁为铝合金挤压型材。

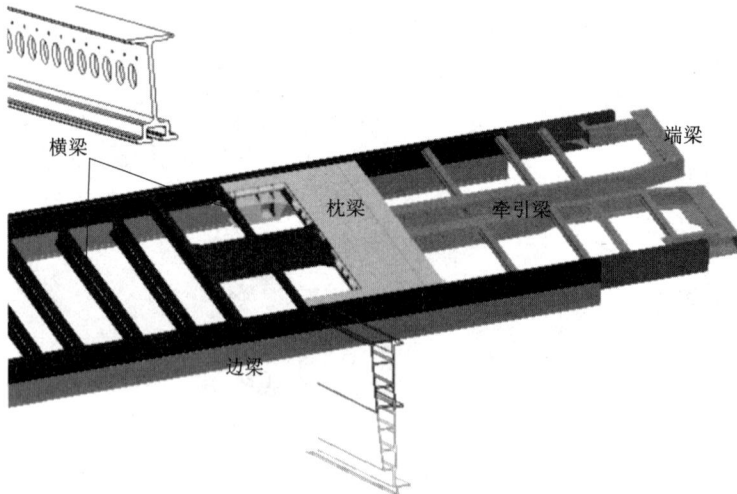

图 11-7　CRH2 底架构造图

车顶及侧墙采用大型中空框架结构的挤压型材，不设车内侧立柱。型材之间的焊接为在车体长度方向上连续焊接的方式。侧墙和车顶及侧墙和侧梁之间的连接采用车内侧点固焊接，车外侧连续焊接端墙的两端角柱，两门立柱、门上横梁、门槛及端顶弯梁拼焊成框架外铺墙板，然后根据结构需要在内部增焊纵向梁和小横梁。车体端部外板上设有用于搬运卫生间的开口，搬运完后，用螺栓安装由 2.5 mm 厚的铝外板和骨架组焊接而成的闭塞板，并填充密封材料保持气密性。

型材地板采用通长挤压铝合金型材，型材预设坡口及搭边，便于焊接。型材截面采用平板和丁字形筋板相组合的结构形式，提高型材的强度和刚度。

为保证动车组具有良好的动力学性能和防止高速运行时石击发生，车下设备外设有设备舱，设备舱由裙板、底板、骨架、端板和防雪板等组成。为满足动车组轻量化设计要求，骨架、裙板采用铝合金材料。

3. CRH5 型动车组结构特征及类型

图 11-8 为 CRH5 型电力动车组，CRH5 型动车组有两种编组形式，CRH5A/G/J 为 5M3T 的八编组列车。CRH5E 为 10M6T 的 16 编组列车。CRH5 型动车组车体结构见图 11-9，采用大断面通长薄壁中空铝合金型材焊接的鼓形车体，中间车是基础车，由底架、侧墙、车顶、外端墙、内端墙几大部件组成。头车包括底架、侧墙、车顶、外端墙、内端墙、走廊墙和空气动力学端部结构几部分。头车的前端预留了安装耐撞击吸能结构的支架，在

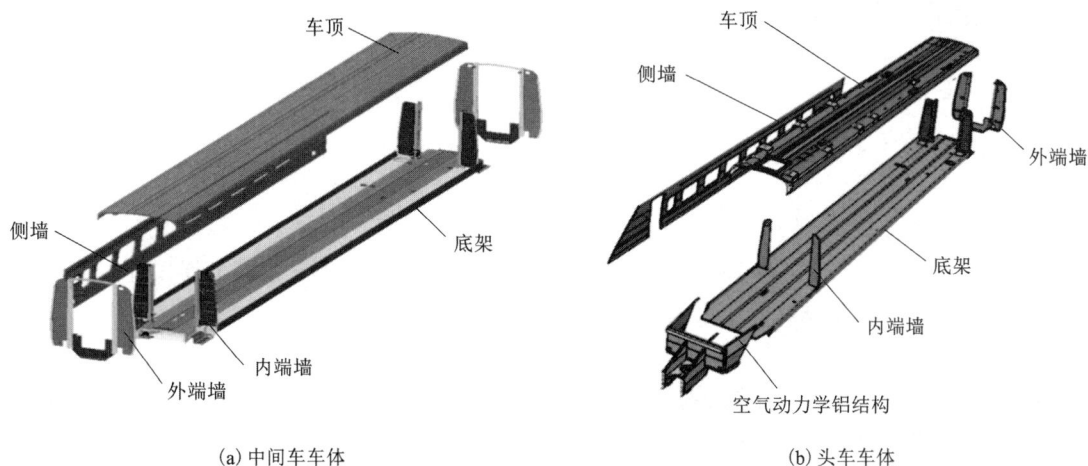

图 11-8　CRH5 型电力动车组

需要时可以加装吸能元件。司机室外壳由最小厚度为 40 mm 的三明治聚酯层组成。挡风玻璃周边外壳的厚度为 100 mm，以承担空气动力学造成的冲击。

（a）中间车车体　　　（b）头车车体

图 11-9　CRH5 型动车组车体结构

CRH5 型动车组底架结构如图 11-10 所示，底架由端部缓冲梁、枕梁和刚性支座、脚蹬、焊接构架、底架焊接件等组成。底架焊接件主要有牵引电机止挡、废排箱架、接地螺母等。枕梁由焊在底架边梁上的 8 个枕梁座组成，枕梁座由型材机加工而成。转向架摇枕用螺栓固定于枕梁座底，安装简单、方便。中间车端部缓冲梁由端梁、4 根牵引梁、围板、斜梁等组成，牵引梁在转向架区域圆弧过渡，充分考虑了转向架的各种活动。

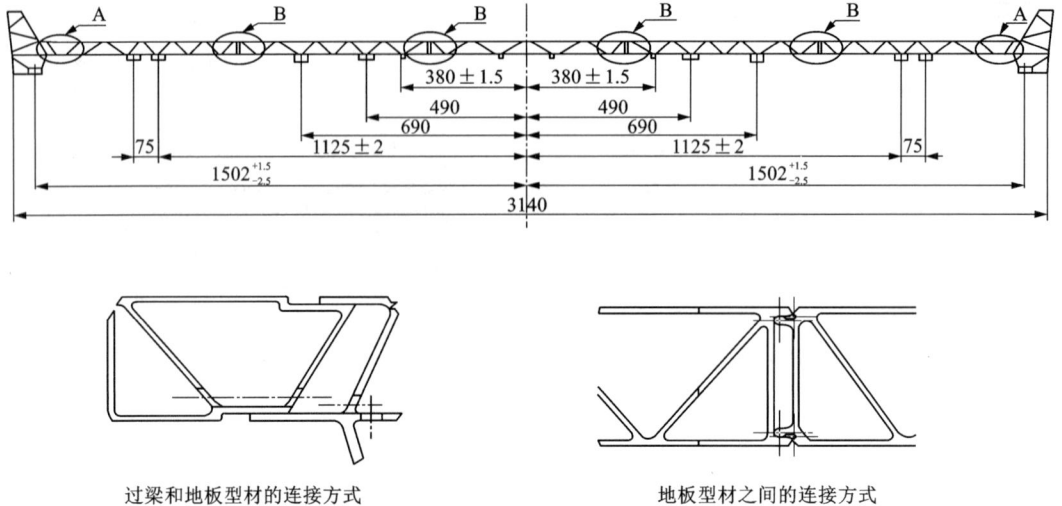

过梁和地板型材的连接方式　　　　　　　地板型材之间的连接方式

图 11-10　CRH5 型动车组底架结构

底架采用枕梁座代替了传统的贯通式枕梁，并设计了全新的牵引梁结构，不再通过焊接工艺进行枕梁与牵引梁的组装连接。该种结构形式既能有效地传递纵向力，保证车体结构强度，又能有效消除因制造工艺而造成的质量问题所引发的安全隐患。

侧墙断面由纵向放置的 4 种挤压铝型材组成。车的侧墙共有 4 种，它们分别是头车侧墙、中间车侧墙、餐车侧墙和残疾人车侧墙：

①头车侧墙有 1 个司机室门和 1 个塞拉门；

②中间车侧墙有 2 个塞拉门；

③餐车侧墙有 1 个上货门和 1 个塞拉门；

④残疾人车侧墙仅比中间车侧墙少了 1 个窗口。

为满足车体强度需要，车顶端部设加强结构，它由横梁、纵梁、盖板等构成，材料为6082 铝合金。在横梁下焊接内端墙，增强整车刚度。内端墙由门柱、墙板、连接件组成。

4. CRH3 型动车组结构特征及类型

如图 11-11 所示，CRH3 型动车组为 4 动 4 拖 8 辆编组，采用电力牵引交流传动方式，由2 个牵引单元组成，每个牵引单元按 2 动 1 拖构成。如图 11-12 所示，该动车组具有良好的气动外形，其载客速度为 350 km/h，最高行驶速度为 393.235 km/h。两端为司机室，列车正常运行时由前端司机室操纵。两列动车组可以联挂运行，自动解编。CRH3A 型动车组设计运营速度为 250 km/h，可根据不同运营线路的需求，分别以时速 160~200 km、时速 250 km两个速度等级运行。CRH3C 型为 4 动 4 拖，最高运营速度达 350 km/h。

如图 11-13 所示，车顶的前部为了安装球面玻璃开了一个很大的开口，在开口中间加了一个矩形型材补强，球面玻璃安装在环形安装框上，此环形框在肩带、侧墙处都有对应的立柱，从而增大了司机室球面玻璃框附近的强度。侧墙及窗立柱大部分为带有加强筋的双层中空挤压型材。这样大大地消除了侧墙隔热不足对整车传热系数的影响，并提高了靠窗坐席的舒适性。

图 11-11 CRH3 型电力动车组

图 11-12 CRH3 型动车组车体结构

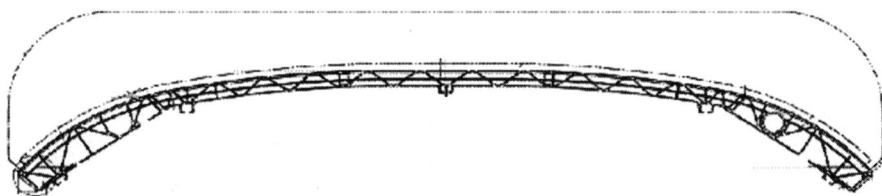

(a) 拱顶结构图

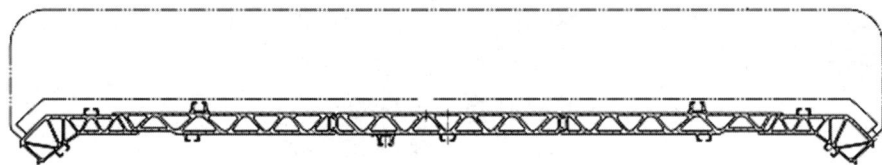

(b) 平顶结构

图 11-13 CRH3 型动车组车顶

如图 11-14 所示，底架主要由两大部分组成：底架前端和地板。它们通过连接梁、连接板相连，连接梁为型材，连接板可以调整宽度，保证车体长度。

如图 11-15 所示，端墙主要由四部分组成：门框、角柱、端墙板和端墙附件。

CRH3 型动车组的设备舱由裙板、裙板锁闭机构及其安全吊钩、底板、吊装机构、底板纵梁组成。裙板及底板纵梁的材料都是铝型材，底板是铝蜂窝。

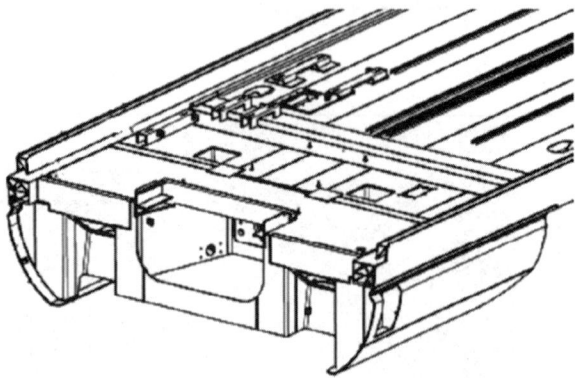

图 11-14　CRH3 型动车组底架结构

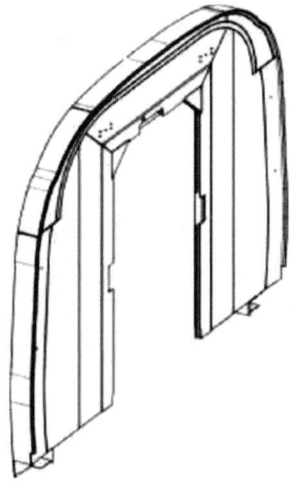

图 11-15　CRH3 型动车组端墙结构

5. CRH380 型动车组结构特征及类型

和谐号 CRH380 型电力动车组，均为和谐号电力动车组中设计最高时速 380 km 的车型，包括以下几种车型：CRH380A（CRH2-380）、CRH380B（CRH3-380）、CRH380C（CRH3-380）、CRH380D（CRH1-380），见图 11-16。

(a) CRH380A

(b) CRH380C

图 11-16　CRH380 动车组

二、和谐号动车组转向架组成

1. CRH1 型动车组转向架组成

CRH1 型转向架分为动车转向架和拖车转向架，动车转向架采用"日"字形构架，有 2 个牵引电机驱动轴，每轴 2 个轮盘制动盘，制动单元装于端梁上。拖车转向架采用"H"字形构架，每轴 3 个轴盘，制动盘制动单元装于横梁上。其基本参数如表 11-2 所示。

表 11-2　CRH1 型转向架基本参数

轨距/mm	1435
轴式	$B_0-B_0(M)$、B-B(T)
轴距/mm	2700
车轮直径/mm	915/835
一系悬挂	单组钢弹簧+液压减振器
空气弹簧中心距/mm	空气弹簧+橡胶堆 1860
质量/t	动车转向架 8.2 拖车转向架 6.3
驱动装置悬挂方式及驱动方式	架悬式（M）
基础制动方式	轮盘制动 2+3 组（M） 轴盘制动 3+3 组（T）
轴箱定位方式	转臂式

如图 11-17 所示，CRH1 型转向架轴距 2700 mm，动车转向架轴式是 $B_0—B_0$，拖车转向架轴式是 B—B。一系悬挂采用垂向油压减振器，轴箱转臂式定位，轴箱弹簧采用双圈钢圆簧。二系悬挂采用横向油压减振器，具有抗蛇行减振器和空气弹簧，无抗侧滚扭杆。采用电机驱动，转矩经联轴节输入小齿轮，大小齿轮啮合传动车轴。采用直辐板辗钢车轮和空心车轴，铝合金齿轮箱，自密封式双列圆锥滚子轴承。单拉杆式中央牵引装置传递车体与转向架间的纵向载荷。采用锻钢制动盘。

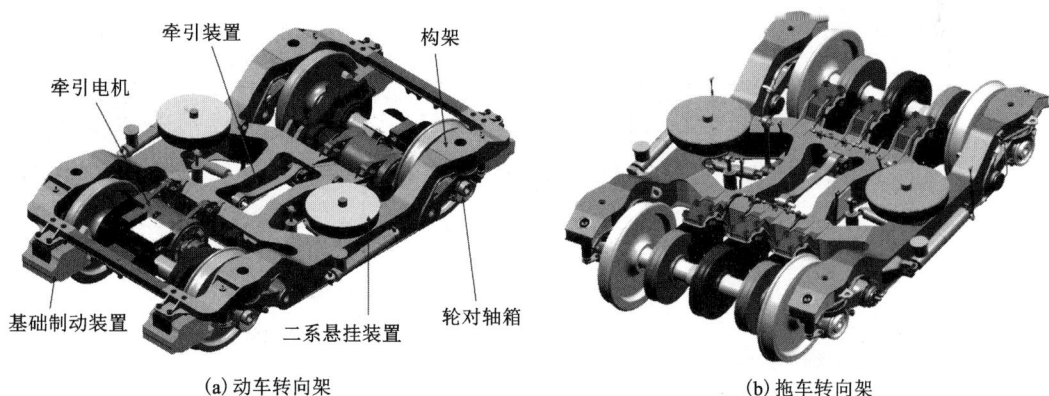

(a)动车转向架 　　　　　　(b)拖车转向架

图 11-17　CRH1 型动车组转向架

2. CRH2 型动车组转向架组成

如图 11-18 所示，CRH2 型动车组转向架为"H"字形构架，横梁为无缝钢管，有 2 个牵引电机驱动轴，每轴 2 个轮盘制动盘。其基本参数如表 11-3 所示。转向架轴距 2500 mm，动车转向架轴式是 $B_0—B_0$，拖车转向架轴式是 B—B。一系悬挂有垂向油压减振器，采用轴箱转臂式定位，轴箱弹簧采用双圈钢圆簧。二系悬挂采用空气弹簧，配有横向油压减振器和抗蛇行减振器，无抗侧滚扭杆。驱动装置采用电机驱动转矩经联轴节输入小齿轮，大小齿轮啮合传动车轴。采用直辐板辗钢车轮和空心车轴，轴箱采用铝合金齿轮箱自密封式，双列圆锥滚子轴承。单牵引拉杆传递车体与转向架间的纵向载荷。采用锻钢制动盘和气-液转换的液压制动方式，一个增压缸负责一个轮对的制动。

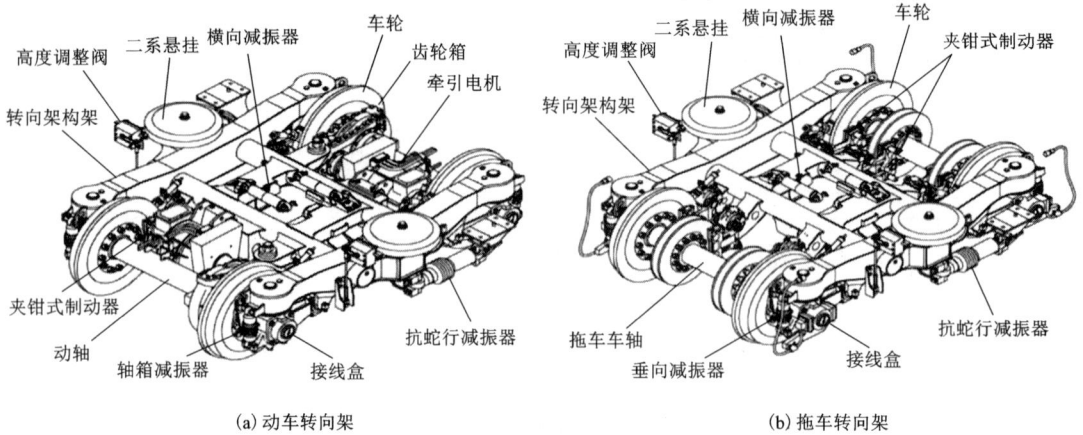

图 11-18　CRH2 型动车组转向架

表 11-3　CRH2 型转向架基本参数

轴式	B_0-B_0(M)、B-B(T)
轴距/mm	2500
车轮直径/mm	860/790
一系悬挂	钢弹簧+液压减振器
空气弹簧中心距/mm	空气弹簧+橡胶堆 2460
轴颈直径/mm	130
轴颈中心距/mm	2000
质量/t	动车转向架 7.5 拖车转向架 6.87
最小通过曲线半径/m	联挂时 180 单车调车 130
驱动装置悬挂方式及驱动方式	架悬式、WN 节联轴节(M)
基础制动方式	轮盘制动 4 组(M) 轴盘制动 4 组+轮盘制动 4 组(T)
轴箱定位方式	转臂式
速度/(km·h⁻¹)	最高运行速度 350 最高试验速度 362

3. CRH3 型动车组转向架组成

如图 11-19 所示,CRH3 型动车组转向架为"H"字形构架,横梁为无缝钢管,有 2 个牵引电机驱动轴,每轴 2 个轮盘制动盘。CRH3 型拖车转向架为"H"字形构架,横梁为无缝钢管,每轴 3 个轮盘制动盘,中间单元制动器带弹簧储能实现停车制动功能。一系悬挂为垂向油压减振器,轴箱转臂式定位,轴箱弹簧采用双圈钢圆簧,分体式轴箱便于更换轮对。二系悬挂由横向油压减振器、抗蛇行减振器(每侧 2 个)、空气弹簧组成,有抗侧滚扭杆、枕梁、中心销。驱动装置采用电机驱动转矩经联轴节输入小齿轮,大小齿轮啮合传动车轴。"Z"字形双牵引拉杆传递车体与转向架间的纵向载荷。制动方式为锻钢制动盘和气压制动。

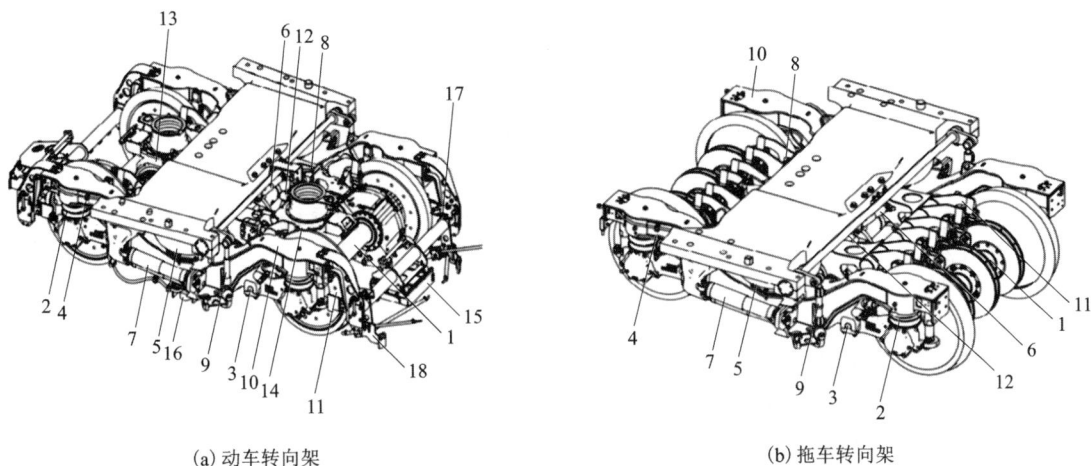

(a) 动车转向架　　　　　　　　　　　　(b) 拖车转向架

1—轮对;2——系悬挂装置;3—轴箱定位装置;4—横向终点止动装置;5—二系悬挂装置;6—横向悬挂装置;
7—抗蛇行减振器;8—空气弹簧连杆;9—扭杆;10—转向架构架;11—轮盘制动;12—牵引杆;13—牵引电动机;
14—牵引电动机通风装置;15—Trainguard 天线;16—GFX-3A 型接收器;17—轮缘润滑装置;18—撒砂和排障器。

图 11-19　CRH3 型动车组转向架

4. CRH5 型动车组转向架组成

如图 11-20 所示,CRH5 型动车组转向架采用"H"字形构架,1 个牵引电机驱动轴,每轴 2~3 个轴盘制动盘。拖车转向架采用"H"字形构架,每轴 3 个轴盘制动盘。

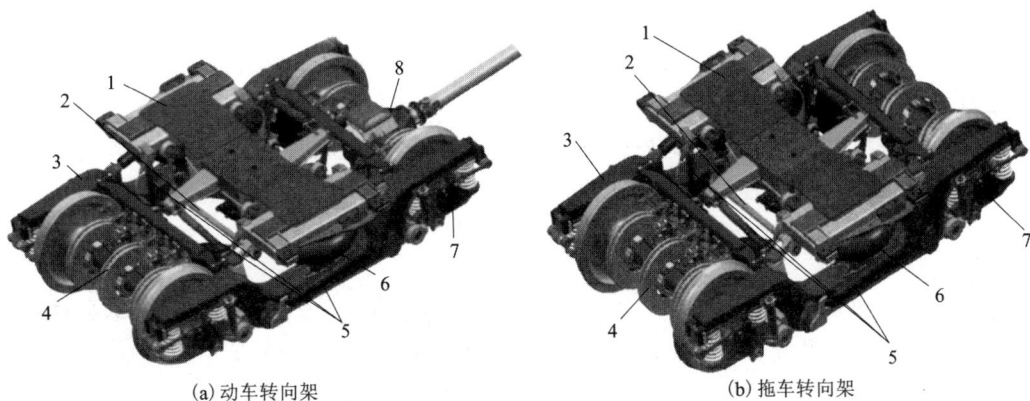

(a) 动车转向架　　　　　　　　　　　　(b) 拖车转向架

1—上枕梁;2—抗侧滚扭杆装置;3—构架;4—基础制动装置;5—减振器;6—空气弹簧悬挂装置;7—轮对轴箱;8—驱动装置。

图 11-20　CRH5 型动车组转向架

第四节　动力集中型动车组

一、"中华之星"动车组

"中华之星"电动车组（DJJ$_2$型电力动车组）是中国自主设计并拥有完全自主知识产权的高速电力动车组，标志着我国在高速铁路技术上的重要突破。该车组采用先进的交流传动系统，并属于动力集中型电动车组。

1. 车体设计

如图 11-21 所示，车体采用轻量化设计，使用大断面的铝合金挤压型材焊接成整体承载结构。这一设计摒弃了传统的纵梁、横梁、立柱和弯梁，取而代之的是型材之间通过连续的纵向焊缝连接，从而极大地减轻了车体重量。车体的外形设计符合空气动力学要求，采用了鼓形断面，充分利用高速列车技术标准所规定的限界，在我国铁路设计中首次实现了3300 mm 的车体宽度，大幅提升了车辆的稳定性和乘客的舒适度。

图 11-21　"中华之星"动车组铝合金车体

在 270 km/h 动车组的拖车车体研发中，首次采用了整体承载的半不锈钢结构。该车体的骨架材料选用了高耐候钢及低合金钢板，这些材料经过多次验证，性能成熟可靠；车顶、侧墙和地板等蒙皮材料则使用了进口的 N4003 铁素体不锈钢卷板。为了增强车体的密封性，所有部件均通过通长的密封焊缝进行连接。最终设计出的车体钢结构质量为 11.0 t，不仅达到了轻量化的技术要求，还为车辆提供了更好的强度和耐久性。

2. 转向架设计

动力车转向架采用双空心轴动力设计，核心部件包括构架、轴箱、一系和二系悬挂装置、齿轮箱以及牵引制动单元。转向架的构架是其主要承载结构，设计上采用鱼腹形侧梁，结合变截面等强度的理念。这种设计在确保足够强度和刚度的同时，进行了轻量化处理，有效降低了簧间质量和转动惯量，进一步提升了车辆的性能。一系悬挂装置采用螺旋压缩圆弹簧和橡胶垫的组合结构，保证了良好的减振效果；二系悬挂则采用高圆弹簧，并在两端配有橡胶垫。每侧的二系弹簧并联了垂向、横向液压减振器和抗蛇行液压减振器，从而增强了车辆在高速行驶时的平稳性。车轮选用轻量化直辐板整体碾钢轮，其设计基于我国铁路 60 kg/m 的轨道标准，采用了 GDM 踏面。通过动力学计算，对相关参数进行了优化，使得临界速度超过 450 km/h，大幅提升了车辆的高速运行性能。转向架的牵引制动单元包括牵引电机、齿轮箱及安装有制动盘的外空心轴，形成了全悬挂结构。牵引单元一端连接车体，另一端安装在横梁上，这种设计有效减小了簧下质量，有利于提高转向架的动力学性能。齿轮箱采用带有中间介轮的一级减速传动结构，外壳采用高强度铝合金铸造，并设计为三体组合结构，既方便安装和维护，又经过结构强度计算和优化实现了轻量化，齿轮箱总质量小于 645 kg。此外，车轴采用了内孔直径为 80 mm 的空心车轴，材料选用 35CrMoA 合金钢，兼具高强度和轻量化特点，进一步提升了整体系统的可靠性和性能。

如图 11-22 所示，动车组的铝质拖车采用了 CW-300 型转向架，而钢结构拖车则配备 SW-300 型转向架。这两种转向架在设计时采用了相同的安装接口，具备互换性，方便不同材质的拖车切换使用。SW-300 型转向架采用无摇枕结构，由焊接构架、转臂式轴箱单元、中央空气弹簧悬挂系统以及基础制动装置组成。构架设计为 H 形焊接结构，侧梁由钢板焊接而成，横梁使用无缝钢管制造，侧梁内部空间还作为空气弹簧的附加气室使用。这一设计借鉴了之前在铰接式高速客车转向架研发中的成功经验，显著提升了结构的可靠性，同时实现了轻量化。整个构架的设计重量控制在 1300 kg 以内。SW-300 型转向架的二系中央悬挂系统采用了小刚度、大变位的空气弹簧，配备了高度控制阀、差压阀和抗侧滚扭杆装置。为了进一步提升运行稳定性，还设计了垂向、横向的液压减振器以及抗蛇行减振器。悬挂系统的参数是决定转向架高速运行动力学性能的关键。通过多种方案的模拟计算，优化了各项参数，确保其临界速度满足 300 km/h 高速运行的要求。大柔度的空气弹簧不仅提高了车辆的平稳性，还符合相关标准的要求，为动车组的高速、稳定运行提供了有力保障。

图 11-22　动车组拖车转向架：CW-300 与 SW-300

3. 牵引传动系统

交流传动牵引系统是我国铁路科技攻关的核心技术之一，经过多年科研投入和创新发展，已经取得了显著突破。该系统的主要组成包括两重四象限变流器、中间直流电压环节（DC2800kVA）、电机逆变器、并联的异步电机以及传动控制装置。这些核心部件相互协作，构成了高效的牵引系统。主电路采用了转向架控制的两点式电路设计，确保了牵引系统的稳定性和效率。两重四象限变流器不仅可以实现能量的双向流动，还能有效提高电能的利用率，同时减少对电网的干扰。中间直流电压环节负责稳定电压，确保系统的电力传输稳定；而电机逆变器则将直流电转换为可控的交流电，驱动异步电机运行。并联的异步电机通过先进的传动控制装置进行精确调节，确保在不同工况下的动力输出稳定。这一系统结构设计不仅优化了整体性能，还提升了列车的牵引能力和能效，为我国高速铁路的发展提供了重要技术支撑。

交流传动牵引系统的控制装置(TCU)根据列车控制指令进行牵引/电制动和防空转/滑行的控制，逆变器采用了直接力矩控制方式实现对三相异步牵引电机的控制。变流器采用了44%乙二醇加56%水的冷却介质代替冷却油，大大提高了冷却效果，减小了体积和重量。牵引电机采用了异步电机专用铜合金及耐电晕200级绝缘材料，提高了转速和功率，电机恒功功率为1225 kW，采用铸铝端盖等轻量化设计，电机总重量小于2150 kg。

4. 微机控制直通电空制动系统

动车组的制动系统由微机直通电空制动、基础制动、防滑器和备用空气制动四大部分组成。在微机直通电空制动系统中，采用了编码开关指令的直接传输方式，大大提高了信号传输的可靠性。系统首次引入了制动逻辑控制单元(PLC)，实现了多项关键功能的整合，如制动指令的传递、换端操作的联锁控制、ATP(自动列车保护)指令的优先响应，以及备用空气制动的控制。相比传统的继电器控制方式，PLC控制不仅功能更加全面，还显著提升了系统的可靠性，使得制动系统的安全保护能力得到了进一步增强。

动车组采用空电联合制动的方式，优先使用电制动力，以减少摩擦制动所需承担的过高负荷。这种设计延长了摩擦制动系统的寿命，并减少了磨损。然而，由于电制动力的发挥依赖于轮轨黏着性能，动力集中型动车组在利用黏着制动力方面面临更多挑战，尤其在湿轨条件下更为明显。为了充分发挥电制动力，系统设计了高度可靠的防滑功能，确保在空电联合制动时能最大限度地利用电制动力。系统在设计时确保动力车的最大气制动力不超过湿轨条件下的黏着制动力，并通过优化黏着控制，进一步加强了电制动力的防滑功能，从而实现了空电联合制动的稳定应用，提升了列车整体的制动性能与安全性。

基础制动装置由合金锻钢制动盘、单元/复合制动缸以及粉末冶金闸片组成。在设计过程中，不仅充分考虑了因制动功率过高可能引发的制动盘热损伤、闸片摩擦性能衰退以及耐磨性不足等问题，还特别注重合理分配列车制动力，适当降低动力车的制动负荷，确保全列车制动力的均匀分担。为了提高制动盘的耐热强度，设计方案不仅要求材料具备优异的热强度性能，还通过结构设计优化了制动盘的热应力状态，以确保其良好的耐磨性和散热能力。经过精密计算和优化设计，制动盘在270 km/h制动时的温度控制在500 ℃以下，显著优于设计标准。此外，该制动系统在实际装车应用中的性能测试结果表明，其各项指标均超过了同类引进产品的水平，进一步验证了其在高速铁路应用中的可靠性和优越性。

二、"绿巨人"动车组

为加快推进铁路装备现代化，充分利用既有线路和机、客车的检修资源，降低制造与运用检修成本，缓解枢纽、客站咽喉及到发线运输压力，满足既有普速干线和城际间开行动车组的需求，提高既有线的运输服务品质，替换在既有线开行的动力分散动车组，我国研制了

CR200J 系列时速 160 km 动力集中动车组，也就是"绿巨人"。

1. 动车组类型及主要参数

如图 11-23 所示，CR200J 动车组有 CR200J-A、CR200J-B、CR200JS-G、CR200J-C、CR200J-D 等 5 种不同技术配置动车组。不同配置 CR200J 动车组主要技术参数见表 11-4。

(a) CR200J-A 动车组

(b) CR200J-B 动车组

(c) CR200JS-G 动车组

(d) CR200J-C 动车组

(e) CR200J-D 动车组

图 11-23　CR200J 系统动车组外观图

表 11-4　CR200J 系列动车组主要参数表

型号	CR200J-A	CR200J-B	CR200JS-G	CR200J-C	CR200J-D
研制年份	2017	2020	2020	2022	2022
海拔/m	≤2500	≤2500	≤4033	≤2500	≤3500
牵引动力/kV	25	25	25	25	25

续表 11-4

型号	CR200J-A	CR200J-B	CR200JS-G	CR200J-C	CR200J-D
车体长/mm	动力车：~20000 拖车：25500 控制车：27955	动力车：~20000 拖车：25500 控制车：27955	电力动力车：~23792 内燃动力车：22232(Mc)、23332(Mdc) 控制车：27955	动力车：~20000 拖车：25500 控制车：27955	动力车：~23792 拖车：25500 控制车：27955
车体宽/mm	3105	3360	3360	3360	3360
车顶距轨面高度/mm	4433	4433	4433	4433	4433
动力车轴式	B_0-B_0	B_0-B_0	C_0-C_0	B_0-B_0	C_0-C_0
轴重/t	动力车：21 拖车及控制车：16.5	动力车：21 拖车及控制车：16.5	电动力车：21 内燃动力车：23 拖车及控制车：16.5	动力车：21 拖车及控制车：16.5	动力车：21 拖车及控制车：16.5
牵引功率/kW	5600	5600	7200	5600	7200
座椅类型	固定	固定	固定	旋转	旋转
停放制动能力/‰	20	20	30	20	30

注：研制年份指样车出厂年份。

CR200J 系列动车组经历了多个阶段的研发和优化，逐步提升了其技术性能和市场适应性。最初版本在完成型式试验和运用考核后顺利投入运营，随后基于市场需求和产品定位，进一步开发了改进型动车组。新的版本在外观设计、控制系统、安全监测、乘客舒适性、车体材料耐腐蚀性以及制动和供电系统等多个方面进行了全面提升，体现了动车组设计的一体化理念。

为了满足高原地区的特殊运营需求，还推出了高原双源分置式动力集中动车组，采用电力和内燃动力相结合的方案，以实现不同线路的贯通运行。这一系列动车组不仅覆盖了电气化铁路，也适用于非电气化线路，响应了当地人民日益增长的出行需求。在此基础上，针对进一步提高动车组的"动车化"和乘坐舒适性，我国开发了新一代型号，专注于外观、座椅布局、车窗设计和风挡保护等方面的技术提升，旨在提供更优质的乘坐体验。结合高原铁路的具体线路条件，研制了适合时速 160 km 的动力集中电动车组，确保动车组在不同地形、气候和运营环境下的可靠性与舒适性。

CR200J 动车组主要基于国内机车的八轴客运电力机车平台和 25T 型客车平台研制，为了适应中国客运运输实际需求做了相关的设计改进。其中动力车在其平台车的基础上，对车头流线型、受电弓主断路器冗余、互联互通互控功能、司乘界面、开闭机构和钩缓等进行了优化设计，速度等级、轴重、轴式、牵引功率等主要性能保持不变。拖车及控制车在其平台车基础上，借鉴高速动车组理念开展车内外设备设施的设计，对旅客界面、局部结构、局部配置、系统集成、司机室、流线型车头等方面进行了优化调整，提升乘客乘坐舒适性。

CR200J-A 动车组的控制车司机室端采用 105 型车钩缓冲装置，这种装置具有在低温环境下自动加热的功能，以确保冬季或极寒环境中车钩的正常使用。而动力车的司机室端则采用了 105A 型车钩缓冲装置，同时预留了换装带电气钩的密接式车钩缓冲装置的接口，提供了后续升级的可能性。动车组中间车钩最初采用的是 MJGH-25T 型密接式车钩缓冲装置，而从 CR200J-B 动车组开始，经过优化改进，推出了 MJGH-25TG 型改进版密接式车钩缓冲装置。相比之前的型号，MJGH-25TG 型对安装吊挂系统、缓冲系统、连挂系统以及连接方式进行了局部的优化改良，使其性能更加优越。特别是钩体与缓冲器的接口结构被改为连接卡环式，提升了整体强度和耐用性。此外，借鉴了高速动车组的设计思路，缓冲器的走行部位改为前置式设计，避免因缓冲动作导致支撑结构的磨损。新的设计还取消了气动解钩功能，仅保留了手动解钩功能，同时优化了解钩方式，并取消了风管连接器安装孔，从而简化了结构，提升了维护的便捷性和可靠性。

2. CR200J-A 动车组技术特点

CR200J-A 动车组以既有和谐号机车及 25 型客车技术平台为基础研发，整个设计过程充分体现了动车组设计的理念。动车组采用相对固定的编组方式，运行过程中无须解编或更换车头，只需切换操纵端，便可实现灵活操作。车头设计为流线型，整体外观和拖车内饰参照动力分散型动车组的统一标准进行设计，使得整车在视觉和功能上具有高度的一致性。

CR200J-A 动车组的网络系统贯通了拖车和动力车/控制车，能够实现全列车信息的交互传输与显示，包括车门状态、轴温报警、火警、制动故障等关键信息均可传输至司机室，便于驾驶员进行报警和控车等操作。通过全列贯通的硬线系统，动车组实现了全列供电和车门集中控制，同时动力车与控制车间设置了贯通线，确保了头尾车间的互操作与信息传递，提升了列车整体的运行效率和可靠性。动力车与拖车通过车端连接实现了机械上的贯通，确保了全列车的结构一致性与稳定性。

在车体尺寸方面，CR200J-A 动车组最大宽度达到 3105 mm。在色彩设计上，动车组在传统绿皮车的基础上进行了创新，采用了具有时代感的"国槐绿"专有色，既延续了复兴号动车组的动感涂装风格，又传承了 25T 型客车经典的黄色腰线设计，成功融合了现代动车组的时尚感与传统列车的经典元素。

CR200J-A 动力车车体基于 FXD1 八轴快速客运交流传动电力机车技术平台进行设计，整体采用了整体承载结构的形式，以确保更高的强度和稳定性。车体的主要部分包括司机室、侧墙、底架、后端墙和设备安装骨架，这些部件通过箱形壳体结构一体成型，各承载结构由钢板及压型件焊接组装而成，以保证车体具备较强的抗扭曲和承重能力。

车体排障器中央底部能够承受高达 140kN 的静压力，这为列车在运行过程中遇到障碍时提供了额外的保护。为了降低整体重量，实现轻量化设计，车体的承载结构材料采用了低合金高强度钢，而车顶盖和门则使用了铝合金材料，这种组合能够在保证强度的同时大幅减轻车体重量。司机室采用了钢结构与玻璃钢泡沫夹心复合材料的三明治结构，头罩通过粘接并用螺栓与钢结构相连，既保证了其刚性，也提升了安全性。头罩上集成了前窗、头灯、标辅灯和刮雨器等重要设备，且在各设备安装位置预埋了钢板，确保在高强度下设备的稳定安装。

CR200J-A 拖车及控制车车体采用整体承载的全钢焊接薄壁筒形结构，基于原 25T 型客车车体进行了多项优化设计。车体侧墙的梁柱结构由原先的封闭帽型截面改进为开放式乙型截面，这一改进不仅提高了涂装工艺的适应性，尤其有利于重防腐涂层的应用，还能够有效促进冷凝水的排放和挥发，从而显著提升车体的防腐蚀性能。CR200J-A 车体增加了裙板和头车司机室钢结构等部件。裙板设计分为固定裙板和活动裙板，固定裙板直接焊接在车体底架的下部，而活动裙板则通过专用的裙板锁与固定裙板连接，便于检修和维护。司机室钢结构的设计充分考虑了各种接口的预留，包括司机操控设备、前端车钩、挡风玻璃和排障器等，为确保列车的安全运行提供了必要的功能支持。

如图 11-24 所示，动力车的转向架采用 Bo 轴式设计。驱动单元包括牵引电机、齿轮传动装置和悬挂横梁，悬挂采用了弹性架悬挂方式，驱动装置为电机齿轮箱一体式弹性架悬系统，连接齿轮箱和牵引电机的则是带端面齿的挠性联轴器。齿轮箱采用承载式结构，大齿轮箱由铸铝合金制成，小齿轮箱则为铸铁结构，其中小齿轮双端支承的轴承设计大幅提高了其承载能力。驱动系统采用单侧直齿轮和双侧六连杆空心轴的传动方式，传动轴承通过齿轮箱润滑油进行润滑，而轴箱轴承则为免维护的双列圆柱滚子轴承单元，确保了长期使用的稳定性和可靠性。构架的设计采用轻量化的"日"字形构架，侧梁和端梁的中部设计均有下凹处理，以增强其强度和重量分布。在悬挂系统上，一系悬挂采用转臂定位、螺旋弹簧和垂向减振器的组合方式，二系悬挂则使用高圆螺旋弹簧配合橡胶垫，同时辅以多向减振器，显著提高了列车的行驶平稳性。牵引装置则通过中央低位推挽牵引杆来提高机车的黏着重量利用率，提升牵引力。制动系统采用轮盘制动，进一步配备了踏面清扫装置以确保运行中的制动效果。CR200J-B 和 CR200J-C 动力车转向架设计与 CR200J-A 相同。

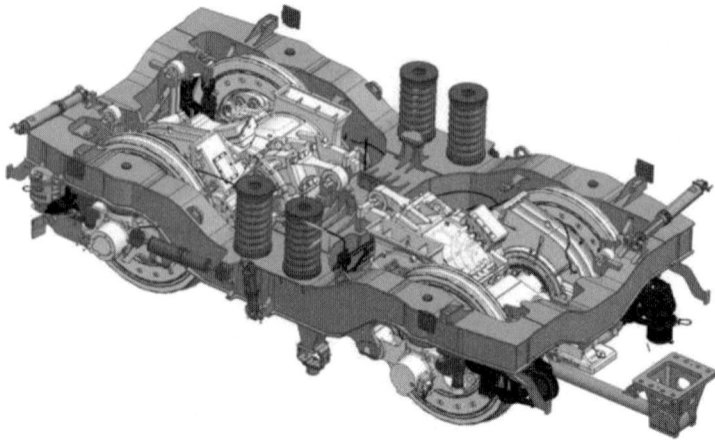

图 11-24　CR200J-A 动力转向架

3. CR200J-B 动车组技术特点

如图 11-25 所示，相比于 CR200J-A，CR200J-B 动车组在多个技术方面进行了改进和提升。首先，车体采用了鼓形断面设计，参照了 CR400 标准动车组的断面优化方案。在底架宽度和鼓形轮廓角度上与 CR400 保持一致，将车体宽度调整为 3360 mm。通过这种优化设计，动车组的客室净空间显著增大，走廊宽度和卧铺长度相应增加，提升了乘客的舒适性。

在动车组一体化方面，CR200J-B 进一步优化了多个系统。动力车、拖车和控制车均采用了相同的鼓形断面设计以及统一的车端间距，使得车外部件如空调、废排、风挡等更加一体化。供电系统方面，优化了 DC600V 的供电策略，并实现了 DC110V 干线贯通全列车，同时对拖车的 DC110V 负载进行分级管理，确保辅助供电的高效性和一体化。制动系统方面，

CR200J-B 采用了弹簧储能方式的停放制动，并通过硬线贯通，实现操纵端对全列车停放制动的统一控制，确保列车停放安全。

安全监控也得到了显著提升，CR200J-B 通过以太网列车网络进行全列车的一体化监测，实时传输动力车和拖车的关键运行数据，包括轴温、火警、塞拉门、制动系统等状态。同时，对动力车的防火系统、视频监控、高压绝缘及供电状态等进行全面监控，实现了动车组整体安全性能的提升。CR200J-B 还采用了新技术来增强车体的耐腐蚀性能，并引入了电控电动塞拉门系统，进一步提高了动车组在不同站台环境下的适应能力。

在设计过程中，CR200J-B 动力车延续了轻量化设计理念，继续使用低合金高强度钢作为车体承载结构的主要材料，同时采用铝合金顶盖和车门，以确保车体在保证强度和刚度的前提下，进一步减轻整体重量。这一设计在实际运行中不仅提高了车辆的经济性和效率，也为乘客提供了更大的车内空间和更为舒适的乘坐体验。车体设计还延续了此前车型的安全性要求，包括按照国际标准设计的车体强度和排障器的防护能力，使列车能够在高速运行中保持高水平的安全性能。在鼓形设计的基础上，CR200J-B 动力车实现了更高的技术融合，同时为未来的动车组升级提供了良好的平台基础。

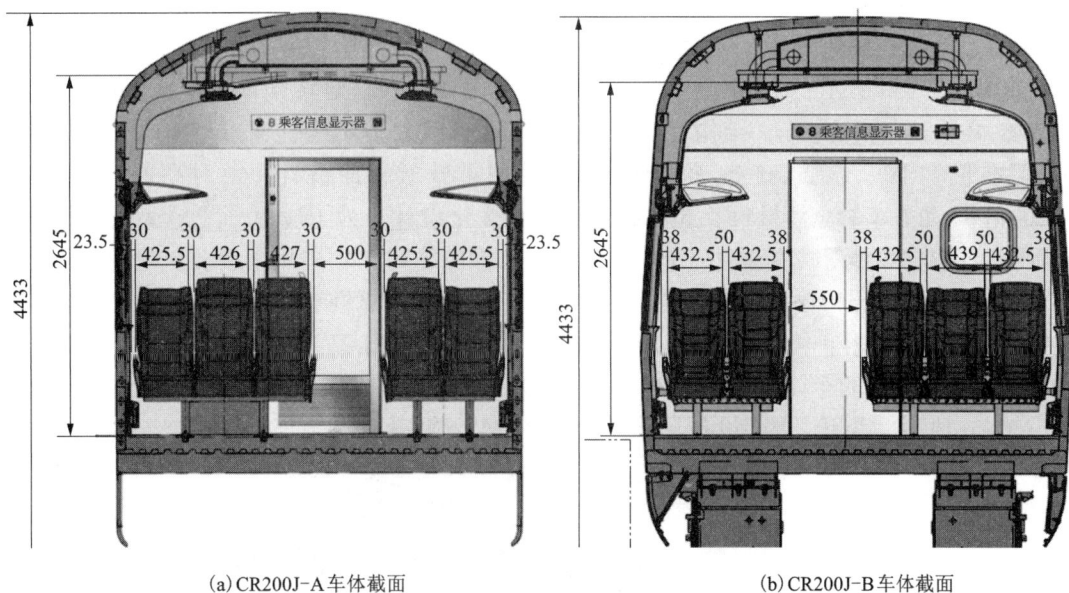

（a）CR200J-A 车体截面　　　　　　（b）CR200J-B 车体截面

图 11-25　CR200J-B 与 CR200J-A 车体断面对比

CR200J-B 拖车及控制车体继续采用整体承载的全钢焊接薄壁筒形结构，但在设计上进行了进一步优化，将断面调整为鼓形，以便最大限度地利用限界内的空间。车体最宽处圆弧的半径为 1000 mm，距轨面的高度为 1911 mm，圆弧以上的侧墙向内倾斜 4°，圆弧以下的侧墙则向内倾斜 2°45′。这种设计不仅优化了车体空间的利用，还提升了乘客舱的舒适度。车体材料主要采用高耐候钢 Q350EWL1 和 Q350EWR1，这两种钢材的使用进一步增强了车体的耐腐蚀性能，适应复杂的运营环境。同时，CR200J-B 拖车车体在设计上取消了原有车体端墙外部突出的折棚风挡安装柱，改为与车体端墙平齐的骨架端门框结构。这一设计调整是为适应车端距减小的变化，简化了车体外形并提升了整车的结构一体化水平。

4. CR200JS-G 动车组技术特点

CR200JS-G 动车组的电力动力车是在高原 HX_D1D 电力机车技术平台上开发的。其核心技术保持不变，包括总体技术参数、轮周功率、速度等级、转向架和牵引传动系统，但结合了 CR200J-B 动车组的鼓形车体断面和流线型车头设计，优化了受电弓的主断路器冗余及并闭机构，同时在钩缓装置等方面实现了一体化设计。为了适应高原环境的特殊运行条件，CR200JS-G 动车组还增加了内电双控功能，并对司乘界面进行了调整。

在内燃动力车方面，CR200JS-G 基于 FXN3 客运内燃机车的成熟技术，并结合高原动车组的特殊需求进行了适应性改进。动车组采用统一的鼓形断面和流线型车头设计，司机室采用隔离式布局，双节编组方案保证了列车供电系统的集成和高效运行，列车级 WTB 网络实现了内电双控功能。为应对高原环境，该动车组特别配备了 12V 265B 高原型柴油机，增加了辅助保温系统和制氧系统，以确保高原运行时的稳定性和舒适性。

CR200JS-G 动车组的拖车及控制车在 CR200J-B 动车组基础上，参照了青藏 25T 型客车的设计，增加了制氧、防雷、车窗玻璃压力自平衡及污水收集等功能。电气绝缘、耐紫外线、耐风沙以及车体气密性性能也得到了进一步提升。针对电气化区段的特殊需求，车辆新增了过分相应急供电装置、应急通风系统和压力波保护功能，以适应复杂地形和多隧道的运行环境，确保动车组在高原及多变环境下的安全可靠运行。

如图 11-26 所示，CR200JS-G 动力车采用了 C_0-C_0 型转向架，与 CR200J-A 和 CR200J-B 动力车相比，车体结构存在显著差异。虽然其总体结构仍保持整体承载式焊接设计，但在形状上与 CR200J-B 动力车一致，采用了鼓形断面设计。针对高原特殊环境，CR200JS-G 动力车对车体材料及部件进行了特别优化设计。为了应对高原地区强烈的紫外线辐射、低温和风沙等极端条件，车体外部材料和橡胶密封件均采用了具备抗辐射、抗紫外线、耐低温及耐老化特性的特殊材料，不仅提高了车辆的可靠性和耐久性，也确保其能够在高海拔及严苛环境下长期稳定运行，满足了西藏及其他高原地区的铁路运输需求。CR200JS-G 动力车的车体在设计中还兼顾了列车的防风沙性能，通过进一步加强车体的密封性，确保在风沙侵袭下，内部设备及乘客环境的安全与舒适。

图 11-26　CR200JS-G 动力转向架

　　动车组电力动力车的转向架是在 HX_D1D 型电力机车转向架的基础上进行改进设计的，采用了 C_0 轴式布局，牵引电机布置为顺置方式，确保了转向架紧凑与稳定性。其驱动单元，包括牵引电机、齿轮箱总成和六连杆空心轴，通过弹性架悬方式实现悬挂，进一步提升了驱动系统的减振和稳定性。该驱动系统采用了轮对空心轴的驱动方式，齿轮箱为承载式设计，确保了长时间运转的耐用性。轴承部分则采用油润滑方式，轴箱轴承则选用了免维护的双列圆柱滚子轴承单元，显著降低了维护频率。在悬挂系统方面，一系悬挂采用单拉杆轴箱定位搭配螺旋弹簧设计，并在一、三轴安装了垂向减振器，进一步提高了行驶平稳性。二系悬挂则结合了高圆螺旋弹簧与橡胶垫，并辅以多向减振器，有效吸收了各种振动。牵引装置采用低位推挽牵引杆的设计，这种布局能够提高动力车的黏着重量利用率，使动力输出更为高效。基础制动系统采用轮盘制动，确保列车在高速运行时的制动稳定性与安全性。

5. CR200J-C 动车组技术特点

　　与 CR200J-B 相比，CR200J-C 动车组具备以下显著技术特点：首先在外观设计方面，CR200J-C 动车组以动力分散动车组常用的"中国白"作为底色，并以"国槐绿"窗带和"中国红"飘带贯穿整列，既保持了动车组现代化的视觉效果，又传承了普速列车的绿色基因。其次，座椅系统得到了优化，采用了旋转座椅设计，大幅提升了乘坐舒适性，同时在控制车内根据需求配置了商务座椅，为乘客提供了更多舒适的选择。

　　在车体气密性方面，CR200J-C 动车组通过采用满焊缝或加密封胶的段焊缝设计，进一步优化了车窗结构和制造工艺，并新增了压力波保护功能，增强了车体的气密性，特别是在高速运行时有效减少了压力波对车内环境的影响。外风挡设计也得到了改进，风挡间隙从 300 mm 缩小至 120 mm，不仅提升了整列车外观的一体化程度，还加强了动车组的安全性，确保在运行过程中更加稳定和可靠。

6. CR200J-D 动车组技术特点

　　如图 11-27 所示，CR200J-D 动力车基于 CR200JS-G 高原双源电力动力车，针对高原地区的运行需求进行了适应性调整。关键改进包括对司机室设备、网络控制系统进行优化，并增加了氧气供应系统，以确保在高海拔环境下为乘客提供舒适的氧气供应。同时，对牵引风机以及车端连接进行了调整，以提高在恶劣条件下的性能表现。

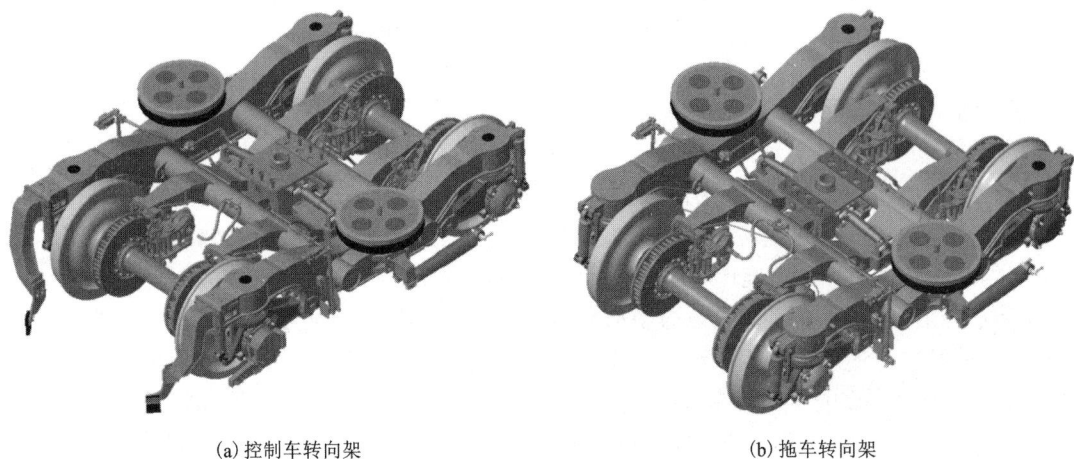

(a) 控制车转向架　　　　　　　　　　(b) 拖车转向架

图 11-27　CR200J-D 动车组转向架

拖车和控制车则源自 CR200J-B 车型，进行了多项提升。停车制动能力得到增强，以确保列车在陡峭的地形上运行更加安全。增加了压力波保护系统，提升列车通过隧道时的乘客舒适性。座椅形式也根据实际需要进行了优化，允许灵活调整配置。针对高原特殊运行环境，对部分电气设备及控制逻辑进行了优化改进，确保列车在高原条件下的稳定运行和可靠性能。

CR200J 控制车和拖车转向架主要对基础制动系统和排障装置等部件进行了优化。转向架主体结构保持不变，采用了 H 形焊接构架，主要包括侧梁、横梁等部件。侧梁为箱形焊接结构，横梁则采用无缝钢管制造，增强了结构强度。部分空气弹簧支撑梁还作为附加气室，用于优化悬挂系统的性能。基础制动装置为整体式制动夹钳单元，轴装铸钢制动盘，使用粉末冶金闸片提升了制动性能和可靠性。控制车则增加了排障装置，进一步提升了列车运行时的安全性。轮对轴箱装置是转向架的核心部分，轴箱定位装置使用转臂式结构，并通过一系悬挂采用钢制螺旋弹簧和橡胶垫与转向架构架隔离，确保隔音、电气绝缘以及有更好的载荷分布。油压减振器并联安装于一系悬挂系统，有效衰减列车在运行时产生的振动。中央悬挂装置采用无摇枕设计，使用空气弹簧进行四点支撑，每个转向架配备 2 个高度阀和 1 个差压阀，确保悬挂系统的灵活响应。横向油压减振器和抗蛇行减振器也被纳入设计，进一步提高了列车的运行稳定性。牵引装置沿用中心销和单拉杆牵引方式，确保牵引系统的稳定性与效率。同时，空气弹簧带有应急弹簧设计，即使在空簧失效的情况下，仍能提供一定的运行性能和稳定性。

第五节　复兴号动车组

一、CR400 型动车组

1. 总体技术

CR400 型动车组是我国高速铁路的基础车型，适用于电气化铁路的既有线和新建客运专线，运行速度在既有线上可达 250 km/h，在新建客运专线上可达 300~350 km/h，适应的环境温度范围为-25~40 ℃。其核心设计问题是确定合理的"动拖比"，即动车和拖车的比例，以确保列车在各种运行条件下，如逆风或超员载荷等情况下，仍能保持足够的加速度。根据列车动力学阻力、整车重量和运行速度等参数，确定了轮周牵引功率，而"动拖比"的合理配置是实现互联互通的关键。动拖比受到多方面因素的影响：首先，黏着系数是一个关键因素，动拖比越大，单个动车分担的牵引力越小，这使得在雨、雪等恶劣天气下列车能够更好地保持稳定运行。其次，动拖比还受到列车重量与安装空间的限制，增加动车数量需要更多牵引设备，但车内空间有限，动拖比较小时设计实现难度较小。再次，CR400 型动车组采用空气制动系统，动拖比越小，列车配备的制动盘数量越多，每个制动盘分担的制动力越小，发热量减少，能够更好地应对频繁制动的需求。最后，经济性也是决定动拖比的重要因素，较小的动拖比意味着所需的牵引设备较少，能够降低运营和维护成本，提升列车的经济效益。在对 4 动 4 拖、6 动 2 拖等多种方案进行深入比较后，4 动 4 拖的方案因其在牵引系统效率、黏着利用、故障运行能力、检修便利性和成本控制等方面的综合优势被广泛认可，最终确定采用 4 动 4 拖的动力配置。

CR400 型动车组的主要结构尺寸经过多方技术比选确定，涉及车钩高度、车体长度、车体高度和车体宽度等关键参数。这些尺寸对动车组的互联互通和整体结构设计有重要影响，直接关系到旅客的乘坐舒适性、车内设施的合理布局和车辆定员等。车体长度在综合考虑车辆定员、车内设施布置、车体结构强度与刚度要求、车站站台长度、动车所及检修设施设置等多方面因素后，最终确定为 25 m。在车体高度的确定过程中，研究结合限界条件、地板高度、客室高度和车顶设备布局等因素，尽量降低车体高度以降低重心和减少空气阻力，最终确定车体高度为 4.05 m，确保了车顶的平顺化设计要求。车体宽度则受到铁路限界要求和车内净宽度需求的约束，在保证站台与车体间距不大于 100 mm 的前提下，确定距钢轨顶面高度 1250 mm 处车体宽度为 3.3 m，最大车体宽度为 3.36 m，以尽可能增大车内空间，提高旅客舒适性。由于和谐号动车组的端部车钩和中间车钩高度不统一，给重联和救援带来了困难，确定 CR400 型动车组的端部车钩高度为 1 m，中间车钩高度为 935 mm，解决了动车组重联与救援的问题。

复兴号动车组的旅客界面设计充分考虑了乘客的需求，基于人机工程学原理，确保乘车体验的安全、舒适和宜人性。设计综合了侧门设置、通道空间、内部布局、设施布置、造型、色彩、温度、湿度和照明等多种因素，划分出客室、观光区、餐饮区等功能区域，并在端部配置了服务台、洗脸间、电开水炉和卫生间等设施。为了提高检修维护的便捷性和经济性，动车组内的座椅、内端门、厨房设备、开水炉、便器和整体卫生间等设施进行了统型设计，减少了维护所需的配件种类。具体而言，如图 11-28 所示，座椅布置根据《中国成年人人体尺寸》（GB/T 10000—2023）标准的人体尺寸设计，商务座采用 1+2 布置，一等座为 2+2 布置，二等座为 2+3 布置，座椅前后间距分别为商务座 1995 mm、一等座 1160 mm、二等座 980 mm，且通过模块化设计，统一了尺寸、功能和材质，便于维护和更换。餐饮设施位于车辆中部，方便乘客取餐或乘务员送餐，配备冷藏箱、保温箱、微波炉等设备，设计能够在高峰时段满足 50% 乘客的用餐需求。给水卫生系统则包括供水装置、卫生间和集便系统，真空式集便系统与废水收集系统配合使用，卫生间按国内乘客习惯设计为坐式和蹲式，同时配备电热开水器，确保水质安全，所有设备均通过统型设计实现模块化标准化，便于维护和更换，从而提升设备的使用效率和运营的经济性。复兴号动车组的无障碍设施设计结合残障人士的实际需求，确保列车能够为所有乘客提供便利。车厢内设置了符合无障碍标准的卫生间，配备有方便残障人士使用的扶手和低位按钮等设施，提供了安全、舒适的乘车环境。

中国标准动车组首次提出互联互通要求，旨在实现不同企业生产的相同速度等级动车组能够重联运营，以及不同速度等级动车组之间相互救援。通过统一的技术标准体系，多个企业可共同生产动车组，从而在服务功能和维护方面保持一致性，同时允许外形、内装和子系统设计存在一定差异，这有助于提高兼容性并降低成本，推动国内市场形成竞争局面。为了实现这一目标，动车组的运用模式、操作界面和司乘界面需要统一，涉及重联车钩、电气原理、网络通信和司机台布局等技术方面的一致性。互联、互通和互操作是实现互联互通的三个关键方面。互联指通过统一的前端车钩和过渡车钩实现不同厂家和速度等级动车组的物理连接，确保救援机车的机械连接和供电；互通则关注控制信号的传递，需采用统一的通信协议和控制电路，实现正常运行和救援过程中的指令贯通；互操作是最终目标，要求统一司乘操作界面和主要控制指令，确保各种工作模式和限速控制的互操作性。通过全面的网络初运

(a) 商务座席

(b) 一等座席

(c) 二等座席

图 11-28   复兴号动车组座席配置

行测试和实车重联试验，中国标准动车组在互联互通的设计上取得了显著成果，建立了测试平台以验证不同厂家动车组的网络配置、监测、保护和诊断功能。整车落成后，开展了网络逻辑验证试验和性能试验，确保重联后各系统的运行性能与网络逻辑的一致性。这一系列努力使得中国标准动车组在互联互通方面达到了预期目标，实现了世界首次不同厂家生产的相同速度等级动车组重联运营和不同速度等级动车组相互救援，从而提高了运用效率并降低了运用成本。

根据动车组技术统型规划，结合 CR400 型动车组的研制，实施了对重要零部件的统型工作，旨在优化检修和运用中的更换和维护过程。通过统型，实现了界面和重要零部件的统一，显著减少了备品备件的种类与数量，从而降低全生命周期的运维成本，并简化维修工作要求。统型内容涵盖了车体、转向架、高压牵引、辅助电气、制动、网络控制、旅客信息、车内环境控制、给水卫生、车内设施和驾驶设施等 11 个系统的 96 项重要零部件。CR400 型动车组的零部件统型分为完全统型、整体互换、部分统型和按两套方案统型四类。完全统型指的是零部件的通用互换；整体互换则指接口尺寸一致的零部件的整体互换；部分统型则是对零部件的结构、功能和原理进行部分统一，虽然存在两套方案，但依然能实现通用互换；而按两套方案统型则是由于系统匹配或统型范围外的差异，仅对部分性能进行统一，通用互换存在困难。通过这一统型工作，实现了轮对、制动盘、闸片、碳滑板等易损件的通用互换，侧门、车窗、风挡、座椅和便器等车内设备的统型互换，减少了动车组零部件检修备品的种类与数量。这不仅打破了零部件的供应垄断，全面降低了动车组的购置和检修成本，也为实现运用维护检修作业的标准化奠定了基础。

2.车体

动车组的车体结构设计旨在确保其在高速运行过程中具备出色的整体承载能力，以满足自重、有效载荷和各种结构部件的支持需求。通过采用轻量化的铝合金材料，车体被设计为流线型结构，不仅提高了空气动力学性能，还有效降低了空气阻力，从而提高了动车组的运行效率。这种设计思路确保了车体在高速行驶时，能维持较高的安全性和乘坐舒适度。车下设备舱的设计同样至关重要，其主要功能在于保护底部设备，避免因高速运行时产生的空气压力波或外部异物如小石块和冰块对设备造成损害。设备舱的设计综合考虑了导流、防护和检修功能，使其在确保安全运行的同时，也便于日常维护和检修。这一设计考虑到动车组在不同环境下的运行特性，力求在确保功能的基础上，提升维护效率。前端开闭机构的设计具有良好的空气动力学外形，能够有效防止落叶、冰雪等杂物进入。此机构采用电控气动设计，并具备机械锁闭功能，使得司机可以在驾驶室内操控开闭，同时也支持手动操作。这一设计不仅增强了动车组的密闭性，还确保了在需要重联、回送和救援的情况下，前端车钩的联挂功能不受影响。车外设备方面，客室侧门和窗户的设计充分考虑到安全性和实用性。侧门不仅具备本车控制和集中控制功能，还设有手动和紧急打开的功能，以确保在突发情况下乘客的安全。门锁及相关机构的强度能够承受较大的气动载荷与集中力，并与牵引系统联锁，确保车门未关闭时无法进行牵引。固定式车窗采用整体框机械安装和密封胶密封，确保车内气密性和良好的隔声性能，同时设有应急破窗装置，确保乘客在紧急情况下的逃生。

如图11-29所示，车体采用大型中空铝合金型材组焊而成，为筒形整体承载结构，主要分为中间车车体和头车车体两种。中间车车体由底架、侧墙、车顶、端墙组成，头车车体设有司机室结构。

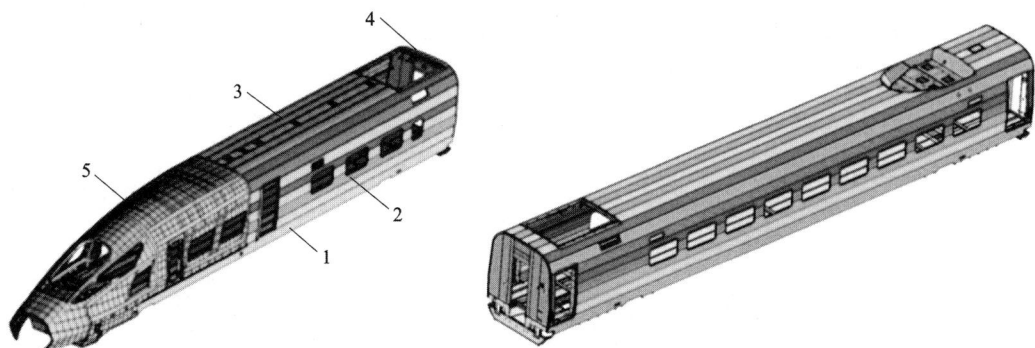

1—底架；2—侧墙；3—车顶；4—端墙；5—司机室。

图11-29 典型车体结构组成方案

如图11-30所示，前端开闭机构是玻璃钢承载前端，主要由导流罩舱门、雨刷盖板、锥形鼻玻璃钢、机械结构等组成。在机械机构上装有锁闭机挡，可实现开闭机挡舱门的打开和锁闭。前端车钩缓冲装置采用连杆式车钩，由机械车钩、电气车钩、主风管、连接卡环、接线盒、缓冲装置、接地线、压溃系统等零部件组成，为一体式自动车钩，距轨面高度 1000 mm。电气车钩安装在机械车钩上部，由气缸推动控制机构，实现电气车钩的伸出和缩回。中间车钩缓冲装置采用半永久车钩，一端设有缓冲装置，配对的另一个半永久车钩带有压溃管。

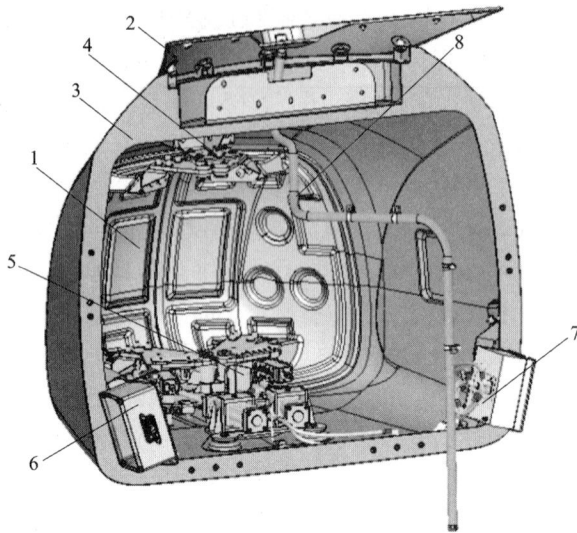

1—导流罩舱门；2—雨刷盖板；3—锥形鼻玻璃钢；4—上部运动机构；
5—底部运动机构；6—电路控制系统；7—气路控制系统；8—排水管。

图 11-30　前端开闭机构

3. 转向架

（1）CR400AF 动车组转向架。

如图 11-31 所示，CR400AF 平台的动车组转向架总体结构采用无摇枕二轴转向架设计、H 形焊接构架、转臂式轴箱定位、二级悬挂、单牵引拉杆、一级斜齿轮传动、电机刚性架悬挂及盘型制动。为了满足单轮对更换、维护周期延长、宽温域环境适应及国产化材料突破成果应用的需求，进行了结构变更设计，解决了轴重增加和电机功率增大带来的结构强度及动力学问题。

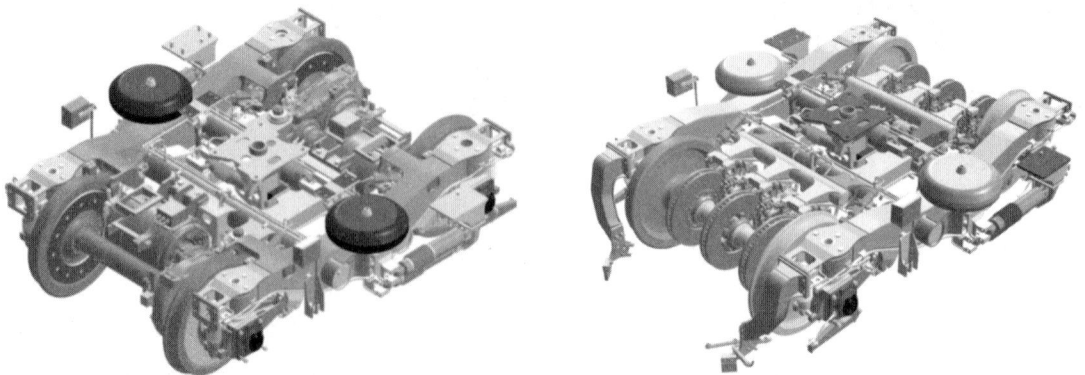

（a）CR400AF动力转向架　　　　　　（b）CR400AF非动力转向架

图 11-31　转向架轴箱

如图 11-32 所示，针对 CRH380A 动车组转向架轴箱体为整体式的特点以及齿轮箱吊杆拆卸需从上部操作的问题，设计了上下分体式结构的轴箱体。通过拆卸螺栓，上下箱体可以分离，从而实现单轮对的更换。这一设计大大提高了日常运用修理和更换轮对的便利性。

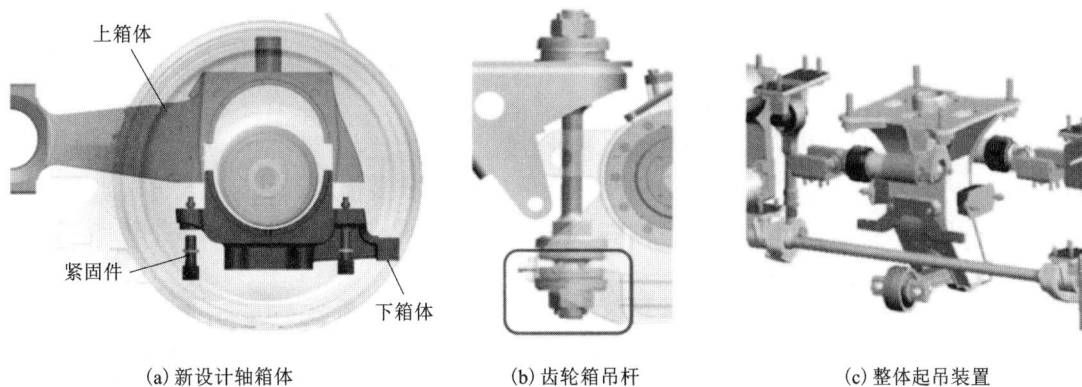

(a) 新设计轴箱体　　　　　　　(b) 齿轮箱吊杆　　　　　　　(c) 整体起吊装置

图 11-32　转向架轴箱

复兴号动车组的齿轮箱优化了小端轴承，采用"柱+柱+球"的形式，缩短了检修周期和提高了可靠性。环境适应性方面，CRH380A 动车组设计的运营温度为 -25 ℃ 至 40 ℃，而复兴号动车组则要求适应 -40 ℃ 至 40 ℃。因此，针对低温启动性能、结构材料和防腐措施进行了优化，采用耐低温铸钢材料和抗结冰清漆，改用不锈钢空气管路。复兴号动车组的设计增加了轴重、车轮直径和增大了电机功率，导致重量增加，并对动力学及转向架强度提出新要求。增大车轮直径会导致簧下质量增加，CRH380A 的悬挂参数可继续沿用。因电机功率提升而增加的重量，导致转向架的簧间质量增加，见图 11-33。对此，通过优化抗蛇行减振器的参数，提升了其性能。复兴号动车组设计要求轴重提高至不超过 17 ι，对转向架主要承载部件进行了重新设计，包括构架横梁、侧梁的截面和厚度提升，电机吊座的优化，确保与动拖车一致。

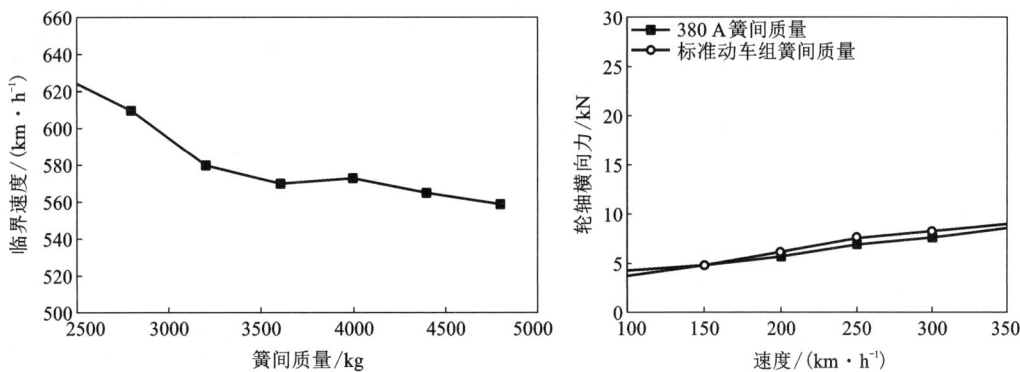

图 11-33　簧间质量影响

（2）CR400BF 动车组转向架。

在制定 CR400BF 型中国标准动车组转向架总体方案时，相关人员深入调研了国内既有动车组的转向架结构，并对运用中出现的问题进行了改进，尤其关注了 CRH380B 平台转向架的继承性和知识产权问题。通过正向设计，对结构形式、焊缝、悬挂参数及组装工艺进行了重新设计。如图 11-34 所示，CR400BF 型动车组的动车转向架和拖车转向架结构基本一致，主要由轮对轴箱装置、构架、一系和二系悬挂装置、驱动装置及基础制动装置组成。为有效抑制车轮多边形现象，还特别配置了踏面修形装置。在既有结构优化提升方面，CR400BF 转向架的悬挂和制动系统继承了和谐号转向架的设计。同时，开展了自主化材质轮轴的研制，并优化了轴箱组成，使其适应不同型号轴承的安装需求。针对车轮多边形导致的异常振动问题，对轴端探伤用端盖、传感器固定支座等结构进行了改进，提升了转向架的结构可靠性。

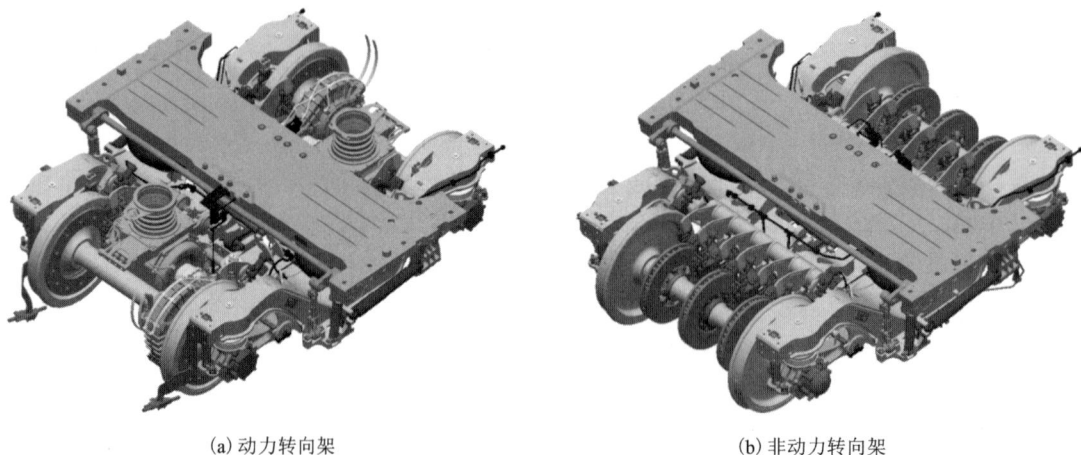

(a) 动力转向架　　　　　　　　　　　(b) 非动力转向架

图 11-34　CR400BF 转向架

牵引电机采用了优化的悬挂结构，加入了减振和限位装置，提升了车辆的运行稳定性。构架设计采用了强化的 H 形结构，通过优化焊接形式和材料，增强了整体的强度和可靠性。在动力学性能方面，对不同运行速度下的悬挂系统进行了详细优化，确保车辆在各种速度区间内能够保持良好的平稳性和安全性。通过多个设计方案的比选和试验，最终确定了最佳的悬挂参数配置，特别是在高速运行时表现出色。转向架的结构强度经过多次优化设计，确保了其在长期使用中的可靠性。设计中综合考虑了载荷谱、结构强度和疲劳性能，使用先进的分析方法对关键部件进行了评估，保证了转向架能够满足长寿命的运用需求。同时，转向架通过了大量的疲劳试验，证明其具备良好的结构强度和耐久性。

4. 高压牵引系统

复兴号动车组在确定采用 4 动 4 拖动力配置方案后，高压牵引与辅助供电系统的重点是提升系统的工作可靠性和能源使用效率。为了确保系统满足牵引、再生制动以及网侧性能指标的要求，设计中也充分考虑了降低对电网的污染，降低运行成本，并提高部分动力故障情况下的运行能力。在高压系统设计中，复兴号对外绝缘特性提出了更高要求，确保其适应大范围运行条件。为此，动车组采用了集成式高压设备箱设计，不仅增强了系统适应能力，减少了维修工作量，还降低了车顶空气阻力，从而有效降低能耗。此外，这种设计还有助于减少高压绝缘故障的发生。在牵引系统的大部件统型设计方面，虽然牵引电机、变流器等部件互换存在一定技术难度，但统一了相关标准和维修要求，并在监测传感器的机械和电气接口、网络接口及故障代码等方面进行了规范化设计，便于互联互通。此举有助于提升设备维护效率，同时推动技术进步和创新。系统设计保证了在过分相运行时，辅助供电不中断，从而确保车内空调、照明等关键设备的正常运行。

在复兴号动车组牵引变流器的设计中，经过深入调研和技术评估，最终选择了两电平拓扑结构。这种拓扑形式相较于三电平结构，具有显著的简化优势。其模块数量更少，拓扑结构相对简单，控制策略也更为直接，特别是在实际运用中具备更高的可靠性。此外，两电平变流器通过并联 IGBT 技术和两重化整流器的设计，能够有效提升装置容量，适应高功率需求。同时，通过多重化四象限整流技术的应用，降低了交流输入电流中的谐波含量，并减少了直流输出电压中的谐波。这样的设计有助于优化电能质量，减少对电网的污染，进一步提升牵引系统的能效。在中间电压选择方面，复兴号动车组也经过了多重考量。虽然在动车组牵引系统中，1800 V 等级的中间电压是一种常见选择，但在复兴号动车组牵引电机功率较大的前提下，采用 1800 V 等级将导致输入输出电流过大，进而带来整车线缆和电机选型上的难题。为了应对这一挑战，复兴号动车组采用了 3600 V 的中间电压等级，这不仅能有效降低电流需求，同时也更有利于实现线缆选型的优化和牵引电机的轻量化设计。通过这种设计，复兴号动车组在大功率输出的同时，保证了整车的高效运转，并降低了设备运行时的损耗。

如图 11-35 所示，牵引变压器的设计也是复兴号动车组动力系统优化的一个重要环节。在这一过程中，复兴号采用了刚性悬挂系统，并对变压器的内部结构进行了优化，减少了器身悬挂所占用的空间。这种设计使得牵引变压器的功率密度达到了 0.99 kVA/kg，在保证变压器高效性能的同时，实现了轻量化的目标。此外，复兴号动车组的牵引变压器还对电气性能进行了优化，确保其在高负载、高速运行时的稳定性和可靠性。

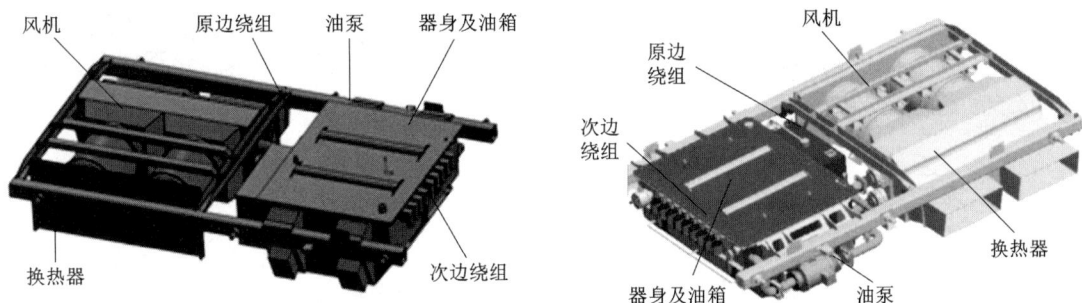

图 11-35　牵引变压器外形

5. 制动系统

复兴号动车组的制动系统采用"故障导向安全"设计原则，确保在任何情况下都能保障列车运行的安全性。其核心技术是微机控制的电空直通式制动系统，通过列车级空电复合制动实现制动功能。该系统优先使用再生制动，减少机械部件的磨耗，从而降低维护成本和减少能源消耗；当再生制动力不足时，自动补充空气制动力。制动系统能够响应硬线和网络接口响应列车指令、环路、ATP(列车自动控制系统)以及列车网络发出的各种制动命令。此外，为了确保列车在救援和回送时可以与我国既有的机车系统兼容，复兴号配备了 BP 救援转换装置，使其能够与采用自动空气制动系统的机车进行有效协同操作。同时，复兴号动车组具备重联运营的能力，能够与相同速度等级的动车组联合运行，甚至在不同速度等级的动车组之间实现互相救援。系统设计中采用模块化理念，确保了主供风单元、轴装制动盘、轮装制动盘和闸片等核心部件具备高度的互换性，简化了维修和保养工作，进一步提升了系统的可靠性和适应性。

随着微机控制技术的不断升级，复兴号动车组的电空制动系统不仅负责基本的制动操作，还具备了对整个系统进行全面监控、故障检测、诊断、显示、报警以及数据记录的能力。这一系统能够通过列车网络控制平台，实现列车制动状态的智能化管理，显著提高了列车的运行安全性与可靠性。与和谐号动车组相比，复兴号采用了更加先进的列车级制动管理架构，基于列车的整体网络进行管理和指挥。列车级制动管理的优势在于能够通过精准的制动力分配，充分利用再生制动力，在车辆出现部分故障时，依然能够保证最小的制动力损失，确保列车在故障情况下的安全运行。该系统还能有效减少空气制动的使用，延长闸片的使用寿命，减少摩擦和磨损。同时，列车级管理架构还支持空压机管理、制动试验以及信息交互等功能，使制动系统更加智能化和高效。

如图 11-36 所示，复兴号动车组的制动系统架构基于分级管理模式，整个列车由列车级管理单元(TBM)和车辆级管理单元(SBM)组成。TBM 通过列车网络传递制动指令，并负责全列车的制动管理，而每个牵引单元的 SBM 则负责其下属制动控制单元(BCU)的协调与控制。在列车的日常运行中，BCU 通过 MVB 总线与牵引控制单元(TCU)进行通信，BCU 负责管理空气制动力的执行和防滑控制，而 TCU 则优先负责再生制动力的调节和执行。在自动速度控制(ASC)模式下，中央控制单元(CCU)负责计算列车的总制动力需求，并优先使用再生制动力。当再生制动力不足时，系统自动退出 ASC 模式，并提醒司机采取相应措施。同时，复兴号的制动系统在故障处理方面具备冗余设计，如常用制动硬线指令线作为网络指令的备份，确保在网络通信中断时，系统依然能够正常工作，保证列车的安全运行。这些措施使得复兴号动车组的制动系统具备极高的安全性和智能化水平，能够满足高铁高速运行过程中对安全、稳定的严格要求。

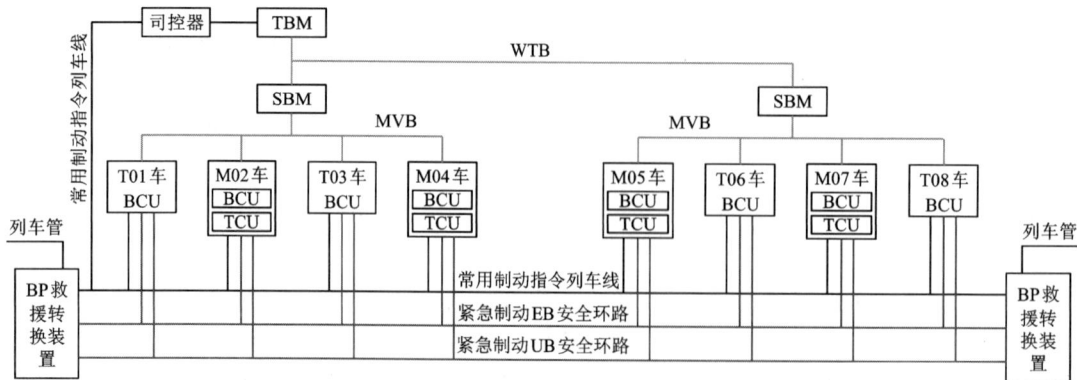

图 11-36　CR400 动车组制动系统架构示意图

二、CR300 动车组

CR300 型动车组(见图 11-37)是在 CR400 平台动车组基础上，按照先进、可靠、成熟和经济的原则研制的，拥有完全自主知识产权，设计注重自主化、简统化和互联互通，旨在提升运用品质并降低运维成本。该动车组适用于时速 250 km 的运行需求，包含两个技术平台，具备强大的运行和维护能力。动车组经过严格的样车研制和运用考核后，正式投入运营。CR300 型动车组的基本性能参数与 CR400 动车组保持一致，但在牵引、制动、网络控制等关键领域进行了优化设计，以适应 250 km 时速运行要求。动车组在不同加速区段表现良好，能够满足铁路技术管理规程的紧急制动距离要求，确保行驶安全与效率。

图 11-37　CR300 动车组

为进一步提高 CR300 型动车组的互联互通性能，设计团队深入研究了整车电气及控制逻辑，对多个子系统的控制与诊断功能进行了梳理和统型。这些子系统涵盖了高压系统、牵引系统、网络系统、制动系统等核心部分，统型工作的实施确保了不同平台动车组之间的互联互通与重联运行能力。同时，通过对控制逻辑和诊断功能的规范化和标准化，动车组的安全性、可靠性和可用性得到了进一步提升，使其更好地适应复杂的运行环境。

动车组的内部设计关注乘客的舒适度和便捷性，车厢配置涵盖一等车、二等车及无障碍设施等，座椅布局根据不同需求进行优化。动车组在车顶设计中采用平顺化安装方案，使天线、空调和其他设备更加顺畅，减少空气阻力。此外，车端设计简洁美观，确保了功能的完善与安全性的兼顾。车辆整体设计不仅注重性能，还强调了现代化高铁的审美要求，进一步提高了乘客的出行体验。

CR300 动车组的技术特点和创新体现在以下几个方面：

①以太网控车技术的创新应用：CR300 动车组采用了基于以太网的列车级、车辆级和设备级全冗余网络架构，攻克了动车组以太网在实时冗余切换、列车拓扑动态识别及跨编组维护中的技术难题，构建了完整的控车规范体系，实现了不同平台动车组的互联互通。通过多时间尺度的通信调度方法，有效解决了列车多层异构信息的实时传输问题，通信速率达到 100 Mbps，比传统的 TCN 网络提升了 66 倍，满足了智能行车、智能服务和智能运维等需求。

②节能环保性能的提升：CR300 动车组采用了轻量化和平顺化设计，降低了列车总重量，并通过优化空气动力学设计减少了列车运行阻力。隔热性能提升使得列车内部能耗降

低，同时使用可降解环保材料并通过多种技术手段提升车内空气质量。此外，列车具备主辅一体化控制，能够最大限度地利用能量，具有高效的过分相和回送发电功能，实现了能源利用率的提升。

③长大坡道可用性及运行安全技术：为应对长大坡道运营带来的挑战，CR300 动车组优化了牵引系统参数和控制方式，确保在坡度较大的线路上具备 50% 动力启动和稳定运行的能力。其制动管理系统通过主从控制方式有效缩短了制动距离，并在某些制动单元失效时仍能保持高速运行。列车配备了超过 3300 个监测点，实时监控关键状态，提供故障诊断、预警和处理功能，大大提高了运行安全性。

1. 总体技术

CR300 动车组在多个方面延续了 CR400 动车组的设计理念，但根据其运行速度及技术需求的变化，进行了相应的优化和调整。车体结构方面，CR300 的运行速度较 CR400 动车组有所降低，因此气密强度载荷的要求相对较低。为增强动车组的安全性，车体设计上还考虑了被动安全性能，采用了耐碰撞设计，并为头尾车的前端配置防爬吸能装置接口。尽管 CR300 动车组的车体结构总体方案与 CR400 相似，但基于平面布置和其他系统的安装需求做了一些相应的调整，特别是头型设计方面，进行了进一步优化以满足速度和气动性能要求。

在车下设备舱、头罩开闭机构和前端排障装置方面，CR300 动车组的设计与 CR400 大致相同，但为了适应新的速度和气动环境，对车下设备舱的强度和刚度进行了调整，能够承受 ±2000 Pa 的气动载荷。在结构形式上，车下设备舱的设计与 CR400 保持一致，仅根据不同系统的布置变化进行了局部的优化调整。CR300 动车组的头罩开闭机构和排障装置沿用了 CR400 的设计标准，确保了在不同运行条件下的可靠性与安全性。

动车组的车钩缓冲装置在 CR300 型上也进行了简化，主要是因为其动力需求和吸能要求相对较低。因此，CR300 取消了 CR400 上使用的压溃管结构，其余的车钩和缓冲装置结构保持一致。这种优化不仅提升了经济性，还在满足功能要求的基础上减轻了重量。此外，内装和车内设施方面，CR300 动车组继续沿用 CR400 的成熟设计风格，保持了原有的舒适性和功能性，并通过对墙板、顶板等部件进行优化提升了经济性。例如，墙板取消了窗台装饰板，顶板则通过材料优化和简化造型降低了成本。在内部布置上，CR300 取消了观光区座椅，增加了一等座椅的数量，这不仅提升了整车的经济性，还增加了定员数量。行李架、厨房系统等设备的布置也根据新的平面布局进行了调整，确保了操作的便利性和一致性。

在给水和卫生设施方面，CR300 动车组基于 CR400 的技术方案进行了适应性改进。车辆内部的供水系统经过优化布局，缩短了水箱与用水设施之间的距离，从而提高了供水效率。卫生间的布局也有所调整，头尾车的卫生间从车辆中部移至车辆端部，并对车下污物箱的位置做了相应的变化，以适应新的结构需求。CR300 动车组的外风挡采用了经济性更高的半包分体式胶囊结构，减少了对整车阻力的影响，同时内风挡保持了 CR400 的折棚结构设计，但取消了快速解编装置，以适应新的维护需求。

空调系统方面，CR300 动车组在继承 CR400 技术平台的基础上，对司机室空调系统进行了深度优化。原先 CR400 动车组司机室空调系统分为分体式和单元式两种形式，而 CR300 则在这两种方案的基础上进行了统型，最终选择了车顶单元式方案。为提升空调系统的制冷量和耐高温性能，空调机组的冷凝风源由设备舱进风改为车顶空气，这不仅有效提升了制冷效果，还增强了设备在高温环境下的运行可靠性。

2. 转向架

CR300 型动车组的转向架设计是在 CR400 型动车组转向架技术平台基础上进行优化的。两者的主体结构完全一致，属于同一系列化产品，能够适应不同速度等级的需求。根据 CR300 型动车组速度指标的变化和运营经济性的要求，设计中对转向架的轮轴和传动部件进行了深度统型，并优化了部件配置、悬挂参数以及齿轮箱传动比。这些改进确保了 CR300 型动车组在保持原有技术成熟度的基础上，提升了各个部件的互换性和适应性，为不同平台的转向架实现了更高的标准化。

（1）CR300AF 型动车组转向架。

CR300AF 型动车组的转向架（见图 11-38）结构与 CR400AF 型相同，并依据深度统型的要求提高了不同平台之间部件的互换性。针对 CR300AF 型动车组最高运行速度 250 km/h 的设计目标，对转向架的齿轮箱传动比进行了优化，并对悬挂系统的参数进行了调整。为了提高动车组的运行稳定性，采用了单侧抗蛇行减振器，并优化了其参数。同时，使用普通空气弹簧并取消了抗侧滚扭杆装置和车间减振器，但预留了安装接口。此外，转向架失稳检测装置的振动传感器数量从原先的 4 个/辆优化为 2 个/辆，以简化结构并降低维护成本。

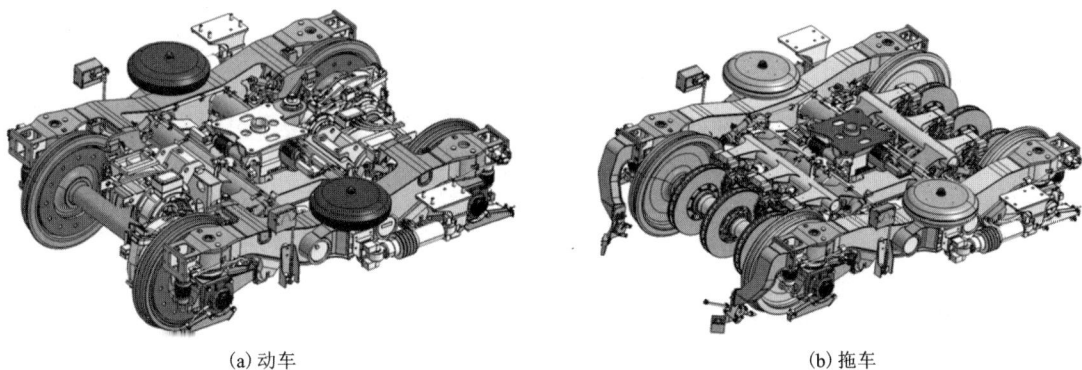

(a) 动车　　　　　　　　　　　　　　　　　　(b) 拖车

图 11-38　CR300AF 转向架

（2）CR300BF 型动车组转向架。

CR300BF 动车组的转向架（见图 11-39）与 CR400BF 型动车组保持一致，采用两轴无摇枕的形式，旨在实现标准化和模块化设计。为了满足 250 km/h 的运行需求，转向架在保持 CR400BF 主体结构不变的前提下，对定位节点刚度、抗蛇行减振器参数、电机悬挂节点刚度及齿轮箱传动比等进行了适应性的优化设计。抗蛇行减振器采用单侧一根的设计方案，而电机节点的横向刚度得到了增强，采用了非横向解耦悬挂方式，同时取消了电机减振器和横向限位止挡，简化了转向架的结构，提高了车辆运行的稳定性和可靠性。

CR300BF 动车组的拖车轮对、联系枕梁、一系悬挂、轴箱定位装置、二系悬挂、基础制动夹钳及辅助装置等主要部件完全继承了 CR400BF 的设计结构。尤其是构架的主体结构保持一致，通过强度仿真分析对局部结构进行了轻量化设计优化，以提高经济性和性能。基于深度统型的要求，对动车车轴、齿轮箱及联轴节进行了适应性的改进，齿轮箱和联轴节在传动比、中心距及接口尺寸方面进行了优化设计，以确保不同平台间的轮对能够互换，进一步提升了转向架的可维护性和维修便利性。

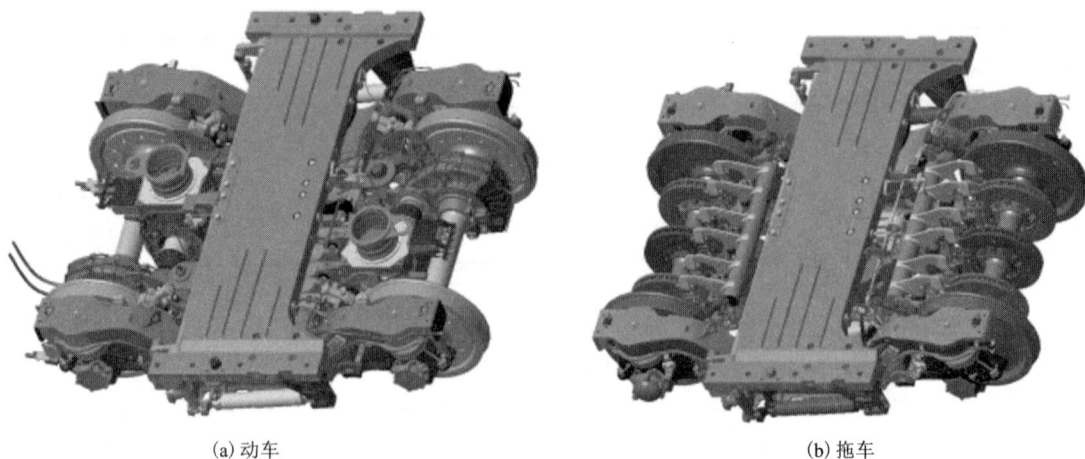

(a) 动车　　　　　　　　　　　　　　　　(b) 拖车

图 11-39　CR300BF 转向架

3. 牵引系统

　　CR300 动车组的牵引系统是基于复兴号动车组平台一致性要求进行正向设计的，采用了成熟的主辅一体、异步牵引系统架构。在进行牵引系统设计时，考虑到车辆的整体技术条件，确保系统在性能和稳定性方面达到标准要求。

　　如图 11-40 所示，牵引系统设计首先依据 250 km/h 速度等级动车组的运行阻力测试结果，以及 CR300 动车组的目标重量和牵引性能需求，进行了详细的牵引计算。通过计算确定，动车组的轮周牵引功率约为 5460 kW，满足车辆在不同运行工况下的动力需求。此外，为了保证车辆的能量回收能力，轮周再生制动功率被设定为不低于牵引功率的 1.2 倍，以提高动车组的制动性能和节能效果。根据牵引系统设计需求，动车组的单电机额定功率设计为 350 kW，确保动车组能够在运行中维持所需的牵引特性和再生制动特性，达到既定的性能目标。

　　CR300 动车组的牵引变流器延续了 CR400 动车组的两电平拓扑结构，这种成熟的架构确保了系统的稳定性与可靠性。由于 CR300 动车组的电机功率为 350 kW，约为 CR400 动车组电机功率的 50%，因此在牵引变流器的设计中选择了 3300 V 等级的器件，并将中间电压设定为 1800 V。这一设计调整降低了牵引变流器中 IGBT、支撑电容等核心元器件的电压规格，同时变压器和电机的电压规格也相应降低，从而提高了整个牵引系统的经济性。在具体参数上，CR300 的牵引变流器不仅延续了 CR400 动车组的核心设计原则，还引入了实时以太网接口。该接口支持 100 Mbps 到 1000 Mbps 的通信带宽，能够高效传输包括电压、电流等关键波形和设备状态数据。这些数据通过实时以太网传输，不仅提升了通信效率，还为上层系统的智能应用提供了数据支撑，特别是设备寿命检测等应用。

　　CR300 动车组的牵引变压器基于复兴号标准动车组技术平台进行研发设计，采用了成熟的心式牵引变压器技术路线。在设计过程中，变压器应用了高阻抗高功率密度绕组设计，这种设计能够在确保牵引性能的基础上进一步提升功率密度。同时，采用应力均衡结构设计以优化变压器在不同工况下的受力情况，提高了设备的整体稳定性。此外，CR300 动车组还配备了并联双离心风机冷却系统，通过这一设计，变压器在运行过程中能够有效散热，确保各项性能参数稳定。相比 CR400 动车组，CR300 的牵引变压器在冷却系统的重量和体积上均有

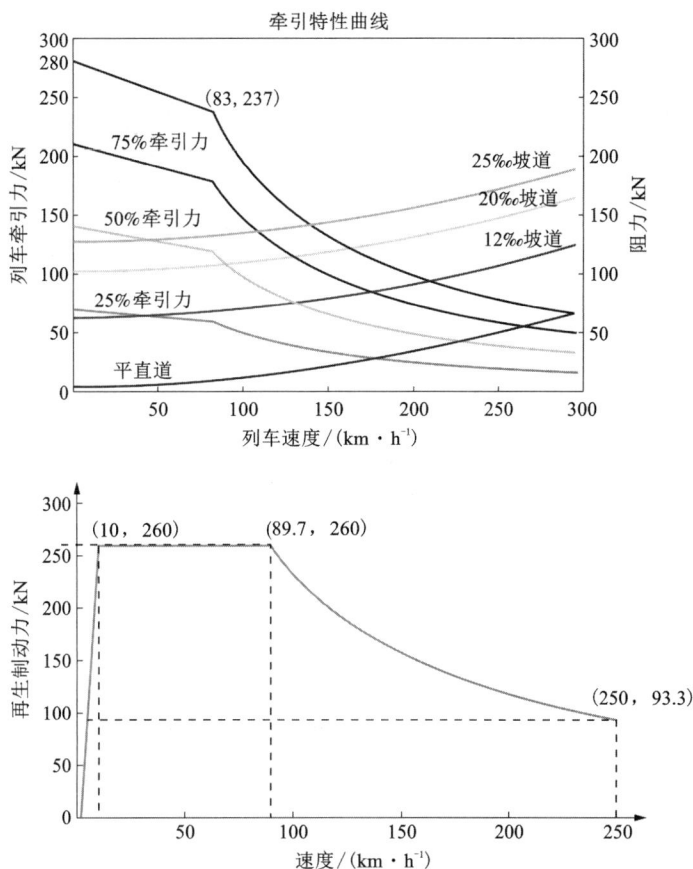

图 11-40　CR300 牵引、再生特性曲线

所优化，变压器的整体体积得以进一步缩小，实现了轻量化和小型化的设计目标。这种轻量化设计不仅减轻了动车组的总重量，同时也提高了变压器的安装灵活性和维护便捷性。

　　CR300 动车组的牵引变压器基于复兴号标准动车组技术平台进行研发设计，采用了成熟的心式牵引变压器技术路线。在设计过程中，变压器应用了高阻抗高功率密度绕组设计，这种设计能够在确保牵引性能的基础上进一步提升功率密度。同时，采用应力均衡结构设计以优化变压器在不同工况下的受力情况，提高了设备的整体稳定性。此外，CR300 动车组还配备了并联双离心风机冷却系统，通过这一设计，变压器在运行过程中能够有效散热，确保各项性能参数稳定。相比 CR400 动车组，CR300 的牵引变压器在冷却系统的重量和体积上均有所优化，变压器的整体体积得以进一步缩小，实现了轻量化和小型化的设计目标。

　　CR300 动车组的牵引电机在总体结构上与 CR400 动车组保持一致，继续采用成熟的强迫通风异步电机结构。这种电机设计具备较好的散热性能，能够有效保障长时间运行中的稳定性和高效性。CR300 动车组的运行速度降低，列车传动比相应提高，使得牵引电机的最高转速依然保持在 5600 r/min，这意味着电机轴承的配置无须进行调整，仍然能够满足运行要求。由于中间直流电压的降低，牵引电机的绝缘系统耐压等级由 CR400 动车组的 3600 V 降低至 1800 V，充分适应了 CR300 动车组的运行条件。随着列车最高运行速度的下降，整车的功率需求也相应减少。牵引电机的功率由 625 kW 降低至 350 kW，功率的降低直接带来了电机重量和体积的减小，进一步优化了电机的轻量化设计，使得整车的能效得到提升。

4. 制动系统

CR300 型动车组的制动系统是基于 CR400 型动车组制动系统技术平台开发的，保持了技术原理、系统组成及系统功能的一致性。为了适应不同的速度等级，系统对常用制动和紧急制动的减速度曲线进行了适应性调整，确保其与动车组运行条件相匹配。同时，根据运营线路的坡度变化，CR300 型动车组的停放制动能力得到了增强，从 CR400 型动车组适应 20‰坡道停放要求提升至能够应对 30‰坡道的停放需求。为了提高制动系统部件的互换性和通用性，制动系统中的主供风单元、制动夹钳单元、制动盘和闸片等部件沿用了 CR400 型动车组的标准化设计。在减速度设计方面，CR300 型动车组的常用制动依然分为 7 个制动级位，以适应不同的制动需求。在紧急制动方面，紧急制动 EB/UB 的施加满足在干燥、平直线路上的制动距离要求。CR300 和 CR400 型动车组在 0 km/h 至 250 km/h 速度范围内，紧急制动 UB 的减速度控制曲线保持一致。在初速度为 250 km/h 且切除一辆车空气制动的情况下，CR300 型动车组紧急制动 UB 的减速度为 0.858 m/s^2，制动距离为 2909 m，符合不超过 3200 m 的制动距离要求。

为满足"动车组在定员载荷下停放在 30‰坡度上不溜逸，并具有不小于 1.2 倍安全系数"的要求，CR300 型动车组在制动系统设计中对停放制动能力进行了增强优化。具体设计上，CR300 型动车组在 1、3、6 和 8 车的每轴分别安装了 1 个停放制动缸，全列共设置 16 个停放制动缸。与 CR400 型动车组相比，CR300 型动车组在 1 和 8 车的一位转向架上增加了 4 个停放制动缸，通过这样的调整显著提升了动车组在坡度条件下的停放制动能力，以确保列车在更陡的坡度上仍能安全稳定停放。

5. 网络控制系统

CR300 型动车组的网络控制系统设计是基于满足高速大容量数据传输的需求。传统的 TCN 网络已经难以应对现代动车组的通信要求，因此在 CR300 平台动车组中，设计时引入了以太网技术。以太网具有带宽更大、标准统一、易于扩展等优势，并且相关技术已经在国际和国内取得了较为成熟的应用成果。在 CR300 平台的初期研制过程中，采取了 TCN 网络与以太网并行冗余的方式，以保证通信的稳定性和可靠性。TCN 网络沿用了 CR400 平台的拓扑结构，而以太网则按照 TCN 网络的架构进行了车辆级和列车级的划分。车辆级使用 ECN 进行数据通信，而列车级使用 ETB 进行列车级信息的传输。这种分级结构确保了即使某个设备出现通信故障，也不会影响整个系统的运行。在后续的批量生产中，由于以太网的试验表现优异，CR300 动车组取消了 TCN 网络，全面采用了以太网控车方式。以太网网络不仅作为主要的通信通道，还兼具维护网络的功能，用于故障诊断、事件记录等操作。车辆级的网络拓扑结构有所不同，其中 CR300AF 型动车组采用环形拓扑，而 CR300BF 型动车组则采用线形拓扑设计。

CR300 型动车组的网络控制系统设计充分考虑了冗余设计，以提高整体系统的可靠性。在该方案中，一些关键的控制单元，如牵引控制单元、制动控制单元和失稳主机等，采用了单网卡双通道冗余或双网卡冗余的方案，以确保在发生通信故障时，仍能维持系统的正常运作。而对于不影响列车运行的设备，如空调主机和无线传输装置等，虽然也进行了冗余设计，但不强制要求通道冗余，从而降低了系统复杂性。在冗余优化后，部分子系统新增了一个控制网口，实现了双网口冗余通信。此外，交换机的配置也得到了调整，以提高车厢内交换机的冗余度。具体来说，头车设置了两个以太网交换机，互为热备冗余，负责骨干网管理和跨单元的数据传输。每节车厢的 ECN 交换机则采用双板卡设计，主要用于编组网管理，支持实时数据协议，并提供第三方设备接入网络的接口。通过这种冗余设计，确保了关键设备之间的通信可靠性，有效提升了整个动车组的运行安全性。

第六节　智能动车组

自新世纪以来，信息技术的迅猛发展和智能化技术的突破推动了各行各业的转型，铁路行业面临着提升运输组织效率和应对用户需求的新挑战。智能铁路的概念应运而生，旨在通过高新技术提升客户服务、实现风险隐患自动排查、优化设备管理，从而降低维护成本。中国在智能铁路研究方面处于领先地位，尤其在智能京张和京雄项目上，推动了智能铁路的应用和发展。全球范围内，德国、法国、英国和日本等国也在制定数字化发展战略，致力于通过新兴技术优化运输服务和安全水平。

高速列车的研究重点包括安全性、经济性、环保性和智能化，目标是降低全生命周期成本，提高效益，以及推动设备的模块化和标准化设计。环保性方面，研究集中在能效提升和可替代能源技术，而智能化则涉及自监测、自诊断和自动驾驶等新技术的探索。智能动车组的目标是通过物联网、云计算和人工智能等技术，实现自主感知、自运行和自决策，形成一个全面的智能技术体系，包括环境状态感知、智能自动驾驶、故障预测和智能旅客信息服务等功能。

智能铁路通过云计算、物联网、大数据和人工智能等新技术，全面感知铁路移动装备、基础设施及相关环境信息，推动铁路建设和运输的全过程信息化、自动化与智能化。其目标在于实现更安全、经济、高效、舒适和环保的运输体验。例如，通过状态感知实现设备故障预测和预警，从而提升安全保障能力；同时，智能优化运输组织以提高效率，降低维修成本，提升经营效益。智能铁路具备全面感知、泛在互联、融合处理、主动学习和科学决策的特征，能够对运输系统中的各要素进行透彻的信息感知，促进信息共享，并整合多源数据为决策提供依据。通过积累数据和知识，智能铁路能不断适应市场和环境的变化，并基于数据分析辅助运营管理。在智能化时代，智能铁路不仅限于技术驱动，还体现在新思想和理念的应用上。它最大化模拟和扩展人类智能，提升运输效率和安全保障。与信息化强调信息处理不同，智能化则关注思维和决策，推动铁路运输的整体智能水平向前发展。

"复兴号"中国标准动车组自 2017 年在京沪高铁首发以来，成为全球运营时速最高的高铁列车，体现了中国在高铁核心技术上的全面掌握。基于此平台，2019 年通过广泛应用云计算、物联网、大数据和人工智能等新技术，京张和京雄智能动车组相继研发完成。到 2021 年，复兴号智能配置系列动车组开始投入运营，标志着中国高速动车组进入智能化时代。智能动车组通过技术创新和设计优化，围绕动车组运用场景，构建了智能行车、智能服务和智能运维的综合体系，致力于实现更高的安全性、经济性、舒适性、便捷性和环保性。这一转型不仅提升了运营效率，还增强了旅客的出行体验，进一步推动了高铁技术的发展和应用。

智能行车专注于列车运行场景的智能化，涵盖全方位态势监控、实时信息传输、安全导向及智能控制、多源信息融合显示等方面。全方位态势监控通过增加对走行部轴承振动、受电弓状态等的智能分析,实现对关键功能和紧急状态的全面监控。实时信息传输采用以太网和 5G/北斗系统,确保车载与车地信息的高速、稳定传递。安全导向及智能控制在传统基础上,新增自动驾驶功能,实现 350 km/h 的自动驾驶,包括车站自动发车、区间自动运行等功能。多源信息融合方面,通过集成监控室的多种显示功能,实现数据的融合与智能展示,提升了监控的智能化水平。

智能运维面向列车检修场景,包含故障预测与健康管理(PHM)、智能整备和维护等。PHM 通过车载主机与模型的研发,实现多源数据的统一处理。智能整备则依托态势监控,实现设备状态的自动监测,优化整备流程,提升智能化水平。智能服务则着眼于旅客体验,包括智能服务提示、信息融合、环境调节、数据传输及智能设施。智能服务提示不仅提供基本的座位和卫生间信息显示,还引入移动新闻中心等新功能。服务信息融合将娱乐、旅客系统及设备信息进行全面整合,智能环境调节则实现温湿度和照明的自动控制。服务数据通过千兆以太网传输,确保大容量数据的快速交换,而智能服务设施则提升了整体服务质量。

一、京张智能动车组

京张高速铁路是 2022 年北京冬奥会的重要交通基础设施,旨在为北京、延庆和张家口三地的赛区提供高品质、高安全、高科技的交通服务。这条铁路迫切需要解决乘客需求的多元化、语言的多样性、站车服务的协同以及安全因素的复杂性等关键问题,以确保来自不同国家的政要、运动员、媒体和观众能够顺利出行。

京张智能动车组作为复兴号动车组的定制化产品,是智能高铁系统中的核心装备。动车组不仅弘扬了奥运精神,展示了中国的良好形象,还突出了科技、智能、绿色和人文特点。它全面提升了智能化、安全舒适性和绿色环保技术水平,特别是在高寒山区的适应性方面,充分满足了冬奥会的特殊需求,展现了对奥运人文关怀的关注和中国高铁的创新成就。成功攻克了智能化、安全舒适和绿色环保等关键技术,建立了涵盖智能行车、服务和运维的智能化技术体系。这一体系不仅破解了高寒长坡道的适应性问题,还构建了智能动车组产品的技术平台,成功自主研制了世界首列时速 350 km 的自动驾驶智能动车组以及国内首列冬奥定制化列车。这些创新标志着中国在智能化轨道交通技术领域居于领先地位,为未来的轨道交通发展指明了方向。

1. 高效智能化技术体系

如图 11-41 所示,时速 350 km 的高速动车组自动驾驶技术的创新是基于 CTCS3+ATO 系统,首次实现了有人值守的高精度自动驾驶。该技术支持车站自动发车、区间自动运行和车门联动控制等功能,确保列车能够准时到达各个站点。通过优化的自动驾驶算法,列车的速度控制精度达到了 2 km/h,停车精度小于 0.1 m。这一突破不仅提高了列车运行效率,降低了牵引能耗,还填补了高速动车组在自动驾驶领域的技术空白,展示了中国在智能行车技术方面的领先地位。

在智能化服务技术方面,基于"人-机-环境"系统综合设计,特别关注旅客和特殊人群的需求,开发了环境状态感知技术,能够智能调控灯光、温度和空气质量等。此外,采用可换端操作的商务座椅及智能交互设备,提升了旅客的出行体验。多信息技术的融合,使得旅客服务和监控室的智能显示功能得以实现,为旅客提供个性化、高品质的服务,进一步推动了智能化服务的发展。

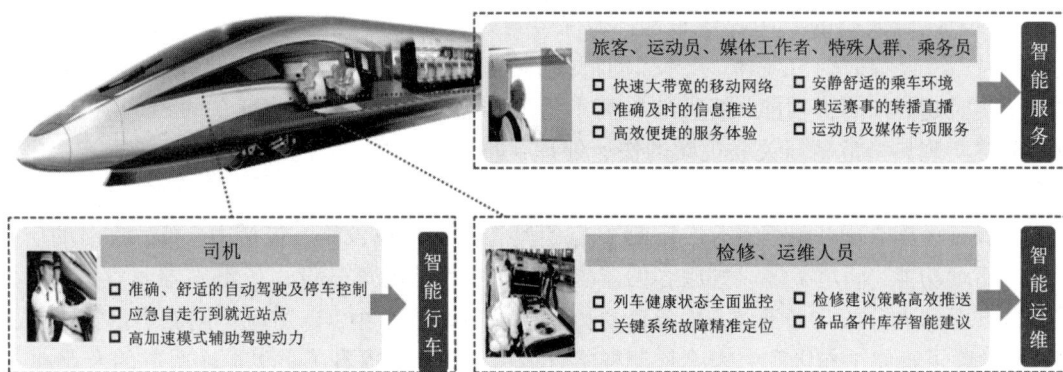

图 11-41 高速动车组智能化技术体系

基于 PHM(预测性健康管理)系统的"车-空-地"智能运维技术则集中于故障预测与健康管理，涵盖了高压系统、牵引系统、制动系统等多个关键部件。通过建立车载状态监测系统和实时监控中心，能够有效进行故障诊断和健康评估。这一系统不仅提高了运维效率，还能及时预警故障风险，实现智能化的维护决策，确保动车组的安全与可靠性。整体来看，这些技术创新为智能动车组的全面升级提供了强有力的支持。

2.冬奥定制化创新

如图 11-42 所示，京张智能动车组的冬奥定制化创新不仅彰显了对奥林匹克精神的尊重，还通过一系列技术革新提升了冬奥服务的整体品质。在外观设计方面，这款动车组以"瑞雪迎春"为主题，巧妙结合了冰雪与运动元素，采用冰雪蓝为基调，并以飘动的白色飘带展现动感效果。设计中若隐若现的 24 朵雪花象征着第 24 届冬奥会，极具视觉冲击力与文化内涵，传递出冬奥的独特魅力。

图 11-42 冬奥定制化列车

在智能服务技术方面，动车组首次引入北斗卫星导航系统，配备 5G 公网数据接入与覆盖，提供千兆以太网的专用媒体车厢，确保境内外媒体记者能够无障碍上网及进行电视直播。同时，结合"高铁+5G+4K"技术，创新打造了全球首个高铁 5G 超高清移动直播演播室，实现了实时超高清直播功能，极大地提高了信息传播的效率。此外，列车的 5G 超视距应用设备能够实现典型危情与关联视频的快速处理，进一步增强了危机应对能力，为乘客提供了安全保障。

在服务设施方面，动车组首次定制了与冬奥相关的专属设施，包括中、英、法语的广播与信息显示功能，满足了多语种旅客的需求。为方便滑雪旅客，设立了滑雪器材存放区，并在餐饮方面引入开放式餐吧区，配备自动售卖机与冷藏展示柜，以适应不同旅客的需求。此外，还设置了媒体工作区和兴奋剂检测样本存放区，进一步提升了冬奥运输服务的专业性。

针对冬残奥会的特殊人群，动车组在无障碍设施设计上同样不遗余力。列车内增设了无障碍卫生间与站台补偿器，并为听障人士提供助听系统，确保每位乘客都能顺畅通行。盲文标识的设置为残障旅客提供了额外的引导和帮助，而可拆除的客室座椅设计使得轮椅可以灵活停放，体现了人性化的服务理念。这些创新措施不仅满足了冬奥会的特殊需求，更展示了中国高铁在智能化与人性化服务领域的持续进步与努力。

3. 环境友好性技术

在应对高寒长大坡道环境挑战与绿色环保设计方面，京张智能动车组提出了一系列创新技术，显著提升了动车组的环境适应性与提高了低碳设计的能力。首先，在高寒长大坡道适应性技术方面，研究团队构建了多输入条件下的牵引系统温升模型及复合运行性能模型，提出了在长大坡道困难工况下的牵引运行能力评估方法。通过建立转向架包裹形式的流动控制防冰雪技术，实现了动车组的防冰雪与低阻力多目标优化。这一系列技术突破，使得列车在 30‰长大坡道上的制动系统限速运行方案得以实施，解决了高寒山区长大坡道的适应性问题。

创新的高效智能应急自走行技术首次被研发出来。该系统以钛酸锂电池为动力源，采用 HMI 一键智能进入应急模式，无须人工干预。这种设计不仅缩短了应急处置时间，还提高了应急效率。系统的时空双重约束应急牵引节能优化控制策略及动力蓄电池牵引仿真计算平台的建立，使得能耗利用率较传统混合动力动车组提升了 15%，具备了 20 km 的自走行能力和 300 min 的应急通风能力，确保了在京张线路上的安全与可靠性。

在低碳绿色环保技术方面，动车组引入了新材料轻量化技术与环保可降解材料。内装材料的回收率达到 95%，其中 90% 以上为可降解材料。同时，空调系统中设置的石墨烯空气净化装置有效消杀了车内 75% 的病毒和细菌，应用灰水再利用系统则实现了 10% 的节水效果。这些技术的应用不仅提高了动车组的环保性能，还解决了变频空调和智能灯光控制等在高速列车中的适应性难题。

通过基于重量、阻力和动力的多目标均衡综合节能技术，动车组在关键系统和部件上采用了轻质复合材料与轻金属材料，建立了相应的设计准则和验证方法。此外，基于鹰隼仿生学的流线型车头设计与转向架、车顶等区域的优化，使运行阻力降低了 7.9%。这些优化措施共同作用，实现了综合能耗降低 10% 以上，年节电约 180 万 kW·h，为可持续生态发展奠定了坚实基础。

4.智能动车组技术平台

如图 11-43 所示,在推动轨道交通装备智能化战略转型的过程中,京张智能动车组的技术平台构建发挥了关键作用。首先,针对智能高速动车组的顶层设计与总体集成技术,团队围绕京张智能动车组的标准配置及奥运特殊配置,充分考虑了该线路的运营环境、线路条件以及服务奥运的设计需求。为此,提出了适应特殊环境与复杂线路工况的顶层设计方案,并开发了智能动车组全生命周期数据管理平台。这一平台的建立,不仅有效促进了数据的整合与利用,还确保了动车组在设计、制造及后期运营中的高效管理。

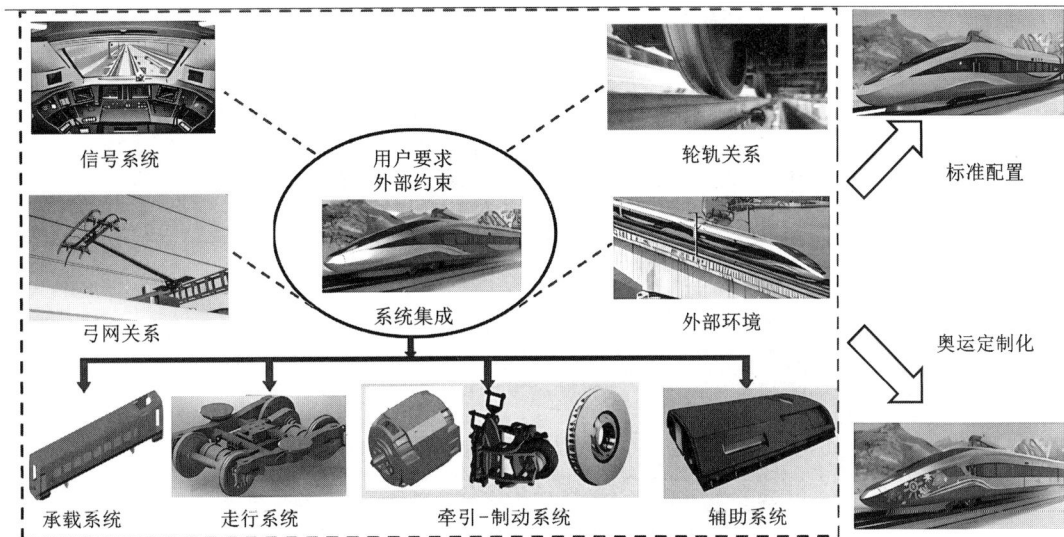

图 11-43　智能动车组产品技术平台

在结构优化方面,通过车体轻量化、振动模态匹配及噪声控制等设计方法,实施了整车结构的优化与多元化能效提升技术。这些优化措施大幅提升了动车组的动力性能、安全裕度及节能水平,为高速列车在高强度运营条件下的稳定性提供了保障。在京张智能动车组的研发及应用方面,团队构建了智能高速动车组研发、设计与制造的一体化集成平台。这一平台确保了面向智能动车组的全流程与产业链的正向设计以及分布式协同制造,提升了各个环节的效率与协调性。最终,成功研制的京张智能动车组不仅实现了技术的集成应用,也为系列化复兴号智能动车组的推广奠定了坚实基础,推动了整个轨道交通装备行业向智能化转型迈进。

二、京雄智能动车组

1.复兴号智能动车组 1.0 体系架构的创新与发展

如图 11-44 所示,在推动复兴号智能动车组技术进步的过程中,首次构建的 1.0 体系架构平台实现了多学科协同仿真、数据驱动数字化设计、智能制造及运维等技术的协同发展。该平台的建立从需求出发,围绕"管、用、修、服"的核心理念,专注于运用场景,重点在感知、传输和决策三个层面上搭建了智能行车、智能运维和智能服务三大维度的应用体系架构。这一体系不仅优化了动车组的整体功能,还提升了用户体验与运营效率。

数据驱动数字化设计的推动使得设计过程更加高效、精准。结合多学科协同仿真技术,团队能够在不同阶段进行实时数据分析与反馈,显著提升了设计的灵活性和可靠性。此外,通过智能制造和智能运维技术的融合,推动了设备的自动化生产和高效运维管理,进一步提升了动车组的整体性能。

在技术攻关方面,团队成功解决了不同网络架构重联和大容量视频实时传输等技术难题,提出了同平台动车组互联互通的技术规范。这使得复兴号能够实现同平台、同速度等级及不同通信制式的高速列车重联运营,标志着高速列车运行技术的进一步突破,为提升运输能力和运营效率提供了坚实支持。

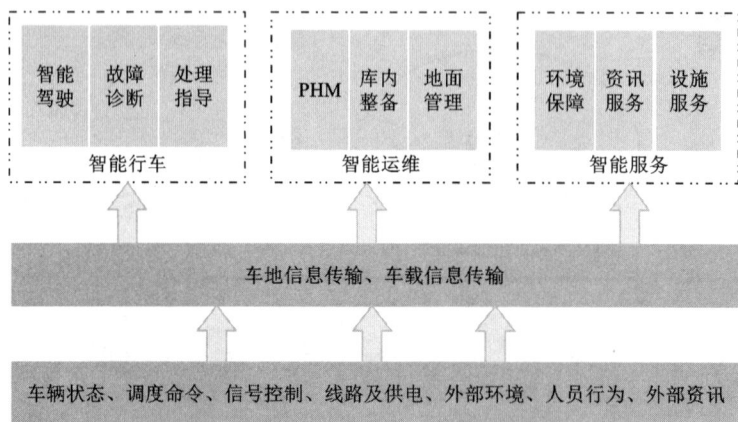

图 11-44　智能动车组应用体系架构

2.车载信息传输网络与多维人机交互系统的创新构建

在推动高速动车组技术进步的过程中,成功构建了车载和车地信息传输网络,同时研制了全新的多维人机交互系统。这一创新平台首次提出了多维度、多参量的走行部服役状态综合监测理论,并应用卷积神经网络进行受电弓异常智能识别,攻克了动车组网络控制和安全监测的核心技术。此外,基于边缘计算技术,构建了一个高效的故障预测与健康状态管理(PHM)架构,实现了多源车载数据的融合与灵活部署。

创新性地构建了车载实时以太网控制网络、5G车地无线传输和车内专业无线网络架构,并提出了网络安全和通信性能的验证方法,形成了完善的网络安全保障体系。通过采用百兆列车控制以太网,数据传输带宽显著提升,从1.5 Mbit/s增加至100 Mbit/s,同时设置5G天线与无线接收设备,车地实时数据落地周期缩短至5 s,提升了信息传输的效率与可靠性。

在多源异构数据监测与诊断融合方面,首次提出了走行部服役状态的综合监测理论,结合失效模型、故障试验和运营数据,发展了动力学可靠性分析方法,建立了一系列走行部融合诊断算法与指标库。这一成果填补了通过轴承振动监测识别车轮高阶多边形的技术空白,为动车组的运行安全提供了强有力的支持。

在轨道行业人工智能应用技术上,创新性地开发了受电弓异常状态识别模型,构建了智能识别监控体系架构。通过突破列车智能监控、多源数据融合和预测模型算法的核心技术,形成了从关键部件到整车的状态监测控制系统，能够有效挖掘关键部件失效演化与数据趋势关系，研发失效预测及维修状态提醒算法模型，搭建开放共享的车载 PHM 平台。

首次在轨道交通领域将 3D、多媒体和视觉技术相结合，构建了面向司乘人员的系列化、多元化人机交互显示系统，实现了关键系统信息的融合显示与控制。这一系统不仅提升了用户体验，也为车辆运营提供了实时、直观的信息支持，标志着动车组技术向智能化、数字化的进一步迈进。

3. 形性协同设计与绿色环保技术

在高速动车组的研发过程中，成功突破了整车及系统部件的形性协同性能极限优化设计技术，有效攻克了降低阻力和能耗的世界性难题，实现了人均百公里能耗仅为 3.34 kW·h。这一创新的设计理念不仅提高了动车组的性能，还为可持续发展贡献了重要力量。

针对低阻低噪及耐碰撞的车体设计，建立了车体形性协同设计理论，解决了复杂约束下空气动力学的多学科多目标优化设计难题。通过高速动车组多设计参数循环优化设计方法以及极端环境下的多相流仿真技术，形成了全面的空气动力学设计与评估体系。这一体系不仅提升了动车组在各种工况下的运行性能，还确保了其在安全性和舒适性上的优越表现。在车内空气品质控制方面，展开了整车、部件和材料的综合研究，建立了车内有害物质的溯源及测试方法。另外，研发了车内空气有害物质释放的预测模型，并提出了零部件总有机挥发物（TVOC）指标的限值，为材料选型提供了环保标尺。实施后，车内空气中的 TVOC 浓度较同类车型下降了 25%，显著提升了乘客的出行体验和安全感。

践行绿色环保发展理念，通过对列车灰水的收集和过滤处理，实现了二次再利用，净水节水量超过 20%。这一措施不仅减少了水资源的消耗，也为环境保护贡献了积极的力量，体现了现代轨道交通装备向可持续、环保方向发展的决心与努力。整体而言，这些创新技术的实施，为高速动车组的智能化和绿色化奠定了坚实基础，推动了轨道交通行业的进步。

4. 环境控制与人性化设计

在高速动车组的研发过程中，成功突破了多因素环境控制调节技术，解决了噪声与压力波动等行业难题，全新研制了座椅等人性化装备，构建了座椅人机设计及验证体系。不仅提升了乘客的舒适度，也优化了整体乘坐体验，推动了高速铁路的智能化与人性化进程。

针对车内噪声控制，构建了基于多目标协同设计的低噪声控制体系。采用基于传递路径匹配的多维复合降噪技术，结合声学材料的吸声和隔声特性，实现了高速动车组中低频噪声的有效控制。通过对声源特性、传播路径以及乘客位置的动态建模，最终实现了车内客室噪声的最大程度降低，达到 3dB（A）。这一改进显著减少了噪声对乘客的干扰，提高了乘坐的舒适性和安全感，为乘客提供了更为宁静的出行环境。

在座椅的人机设计方面，构建了座椅人机设计及验证体系。该体系综合运用了人体工程学、舒适性评估以及运动学原理，深入研究了座椅的结构与材料特性。通过对乘客使用需求的全方位、多维度分析，优化了座椅的形状、支撑性和材料选择，显著提升了座椅的舒适度与安全性，同时保证了乘客在长时间旅程中的疲劳度降低。

针对高速度、多线路形态及长时间运行等复杂环境，攻克了车内环境控制调节技术。通过建立动态环境监测与调节系统，实时监控车内的温度、湿度、空气流通和压力波动，确保车内环境的稳定性和舒适度。车内的压力波动水平显著超越国际标准要求，提升了乘客在旅途中的整体舒适感。这一系列技术的突破，标志着高速动车组在环境适应性与人性化设计方面迈上了一个新的台阶，充分体现了对乘客需求的高度重视，推动了智能动车组在绿色环保、节能降耗等领域的全面发展。

复习思考题

1. 动车组主要由哪几部分组成？

2. 简述动车组的主要技术特点。

3. CRH2 型动车组车体结构有哪些技术特点？

4. CRH1 型动车组转向架由哪些部分组成？

5. "中华之星"动车组采用什么型号的转向架？简述其技术特点。

6. 简述 CR200J-A 动车组的技术特点。

7. CR400 动车组有哪些技术特点？

8. CR300 动车组的技术特点和创新体现在哪几个方面？

9. 简述京张智能动车组的技术特点。

第十二章

磁浮列车与未来超高速列车

第一节　磁浮列车的定义和特点

　　磁浮列车是一种基于磁浮技术的先进列车，见图 12-1，其运行原理是通过利用电磁力来使列车悬浮并在轨道上导向，从而实现无接触运行。这种技术借助直线电机产生的电磁力来牵引列车前进，由于列车悬浮在轨道上，减小了与轨道接触时产生的摩擦力，因此它不像传统列车那样需要与地面接触，而是只受到空气阻力的影响。高速磁浮列车的速度可达每小时 400 km 以上，而中低速磁浮列车通常在每小时 100~200 km 的速度范围内运

图 12-1　磁浮列车

行。这种先进的交通工具以其高效、快速和环保等特点备受关注，并被视为未来城市交通发展的重要方向之一。

　　磁浮交通被视为一种具有革命性潜力的新型轨道交通模式，拥有众多优势，包括速度快、运输能力强、服务品质高、安全可靠、绿色环保、技术经济性等方面。

1. 速度快

　　磁浮交通作为一项创新技术，其运营速度可达 550~600 km/h，接近甚至超越了飞机的巡航速度。相较于传统的地面交通工具，磁浮具备更快的加速度和更短的加速时间，在短距离内即可快速达到最高速度。因此对于中长途的运输需求而言，磁浮显然具备明显的优势。

2. 运输能力强

　　磁浮列车的运输能力与多个因素相关，包括载客量、旅行速度以及运输设备的性能等。采用灵活的编组方式，磁浮系统可以根据实际需求进行调整，以适应不同的运输情景。与传统高铁相比，磁浮在编组灵活性和运输效率方面更具优势，尤其在单车载客量上更胜一筹，

从而保证了较高的运输能力。

3. 服务品质

磁浮系统提供全面高品质的乘坐体验，乘客舒适性得到充分重视，包括平稳的运行、优质的乘坐环境、宽敞的活动空间等。智能化的系统设计，如自动驾驶、自动控制诊断等，进一步提升了乘客的出行体验。相较于其他交通方式，磁浮系统的服务品质更能满足乘客的需求，提升了乘客对其信赖度和满意度。

4. 安全与可靠

安全是磁浮交通的首要考量之一。系统设计中充分考虑了各种潜在的安全隐患，并采取了多项措施确保列车的安全运行。例如，列车环抱着轨道不易脱轨、系统设有高精度多冗余故障导向安全设计、列车自动控制与保护等。这些措施保证了磁浮系统的高度安全性和可靠性，为乘客提供了安心的出行保障。

5. 绿色环保

磁浮交通在环保方面也具有显著优势。由于贴地无接触运行，磁浮系统不存在轮轨摩擦产生的噪声，且气动噪声辐射水平更低。同时，其辐射源来自电缆和电磁铁等设备，但通过技术手段，可以有效降低电磁辐射的影响。相较于传统交通方式，磁浮交通在保护环境方面更具优势，有助于减少交通对环境的影响。

6. 技术经济性

磁浮交通不仅在技术上领先，同时也具备良好的经济性。其系统能耗低，维修费用相对较低，且线路占地少，这些特点使得磁浮交通在长期运营中具有较高的经济效益。此外，磁浮交通还制定了一系列严格的安全指标和运营规章制度，为其正确安全地运营提供了保障。

第二节　磁浮列车分类

磁浮列车运用的典型磁浮技术可以分为以下四类：常导电磁浮、超导磁浮、超导钉扎磁浮、真空管道磁浮。1934 年，赫尔曼·肯佩尔获得了世界上首个磁浮技术专利，并通过实验模型证实了磁浮技术的可行性。自 20 世纪 60 年代以来，德国、日本、美国、中国等国家代表性地对不同制式的磁浮技术进行了深入研究，并已部分实现了工程化应用。

1. 常导电磁浮列车

德国的高速磁浮研究可以追溯到 20 世纪 30 年代，当时赫尔曼·肯佩尔获得了一项重要专利，首次提出了通过磁场实现悬浮的理念，奠定了磁浮技术的基础。随后，德国陆续开展了一系列磁浮列车的研发工作。1969 年，德国联邦交通部探讨了开发快速列车的可能性，标志着磁浮列车项目的起步。1972 年，一份有关快速列车的调查报告完成，为磁浮列车的研发提供了方向。1974 年，德国蒂森亨舍尔公司与布伦瑞克工业大学合作开发了长定子磁浮行驶技术，为后续磁浮列车的发展奠定了技术基础。

德国的高速磁浮研究经历了几个阶段。首先是"刚体飞行器"阶段，该阶段基于刚体自由运动的理念，但在高速运行时出现了严重的振动和不稳定现象。接着是"磁轮抱轨"阶段，该阶段提出了将磁铁和导向分离的概念，初步解决了振动和不稳定问题。最后是"电磁模块"阶段，这一阶段采用了模块化的概念，进一步简化了结构并提高了安全性。随着研究的深入，德国不断完善磁浮列车技术。1988年，TR07 高速磁浮列车的问世标志着德国磁浮技术的成熟。1991 年，TR07 创造了时速 450 km 的世界纪录，进一步证明了技术的可行性。随后，TR08 和 TR09 等更先进的磁浮列车陆续投入使用，不断推动着德国磁浮技术的发展，见图 12-2。

图 12-2　TR09 磁浮列车

1972 年 6 月，日本研发了连接机场和市区的新型磁浮列车，称为"高速地面列车(HSST)"。1975 年 11 月，日本成功研制了第一台电磁浮、直线电机驱动的 HSST-01 号试验车，并在同年 12 月进行了悬浮和牵引试验。1978 年 2 月，研制出 HSST-02 号试验车，并在 11.6 km 长的试验线上成功进行了运行试验。1983 年，开始研制 HSST-03 号试验车；1985 年 3 月，HSST-03 号试验车在筑波国际博览会上展出，吸引了 60 多万人次观众。1987 年，研制出 HSST-04 号试验车；1988 年 3—5 月，HSST-04 号试验车在国际博览会上展示，线路长 327 m，载人运行速度为 40 km/h。

1988 年 8 月，日本又研制出 HSST-05 号试验车，并于 1989 年 3—10 月在横滨国际博览会上进行展示，展示线路长 568 m。从 1989 年到 1990 年，对 HSST、TR 及 M-Bahn 三种常导磁浮车进行了评估，认为已进入商用阶段，并决定研制 HSST-100 号商用型磁浮列车。HSST-100 号磁浮列车的设计速度为 300 km/h，由 2 辆长 21.8 m 的流线型头尾车和 1 辆长 18.2 m 的中间车组成，车宽 3.8 m，车高 3.2 m，车重 27 t。车内横向并排设 6 个座位。头尾车可乘坐 112 位乘客，

图 12-3　HSST-100L 磁浮列车

中间车可乘坐 102 位乘客。1990 年，日本在名古屋附近的大江新建了一条实用性试验线，线路全长 1530 m，最高时速为 110 km。从 1991 年到 1995 年，对 HSST-100S 号列车进行了 100 多项实用性试验。1995 年，基于 HSST-100S 号列车研制了 HSST-100L 号列车，进行了试验，结果表明 HSST 型磁浮列车已经完全达到商业运营条件，见图 12-3。

2. 超导磁浮列车

从 1962 年日本率先尝试超导电动磁浮技术开始，到 1972 年成功实现首次走行试验，其间历经逆"T"形中间牵引底部悬浮、"U"形两侧牵引底部悬浮以及"U"形两侧牵引悬浮导向三个关键阶段。这一演进过程攻克了诸多技术难题，如液氢蒸发、振动致线圈错位和发热等，逐步完善技术体系。日本的超导磁浮技术在 1983 年创下了时速 517 km 的纪录，使低温

超导磁浮列车成为最快的近地交通工具。

随着技术的不断进步，1991 年日本启动了山梨超导磁浮试验线建设，为该技术的进一步发展提供了重要平台。1997 年，MLX01 型列车在山梨试验线先行区间创下时速 550 km 的纪录，进一步彰显了技术的潜力，见图 12-4。2000 年，经过全面评估，MLX 超导高速磁浮列车被认可为商业交通工具，标志着技术进入商用阶段。同时，日本还探索采用高温超

图 12-4　MLX01 磁浮列车

导线圈磁体的可能性，为此，他们尝试使用两极 GM 脉冲制冷机将温度冷却至 20 K，从而解决了一系列技术挑战。2014 年，日本批准了一条低温超导磁浮商业运营线路，而 2015 年 LO 系列超导磁浮列车试验速度达到 603 km/h，载客试验速度达到 590 km/h。

除日本外，中国也在超导电动悬浮技术领域取得了一定进展。自 20 世纪 90 年代起，中国就开始进行相关研究，2017 年 8 月启动了高速飞行列车研制项目，2018 年成立了磁浮与电磁推进技术总体部，并在高温超导技术方面展开合作研究。这一领域的持续探索和研究，为未来城市交通的发展和创新提供了重要的技术支持。

3. 超导钉扎磁浮

自 1980 年首次发现高温超导体 YBCO 块材上永磁体的悬浮现象以来，中国、德国、巴西等国家开始研究超导钉扎磁浮技术。尽管取得了一些进展，但目前仍处于仿真及实验室探索阶段。关键技术如磁滞效应、悬浮导向机理等仍需深入研究，同时永磁轨道、高超磁铁及悬浮架等工程技术亦待突破，特别是高速运行时悬浮导向与牵引的耦合特性有待验证。

1988 年，美国和德国的科学家首次发现在圆盘形高温超导体 YBCO 块材上可以实现 NdFeB 永磁体的悬浮现象。1997 年，中德合作研制了一款悬浮间隙 7 mm、可悬浮 20 kg 的超导磁浮小车模型。2014 年，巴西里约热内卢联邦大学史蒂芬教授团队建成了一条长 200 m 的"Maglev Cobra"高温超导磁浮试验线，该系统采用感应式直线电机，可实现最大牵引力达 900 N。

中国自 1997 年起开始研究超导钉扎磁浮技术，并于 2000 年 12 月研制出了世界上第一辆 HTS 磁浮列车"世纪号"（见图 12-5），2013 年 3 月建成了 45 m 环形永磁轨道中/低速 HTS 磁浮列车试验线，2014 年建成了直径 6.5 m 环形真空管道轨道，试验车辆速度可达 150 km/h。

图 12-5　西南交通大学第一辆 HTS 磁浮列车"世纪号"

4. 真空管道磁浮列车

埃隆·马斯克于 2013 年提出了 Hyperloop 超级高铁计划，引入了真空管道概念，引发了

美、加、荷、中等多国的相关研究。目前，该技术尚处于原理研究及试验验证阶段，技术方案尚不明确。

　　2016 年 5 月，Hyperloop One/VHO 在拉斯维加斯北部的沙漠中进行了超级高铁的牵引系统测试，用时 2 s 加速至 186 km/h，牵引加速度为 2.5g。2017 年 5 月，在内华达沙漠搭建了长 500 m、直径 3.3 m 的真空测试管道，完成了首次超高速运输系统测试，5.3 s 内以近 2g 的加速度达到了 113 km/h；同年 12 月，进行了原型车 XP-1 的管道实验，速度达到 387 km/h。2020 年 11 月 8 日，维珍超级高铁公司（Virgin Hyperloop）首次对其超高速运输系统进行了载人测试。2018 年 4 月，Hyperloop HTT 公司开始建设 2 条试验线，分别是 320 m 地面缩比试验线及 1 km 高架试验线路，并试制了胶囊模型车；2019 年 3 月，在图卢兹建成了 320 m 试验线，并试制了 1∶1 模型车。2015—2019 年，SpaceX Hyperloop 公司组织了全球设计大赛，缩比模型速度达到 463 km/h。2017 年 8 月，完成了 Hyperloop 胶囊车厢在 1.6 km 跑道上的运行试验，速度达到 355 km/h，见图 12-6；同年，

图 12-6　Hyperloop 胶囊车厢

SpaceX Hyperloop 试验工程获得许可；并于 2018 年开始建设第一条超级高铁隧道。

　　2017 年 8 月，中国航天科工集团宣布正在开展"高速飞行列车"项目研究论证，拟通过商业化、市场化模式将飞行技术与轨道交通技术相结合，研制新一代交通工具，利用超导磁浮技术和真空管道，实现"近地飞行"。2019 年，中国有关单位开展了"管（隧）道磁浮交通发展战略研究""大湾区广深港高速磁浮铁路预可研"等重大课题研究，对不同制式高速磁浮，结合低真空管（隧）道技术路线及关键技术问题进行充分论证，研判技术经济可行性，并对粤港澳大湾区广深港通道建设高速磁浮铁路先行路段开展了工程预可行性研究。

第三节　磁浮列车基本组成和原理

　　磁浮车辆与传统轮轨车辆不同，它在行驶时悬浮于轨道表面，并由运行控制系统总体调度，根据提前预设的运行场景，通过地面牵引系统实现高速运行。车辆系统包括车体、悬浮导向系统、走行系统、制动系统、测速定位系统、车载供电系统、车载控制及诊断网、空调系统等多个子系统。车体承载乘客和机械电气设备，其关键技术涉及材料、刚度、强度、气密性和减振隔音。悬浮导向系统和走行系统主要实现车辆的悬浮和对中，其关键技术涉及载荷研究、车轨耦合、系统响应、安全冗余、传感器效应和控制器。制动系统用于紧急制动，包括制动控制器和电磁铁。测速定位系统通过定位标志板和传感器确定车辆位置。车载供电系统为悬浮导向制动、控制诊断、空调和照明提供动力。车载控制与诊断系统传递控制指令和状态反馈信号，收集诊断信息反馈给运维系统。空调系统调节车内温湿度，确保乘客舒适。

1. 车体

磁浮列车面临着各种运营工况，包括明线交会、隧道交会和侧风等恶劣条件。这些工况会导致气动载荷和轨道激励的增加，对车体结构的安全性、可靠性和舒适性产生影响。为了应对这些挑战，车体需要具备足够的刚度和强度，以防止振动和噪声的增加，同时减少变形，防止门窗和车内设备的损坏。车体结构采用轻量化设计，以便实施减振降噪措施，并确保满足重量管理要求。此外，车体设计还需要考虑到不同工况下的振动抑制要求。

如图 12-7 所示，上海示范线的车体结构由车厢结构、夹层结构和裙板构成，其中车厢和夹层结构是主承载结构。车厢结构采用铝三明治蜂窝复合板和铝型材骨架构成的薄壁筒型结构，提供乘客界面和设备安装；夹层结构采用铝板、型材和铸铝件构成的蜂巢状结构，便于模块化电气设备箱的安装。车体采用 16 点支撑结构垂向载荷均布，扭转载荷小，车体垂向弯曲刚度对舒适度影响不敏感。悬浮架与车体间纵向力采用四点传递，集中作用力较小。全列为动车，同步牵引与制动，车辆间纵向作用力较小。这样的设计有利于结构的轻量化。

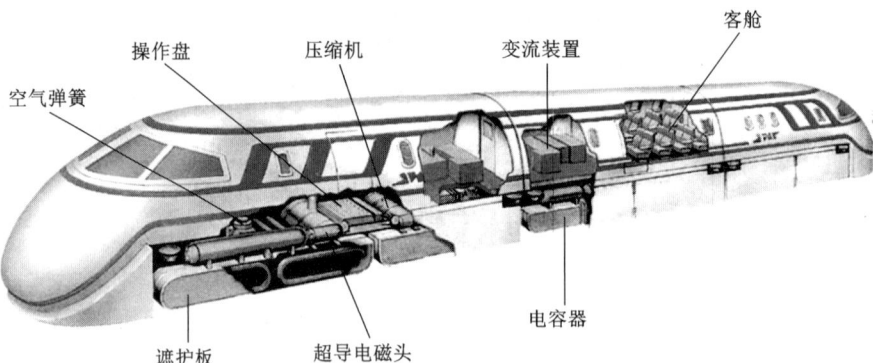

图 12-7　车体构成

然而，目前针对高速磁浮车体设计的相关规范和标准尚不完善。对于车体刚度、气动载荷和自振频率等方面缺乏具体数值要求。因此，有必要在长途干线高速磁浮列车运营场景的基础上，制定载荷工况，并通过仿真分析和地面试验等手段确定车体结构的性能指标，以便评估设计的有效性和可靠性。

2. 悬浮导向系统与走行系统

悬浮导向与走行系统是高速磁浮列车的核心技术，涵盖了材料、机械、电子、电磁、电力、网络、通信、自动控制、空气动力和可靠性等多个学科领域，构成了一项复杂的系统工程。本节将介绍悬浮导向系统的功能和作用，并分析其涉及的关键技术问题。同时，对走行系统和悬浮导向系统的方案、部件架构和原理进行详细阐述，最后对整个系统的设计验证思路进行分析和总结。

悬浮导向系统由一系列连续的沿着列车全长布置的悬浮框组成，每节车辆有 4 个悬浮架，通过 4 个空气弹簧支撑车体。每个悬浮架搭载 2 个悬浮电磁铁和 2 个导向或涡流制动电磁铁，相邻悬浮架之间也安装有电磁铁，将悬浮和导向力传递给长定子和轨道的导向轨。悬浮架在列车未悬浮时承载整个列车。

悬浮导向系统的主要功能是在各种运行条件下保持悬浮和导向电磁铁与轨道之间要求的

空气间隙。列车运行时，空气间隙动态调整，围绕预设的间隙波动，形成动态间隙。动态间隙的产生原因包括曲线或坡道上的加速度、轨道不平顺、气动载荷、磁场载荷干扰和控制回路失效等。列车通过运行控制系统实现悬浮和导向，在控制中心通过38G车地无线通信向车载控制系统传递悬浮和导向控制命令。车载控制器1和车载控制器2输出两倍冗余的悬浮和导向控制命令，传递给悬浮和导向控制器，以实现列车的起浮与降落功能，如图12-8所示。

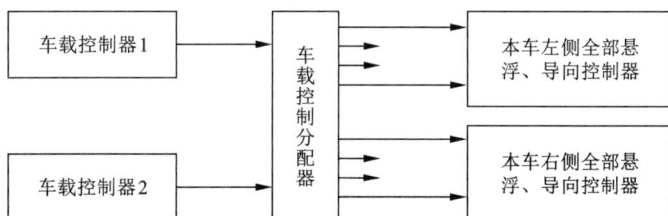

图12-8 车载控制器的悬浮和导向控制逻辑框图

为了满足安全设计要求，悬浮导向系统需要将悬浮或导向状态监控信息进行上报，并采用两倍冗余传输给车载控制器。控制系统方案保证了系统在整个速度范围内的动态稳定性和无接触运行。通常情况下，每个悬浮框由相邻的两个电磁铁实现悬浮和导向，电磁铁可分为两部分，由独立的悬浮或导向控制器控制。某些特殊的电磁铁由三个控制器进行控制，每个独立的回路控制一个电磁铁的一半。控制回路包括悬浮传感器、悬浮控制器和产生电磁力的磁铁。导向控制方案与悬浮基本相同，但总是沿着列车轨道对中控制，确保导向轨间的相同间隙，如图12-9所示。

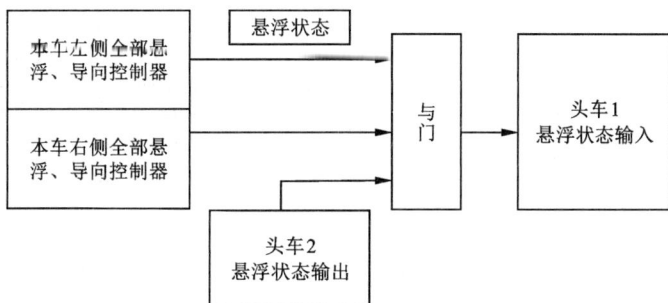

图12-9 悬浮状态监控逻辑图

3. 制动系统

磁浮列车的车载制动系统是确保列车高速安全运行的关键。考虑到制动功率和容量需求大、车轨无接触等技术特点，高速磁浮列车采用非黏着的涡流制动和滑橇制动作为主要的制动方式。

安全制动系统是独立于长定子电机制动，在列车出现危及运行安全情况时进行制动的系统。其具有高冗余性和高可靠性，能够确保在出现安全故障时将车辆及时制停在预见的危险点前。安全制动过程分为可调节的涡流制动和不可调节的立即停车。在可调节的涡流制动过程中，运行控制系统根据速度防护曲线，控制车辆停在预定的停车区范围内。而在不可调节的立即停车过程中，不考虑预定的停车位置，通过施加最大级别的安全制动力直至停车，以确保列车在最短的距离内停止。涡流制动与滑橇制动共同构成了整个车辆的安全制动系统。安全制动是一种非正常情况下的强制制动，其作用是进行安全防护，相当于轮轨列车自动保护系统控制下的制动。

安全制动适用于以下情况：

①人工触发：通过按下紧急停车按钮触发可调节的安全制动；在维护模式下，通过按下紧急停车按钮触发不可调节的立即停车。

②违反速度防护曲线：自动触发可调节的安全制动。

③车辆位置信息丢失：自动触发不可调节的立即停车。

安全制动力由涡流制动力和滑橇制动力所组成。涡流制动力是通过制动电磁铁与导向板之间的磁场相互作用而产生的。制动电磁铁包含多个制动磁极，这些磁极的极性交替排列为 N 极和 S 极。当磁极绕组内通入直流电时，磁极铁芯内形成了磁场，该磁场经过导向板回到相邻两个磁极之间，并通过磁轭连接，形成了闭合磁回路。在列车高速运行时，导向板高速切割磁力线，引发涡流效应，从而导致导向板内部产生电涡流，该涡流与原始磁场相互耦合，在导向方向和运行方向上形成磁场分量，进而产生吸引力和制动力。而在列车低速运行时，涡流效应减弱，导向方向上的磁场分量增加，导致制动电磁铁受到吸引力逐渐靠近导向板，最终与之接触，产生摩擦制动力，如图 12-10 所示。

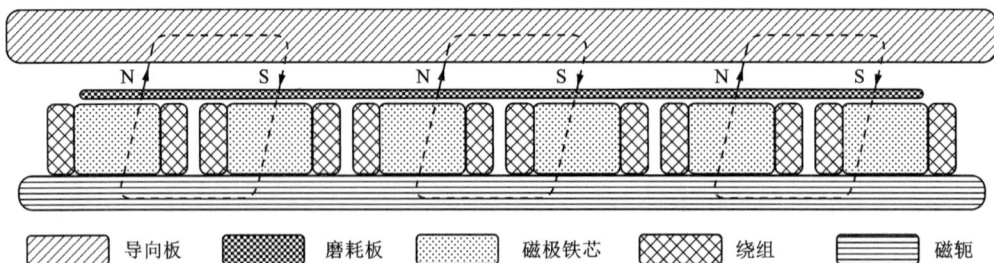

图 12-10　制动电磁铁原理示意图

在安全制动过程中，单个磁铁制动力的变化主要体现在以下几个阶段：高速下主要制动力来自非接触式涡流制动力；随着速度的减小，涡流制动电磁铁与导向板接触，产生摩擦力；当列车速度小于 5 km/h 时，涡流制动力被切断，列车通过滑橇与滑行轨之间产生的摩擦力制停。在安全制动过程中，除了上述制动力外，还需要考虑运行阻力，即空气动力学阻力、磁化阻力、直线发电机阻力。

对于磁浮列车，制动能力的指标并无现成标准。其设计目标是找出制动能力的限制因素，在现有结构空间条件下，合理配置制动电磁铁，实现尽可能大的制动能力，以保证列车的安全高速运行。制动能力必须考虑乘客安全性与舒适度，以及悬浮架及轨道的承载能力，限制最大瞬时减速度不超过 1.5m/s^2。为确保可调节的安全制动能够在预见的危险点之前将列车停下，需要充分考虑一次安全制动过程中的最恶劣工况对制动效果的影响，其中主要考虑列车载荷超载、最大持续顺风风速、轨道结冰和安全制动组件的失效率。

4. 测速定位系统

磁浮列车在运行时，其运行控制系统必须实时获取列车在线路上的确切位置和速度，以实现集中控制和调度。这一定位功能由列车上的测速定位系统实现。传统的轮轨列车通过检测车轮的转动速度来测量列车的速度，然而磁浮列车在贴地飞行，不依赖轮子，因此传统铁路的测速方法不再适用。

磁浮列车采用直线电机同步牵引系统，其牵引变流系统置于地面，长定子（初级）分布在轨道上，而车辆的悬浮电磁铁即为直线电机的次级绕组。这种牵引模式具有功率因数高、效率高的特点，能够提供足够大的加速度和速度。然而，为了实现这一功能，牵引系统必须实时检测和跟踪次级绕组的位置，使得长定子线圈中的激励电流所产生的行波磁场与次级绕组形成的磁场同步，从而通过调整电流和功率角来控制电机的输出力。因此，次级绕组的位置检测至关重要，如果无法有效实现次级绕组位置的检测，不仅会影响车辆的正常牵引，还可能对设备造成严重危害，如图 12-11 所示。

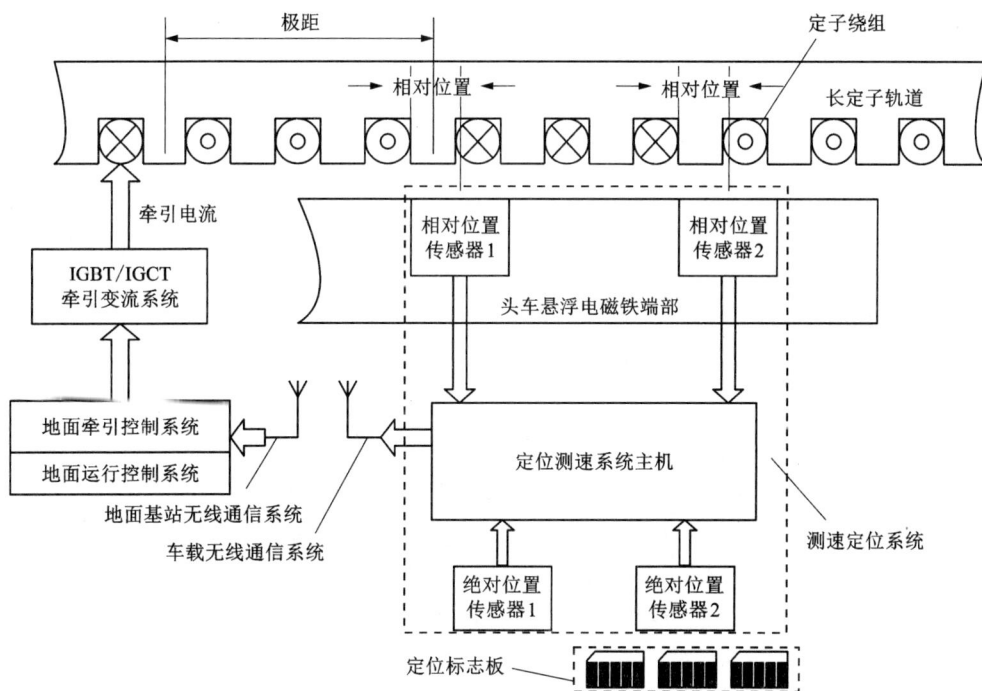

图 12-11　测速定位系统检测方式

测速定位技术作为列车运行控制系统的核心技术之一，为列车的安全可靠运行提供了必要的位置和方向等信息，确保了列车运行管理、定点停车以及分区供电等功能的实现，并对列车的相对位置测量进行了必要的校正。根据运行控制系统和牵引控制系统的需求，测速定位系统需要提供包括列车位置信息、列车速度、列车运行方向、磁极角度、磁极周期计数以及列车运行的绝对位置等数据。为了实现这些功能，磁浮列车上安装了基于电磁感应原理的相对位置传感器，以及按线路里程位置编码的编码板，也称为定位标志板。通过这些装置，列车能够精确地确定自身的位置信息，并读取定位标志板上的编码，从而获取绝对里程信息。

5. 车载供电系统

车载供电系统为列车提供悬浮导向制动、车载控制诊断、空调、照明、乘客信息等电气设备所需的电能,保障列车在正常运行和故障情况下所需的电力供应,同时设置监测功能以确保系统稳定运行。车载供电系统包括车辆直线发电机(LIG)、外部供电系统接口、铝空燃料电池、升压斩波器(HS)、车载蓄电池、直流440V电网、直流24V电网以及相关电气设备。车载电网控制装置(BNS)根据车辆工况策略性地管理LIG、铝空燃料电池、外部供电或蓄电池的接入,以供应电气设备所需的电力。

在低速行驶时,地面供电轨与LIG联合向供电系统提供电能;而在高速行驶时,则由LIG独自为供电系统提供电能。车载蓄电池作为列车紧急或故障情况下的备用电源。在紧急制动时,LIG提供高速段的电能,而低速段LIG提供的电能不足以满足制动需求,此时蓄电池与LIG共同提供电能,但在紧急制动过程中不使用供电轨的电能。磁浮列车与传统轮轨列车不同,因为在高速运行时处于悬浮状态,无法通过传统轮轨列车的受电弓等设备从地面获取电能,只能通过非接触方式由LIG获取电能。因此,列车的供电能力取决于LIG的发电能力,而LIG的发电能力与列车速度相关,因此磁浮列车的供电功率与列车速度相关。当列车低速行驶时,LIG无法提供足够的电能,因此需要使用供电轨或无接触供电装置来补充不足的电能。

在故障情况下,例如在列车出现紧急情况时,如牵引加速阶段发生牵引系统故障导致列车未达到目标速度,列车需要安全降落,并通过外部供电轨持续获取电力供应,同时需要疏散乘客,因此需要设置应急停车站。然而,出于建设成本的考虑,应急停车站的间距不可过于密集,外部供电轨的长度也需控制在合理范围内,因此需要确定合理的应急停车站间距。考虑到实际工程情况,应急停车站和供电轨的设置可能导致列车降落点不在停车站,因此需要配置备用电池,在列车未抵达停车站时启动救援模式,通过悬浮运行(或救援拖车)到达停车站。

为满足上述工作过程的要求,车载供电系统设置了两种电压等级的电网,分别为直流440V电网(简称"DC440V")和直流24V电网(简称"DC24V")。列车还使用了DC15V、DC12V、DC5V等多种电压等级的直流电源,这些电源均通过低压开关电源转换而来。由于磁浮列车只能依靠蓄电池完成应急供电,因此需要根据可能出现的最大用电需求,研究供电能力是否能支撑足够的救援等待时间,核算救援运行所需的速度及能满足的运行距离,以及采用救援车牵引运行时所需的牵引功率。为满足供电需求,列车根据电磁铁及其控制器的电气特性设计了两种电压等级的电网,即DC440V和DC24V,分别为电磁铁及其控制器供电以及为车载诊断控制计算机等控制设备供电。此外,磁浮列车需满足长大干线运营,其车载用电设备众多,功率累加大,受制于安装空间、部件温升和电池容量,需合理配置供电结构,确定合适的控制策略,并进行供电能力的测试验证。此外,干线运行电网的故障模式和复杂的控制逻辑要求采取合理的控制模式和故障处理机制,以确保列车供电的可靠性。

在时速达到600 km时,直线发电频率高达1938 Hz。随着速度的提升和车辆重量的增加,悬浮功率也随之增大,导致车载供电系统的输出容量增大。在高频率的供电输入和负载需求快速变化的情况下,电网电压必须稳定在合理范围内($U1 \sim U2$),其中,$U1$表示电磁铁控制器(MRE)达到最大能力时的输出电压,而$U2$则是电池能够承受的最高电压。为满足各个速度点不同的负载功率需求,供电设备如升压斩波器(HS)必须具备更快的电流响应调节能力、均流能力和稳定的输出能力。因此，需要对直线发电机及其匹配的升压斩波器的控制特性进行评估，并考虑到在长大干线中途的救援工况（如紧急停车、救援等待、救援运行）下的供电能力。在地面进行电网设备的组网试验验证是必不可少的。车载供电系统必须覆盖全线路运行过程，以确保列车供电的可靠性。针对放行允许、干扰运行、强制停车、关闭电网等故障情况，需要根据列车的实际运行条件采取合理的控制措施和介入时机。

第四节　常导型磁浮列车

常导电磁浮系统是一种基于吸力悬浮原理的创新系统，通过车辆上的常导电磁铁与轨道上的铁磁体之间的电磁作用，产生悬浮力，从而使车辆实现悬浮状态。这一系统中，电磁铁与铁磁体之间的间隙通常为 $8 \sim 12$mm。为实现列车的牵引，系统采用直线电机，并通过控制悬浮电磁铁的励磁电流来调节悬浮间隙，以保持悬浮系统的稳定性。理论上，电磁吸力的产生与列车的运行速度无关，因此即使在停车状态下，列车仍然能够悬浮。然而，在列车实际运行过程中，由于轨道的不平顺等原因，悬浮间隙可能会发生变化，导致电磁吸力的大小也随之变化。因此，需要及时调整电磁铁的励磁电流以适应间隙的变化。此外，由于电磁吸力与悬浮间隙之间存在非线性关系，常导电磁浮系统的开环控制相对不稳定，因此需要配备功能强大的间隙检测和悬浮控制系统来实现对悬浮间隙的及时调整。

在中低速磁浮系统中，通常采用直线感应电机，其中列车上安装有直线感应电机的定子，而轨道上则安装有感应板。而在高速磁浮系统中，则通常采用长定子直线同步电机，其中长定子绕组沿着整个线路轨道敷设，而列车上的悬浮电磁铁则作为转子，构成了直线同步电机。由于常导高速磁浮系统的长定子安装在轨道侧，并且牵引变流设备放置在轨道两侧，因此不受列车空间和重量的限制，能够提供较大的牵引功率，从而实现高速运行。举例来说，德国 Transrapid（简称"TR"）系列高速磁浮列车就采用了长定子同步电机技术。

在已知的磁浮交通系统中，上海示范线是首个于 2003 年投入商业运营的高速磁浮交通系统。其特点包括具备静止及全速度范围的悬浮功能，无须车轮走行装置；车辆电磁铁沿着车长方向均匀分布，实现了载荷均布分散，从而使单位面积的线路负荷较小；采用抱轨运行，具有较高的防脱轨性能；噪声和电磁辐射较小；而且磁铁与轨道的间隙较小，对控制系统性能、线路精度和刚度等方面提出了较高的要求。

第五节　超导型磁浮列车

超导现象指的是在极低温条件下，某些金属或合金呈现出超导态的神奇现象。超导体具有零电阻和完全抗磁性的特性，这意味着当超导体处于超导态时，电流可以在其中无阻碍地流动，并且超导体对外部磁场具有完全的排斥效应。这一奇特的性质是由于在超导态下电子形成了"库柏对"，它们以一种集体的方式运动，使得电阻消失且磁通量被完全排斥。

超导电动悬浮（electrodynamic suspension，EDS）是一种利用超导体的磁性质实现悬浮的技术。在超导电动悬浮系统中，磁浮列车上搭载了超导线圈，在其通过轨道时，超导线圈产生的运动磁场与轨道上安装的悬浮线圈产生的感应磁场相互作用，从而产生悬浮力使列车悬浮于轨道上。这种技术不仅实现了列车的悬浮，还能够在运动中提供牵引力，从而推动列车前进。

相较于传统的常导电磁浮系统，超导电动悬浮系统具有一些显著的优势。首先，超导体在超导态下具有零电阻特性，因此超导线圈通电时产生的电流可以持续流动而不损耗能量，这使得超导线圈能够产生更强的磁场和更大的悬浮力。其次，超导线圈的零电阻特性也意味着超导线圈在工作时不会产生热量，从而减少了系统能量损耗，提高了效率。此外，超导线圈的磁性能够在非常低的温度下实现，这为系统的稳定运行提供了基础。

然而，超导电动悬浮系统也存在一些挑战和限制。首先，超导体的超导态需要极低的温度来维持，通常需要液氮或液氦等低温冷却剂，这增加了系统的复杂性和成本。其次，超导体在超导态下对外部磁场非常敏感，因此需要精密的控制系统来维持其稳定性。此外，超导线圈本身也具有一定的尺寸和重量，需要在列车设计和轨道布局中考虑其空间和负载限制。

尽管如此，超导电动悬浮技术在高速铁路和磁浮交通等领域仍具有广阔的应用前景。它不仅可以实现高速列车的悬浮和推进，还可以提高列车的能效和运行稳定性，同时减少对环境的影响。随着超导材料和技术的不断进步，相信超导电动悬浮技术将会在未来得到更广泛的应用，并为人类的交通运输带来更多的便利和效益。

第六节　未来超高速列车

磁浮交通技术自诞生起已经历了百余年的发展。目前，德国的常导电磁浮和日本的高温超导电动悬浮是两种磁浮技术中具备成套工程化方案的代表，已经基本具备商业示范运营条件。然而，当前中国的磁浮技术发展势头强劲，但不同制式的磁浮技术发展、技术水平存在明显的不均衡现象。虽然磁浮交通系统已经完成了系统联调和低速试验，具备了进行高速运行试验的条件，但其他制式的磁浮技术目前仍处于实验室原理验证或样机验证阶段，尚未达到开展工程化方案设计的水平。

纵观各国磁浮研发历程，经过工程样机低速验证后，均着手建设高速试验示范运营线，并通过线路试验来不断优化完善产品。德国埃姆斯兰 TVE 试验线长 31.5 km，可达最高试验速度 450 km/h。在此试验线上，相继完成了 TR06、TR07、TR08 和 TR09 常导磁浮列车的研制，并于 2002 年投入运行上海示范线。日本也先后建设了宫崎试验线和山梨试验线，其中山梨试验线长 42.8 km，作为中央新干线"东京一名古屋"的一段。该线先期建设以进行高速试验和运营考核，先后完成了 MLX01 和 LO 系超导磁浮列车的研制。同时，美国的 Hyperloop One、HTT 等公司也已启动最大时速 1000 km 的超级高铁项目研究。Hyperloop One 于 2017 年在北拉斯维加斯敷设了 500 m 长管道，并在真空环境下实现了最高速度 387 km/h 的滑车试验测试。而 HTT 公司则于 2017 年启动超级高铁乘客舱的建造，并于 2019 年完成了 320 m 真空管道试验线的建设。

中国具有自主知识产权的磁浮技术发展，具有科学、严谨的创新研发流程，即"基础理论研究—原理样机研制—系统工程技术研究—工程样机研制—线路工程试验验证—示范应用系统考核—商业运营推广"。经过四个"五年计划"的持续攻关，已完成了创新研发流程的前四步，并于 2021 年 7 月在青岛下线了 5 编组工程列车，标志着中国磁浮技术就绪度的显著提升。这一成就得益于 600 m 调试线系统联调和功能验证以及 1.5 km 线的低速试跑，为筹建高速试验示范线开展达速试验奠定了基础。

当前，中国已经拥有世界上最大的高速铁路网络。截至 2023 年底，中国铁路营业总里程已达到约 15.9 万 km，其中高铁里程达 4.5 万 km，位居世界首位，标志着中国高铁由跟跑者向领跑者的转变。随着进入"后高铁时代"，磁浮交通凭借其更高速、更快捷、能耗低、适应性强、环境友好等技术优势，成为发展更高速度等级交通工具的共同选择，也是世界主要发达国家在轨道交通领域的战略竞争高地。

随着新一轮科技革命和产业变革的不断加深，以大数据、人工智能、新材料、新能源等新型技术为代表的创新成果已经展现出了重塑产业生态链的强大影响力。磁浮系统涉及车辆工程、机械制造、通信技术、电力电子、电磁技术、空气动力学、系统动力学、控制工程、材料科学、环境科学等多学科领域，是现代高新技术在交通领域的综合应用典范。中国明确提出"交通强国"战略，并将其作为建设现代化强国的重要组成部分。《交通强国建设纲要》明确提出，要合理统筹安排时速 600 km 级高速磁浮系统等技术储备的研发。国务院发布《国家综合立体交通网规划纲要》，提出研究推进超大城市间高速磁浮通道布局和试验线路建设。高速磁浮技术可以满足城市一体化的快捷通勤交通需求、大城市的同城化交通需求以及东西城市间的跨区域走廊化交通需求。未来，磁浮必将成为中国经济发展的新动能。

当前，常导电磁浮和低温超导电动悬浮两种具备商业运行经验的技术路线，依然是各大磁浮强国的研发焦点，也是适应中国未来轨道交通规划布局和实际国情的重要磁浮交通技术储备。其中，常导电磁浮技术以其成熟度高、技术优点显著、经济性突出而脱颖而出，成为中国唯一可实现工程化应用的磁浮技术路线。中国已拥有全套自主知识产权的工程化方案，成功研制出时速 600 km 全系统工程样机，并实现了低速牵引运行和系统联调。为了进一步推动该技术的应用，亟须建设磁浮试验线和示范运营线，以实现技术的商业化运用。

超导电动悬浮技术在中国尚处于起步阶段，需要加强系统基础理论和关键技术研究，逐步实现工程化样机研制，待技术成熟后进行系统验证。中国作为磁浮技术的后起之秀，已具备较强的国际竞争实力。为推动磁浮技术和产业的发展，需要加强顶层设计和科学研究，同时加快达速试验条件的推进，实现磁浮技术的工程化应用和产业化落地。磁浮作为国际尖端技术，在世界轨道交通领域扮演着重要角色，其多维交通架构将为完善中国立体高速客运交通网带来重大的技术和经济意义。

复习思考题

(1) 简述磁浮列车的特点。

(2) 典型磁浮列车主要分为哪几类？

(3) 磁浮列车车体主要由哪几部分构成？

(4) 简述悬浮导向系统的实现原理。

(5) 磁浮列车制动系统中的安全制动适用于哪些情况？

(6) 简述磁浮列车制动系统的原理，并画出原理图。

第十三章

机车车辆结构强度

解决任何结构的强度计算，一般包括三个主要问题。

①结构承受的作用载荷的分析：机车车辆作为高速运行的承载结构，在运行中承受着复杂的外界载荷，由于它们往往具有随机变化特性，所以各种载荷之间的组合及取值就成为一个课题。机车车辆结构强度设计及试验需考虑十几种作用载荷的单独或联合作用，但多年实践表明，整个机车车辆结构或其组成零部件的强度、刚度或稳定性取决于一个或几个作用载荷，其余则处于从属地位，为此，可以把对强度、刚度和稳定性具有决定意义的载荷称为"主载荷"。

②确定由于上述作用载荷在机车车辆结构中产生的应力和变形状态，必要时还应校核结构的稳定性。以往，上述问题通常利用理论力学、材料力学、结构力学和弹性力学的一般方法来解决。尤其从 20 世纪 50 年代初开始我国自行设计机车车辆结构，主要借鉴苏联有关标准中所推荐的"力法"，后由于静强度试验的逐步推广和普及，发现该方法计算与试验应力相比，其准确度不到 60%~70%。20 世纪 70 年代中期，我国在结构强度计算领域中较早采用了有限元法。随着计算机技术和有限元分析技术的飞速发展，静强度的有限元分析结果与试验结果相比已经比较接近。

③确定结构在保证运输安全及耐久的条件下，许用应力、刚度和疲劳评估方法。目前随着我国铁路运输速度的进一步提高，铁道机车车辆及其主要零部件的动态强度问题和疲劳寿命问题日趋严重，我国也采用试验与有限元分析相结合的方式进行了大量研究，取得了相应的成果。

本章主要以我国铁道行业标准《机车车辆强度设计及试验鉴定规范 总则》(TB/T 3548—2019)（以下简称《强度规范》）来分析作用在机车车辆主要零部件上的载荷，及其相关分析和试验规范。国外标准中主要有国际铁路联盟组织（UIC）和北美洲铁路联盟组织（AR）的关于结构强度的标准。各标准在载荷处理和评定标准上尽管不尽相同，但是其基本原理和分析方法基本上是一致的。

第一节　作用在机车车辆上的载荷

在进行机车车辆结构强度设计时，一般情况下均应考虑以下的作用载荷(或力)：

①垂向静载荷，包括结构自重、载重和整备重量；

②垂向动载荷；

③侧向力，包括离心惯性力和风力；

④纵向冲击力及由它所产生的纵向惯性力；

⑤制动时产生的力，包括制动系统中的力和制动时产生的惯性力；

⑥机车车辆通过曲线时所受的钢轨横向作用力；

⑦修理时施加于机车车辆上的载荷；

⑧扭转载荷及垂向斜对称载荷。

除上述为各种机车车辆所共有的作用载荷(或力)外，还应当考虑因机车车辆用途和结构不同所产生的以下各种作用载荷(或力)：

①罐体内压力，包括所装液体的蒸发气体的压力，液体冲击压力及所装液体自重引起的静压力；

②散装粒状货物的静、动侧压力；

③机车车辆在机械化装卸时所受的力，包括需上翻车机的敞车和为满足叉车装卸作业地板所受的载荷。

上述所列作用载荷(或力)可归结为下列几种主要计算作用方式：

①垂向方式；

②纵向方式，

③侧向方式；

④自相平衡的一些力组，如扭转载荷及斜对称载荷。

除自相平衡的力组外，三种计算作用方式中，垂向和纵向是主要的，即垂向总载荷和纵向力是考察机车车辆结构强度的主载荷。《强度规范》规定，在考虑机车车辆相应零部件的强度时，常以垂向静载荷的 $10\% \sim 12.5\%$ 来表征侧向力的作用影响，足见垂向和纵向作用方式所产生的应力可占据整个应力总成的 90% 以上。

第二节　作用在车体上的载荷

一、垂向静载荷

作用在车体上的垂向静载荷 P_{st} 包括车体自重、机车车辆载重以及整备重量。机车车辆的自重、载重以及允许轴重均用质量的单位(t 或 kg)表示，但在计算它们所产生的重力、离心力和惯性力时，则用 kN(或 N)表示。

1. 车体自重

在进行机车车辆强度计算时，车体自重包括车体钢结构、木结构的重量以及固接在车体上的机车车辆其他零部件的重量。其数值视具体结构而定。

2. 车辆载重

（1）货车载重。

对于一般货车，取标记载重（打印在车体上的额定载重）为车辆载重；对于敞车，考虑雨雪增载作用，则取标记载重的 1.15 倍作为敞车的载重。

货车载重一般认为是沿地板面均布的；对于可能装运大型笨重货物的敞车、平车和集装箱专用平车，其载重的分布情况可按设计任务书（或建议书）提出的要求考虑。

（2）客车载重。

客车载重包括旅客及其自带行李的重量以及乘务人员的重量等。旅客及其自带行李的重量按车辆容纳人数来计算。

座车的容纳人数分两种情况考虑：长途客车按座位总数加 50% 的超员计算，此时每一旅客及其自带行李的质量之和取为 80 kg；市郊客车按座位总数加上站立人数计算，站立人数按每平方米的地板自由面积（坐者足部所占面积，其宽度自座位边缘起 200 mm 不计在内）站立 7 人考虑，此时每一旅客及其自带行李的质量取为 65 kg。

卧车的容纳人数按卧铺总数计算，此时每一旅客及其自带行李的质量之和取为 90 kg。

餐车的容纳人数按餐桌座位总数计算，每人质量取为 65 kg。

客车乘务人员数目按各型车辆的实际情况考虑。

客车载重一般也认为沿地板面均匀分布的。

3. 整备重量。

客车整备重量包括旅客用的水、取暖用的煤（或油）以及餐车的燃料、冰和餐料等的重量，其数值按装满备足的情况考虑。

整备重量的分布可视各型客车结构的具体情况而定。

二、垂向动载荷

垂向动载荷 P_d 是由于轨面不平、钢轨接缝等线路原因以及由于机车车辆本身状态不良（例如车轮滚动圆偏心、呈椭圆状，踏面擦伤等）等因素，引起轮轨间冲击和机车车辆簧上振动而产生的。由于上述因素变化复杂，垂向动载荷很难从理论分析得到，通常可由垂向静载荷 P_{st} 乘以从动力学试验测得的垂向动荷系数 K_{dy} 而得，即 $P_d = K_{dy}P_{st}$。

根据试验研究的有关资料，《强度规范》推荐的垂向动荷系数的经验公式如下：

$$K_{dy} = \frac{1}{f_j}(a+bv) + \frac{dc}{\sqrt{f_j}} \tag{13-1a}$$

式中：K_{dy} 为垂向动荷系数；f_j 为机车车辆在垂向静载荷下的弹簧静挠度（对于变刚度弹簧，静挠度值为垂向静载荷与相应载荷下的弹簧刚度之比），mm；v 为机车车辆的最高运行速度，km/h；b 为系数，取值为 0.05；d 为系数，货车取值为 1.65，客车取值为 3.0；a 为系数，簧上部分（包括摇枕）取值为 1.50，簧下部分（轮对除外）取值为 3.50；c 为系数，簧上部分（包括摇枕）取值为 0.427，簧下部分（轮对除外）取值为 0.569。

具有两系悬挂的转向架构架，垂向动荷系数按式（13-1b）计算：

$$K_{dy} = K_{dys} + (K_{dyx} - K_{dys})\frac{f_{jy}}{f_{j\Sigma}} \tag{13-1b}$$

式中：K_{dys} 为簧上部分的垂向动荷系数；K_{dyx} 为簧下部分的垂向动荷系数；f_{jy} 为二系弹簧静挠度，mm；f_{jz} 为轴箱弹簧静挠度，mm；$f_{j\Sigma}$ 为转向架的弹簧静挠度（$=f_{jy}+f_{jz}$），mm。

垂向静载荷与垂向动载荷之和称为垂向总载荷。

三、侧向力

作用在车体上的侧向力包括风力与离心力。机车车辆运行时受到自然界风力的作用。当风从机车车辆侧面吹来并垂直于车体侧壁，而机车车辆又运行在线路的曲线区段时，车体所受的侧向力为风力与离心力之和。

1. 风力

我国风力取值系据建筑界有关全国风压分布图的研究而得。计算时取风压力 540 N/m²，风力的合力作用于车体侧向投影面积的形心上。

2. 离心力

机车车辆运行在线路的曲线区段时，将承受离心惯性力（简称离心力）的作用，整个机车车辆的离心力作用在机车车辆的重心上、其方向沿径向指向曲线外侧。计算时通常把车体及转向架的离心力予以分别考虑。

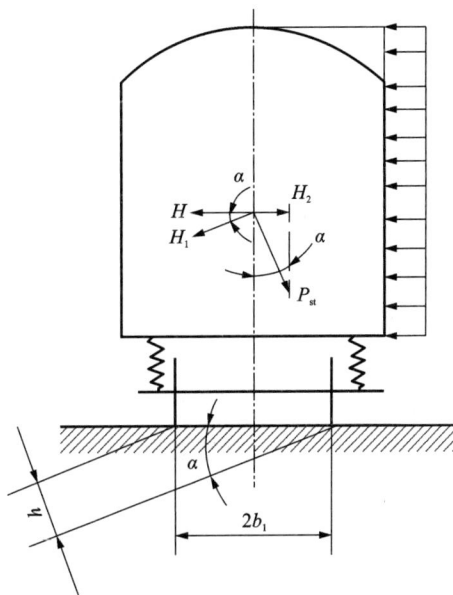

图 13-1　侧向力的作用

对于货车车体的重心通常取在距轮对中心线上方 1800 mm 处，客车则取在距轮对中心线上方 1600 mm 处。离心力使车体产生向曲线外侧倾覆的趋势，并使机车车辆靠外轨一侧的零部件产生垂向增载。车体离心力 H_1 的作用情况，如图 13-1 所示，其数值可按公式(13-2)计算：

$$H_1 = \frac{P_{st}}{gR}\left(\frac{v}{3.6}\right)^2 \tag{13-2}$$

式中：P_{st} 为车体垂向静载荷，N；g 为重力加速度，m/s²，其值取 9.81；R 为曲线半径，m；v 为通过曲线时机车车辆最大允许速度，km/h。

为了减小离心力 H_1 对机车车辆的作用，在线路的曲线区段上外轨铺设得比内轨高出一个 h 值（见图 13-1），h 通常称为外轨超高量，其数值与曲线半径 R 的大小有关。由于外轨超高，就使得机车车辆内倾，从而车体垂向静载荷 P_{st}（包括车体自重、载重等）就会在与离心力 H_1 相反的方向上产生一个分力 H_2，它可以抵消一部分离心力的作用。其两者之差为

$$h = H_1 - H_2 = P_{st}\left(\frac{v^2}{gR3.6^2} - \frac{h}{2b_1}\right) \tag{13-3}$$

式中：h 为曲线区段的外轨超高量，mm（它与曲线半径 R 以及通过曲线时列车平均速度有关，其值可参看铁路工程有关书籍）；b_1 为轮对两滚动圆之间的距离之半，mm，其值为 $2b_1 = 1493$ mm。

四、扭转载荷

机车车辆制造的几何误差、线路不平顺等因素能使车体产生扭转，即使是静止的重载车体也可以形成扭转。在运动过程中，蛇行运动、机车车辆进出曲线或道岔侧线均可以使车体扭转。

由于车体重心距心盘面有一定的高度，所以如图 13-2 所示，当第一个转向架进入缓和曲线，而后面转向架仍处于平直道，或当第一个转向架驶出曲线，而后面的转向架仍处于缓和曲线时，都将使车体产生扭转。

《强度规范》规定扭转载荷 M_k 取值为 40 kN·m。此扭矩作用在车体枕梁所在垂直平面内。

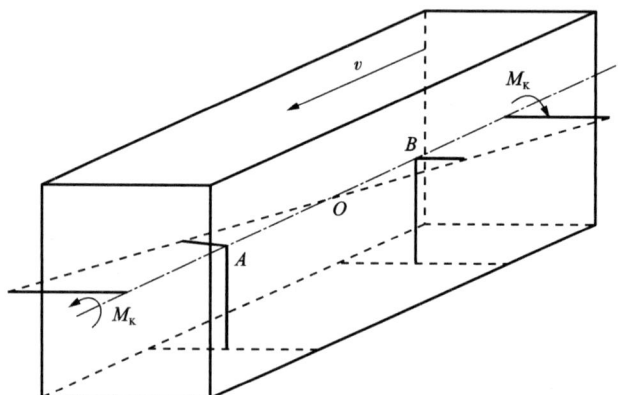

图 13-2　曲线上车体扭转示意图

五、纵向力

当列车运动状态发生变化时，机车车辆牵引缓冲装置因相邻机车车辆间产生速度差，会导致纵向拉伸或压缩作用力的产生。该作用力经由机车车辆底架的前（或后）从板座作用于车体，使其产生偏心拉伸（或压缩）变形。

纵向冲动的大小与机车的启动牵引力和列车的重量与速度，甚至机务人员的操作水平等因素有关，同时也取决于单个机车车辆本身的质量、车体纵向刚度、所装制动机和钩缓装置的性能。纵向冲动的作用性质也相当复杂，不同工况下其作用力的大小与性质不同，而且同一工况下也不一定有统一的特征可言。尤其应当指出的是，不管哪一种工况下发生的纵向动力，其沿列车长度方向的分布都不是均匀的；换句话说，当列车发生纵向冲击时，机车车辆所处位置不同，其所受力的大小是不等的。

《强度规范》对纵向力及其组合的表述如下：

①纵向力是指列车在各种运动状态时，机车车辆间所产生的压缩和拉伸的力。在计算和试验一般客车强度时，仅按第一工况的载荷组合方式进行；货车必须按第一工况和第二工况的载荷组合方式进行。

②第一工况。纵向拉抻力取：客车为 980 kN，货车为 1125 kN。压缩力取：客车 1180 kN，

货车为 1400 kN。该力分别沿车钩中心线作用于车辆两端的前、后从板座上。

这种力产生的应力与垂向总载荷、侧向力、扭转载荷等所产生的应力相加(装运散粒货物的机车车辆,还应加上侧压力产生的应力),其和不得大于表 13-1 的第一工况的许用应力。

③第二工况。纵向压缩力取为 2250 kN,该力有两种作用方式:一是沿车钩中心线作用于机车车辆两端的后从板座上;二是沿车钩中心线作用于机车车辆一端的后从板座上。该作用力与机车车辆及其所载货物的惯性力所平衡。

货车的走行部分和车体构件都必须考虑车体总重(车体静载重与车体自重之和)所产生的惯性力的影响,该惯性力沿车体纵向作用在车体(包括货物)的重心处。其大小按式(13-4)计算,即

$$N_g = 2250 \times \frac{车体重量}{车辆总重} \qquad (13-4)$$

式中: N_g 为车体总重产生的惯性力,kN。

由这两种作用方式产生的应力分别与垂向静载荷产生的应力相加(装运散粒货物的车辆,还应加上侧压力产生的应力),其和不得大于表 13-1 的第二工况许用应力。

随着我国铁路运输向高速和重载两个技术方向发展,其对纵向力的要求也相应的进行了修改。对于 70 t 级的新型铁路货车,其第一工况的纵向拉伸力为 1780 kN,纵向压缩力为 1920 kN;第二工况的纵向压缩力为 2500 kN。而应用于大秦线重载运输,列车编组超过 10000 t 的新型铁路货车,其第一工况的纵向拉伸力为 2250 kN,纵向压缩力 2500 kN;第二工况的纵向压缩力为 2800 kN。

表 13-1　金属零件许用应力表　　　　　　　　　　　　(MPa)

材料及其牌号		车体及转向架零件(轮对除外)		制动零件
		第一工况	第二工况	
普通碳素钢	Q235-A($\sigma_s=235$)	161	212	136
	Q275($\sigma_s=275$)	188	248	159
耐候钢	Q295GNH($\sigma_s=295$)	185	250	156
	Q345GNHL($\sigma_s=345$)	216	293	183
	Q450NQR1($\sigma_s=450$)	281	380	—
	Q5550NQR1($\sigma_s=550$)	343	464	—
不锈钢	1Cr17Mn6Ni5N($\sigma_s=275$)	188	248	159
低合金钢	16Mn($\sigma_s=345$)	216	293	183
普通铸钢	ZG200-400($\sigma_s=200$)	115	154	98
	ZG230-450($\sigma_s=230$)	132	177	113
低合金铸钢	B 级钢($\sigma_s=280$)	150	200	128
	C 级钢($\sigma_s=420$)	195	259	166
	E 级钢($\sigma_s=690$)	320	425	—

续表 13-1

材料及其牌号		车体及转向架零件(轮对除外)		制动零件
		第一工况	第二工况	
铝合金	$LF6(\sigma_s = 157)$ $(\sigma_b = 314)$	100	140	—
		(转向架零部件除外)		
弹簧钢	$60Si2CrVAT(\sigma_s = 1700)$	抗压及弯曲变形:1416 剪切及扭转变形:1063		

注:1. 不锈钢 1Cr17Mn6NSN 的力学性能根据《不锈钢棒》(GB/T 1220—2007)选取。

2. 铝合金 LF6 的力学性能根据《铝及铝合金热轧板》(GB 3193)选取。

六、车辆在机械化装卸时所受的力

①翻车机的敞车的上侧梁和立柱必须满足翻车机的作业要求,对于车辆总重为 84 t 的敞车,翻车机一个压头的最大垂向压力取 118 kN,作用在上侧梁的任何位置,匀布于最小 200 mm 的长度上;侧墙立柱根部的内倾总弯矩 235 kN·m,均匀分摊给所有立柱,其所产生的应力均不得大于表 13-1 所规定的第二工况许用应力。其他载重的敞车及固定使用翻车机的敞车,应根据车辆总重和所用翻车机的结构确定上侧梁和立柱的载荷值。

②地板应能满足叉车装卸作业的要求,前轮距为 260 mm 时,载荷为 40 kN(每轮 20 kN),作用在地板任何位置所产生的应力不得大于表 13-1 第二工况许用应力。当进行这种强度考核时,钢地板可按四周简支板计算。当木地板直接承载时,其跨距不得大于 400 mm。

七、修理时加于车辆上的载荷

确定车辆强度时,应考虑在车体一端枕梁的两侧或其他顶车处用千斤顶架起重载车体。此时,车体任何断面的应力不得大于所用材料的屈服极限,顶车位置处的结构不得产生永久变形。

使车体承受很大载荷的特定架修方法必须在设计任务书中加以载明,以便在鉴定强度时考虑。

第三节 作用在转向架上的载荷

一、垂向静载荷

1. 作用在心盘上的垂向静载荷 P_{st}

车体的自重、载重和整备重量通过下心盘作用在转向架上,其数值通常采用两种方法计算。

①根据车体实际重量计算(俗称"自上而下"的计算方法):对于专用的客、货车转向架,作用在转向架心盘(或相应结构)上的垂向静载荷 P_{st} 是按照车体的实际总重(t)来考虑,即

$$P_{st} = \frac{车体总重}{2} \times 9.81 = \frac{车体自重+载重+整备重量}{2} \times 9.81 \qquad (13-5)$$

按这种计算方法所得的心盘载荷来设计转向，可以使各零部件具有合理的结构强度和自重，但这种转向架往往缺乏通用性。

②根据最大允许轴重计算(俗称"自下而上"的计算方法)：对于通用型客、货车转向架作用在转向架心盘(或相应结构)上的垂向静载荷 P_{st} 是按照该转向架所用轮对压在钢轨上的允许载荷(即允许轴重)来考虑，即

$$P_{st} = (nP_R - P_T) \times 9.81 \qquad (13-6)$$

式中：P_R 为一个轮对压在钢轨上的允许载荷(允许轴重)，t；n 为转向架的轴数；P_T 为一台转向架的自重，t。

按式(13-6)计算所得的 P_{st} 来设计转向架，由于 P_{st} 与车型无关，故可在允许轴重的范围内应用于各种类型的客车或货车，以提高转向架的通用性。

2. 作用在转向架任一构件上的垂向静载荷 P_{st1}

求得作用在转向架心盘上的垂向静载荷 P_{st} 以后，就可按下列通式计算出作用在转向架任一构件上的垂向静载荷 P_{st1}，即

$$P_{st1} = \frac{P_{st}+P_{T1}}{m} \times 9.81 = \frac{nP_R-P_T+P_{T1}}{m} \times 9.81 \qquad (13-7)$$

式中：P_{T1} 为垂向静载荷自心盘面起至计算构件为止所有零件质量之和(包括计算构件本身的自重)，t；m 为一台转向架中平行受力的同名计算构件的数目；其他符号的含义同式(13-6)。

按式(13-7)计算时，计算构件的自重已包含在 P_{st1} 之中，并以集中力表示而不取分布载荷的形式，这样将使计算简化，对计算结果影响不大，而且是偏于安全的。

现以货车三大件式转向架的侧架及客车构架式转向架的构架为例，分析其在垂向静载荷下的受力情况。

(1)侧架受力。

以转 K2 型转向架的铸钢侧架为例，按式(13-7)计算时，其中：轴数 $n=2$；D 轴的允许轴重 $P_R=21$ t；侧架数目 $m=2$；P_T 为一台转向架的自重(约取 4.25 t)；P_{T1} 为摇枕、中央弹簧装置以及两个侧架本身的自重之和。这样，作用在侧架上的垂向静载荷 P_{st1} 就可求得。P_{st1} 力是以集中力的形式作用在侧架中央的弹簧承台上，集中力的数目视中央弹簧的组数而定。转 K2 型转向架每个侧架上有 7 组弹簧，在图 13-3 上表示出 5 个集中力，其中 P_2 是二组弹簧的合力，即

$$P_2 = 2P_1 = 2P_3 = \frac{2}{7}P_{st1}$$

作用在弹簧承台上的 P_{st1} 由轴箱的反力来平衡。侧架的受力如图 13-3 所示。

(2)构架受力。

以 CW200 型客车转向架的构架为例，其中 $n=2$，$P_R=15.5$ t(C 轴)，$m=1$，$P_T=6.3$ t，P_{T1} 为中央弹簧装置、构架本身以及构架上吊挂设备的自重之和。故可按式(13-7)计算得到 P_{st1} 的数值。P_{st1} 是通过空气弹簧以两个集中力的形式作用在构架侧梁的空气弹簧座处，而由轴箱弹簧的 4 个反力来平衡。构架的受力情况如图 13-4 所示。

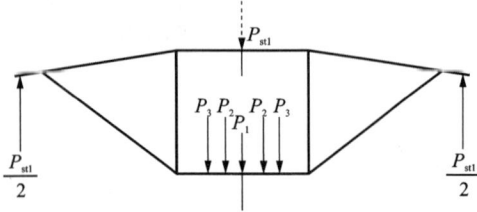

图 13-3　侧架在垂向静载荷作用下的受力情况

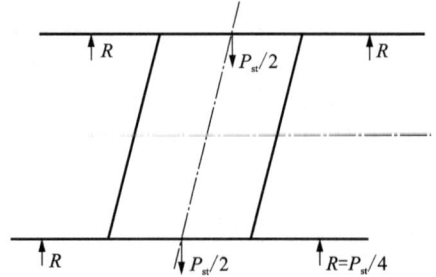

图 13-4　构架在垂向静载荷作用下的受力情况

二、垂向动载荷

作用在转向架零部件上的垂向动载荷 P_{d1} 是由机车车辆运行中轮轨之间冲击和簧上振动所引起的，其数值按式(13-8)计算，即

$$P_{d1} = K_{dy}P_{st1} \tag{13-8}$$

式中：K_{dy} 为垂向动荷系数，其值按式(13-1a)或式(13-1b)计算。

P_{d1} 的作用方式与 P_{st1} 相同，对于侧架和构架只要将图 13-3 和图 13-4 中的 P_{st1} 改为 P_{d1}，就得到在垂向动载荷下的受力简图。

三、纵向力所引起的附加垂向载荷

在第二节中曾指出，车体承受的纵向力有两种工况。其中第一工况以及第二工况中的第一种作用方式规定车体在底架两端承受着对拉或对压式的纵向力，此时作用在车体上的纵向力并不引起转向架产生附加载荷。但是第二工况中的第二种作用方式(即单端冲击情况)，车体的受力如图 13-5 所示。此时作用在车体上的纵向力将引起转向架的附加载荷。图 13-5 中 P_c 为转向架对车体的垂向反力，它的反方向即为纵向力引起的作用在转向架心盘上的附加垂向载荷，可见前位(按车辆运行方向)转向架增载，而后位转向架减载。作用在转向架心盘上的纵向水平力 $N_2/2$ 通常不予考虑。纵向力引起转向架心盘的附加垂向载荷 P_c 可按式(13-9)计算。

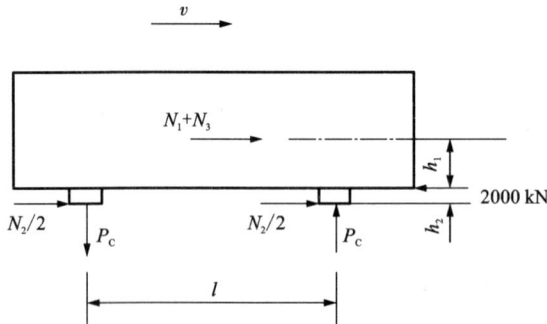

图 13-5　单端冲击时车体受力情况

$$P_c = \frac{(N_1 + N_3)h_1 - N_2 h_2}{l} \tag{13-9}$$

式中：h_1 为重载车体的重心至自动车钩中心线的垂向距离，m；h_2 为自动车钩中心线与心盘面之间的距离，m；l 为机车车辆定距，即两心盘中心之间的距离，m；N_1 为车体自重产生的惯性力，kN；N_2 为转向架自重产生的惯性力，kN；N_3 为车辆所载货物的惯性力，kN。

在 P_c 作用下转向架零部件的受力情况，与在垂向静载荷 P_{st} 作用下的情况相同。应注意：附加垂向载荷 P_c 通常发生在调车作业时，它所引起转向架构件的应力不应与垂向动载荷所引起的应力相叠加。

四、侧向力引起的附加垂向载荷

侧向力包括风力和机车车辆通过曲线时的离心力。风力和离心力的大小及作用点见本章第二节所述。在平直道上且无风力作用的情况下，车体支承在两台转向架的心盘上。列车通过曲线时，在离心力以及风力作用下，车体将产生微量倾斜，车体靠近曲线外侧的上旁承将与转向架上同一侧的下旁承接触，这样就会引起转向架的附加垂向载荷。图 13-6 表示机车车辆承受侧向力的情况。图中 H_k 表示作用在车体上的侧向力；$2H_z$ 表示两台转向架的离心力。假定车体在侧向力作用下不发生倾斜，即转向架的摇动台和弹簧装置不变形的情况下，分析侧架和构架的受力。为此先研究机车车辆内侧及外侧轴箱（或轴颈）的附加垂向载荷。

1. 机车车辆内、外侧轴箱的附加垂向载荷

取车体连同中央弹簧装置以及构架（或侧架）、轴箱为分离体，如图 13-7 所示。图中 $2H_z$ 为两台转向架除去轮对后的所有构件的离心力之和，假定此力作用在车轴中心线的水平面内。轴箱处的水平反力暂不研究，而每一个轴箱的垂向反力为 P_f，根据受力平衡可得

$$P_f = \frac{H_k h}{m_0 2 b_2} \tag{13-10}$$

式中：h 为车体侧向力至车轴中心线所在水平面之间的垂向距离，m；b_2 为轮对两轴颈中心线间的水平距离之半，m；m_0 为机车车辆一侧的轴箱数（即机车车辆的轴数）。

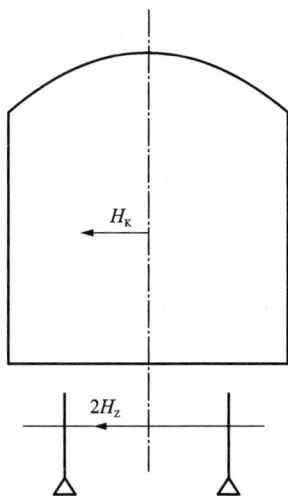

图 13-6 机车车辆承受侧向力情况

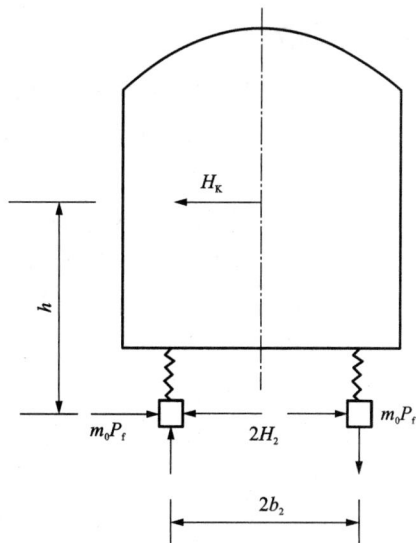

图 13-7 侧向力作用下，除去轮对后的车辆分立体

2. 侧架受力

以处于曲线外侧的侧架为例，由式(13-10)求得车轴轴颈对轴箱的垂向反力 P_f，那么轴箱对侧架的垂向作用力也就是 P_f。已知两个轴箱对侧架的作用力，则侧架中央承簧台上弹簧的反力之和必等于 $2P_f$，可见这时侧架的受力情况与图13-3侧架在垂向静载荷作用下的受力完全相同，只是力的大小不同而已。

3. 构架受力

与侧架不同，构架在侧向力引起的附加垂向载荷作用下的受力情况与在垂向静载荷下的受力不同。构架的受力情况如图13-8所示。图中处于曲线外侧的两个轴箱弹簧对构架的作用力向上，而内侧的则向下，每个弹簧作用力的数值等于 P_f。轴箱弹簧对构架的作用力系应由作用在构架二系弹簧座处的 P_n 力系平衡，即

$$P_n = 2P_f$$

侧向力引起的作用在转向架上的水平载荷，不能简单地像附加垂向载荷那样按图13-7由静力平衡求得，而必须研究转向架在曲线上所处的位置，以及轮轨间相互作用力的实际情况，才能正确地求解。

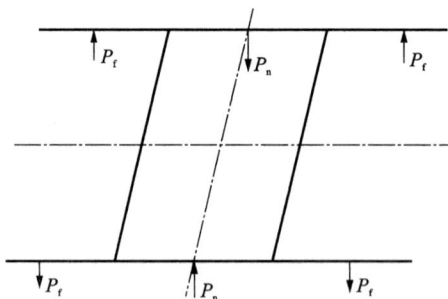

图 13-8 构架在侧向力引起的垂向增减载作用示意图

五、制动时的载荷

列车在运行中实施制动时，在机车车辆上有以下两种纵向力的作用。

其一，在目前采用的空气制动机的情况下，列车开始制动时，由于列车中前、后机车车辆不是同时发生制动作用，这样就必然引起机车车辆间的纵向冲击，其纵向力以集中力的形式、大小相等方向相反地作用在车体底架两端的后从板座上(即前述作用在车体上的第一工况的纵向力)。这种纵向力对转向架的受力没有影响。

其二，当全列车的所有机车车辆均发生制动作用后，机车车辆间的纵向冲击消失，制动力却逐渐增大至最大值，由于制动力的作用，将引起车体和转向架的纵向惯性力。这种纵向惯性力对车体的作用远小于上述纵向力作用，故可不计，但它对转向架有一定影响。

在图13-9上，制动时钢轨作用于机车车辆的最大制动力 F(其方向与车辆运行方向相反)由下式决定：

$$F = P_{st}\mu g \tag{13-11}$$

式中：P_{st} 为机车车辆总重，又称机车车辆黏着重量(它等于车体和转向架的自重以及机车车辆载重之和)，t；μ 为轮轨间的黏着系数，一般取 0.25。

因此在制动力 F 的作用下，机车车辆的最大减速度为 $a=\mu g=0.25\,g$。这时，车体的纵向惯性力 Q 将引起前、后(按车辆运行方向)转向架的垂向增减载 P_a，以及作用在转向架心盘处的水平载荷 T_a，如图 13-9 所示。根据车体受力平衡，得

$$P_a = \frac{Qh}{L} \tag{13-12}$$

$$T_a = \frac{Q}{2} \tag{13-13}$$

式中：h 为重载车体的重心至心盘面的垂向距离，m；L 为机车车辆定距，m；Q 为车体的纵向惯性力，其值为 $Q=P_1a=0.25gP_1$，kN；其中 P_1 为车体垂向静载重(车体自重与载重之和)，t。

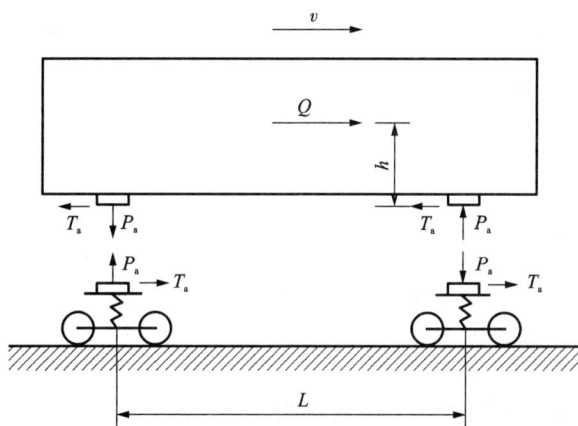

图 13-9　制动时的载荷

目前，在使用空气制动机和铸铁闸瓦的情况下，机车车辆最大制动力(或最大减速度)发生在车体自重与载重之和在制动过程的最后阶段，即低速时。这时作用在转向架上的其他动载荷如垂向动载荷和侧向力都比较小，因此，在计算转向架摇枕、侧架(或构架)的强度时，一般都不考虑制动载荷的作用。只是在计算基础制动装置零件的强度时，才必须考虑制动时由制动缸活塞传来的力的作用。

第四节　机车车辆强度分析

一、机车车辆按有限元法计算时应考虑的主要问题

应用有限元法借助计算机对机车车辆结构进行强度分析时，首先必须合理地确定计算模型(它包括结构几何图形的确定、结构对称性的利用、结构的离散化、载荷处理以及边界约束的设置等)，其次是正确选用或编制合适的结构分析程序，进行仿真分析，最后对计算结果进行整理分析。

1. 合理地确定计算模型

所谓计算模型就是在对实际结构物的构造和受力特性等进行分析的基础上，给出适合有限元法的计算简图。由于实际结构物的构造和受力往往是很复杂的，且不适合直接采用有限元法进行计算(如边界支承和载荷条件不适合等)，这就要求在建立计算模型的过程中，进行一些有必要的简化，也就是说，计算模型与实物相比在不同程度上都具有一定的近似性。一般说来，由于这种近似性所造成的计算误差，要比有限元法理论本身的计算误差大得多，故结构计算模型选择得合理与否，是直接影响计算结果精度的首要因素。因此，在选择计算模型时既要力求最大限度地符合实际结构及其受力特点，又要有利于计算(在保证足够精度情况下适当简化)和节省计算机运算时间。

下面就确定计算模型时所必须考虑的几个问题，予以简要说明。

(1)结构几何图形的确定。

根据结构物的构造情况，其几何图形可以是空间或平面图形。构成实际结构物的一维构件(杆、梁、柱)、二维构件(板、壳)均应以几何线条表示。一维杆件系统中的杆、梁、柱等，要根据其以弯曲变形还是扭转变形为主而定其轴线，若杆件在结构中以承受弯曲变形为主，则取杆件截面形心的轴线代表该杆件；若以承受扭转变形为主则取通过杆件截面弯心的轴线代表该杆件。板、壳的几何图形取其平分板(壳)厚度的中性面表示。

实际结构中往往存在一些难以明确划分为一维或二维的构件，例如大截面的薄壁型材，它可以作为杆件考虑，但又可作为由薄板组成的构件。这时就应根据此类构件的受力特点，在结构中的重要性以及计算精度和计算费用的经济性等方面综合考虑，从而确定其几何图形为杆件或是薄板组合构件等。

同一个结构，其几何图形在设计的不同阶段，可以是不同的。一般在方案设计阶段几何图形较简单，而在技术设计阶段则较为复杂。另外，在结构的高应力区或受力复杂区，用于计算的几何图形应复杂些，而在低应力区，则允许其几何图形有更大的简化。

还必须指出：如果杆件的截面积、板材的厚度或所用材料沿杆件全长和整块板面是变化的，那么除了画出代表该杆件和薄板的轴线和平面外，还应标出不同截面(或板厚)和材质的分界点(或线)。

(2)结构对称性的利用。

在确定结构的计算模型时，应充分利用结构(包括支承)及载荷的对称性。所谓结构对称是指结构的几何形状、杆件截面(或板厚)以及材料性质均具有对称性。当结构和支承均对称于某一轴线(空间结构为对称于某一平面)而载荷亦同时对称(或反对称)于该轴线(或该平面)时，由于结构中的应力、应变及位移也对称(或反对称)于该轴线(或该平面)，故可沿结构的对称轴(对称平面)截开，取结构的一半作为计算对象，这样可大大减少计算工作量、节约时间并保持原有的精度。此时作用于对称轴(对称平面)上的载荷应取其值的 $1/2$，同时，根据力学原理，必须在截断平面处加上相应的约束，以代替另半个结构对该计算对象的影响。例如，当结构对称于 yOz 平面时，在对称载荷作用下，该 yOz 平面上各点均无沿 x 轴的线位移和绕 y 轴及 z 轴的转角，故取半个结构作计算简图时，该 yOz 平面上所有各节点均应加上 x 向的刚性约束和绕 y、z 轴旋转的刚性约束。同理，上述结构受反对称载荷时，则须在对称截面(yOz)上加上反对称的约束(对 yOz 平面为沿 y 轴、z 轴的线性方向的刚性约束及绕 x 轴旋转的约束)。

同理，当结构具有两个对称平面时，则可取 1/4 结构计算。同时，在该两截开平面处，加上相应于载荷的约束(对称载荷下加对称约束，反对称载荷则加反对称约束)。

(3)结构的离散化。

当结构的几何图形已确定并考虑了对称性以后，就可进行结构的离散化处理，这主要包括单元类型的选择和单元(网格)的划分。

①单元类型的选择：计算时选用何种单元取决于结构的几何形状、受力特点及对计算精度的要求等因素，也与所选取的程序有关。目前用于机车车辆结构离散中的常用单元为板壳单元、实体单元和梁单元。

一般结构中，可以将型钢梁当作薄板结构处理为板壳单元，但是如果考虑到结构的复杂程度和离散结构的大小，以及计算耗时等因素，可以对截面高度与长度(跨度)之比(又称高跨比)小的小梁(如客车车体上的车顶纵向梁、侧立柱、大小腰带等)，作为梁单元进行处理。对于厚度较大的板以及一些铸造的安装座等结构可以选择三维实体块单元进行处理。

②单元的划分：对于杆系单元(杆元及梁元等)，确定了节点位置就完成了单元划分的工作。确定杆系单元节点的位置，一般需遵循以下原则：不同方向杆件的交点、同一方向的杆件截面或材质发生突变处、杆件的支承点和自由端必须作为节点；而集中外力的作用点、分布载荷的起、止点或载荷强度的突变点也宜作为节点。对于变截面杆件，以若干阶梯形等截面杆件来替代。

对于膜元和板元，划分单元时应考虑以下原则：

①单元的划分应互不重叠地沿着整个结构进行，单元之间只能在节点处相连，一个单元的节点不能是相邻单元的"内点"(如采用 4~8 可变节点等参元者例外)。

②单元的划分应力求规则，以保证有限元分析计算结果的精确度，如三角形单元其三条边长不要相差太大，4 节点任意四边形单元的内角不要接近 180°。

③单元的划分应使节点和单元的边界线置于板的厚度、载荷以及材料特性发生突变处，即划分好的膜元或板元应是等厚度和材质均匀的。

④在应力较大或变化急剧的部分、网格可划密些，反之可划分得疏些，相邻单元面积大小尽量不要相差太大，网格从密到疏(或反过来)尽可能逐步过渡。

⑤应尽量采用精度高的单元(如矩形元，6、8 节点等参元等)。

对于某些大型结构的单元数量过大且计算机容量难以满足(或计算时间太长)时，可以采取分步计算法，即先把单元网格划分得粗一些(因面节点数和单元数少一些)。对整个结构进行第一次计算(称为整体初算)，然后把结构中应力较大或变化急剧的区域从整个结构中分离出来，并把这一局部的单元网格划分得细一些，用第一次计算所得到的该局部边界上的节点位移值(或节点力值)作为其位移边界条件(或节点载荷边界条件)进行第二次计算(又称局部细算)。在计算机容量和计算时间允许的条件下，局部细算的区域可适当取大一些。

目前一般的有限元分析软件已经能够在前处理功能里自动划分网格，但是有时候需要人工进行干涉，调整局部单元划分。

(4)载荷处理。

对于计算模型中的载荷工况、数值和作用方式，对不同的计算对象，可根据《强度规范》中的有关规定来确定。

根据有限元法的理论，所有载荷必须作用在结构离散图的有关节点上(称为节点载荷)。

而对作用于杆、梁单元跨度上，以及作用在板的平面内或边界上的载荷（非节点载荷），必须按一定原则移置到相应节点上，成为等效节点载荷。这种载荷的移置方法，称为载荷处理。

（5）边界约束的设置。

采用有限元法进行计算时，必须在计算模型的某些节点上设置一定的约束条件，从而利用这些条件对结构刚度方程组进行处理（称为约束处理），使方程组可解。

边界约束的设置一般有以下几种情况：

①根据结构的实际支承情况设置约束。例如车体支承在转向架下心盘上，则可在车体上心盘支承处的节点上，设置一个限制车体在垂直方向位移的刚性约束；若要在上心盘的几个节点上同时设置约束，则可采用几个具有适当刚度的弹性约束或一个刚性约束几个支反力来模拟实际支承情况。

②根据结构和载荷的对称条件设置约束。如前所述，在机车车辆结构和载荷具有对称性时，可取 1/2 或 1/4 结构作为计算对象，此时在截开的对称载面上的所有节点应设置相应的约束条件，此处不再赘述。

③根据限制整个结构刚性位移的条件设置约束。当结构承受平衡力系作用而无支承时，或者结构虽具有实际支承，但这些支承条件不足以限制整个结构的刚性位移时，设置或添置若干限制整个结构刚体位移的约束。

结构在平衡力系作用下，约束点及约束方向的设置可以任意选定，因为各节点之间的相对位移值即结构内力与所设置的约束点位置和约束方向无关。但是应指出：所设置（或添置）的约束必须限制在保证结构处于静定状态的范围，而不能设置超静定约束（即多余约束）。若实际结构原来就具有超静定约束，则不属此限制范围。

2. 正确选用或编制合适的结构分析软件

有限元法是现代结构分析中一种广泛应用的先进计算方法，但是必须以计算机作为工具。正确选用或编制合适的结构分析软件则是完成计算并保证计算结果正确可靠的关键。

随着有限元法的广范应用，国内外不断出现了各种各样的有限元结构分析程序，其中包括前后处理及计算功能较好的微机程序。因此，一般有限元计算均采用现成的结构分析程序。选用程序时，首先，应考虑该程序的计算结果是否正确可靠，这可以通过一些考题（包括多种单元及其组合的大型实际题目）验证，验证的依据是试验结果。当然，也可以与其他公认的程序计算结果对比，间接验证。其次，应考虑该程序的解题范围、规模、速度以及前后处理功能与其他软件的连接等方面。前者是选用程序时必须考虑的，后者则应根据具体条件灵活考虑。

上述选用程序需要考虑的问题，对编制结构分析程序同样存在。

3. 计算结果的整理

对于后处理功能强的程序，如 SSAP、ANSYS 和 I-DEAS 等，计算结果的整理是不必要的，因为这些软件具有对计算结果自动整理的功能。

对于机车车辆主要零部件来说，计算后经整理所得到的结果至少应包括：车体主要梁件（底架的中梁、侧梁，敞车侧立柱和上端梁等）和转向架主要部件（侧架和构架等）的挠度曲线、结构的等应力云图或应力分布曲线、计算构件中若干个绝对值最大的应力值及其发生部位。

由于在结构离散图中，某一节点通常与多个单元相连，即为多个单元所共有。但根据节点处的变形谐调条件，不同单元在同一节点处的位移值是相同的。故构件的挠度曲线可根据计算结果中节点位移分量直接给出，而无须进行整理。

二、机车车辆上常用材料及许用应力

（1）机车车辆焊接结构主要承载件，一般采用纯氧顶吹转炉、平炉或电炉钢。普通侧吹转炉钢仅可用于次要零件，普通底吹转炉钢不得使用。热轧碳素结构钢的含碳量不得大于0.24%，硫、磷以及镍、铬和铜等杂质的含量均应相应符合《优质碳素结构钢》（GB/T 699—2015）和《碳素结构钢》（GB/T 700—2006）等标准的要求；耐大气腐蚀钢应符合有关国家标准、铁道行业标准或其他相当的标准规定。

（2）机车车辆焊接结构主要承载件应当采用镇静钢。各种钢材的性能除相应符合《优质碳素结构钢》（GB/T 699—2015）、《碳素结构钢》（GB/T 700—2006）和《低合金高强度结构钢》（GB/T 1591—2018）等标准的要求外，还应具有额定冲击韧性值（a_{kv} 值），要求符合如下规定：

①当选择新材料牌号时，应按20 ℃、0 ℃、−20 ℃、−40 ℃、−60 ℃五个温度测定 a_{kv} 值的统计平均值和考虑离散度后的下限值，不得低于表13-2或表13-3中的相应值。

②按①选定某种牌号材料后，日常进行采购或入厂检验时，可仅测定20 ℃下的 a_{kv} 值。取5个试样进行试验，其平均值应不小于表13-2或表13-3中相应温度下的下限值，但只允许5个试样中有一个试样的值低于规定值。

③除上述两点规定外，a_{kv} 值的测试还应符合《钢及钢产品 力学性能试验取样位置及试样制备》（GB/T 2975—2018）等相关标准的规定。

机车车辆焊接结构主要承载件应在产品技术条件中明确规定。

机车车辆用其他黑色金属和有色金属材料，均须符合相应标准的规定，或符合经供求双方协议并按规定程序批准的技术文件的要求。

表 13-2　结构钢的 a_{kv} 值　　　　　　　　　　（J/cm²）

试验结果	温度				
	20 ℃	0 ℃	−20 ℃	−40 ℃	−60 ℃
平均值	60.43	36.71	16.39	8.76	4.46
下限值	49.54	29.37	10.75	5.83	3.38

表 13-3　铸钢的 a_{kv} 值　　　　　　　　　　（J/cm²）

试验结果	温度				
	20 ℃	0 ℃	−20 ℃	−40 ℃	−60 ℃
平均值	59.67	43.69	28.99	14.66	8.38
下限值	46.95	33.78	22.21	8.76	5.77

（3）在设计和试验时，材料机械性能一律采用相应标准的最低值。当使用没有载明机械性能、化学成分和冶炼方法的金属材料时，应以国标或冶金行业标准规定的方法进行鉴定方可按相应的钢号使用。对于经过鉴定不合格以及冶炼方法不能确定的钢材，均不得用于制造机车车辆的主要承载件。

（4）钢制零部件采用下列材料机械性能。

弹性模量：$E = 206 \times 10^3$ MPa（轧制钢材）；$E = 172 \times 10^3$ MPa（铸钢件）。

切变模量：$G = \dfrac{E}{2(1+\mu)}$。

泊松比：$\mu = 0.3$。

（5）材料许用应力按下列各条确定。试验测试应力允许考虑 5% 的误差，但不得与下列第③项合并提高许用应力值。

①按《强度规范》设计的钢质机车车辆零部件，除本章第五节已载明的试验许用应力外，零部件基体金属的测试应力均不得大于表 13-1 所规定的数值。

②若采用表 13-1 中没有载明的其他金属材料时，其许用应力可参照所用材料的屈服极限与表列同类材料的屈服极限之比而决定。

③对于主要承受弯曲的机车车辆杆件，允许按"极限荷重法"提高材料的许用应力，即主要承受弯曲的断面，其断面全部纤维达到屈服时所能承受的弯矩 M_1 比断面外侧纤维达到屈服时所承受的弯矩 M_2 要大，故弯曲时许用应力可按表列许用应力与比值 M_1/M_2 的乘积取值。

④机车车辆各金属零件（弹簧除外）在承受剪切状态下的屈服极限及许用应力取为拉伸屈服极限和许用应力的 0.6 倍。剪切强度极限取为拉伸强度极限的 0.75 倍。

第五节　机车车辆零部件强度试验

一、试验目的、载荷及要求

①试验目的是鉴定机车车辆及其主要零部件的强度、刚度和稳定性。

②试验加载应最大限度地模拟试件实际运用时的受力状态。

③试验载荷应不小于基本作用载荷值，但鉴定标准仍须按基本作用载荷换算。

④试验对象的制造质量应具有代表性。其机械性能、化学成分、金相组织、铸件壁厚、外形尺寸及铆焊质量等技术状态均应符合有关图纸及技术文件的规定。

二、车体静强度试验

1. 试验内容

试验内容包括垂向载荷试验、纵向力试验、扭转试验、顶车试验和罐体内压力试验等。

①垂向载荷试验：车体支承在两心盘上（旁承承载者为旁承），使底架处于水平状态，然后，加上匀布或集中的试验载荷。

②纵向力试验：纵向拉伸力沿车钩中心线加在前从板座上，压缩力加在后从板座上。对已

定型机车车辆进行一般性强度检验时，可由纵向压缩的试验应力换算为纵向拉伸的应力。

③扭转载荷试验：在枕梁的四个端部将车体顶起，使上下心盘离开一定距离成四点支承，并处于水平状态。将任意一条对角线的两个支承上升或下降，使车体产生扭转。

加于车体的扭转力矩可用式（13-14）计算，即

$$M_k = b_s \left(\frac{\Delta P_1 + \Delta P_2}{2} \right) \tag{13-14}$$

式中：M_k 为扭转力矩，$N \cdot m$；ΔP_1、ΔP_2 为分别为同一枕梁两支点承力的变化绝对值，N；b_s 为同一枕梁两支承点间的距离，m。

④顶车试验：试验载荷和作用方式见第二节。

⑤罐体内压力试验：采用水压试验。

2. 应力合成及许用应力

（1）应力换算：鉴于试验载荷值与各部件承受的基本作用载荷值通常是不相等的，试验测得的应力应换算成基本作用载荷下的应力。采用下列符号：

σ_{cj}——垂向静应力；

σ_{cL}——试验载荷下测量的应力；

σ_{yL}——第一工况拉伸时的应力；

σ_{yy}——第一工况压缩时的应力；

σ_{ey}——第二工况压缩时的应力；

σ_{nz}——扭转应力；

σ_{ny}——内压应力；

σ_{dc}——顶车应力；

σ_{c1}——第一工况散粒货物侧压力作用下的应力；

σ_{c2}——第二工况散粒货物侧压力作用下的应力；

K_{dy}——垂向动荷系数；

K_c——侧向力影响系数（按第二节取值）。

①垂直载荷下的应力换算。假定中梁、端梁和横梁（包括斜撑）承受底架自重、载重和底架的整备重量；梁、侧墙（包括侧梁）和车顶承受车体自重、载重和底架的整备重量。因此，中梁、端梁和横梁（包括斜撑）的应力按式（13-15）换算，即

$$\sigma_{cj} = \sigma_{cL} \left(\frac{底架自重+载重+底架的整备重量}{试验载荷} \right) \tag{13-15}$$

枕梁、侧墙（包括侧梁）和车顶的应力按式（13-16）换算，即

$$\sigma_{cj} = \sigma_{cL} \left(\frac{车体自重+载重+车体的整备重量}{试验载荷} \right) \tag{13-16}$$

对于一般货车车体的所有梁件允许按式（13-16）换算。

②线向力作用下的应力按式（13-17）～式（13-19）换算，即

$$第一工况\ \sigma_{yL} = \sigma_{cL} \left(\frac{N_{yL}}{试验载荷} \right) \tag{13-17}$$

$$\sigma_{yy} = \sigma_{cL} \left(\frac{N_{yy}}{试验载荷} \right) \tag{13-18}$$

$$第二工况 \quad \sigma_{ey} = \sigma_{cL} \left(\frac{N_{ey}}{试验载荷} \right) \tag{13-19}$$

式(13-17)~式(13-19)中的 N_{yL}、N_{yy} 及 N_{ey} 分别为第二节中规定的第一工况纵向拉伸力、压缩力及第二工况纵向压缩力。

③扭转载荷作用下的应力按式(13-20)换算:

$$\sigma_{nz} = \sigma_{cL} \left(\frac{40}{试验扭矩} \right) \tag{13-20}$$

④顶车试验的应力按式(13-21)换算,即

$$\sigma_{dc} = \sigma_{cL} \left(\frac{车体自重+载重+车体的整备重量}{试验载荷} \right) \tag{13-21}$$

(2)应力的合成:在鉴定强度时,将换算应力值按照"最大可能组合"的原则予以合成。

①第一工况:中梁、端梁、枕梁、横梁(包括斜撑)和货车车顶应力合成为式(13-22a),即

$$\sigma_1 = \sigma_{cj}(1+K_{dy}) + \sigma_{yL}(或 \sigma_{yy}) + \sigma_{nz} + \sigma_{c1} \tag{13-22a}$$

侧墙(包括侧梁)和客车车顶合成应力为

$$\sigma_1 = \sigma_{cj}(1+K_{dy}+K_c) + \sigma_{yL}(或 \sigma_{yy}) + \sigma_{nz} + \sigma_{c1} \tag{13-22b}$$

②第二工况:各测点的应力合成为式(13-23),即

$$\sigma_2 = \sigma_{cj} + \sigma_{ey} + \sigma_{c2} \tag{13-23}$$

③顶车应力合成为

$$\sigma = \sigma_{cj} + \sigma_{dc} \tag{13-24}$$

④许用应力第一、二工况的合成应力不得大于表13-1规定的相应工况的许用应力;顶车合成应力不得大于所用材料的屈服极限。

对复杂应力状态下的合成应力,应按(13-25)取当量应力 σ_e。同许用应力作比较,即

$$\sigma_e = \sqrt{0.5\left[(\sigma_1-\sigma_2)^2+(\sigma_2-\sigma_3)^2+(\sigma_3-\sigma_1)^2\right]} \tag{13-25}$$

式中:σ_e 为当量应力,MPa;σ_i 为主应力($i=1, 2, 3$),MPa。

三、车体刚度试验

1.试验内容

整体承载的客车车体要做垂向弯曲刚度和扭转刚度试验,用相当弯曲刚度和相当扭转刚度来评定。货车车体仅做垂向弯曲刚度试验,用挠度与机车车辆定距之比值(即挠跨比)来评定。钢质保温车,对于载荷基本对称和车长在 20 m 以下者可仅做垂向弯曲刚度试验。

2.垂向弯曲刚度试验

在垂向载荷试验时,测定在端梁、枕梁两端和车体中央处的中梁和侧梁的挠度,并换算成中梁中央相对于两心盘的挠度 f_{zc} 和侧梁中央相对于枕梁端部的挠度 f_{cc},然后根据垂直静载荷下应力换算的假定,换算为车体正常运用情况下的挠度(不考虑动载荷和侧向力的影响)。换算公式分别为式(13-26)和式(13-27),即:

中梁中央挠度:

$$f_z = f_{zc} \left(\frac{底架自重+载重+底架的整备重量}{试验载荷} \right) \tag{13-26}$$

侧梁中央挠度：

$$f_c = f_{cc}\left(\frac{车体自重+载重+车体的整备重量}{试验载荷}\right) \qquad (13-27)$$

f_{cc} 取一、二位侧梁中央挠度平均值。

3. 垂向弯曲刚度的评定标准

整体承载的客车车体，将垂向弯曲刚度试验所得中梁、侧墙挠度值分别代入式（13-28），求得中梁、侧墙的相当弯曲刚度，即

$$EJ = \frac{WL_2^2}{384f}(5L_2^2 - 24L_1^2) \qquad (13-28)$$

式中：EJ 为相当弯曲刚度，N·m²；W 为单位长度载荷，N/m；L_1 为底架外伸部分长度，m；L_2 为机车车辆定距，m；f 为中梁（f_z）或侧墙（f_c）中央挠度，m。推荐用下列评定标准：

中梁：$EJ \geqslant 1.30 \times 10^9$ N·m²。

侧墙：$EJ \geqslant 1.80 \times 10^9$ N·m²。

货车车体的挠跨比评定标准推荐如下数值：

底架承载的敞、平车：$\dfrac{f_z}{L_2} \geqslant \dfrac{1}{900}$。

侧墙承载的车体：$\dfrac{f_z}{L_2} \geqslant \dfrac{1}{1500}$ 以及 $\dfrac{f_c}{L_2} \geqslant \dfrac{1}{2000}$。

受集中载重的平车：$\dfrac{f_z}{L_2} \geqslant \dfrac{1}{700}$。

长大货物车的垂向弯曲刚度评定标准按设计任务书中的要求确定。

4. 扭转刚度试验

扭转载荷试验时，测量加载后四个支撑点相对于刚性基础垂向距离的变化值 δ_i（mm）（$i=1$、2、3、4）。

车体的相对扭转角用（13-29）式计算：

$$\phi = \frac{(\delta_1-\delta_2)-(\delta_3-\delta_4)}{b_2} \qquad (13-29)$$

式中：ϕ 为相对扭转角，rad；δ_i 为加载荷后点 i 垂向距离的变化值（$i=1$、2、3、4），mm；b_2 为一、二或三、四位两侧点之间的距离（一、二位端应相等），mm。

5. 扭转刚度评定标准

相当扭转刚度按式（13-30）计算：

$$GJ_p = L\left(\frac{M_k}{\phi}\right) \qquad (13-30)$$

式中：GJ_p 为相当扭转刚度，(N·m²)/rad；L 为相对扭转截面之间的距离，m；M_k 和 ϕ 同前。

客车车体的相当扭转刚度值，推荐不小于 5.5×10^8 N·m²/rad。

四、客车转向架静强度试验

1. 试验内容

客车转向架应进行垂向总载荷、侧向力、垂向斜对称载荷试验。

摇枕、构架和中央悬挂装置的零件可以单独进行试验，亦可以对组成的转向架进行试验。

2. 垂向总载荷试验

各试件所承受的垂向静载荷等于转向架总轴重减去试件以下所有零部件重量相应的静载荷，除以转向架中平行受力的相同试件的数目。

垂向动载荷按式(13-1a)和式(13-1b)计算。垂向试验载荷施加在试件实际的承载面上。

3. 侧向力试验

对组成的转向架进行试验时，采用以下加载方式：即在心盘和旁承上加垂向总载荷，其数值由车体的平衡计算得到。同时在心盘边缘(允许在摇枕端部)加侧向水平力，其值按第二节的侧向力规定进行计算。

对摇枕、构架和中央悬挂装置的零件进行单件试验时，则应按在侧向力、垂向总载荷与钢轨作用力同时作用下，根据力的平衡条件，求得各零件所受的力，并按此受力情况对试件进行支承和加载(详参第三节)。

以上试验所得数据都是侧向力与垂向总载荷的合成应力。

4. 垂向斜对称载荷试验

单件试验时，垂向斜对称载荷施加在构架轴箱处。对于组成的转向架，试验时可按如下方法加载以得到近似的垂向斜对称载荷的数值，即在一、四位(或二、三位)车轮与钢轨之间加 10 mm 厚的垫片，然后加上垂向总载荷。试验所得数据是垂向总载荷和斜对称载荷作用下的合成应力。

5. 应力合成及许用应力

摇枕和中央悬挂装置零件的合成应力为垂向总载荷与侧向力作用下应力之和，而对于构架和轴箱，还应叠加由于垂向斜对称载荷产生的应力。各零部件的最大可能合成应力均不得大于表 13-1 的许用应力值。对复杂应力状态下的合成应力，应按式(13-25)取当量应力 σ_e 同许用应力作比较。

五、货车转向架静强度试验

1. 试验要求

本试验适用于无横向联系梁的铸钢摇枕与侧架。对于具有横向联系梁或结构类似客车转向架的货车转向架应参照上述客车转向架静强度试验要求进行试验和评定。

摇枕和侧架可以单独地进行加载试验，亦可对组成的转向架进行试验。

2. 试验内容和许用应力

摇枕的作用载荷有：垂向载荷 P (P 为一个转向架承受的垂向静载荷，其值等于转向架轴重与轴数的乘积减去转向架自重)和沿车体纵向作用的水平力 $0.25P$ 均以集中力形式作用在摇枕中央截面，并应尽可能接近实际作用方式，摇枕两端弹簧支承面处以刚性支承。

侧架的作用载荷有：垂向载荷 $1.5C$ 和沿车体横向作用的水平力 $0.4C$，垂向载荷可模拟实际受力情况作用在弹簧支承面上；而横向水平力垂直于侧架平面作用在两个立柱上。C 为轮对两轴颈的垂向静载荷，其值等于轴重减去轮对自重。

摇枕和侧架在垂向和横向两种载荷作用下，各测点的最大可能合成应力复杂应力状态下的合成应力，应按式(13-25)取当量应力 σ_e 不大于表 13-4 中的许用应力值。

表 13-4　摇枕和侧架在垂向和横向载荷下合成应力的许用应力　（MPa）

材质	ZG230-450	B 级钢	C 级钢
许用应力	103	117	151

摇枕还需做沿车体纵向单独作用的水平力 0.8P 载荷下的试验，此力以集中形式作用在摇枕中央的腹板上，摇枕两端与侧架立柱接触面处以刚性支承。其应力不大于表 13-5 中的许用应力值。

表 13-5　摇枕纵向水平力试验的许用应力　（MPa）

材质	ZG230-450	B 级钢	C 级钢
许用应力	78	89	115

侧架轴箱导框内侧弯角处，其主要承受弯曲断面的许用应力，允许按前述"极限荷重法"予以提高。

六、转向架主要零部件疲劳试验

1. 客车转向架疲劳试验

本试验适用于载重下总静挠度大于或等于 150 mm 的二轴铸钢转向架，焊接式转向架可参照采用。摇枕和构架可以单独地进行加载试验，亦可对组成的转向架进行试验，试件个数应不少于两个摇枕和两个构架。当其中有一个摇枕或构架被判定为不合格时，允许按另外增补的一个摇枕或构架的合格与否评定本试验。试验采取等幅载荷加载。建议仅在新设计的客车转向架强度鉴定时进行本项试验。转向架在结构、材质及工艺等方面有重大改变而影响强度时，按新设计的转向架处理。

（1）摇枕。

①试验载荷：试验载荷包括垂向载荷与横向载荷。垂向载荷为 0.7~1.3P，加载频率 2~7 Hz；横向载荷为 0~0.3P，加载频率为垂向加载频率的 0.6~0.7 倍。P 为一个转向架承受的垂向静载荷，其值等于转向架轴重与轴数的乘积减去转向架自重。

②结果评定：试验载荷循环次数（以垂向载荷循环次数为准）应大于 2.1×10^6。试验结束后进行检查，不得出现裂纹损坏。

（2）构架。

①试验载荷：试验载荷包括垂向载荷与横向载荷。垂向载荷为 0.7~1.3P，加载频率 2~7 Hz；横向载荷为 0~0.3P，加载频率为垂向加载频率的 0.6~0.7 倍。

②结果评定：试验载荷循环次数（以垂向载荷循环次数为准）应大于 2.2×10^6。试验结束后进行检查，不得出现裂纹损坏。

2. 货车转向架疲劳试验

本试验适用于二轴转向架无横向联系梁的铸钢摇枕与侧架。对于具有横向联系梁或结构类似客车转向架的货车焊接式转向架应参照客车转向架的疲劳试验要求进行试验和评定（但焊接式构架载荷循环次数应不少于 6×10^6）。试件个数应不少于两个摇枕和四个侧架。当其中有一个摇枕或侧架被判定为不合格时,允许按另外增补的一个摇枕或侧架的合格与否评定本试验。摇枕和侧架单独进行加载试验,试验采取等幅载荷加载。

建议仅在新设计的货车转向架强度鉴定时进行本项试验。转向架在结构、材质及工艺等方面有重大改变而影响强度时,按新设计的转向架处理。

(1)侧架。

①试验载荷:试验载荷包括垂向载荷与横向载荷,两种载荷同时施加。垂向载荷为 $0.84 \sim 2.9C$(C 参见静强度试验)按实际受力情况作用在弹簧支承面上,加载频率 $2 \sim 7$ Hz;

横向载荷为 $0 \sim 0.4C$,平均作用于侧架的两个立柱上,合力作用点按重车位置确定,方向由侧架内侧指向外侧,加载频率同垂向载荷。

②结果评定:试验载荷循环次数最小应大于 10 万次,平均应大于 15 万次。试验结束后进行检查,不得出现任何横向裂纹长度扩展到 12 mm 的损坏。

(2)摇枕。

①试验载荷:试验载荷包括浮沉载荷(作用于心盘中心)与侧滚载荷(交替作用于两个旁承上)。加载以先 2.5 万次侧滚载荷,后 7.5 万次浮沉载荷为加载单元重复进行。

浮沉载荷为 $0.32 \sim 2.3P$(P 见静强度试验),加载频率 $2 \sim 7$ Hz;侧滚载荷为 $0.05 \sim 1.0P$,加载频率 $1 \sim 2$ Hz。

②结果评定:试验载荷循环次数,侧滚载荷应不小于 17.5 万次,浮沉载荷应不小于 52.5 万次。试验结束后进行检查,不得出现下列情况之一的损坏:摇枕不能承受规定的试验载荷;摇枕本体上出现任何分离碎块;永久变形量超过 6 mm。

复习思考题

1. 机车车辆强度计算包括哪几部分工作?

2. 作用在机车车辆上的载荷有哪几种?

3. 说明主载荷的定义,什么是主载荷的最大可能组合?

4. 垂向动载荷系数与哪些因素有关?客货车辆计算数值不同的实质是什么?

5. 纵向力取值取决于哪些因素?

6. 作用在转向架上的载荷有哪几种?

7. 应用有限元法对车辆结构进行强度分析时,合理确定计算模型应考虑的主要问题是哪方面?

8. 分别叙述客货转向架的疲劳试验载荷及结果评定。

第十四章

机车车辆总体设计

　　20 世纪 80 年代以来，随着我国国民经济的迅速发展，运输任务大幅度增加，公路、航空与水运发展迅速，各种运输形式之间的竞争在加剧。激烈的市场竞争要求整个铁路部门加速铁路现代化进程，加快开展高速、重载运输，转变服务态度，提高服务质量，提高经济效益，同时也给车辆设计、制造、运营部门提出了许多新的要求。如为了提供大量重载、高速急需的车辆，在现有的站线、站台长度的条件下，如何增加其运输能力；如何在运量增大、运行速度提高的情况下保证运输安全；如何提高修造质量，减少车辆的修程，提高车辆的使用寿命，降低运输成本；旅客列车如何改善旅客的旅行环境，并大大缩短旅途时间；货车如何适应编组站提高列车编组速度，适应机械化装卸作业；等等。

　　当前，随着铁路发展，对铁路运输装备提出了更高的要求。车辆设计、研究的任务相当繁重，除需要设计制造那些在铁路干线上担负主要运输任务的常见车种之外，对专门运输某些特种货物的特种车辆也亟待改进旧结构和开发新品种。随着经济的发展，路外单位使用铁道车辆或有轨车辆的数量与品种也在急速增长，如解决城市交通的地铁车辆、轻轨客车以及适合厂矿内部短途运输的特种车辆等都需要去研究、改进或开发。此外，国际市场对铁道车辆的需求也为车辆设计、研究工作不断提供机会。

　　机车车辆总体设计是一种带规划性质的设计，其目的是要说明该车能否满足设计技术任务书中提出来的各项功能要求，以及通过什么措施或方法来协调设计中出现的各种各样的矛盾或问题。机车车辆设计是机车车辆生产的第一道工序。从设计的前后顺序，一般可分为方案设计、技术设计及施工设计三个阶段。从设计的内容上又可分为机车总体设计及机车零部件设计两大部分。

　　机车车辆总体设计的工作内容贯穿在整个设计的各个阶段中。在方案设计阶段，参加具体设计工作的人员较少，设计工作带有轮廓性质，可做一个或数个方案。为说明方案在技术上的可行性，应有机车车辆总图及必要的性能说明和论证。方案经讨论及上级主管部门审批通过后，即进入技术设计阶段。它是在上一阶段设计的基础上对设计内容的进一步细化，总体设计对各大部件的设计所提出的要求，通过部件设计反馈的信息加以协调与解决。在施工设计阶段将完成各零部件的工作图，工作全面展开，这时需要协调、解决的多数属于零件与部件之间的问题。在设计最后阶段总体设计的工作是在各部件的详细资料的基础上重新绘制机车车辆总图、编写设计说明书及其他有关的技术文件。

　　机车车辆作为一种机械产品，其总体设计的原则应是统筹兼顾、讲求效益。效益有社会效益与经济效益，也有全局性与局部性区别。铁路运输在我国的地位十分重要，故在机车车辆设计中更应着重考虑全局性的效益与社会效益。以国内使用的准轨车辆为例：首先要考虑它对发展国民经济的作用，以及在政治、军事和文化交流方面的需要；其次，从整个铁路系统看也应求得整体的高效益。例如，就机车车辆部门来说如仅考虑检修及制造方便，而其他方面考虑不周，就会给铁路其他系统带来较多的麻烦或损害，就不算是一个好的设计，或者机车车辆制造时省工省料，但给日后检修造成很多麻烦，也不算是一个好设计。

第一节　机车车辆总体设计思路

在机车车辆总体设计中必须考虑以下问题，并协调好相互间的关系。

一、保证运输安全

安全是运输中第一位的问题。随着铁路运输速度的不断提高，其安全性的考虑也更加重要。在各种运输工具中，铁路运输是最为安全的方式之一，用户选择铁路运输的重要原因之一正是因为它更安全。

铁路重大交通事故会造成人员伤亡及财产巨大损失。在机车车辆总体设计中应使机车车辆在规定的运行条件下各个部件结构安全可靠，防止因结构不良而引起的事故。在安全方面需要考虑的问题有以下几项：机车车辆本身不易燃，各种机构动作可靠不会产生动作失误，各构件的结构强度好、有足够的使用寿命、连接件之间的结合可靠以及机车车辆的运行稳定性良好等。

二、方便使用

机车车辆设计时还要考虑方便使用。首先，应遵循"用户至上"的原则，对客车来说要给旅客提供各种方便，如乘坐舒适，旅客上、下车方便，洗漱、饮水方便，卫生设施完备等；以及列车员如何才能更方便地对旅客服务，如开、闭车门方便，清扫车厢及厕所方便，送水、送食品方便等；为旅客及列车员提供方便与结构设计产生矛盾时，首先应满足旅客的要求，通过优化结构设计来实现；在目前条件下各类货车应充分考虑人力装卸货物的方便和机械化作业的操作方便。

其次，在总体设计中考虑机车车辆各生产环节时应以"运用第一，检修第二，制造第三"为原则。因为对每一辆车来说，第一次制造出来后须经过若干次修理，而维护保养几乎天天不能间断。因此，应该把方便让给频繁出现的生产环节。同时应尽可能地提高产品的可靠性，努力降低维修的工作强度。

最后，考虑货车的通用性或专用性时也体现了方便使用的原则。通用与专用，看似两个极端，但实际都是为了更好地装运货物。专用货车装运的货物非常专一，不仅装运此类货物方便，而且运输过程中货物损耗也小。但是并非时时、处处都有此类货源待运，因此专用货车利用率偏低，运输成本较高，增加了货主的负担。反之，通用货车的适应性强，考虑了多种货物的装卸可能性，因此利用率高，但对它能承运的大多数货物来说，都不是最佳结构，都会在运输中带来较多的不便或产生较大的损耗。

三、具有合理的技术经济指标和性能

合理的技术经济指标和性能将给整个运用过程带来经济效益。技术经济指标是为机车车辆间的可比性而定义出来的。国外同型机车车辆的技术经济指标，虽然可以和国内设计的机车车辆相比，但因各国经济的发展状况及格局均不相同，因此其可比性就不那么强。在总体设计时，选定技术经济指标一定要立足国内实际，切勿盲目追求设计时技术指标的先进而给以后的检修、运用带来无穷后患。由于考虑此问题时将牵涉到许多情况，因此在下一节还将详细讨论如何选取技术经济指标的问题。

四、减少维修、保养的费用

在总体设计时除了考虑机车车辆各部分结构应具有良好的制造工艺性之外，更应该着重考虑如何减少该车的保养和维修工作量，少保养或不需保养的设计方案显然优于需要勤于保养的设计方案。若能大量减少保养和维修的人力、物力，虽在制造上需要适当提高成本，但总体效益也是好的。另外，按可靠性概念，使机车车辆及其零部件都有明确的使用寿命是减少维修、保养工作的关键问题。各种材料制成的构件都有腐蚀、变形、磨耗、老化或疲劳等问题以致最终失效。在有安全系数的失效期之前可以放心地使用，到达失效期则把原件报废更换新件。

五、结构的工艺性要好

在总体设计中还应考虑生产制造时的结构工艺性，即如何便于生产制造，如何能尽量利用工厂现有的工艺装备，如工具、模具及胎夹具等。但当机车车辆预期达到的功能与生产工艺装备发生矛盾时，不应以工厂现有工艺条件束缚机车车辆设计者的手脚。同时注意通过结构设计的先进性促进生产制造工艺的发展。

六、尽量采用标准化、通用化的零部件

标准化是人类社会生产发展到一定阶段才提出来的。标准化一经产生即带来了两重性，既带来了方便又带来了制约，但方便是主要的，制约是次要的。就目前来说，标准的级别很多，如国际标准、国家标准、部标准及工厂（或公司）的企业标准等。一般来说，标准化了的尺寸和结构系列都是在生产实践中证明行之有效的。加工这些尺寸（特别是钻孔）的工具装备是现成的。这些标准结构适合当前的生产条件，有专业厂家生产，货源一般比较充足。因此，采用标准化零部件能提高产品质量、降低生产成本，缩短生产周期，零部件也易于更换，可确保产品质量的安全、可靠。由于标准也会老化，并不是所有的标准都是先进的，有时标准限制了产品的多样化，特别是标准可能会限制产品的功能，这时要以总的经济效益为前提，考虑是否要突破标准的限制，采用标准之外的材料或结构。

通用化的零部件是带有标准化性质但又比标准化级别低的一类零部件，在铁路机车、车辆系统中分别有客车、货车及机车通用件，其代号分别为 KT、HT 及 JT。在机车车辆设计中尽量采用本系统的通用件而不用其他系统的通用件，以免配件供应中引起的困难与混淆。

七、材料的来源须充足

机车车辆作为一个产品，它所使用的金属材料及非金属材料不仅规格品种多，而且用量也很大。因此在选材上，在考虑材料性能的同时，必须考虑材料大量供应的可能性。如果把大量的机车车辆用材来源寄托在国际材料市场上，则不一定能保证稳定的生产节奏。

第二节　总体设计的主要技术经济指标

在机车车辆总体设计中遇到的一个重要问题是如何选择与确定技术经济指标。技术经济指标是一种由许多因素影响的综合性指标，因此必须统筹兼顾影响它的各种因素，主要有自重、比容系数、每延米轨道载重允许值、轴重、轴数、运输成本及运行速度等。

一、合理选定自重系数

自重系数是运送每单位标记载重所需的机车车辆自重。从单纯的技术观点来看，机车车辆的自重系数显然愈小愈好，因为机车牵引的车辆自重是一种无效重量，并不产生经济效益。在一般情况下，辆车的自重绝大部分为组成车辆四大部件中金属件所占的重量，在一定的时期内转向架、车钩缓冲装置及制动装置的重量变化不会太大，影响自重最大因素便是车体钢结构。对于客车来说，其内部设备所占的重量在自重中也有相当的比例，改变其材质有可能使这一部分重量发生较大的变化。20 世纪 50 年代初期及中期生产的敞车自重系数多在 0.4 及其以上；60 年代设计生产的敞车，如 C_{60}、C_{65} 等，自重系数均低于 0.3，但当时单纯减小零部件尺寸，未采取其他技术措施，使用后经磨损、腐蚀，出现的故障较多；70 年代以后，所设计的车辆其强度、刚度比较好、故障也比较少，自重系数均回升到 0.33 左右。通过改变材质、结构等方式，还可以在不变其使用寿命条件下降低自重系数，如采用铝合金材质自重系数可低于 0.3。

在考虑确定货车自重系数时，除少数专用车外，也要注意车辆的通用性。如果车辆的通用性不够好，出现某些货物因车辆容积不够，装满后也达不到标记载重，则实际的自重系数就高于名义的自重系数。

客车没有"自重系数"这个指标，一般有以下几个技术经济指标，即每米车长所能容纳的定员数、每米车长所占自重及每一定员所占自重。客车钢结构在设计时亦必须在保证足够强度、刚度的前提下减轻自重，否则将会带来后患，给检修造成困难。客车内部设备材质的选择对降低自重有较大作用，以塑代钢、以塑代木亦是一种常用选择，但同时也必须选用环保材料。

二、合理选定比容系数

比容系数是标记容积与标记载重的比值，比容系数的确定与该货车装运的货物有关。对于专用货车，这个问题比较好解决，只要令该货车的比容系数等于所运货物的容积再加上必要的装货间隙除以货物重量即可。对于通用货车，首先应该确定该车所装运的货物种类和范围，并根据各种货物的比容及装运该种货物的比率，求出通用货车所装货物的加权平均比容,然后令设计车辆的比容系数等于该加权平均比容。

当该车的比容系数大于所运货物的比容时,车辆的有效容积未能充分利用;反之,当该车的比容系数小于货物的比容时,载重不能充分利用。我国生产的敞车,除 C_{16} 因装运矿石、冶金产品等而把比容系数取为 $0.83 \ m^3/t$ 外,其余的敞车比容系数多在 $1.10 \ m^3/t$ 左右。当敞车的比容系数偏大时,装运比重较大的货物而充分利用容积时很易超载,例如运煤敞车装运经过洗煤机后的湿煤时出现超载。我国生产的棚车比容系数多取 $2 \ m^3/t$ 左右。长期的货运实践表明,按比容系数 $2 \ m^3/t$ 左右设计的棚车,在充分利用容积之后经常达不到车辆额定载重量,即白白浪费了其载重能力,使实际的自重系数增大。因此,我国棚车的比容系数值应在调查研究的基础上适当加以增大。我国生产的、用于行包快件运输的棚车 P_{65} 的比容系数增加为 $3 \ m^3/t$,新型的 70 t 级棚车 P_{70} 型通用棚车的比容系数为 $2.07 \ m^3/t$。

三、充分利用每延米轨道载重

1.利用每延米轨道载重最大允许值的意义

我国铁路的运能已远不能满足客观运量的需要,开行重载货物列车及扩编旅客列车(即增加每列客、货车的车辆数),则受站线长度的限制。因此只有在一定的站线长度内,增大机车车辆的每延米轨道载重,使机车车辆大型化且缩短列车长度,才能增加列车的总量以提高运能。

2.每延米轨道载重的允许值

每延米轨道载重与线路的承载能力有关,它对机车车辆总体设计也将起制约作用,其最大允许值是根据线路的薄弱环节——桥梁的强度而定的。按照目前桥梁设计规范,允许车辆每延米轨道载重可取到 8 t/m,线路允许载重一般不超过 6.6 t/m。

3.机车车辆结构可能达到的每延米轨道载重

各种机车车辆都有逐步大型化及提高其每延米轨道载重量的问题,其中提高每延米轨道载重对主型货车尤为迫切。从铁路承运的货物品种和运量来看,最大宗的货物是煤,因此,提高敞车的每延米轨道载重量的意义最大。国产铁路货车中能使每延米轨道载重量达到或超过 8 t/m 的有 K_{16} 型 95 t 矿石漏斗车,这主要是因为该车所装货物的比容小(即比重大),但这种车并不能作为通用车来使用。

四、合理确定机车车辆的轴重、轴数

就机车车辆而言,以二轴转向架组成的四轴车的结构最简单,生产和修理都比较方便。增加四轴车辆的轴重可以提高车辆的装载量和运输能力。例如站线长度为 850 m 的铁路区段,可编组约 55 辆敞车的列车,如果车辆轴重为 21 t,列车质量约为 4620 t;如轴重提高到 25 t,则列车质量为 5500 t,则每一趟列车可以多运约 880 t 货物。美国、南非和澳大利亚等国家是大量沿用四轴车这种典型结构来使车辆大型化的,因此其轴重一般较大,可以达到 35.8 t(G 轴)。我国线路比较薄弱,目前尚无条件普遍采用 25 t 轴重的车辆,新造的 70 t 级通用货车虽然转向架采用了 25 t 轴重的转向架,但是整个车辆还是按 23 t 轴重使用。只有在大秦线的煤炭运输专用线,其轴重才允许使用 25 t 轴重。

为了发挥线路潜力,希望不增加轴重而又能提高运能,苏联一直试图发展多轴货车。他们的八轴敞车及八轴罐车每延米轨道载重量较大,而轴重却并不太大。我国多数专家虽然承

认八轴车的经济效益高，但对我国是否宜于发展多轴货车则抱着相当谨慎的态度。

五、全面考虑运输成本

讲求经济效益，必须考虑成本。铁路运输的成本是由线路、机车、车辆等各部分组成的。机车车辆的成本主要是制造及维修费用。所谓运输成本最低是指各方面费用总和最低，这就要求其中的每一项费用都尽量低，或大部分项目费用能降低，虽个别项略微高点也能使总和降低。因此要求在机车车辆总体设计时不仅要设法降低机车车辆自身的制造及维修费用，还必须考虑不至于因机车车辆的结构状态的变化而使其他部分的费用增高。一般应该注意以下几个方面。

①要形成合理的车种及车型的构成比例，做到各种货物都有合适或比较合适的车种、车型可用。

我国目前货车车种构成中棚车较缺，致使某些宜于用棚车运送的货物不得不改用敞车加盖篷布运输，以致货物的损耗偏大，篷布的购置及修理费亦高，使车的运输成本加高（参见表 14-1）。在同一车种内还应有不同的车型可供运货时选择，如载重 60 t、容积 120 m³ 的棚车作短途零担运输时，载重与容积的利用率都较低，可考虑设计载重量较小的棚车以增加运输灵活性。

表 14-1　运输成本比较（以棚车成本为单位计）

货物种类车种	粮食	水泥	化肥	棉花	盐	日用工业品	农副土特产品	平均
敞车	104.48	104.86	107.99	107.21	102.28	102.62	109.11	105.02
棚车	100	100	100	100	100	100	100	100
差值	4.48	4.86	7.99	7.21	2.28	2.62	9.11	5.02

②大部分货车都应考虑通用性，以减少运输中车辆的回空率。

③便于装卸，缩短在站场的停留时间，增加生产吨公里的时间。

④经久耐用，设计时要考虑部件不修或少修，这样既节约了修理费用，又节省了待修时间。

⑤合理的车辆大型化，既要在一定的站线长度内增加列车重量，同时又必须使车辆大型化与线路改造同步，避免对线路引起过大的破坏，以期尽量减少线路维修的工作量。还应考虑到车辆大型化主要适合有大宗货源待运的车种。

⑥减少车辆运行阻力，节约机车牵引力，降低燃料消耗，或者在相同的机车牵引力下，使列车能多拉快跑。

六、提高机车车辆运行速度，应有适当的技术储备

提高列车运行速度是促进铁路技术发展和增加运输能力的重要措施之一。我国列车的平均运行速度，与世界先进水平相比是偏低的。目前我国铁路已经实现六次提速，我国一些段已将开行 200 km/h 的高速列车，同时积极准备逐步提高我国广大地区的列车速度。在总体设计时要考虑提高速度这个因素，例如，车体的强度、刚度以及转向架等装置应有适当的技术储备，当运行速度需要提高时，进行某些加装改造后即能适应新的运输形势。

第三节　机车车辆的新材料与新结构技术

机车车辆的防蚀、耐蚀设计及轻量化设计的目的是延长机车车辆使用寿命、降低机车车辆自重系数、提高机车车辆系统的经济效益，且防蚀、耐蚀与轻量化也是一个问题的两个方面，不解决机车车辆的防蚀、耐蚀，也就谈不上减轻机车车辆自重。

机车车辆自重主要由组成它的四大部件的各自重量所决定，减轻每一个部件的自重都对减轻机车车辆自重起作用，但其中影响最大的是车体钢结构，其次是走行装置。减轻自重要从新材料、新结构和新工艺中去想办法。

一、选用新的材质以减轻机车车辆自重

例如制动装置中采用高摩合成闸瓦，既能降低机车车辆自重，又能达到同样的制动力。每一块闸瓦上的正压力可以减少；换言之，可以使用直径较小的闸缸及较轻巧的基础制动系统，这样，客观上也减轻了机车车辆的自重。又如，在开行重载列车的条件下采用 ZG25 铸钢材质的 13 号车钩强度已不足，在提高车钩强度的措施上既可以仍然采用 ZG25 铸钢而设法增大车钩的承载截面，也可以采用高强度低合金铸钢并适当改变热处理工艺来代替 ZG25。

客、货车转向架以及构架、侧架摇枕等主要受力构件，改用高强度低合金钢以后，可以在重量基本不变的前提下提高其承载能力。

改变车体钢结构的材质对防蚀、耐蚀及轻量化都有重大的意义。我国根据自己的资源特点多在耐候钢中加入了稀土元素，提高钢材的耐蚀性，改善钢材的综合机械性能，特别是横向冲击性能。

自 1990 年起，我国新造客、货车全部采用耐候钢。耐候钢中的铜磷钛系低合金钢在大气中的耐蚀性相当于普通碳素钢的两倍左右，在恶劣环境中的耐蚀性相当于普通碳素钢的 2~3 倍；铜磷铬镍系低合金钢的一般耐蚀性相当于普通碳素钢的 2~3 倍，在恶劣环境中耐蚀性可增至普通碳素钢的 3 倍以上。虽然耐候钢在大气中的耐蚀性比普通碳素钢大大提高了，但仍然会腐蚀，所以，仍然需要良好的涂料加以防护。不锈钢的耐蚀性更高，采用不锈钢造的车，可基本不考虑金属腐蚀的因素，因此车体能更轻，使用寿命能更长。

除耐候钢外，把不锈钢、铝合金、复合材料等作为车体受力构件在减轻自重方面潜力很大。我国客车厂已具备了生产铝合金和不锈钢客车的能力，并已形成了批量生产的能力。货车厂也生产制造了一系列铝合金和不锈钢材质的敞车，形成了批量生产的能力，同时为一步推广新材质的使用积累了制造工艺经验。

二、采用新的机车车辆结构

1.采用耐蚀或防蚀的钢结构

22 型客车易腐蚀的部位为：车顶纵向压筋；车顶与侧墙结合部位的雨檐、窗台；车窗下两侧转角处，特别是焊有圆角的车窗结构；大腰带；金属地板的两侧；厕所、盥洗室、茶水炉附近的侧墙、侧墙立柱的根部等。针对 22 型客车暴露出来的问题，25 型客车在结构上已作了很大的改进。

对于一般货车来说易腐蚀的部位为：金属地板、地板横梁、侧柱根部、下墙板下部等。对于棚车来说，特别是车门下角，车门板下部，车窗下沿的导框等部位易腐蚀。敞车的金属地板两侧与侧柱、角柱补强板之间形成的死角及沟槽也易腐蚀。对所有机车车辆来说，蒙皮与梁柱之间点焊、段焊连接会造成水分能钻入的夹缝部位，极易腐蚀。总之，即使采用耐候钢，也必须在结构上改进，减少或避免污垢及水分的积聚，同时用涂料加以良好的防护。

2. 充分发挥构件的材料性能

构成机车车辆的梁、柱、轴等零部件欲发挥其材料的承载能力，就要很好地研究该构件的外形及截面的形状。如采用空心车轴，既改善机车车辆的动力性能，又减轻了重量。但空心车轴加工工艺复杂，成本较高，故仅在少量的客车中试用。国外在一些客车中还使用了挤压成型的异形型材，甚至是异形管材。这种充分考虑了机车车辆金属结构特点及受力特点的异形型材，自然使结构各部受力合理，因此也就减轻了机车车辆自重，达到轻量化设计的目的。

以上所论及的仅是单个构件。若从整个车体钢结构来看，在满足机车车辆运输功能的前提下也有如何使各构件配置合理，充分发挥各部分的承载性能的问题，从而使结构的重量减轻的效果更为明显。这就要求我们从理论的高度应用较新的计算、分析方法，如有限元法计算、优化设计、模态分析等，来进行机车车辆各承载部件的结构设计。

三、加强结构防蚀的工艺措施

对于耐候钢的型材或板材在进行加工之前就应该进行严格的表面预处理，清除表面的污垢及锈蚀，并涂刷防护底漆。在加工过程中应及时清除局部锈蚀并补涂上防护底漆。结构制成后，还应涂上一定厚度的防腐面漆。对于铝合金等轻金属亦可通过化学方法使表面生成防护层。

结构与工艺是互相配合的关系，在结构总体设计中就应提出防腐耐蚀的基本工艺要求。

第四节　机车车辆的人机工程设计

一、人机工程设计的范畴

铁道机车车辆是一种运输机械，本身并不需专人操纵，结构也不算复杂，但是在其工作过程中处处要与多种作业人员打交道。此外，客车的运送对象是人——旅客，如何在车上为旅客提供一个良好的环境及通过某些视觉标志避免旅客盲目流动也是客车总体设计的一个重要课题。因此机车车辆的人机工程设计主要是考虑各种作业人员所需的作业空间和作业环境，以及在某些特定姿势中能否发挥人的正常体力，以便于有关作业能高效而安全地进行。客车的人机工程设计除了要考虑工作人员的作业空间和作业环境外，主要还是室内环境设计，力求创造一个符合旅客生理和心理所需的旅行环境。

二、机车车辆作业空间的分析与设计

机车车辆在运用过程中需要与多种专业的作业人员接触，每一种专业人员有其职责范围和作业方式，这些都必须在机车车辆总体设计时加以协调和解决，否则某专业的作业人员会感到这种车不便使用，甚至会因为作业不便而造成事故。

1.机车车辆列检人员的作业空间分析

机车车辆在运用过程中必须有专职人员实时监护其技术状态，一旦发现技术状态不良，必须及时予以处理或排除。

货车列检人员的具体作业部位主要在机车车辆下部及端部，作业时常须弯腰或下蹲，甚至钻过车底。客车列检分两种情况，其一是在始发站发车前及在各大站停车时间较长且设有客列检之处，由车站上的客列检人员与随车的乘检人员共同进行列车技术状态的检查，旅客列车虽比货物列车短，但安全性要求更高，其检查的范围和方式与货列检基本相同。其二是在列车到达终点后，空车底送入客车技术检查站进行库列检。这两种情况中第一种作业时间短，且列车有一边靠站台，使作业空间缩小，作业较困难。因此，在设计机车车辆时，要考虑列检人员在站台下能有检查、更换部分配件及行走的可能性。

2.货车装卸作业空间分析

货车中敞、棚、保、罐、平等车种装的货物各不相同，有的必须用机械才能装卸，如在平车、敞车上装运集装箱；有的既可用机械装卸也可用人力装卸，如用敞车装运煤等散粒货物；有的目前基本上用人力或半人力装卸，如在棚车或保温车内装卸小箱(篓、袋等)的日用品或农副产品。此外，旅客列车中的邮政车、行李车目前也是靠人力装卸行包及邮件，餐车上的主副食品也靠人力搬运。设计机车车辆时，如需靠人力装卸货物，则要详细分析每一种可能承运的货物是如何装卸的，如我国使用的敞车多不设端门或底开门，仅有侧门，如一整车煤靠人力用铁锹卸，就需分析人的动作，从·开始卸直至最后卸尽，人的动作或在使用工具上有哪些变化。特别需要注意的是在机车车辆结构上要考虑如何有利于卸尽墙角、柱脚处的残煤，因为未卸尽的残煤不仅会污染其他货物，还可能因其疏松的空隙长期保持一些积水而引起金属结构的腐蚀。又如棚车、保温车的地板面一定要和货物站台的高度配合好，便于搬运小车进出等。

3.连结调车员的作业分析

机车车辆运用中，总离不开机车与车辆或车辆与车辆间车钩的摘挂作业。在车站、编组场等处进行车钩及机车车辆间其他连结物摘挂作业的人员为连结调车员。由于调车作业中机车车辆是在运动的，连结调车员时而须跟车跑步前进，时而须攀附在车侧脚蹬处随车前进，有时亦须攀援至手制动处，双手操纵手制动盘以控制机车车辆溜放速度，故机车车辆总体设计时要考虑设置供人攀附的脚蹬、手把(机车端部尚需设置踏板)。对货车来说，手制动手轮、钩提杆均设置在人面对车端的左方，折角塞门虽在车端右方，但离车钩较近，两软管接头在车钩下方，连结调车员位于车前方左端即可操纵有关手柄，完成各个动作。为了连结调车员能熟悉这样一种作业环境，货车上的这些装置的位置不能因车种、车型的变化而任意更改。客车没有溜放作业，手制动手把设在一位端端墙内侧，钩提杆设在人面对车端的右方，与货车正好相反。所有机车车辆折角塞门的位置基本不变。

以上仅对机车车辆常见的作业做了粗浅的分析，在设计时必须在调查的基础上对该车所需进行的作业做详尽分析，力求使操作环境在许可的范围内变得更合理一些。

三、客车客室设计

客车的车种繁多，除在旅客列车中常见的车种外，还可能遇到试验车、文教车、公务车、发电车等。这里有两种情况，一种是生产批量较大的客车，其车窗大小及客室安排在设计时应与钢结构统一考虑；另一种是利用现在大量生产车种的钢结构改变内部布置，设计成某些特殊用途的客车。对于后者，其窗户的大小及间距都是无法改变的。

客室设计要充分分析该客室应该提供什么功能，实现这些功能应该用什么设备，以及这些设备的形状、大小及表面质感、色彩、放置的位置等。客室设计的分析一方面要通过人机工程学中提供的人体尺寸、视觉分析、色彩知识等；另一方面还要研究现有结构的优缺点，借鉴国外的资料，参考客运飞机、大客车、小轿车中客室设计的成功经验，处理和协调好车内的各种关系；还要在列车乘务、服务人员及旅客中广为调查，征求意见，有些意见在设计人员看来十分苛刻，一时的确难以办到和实现，但毕竟为客室设计提供了一个努力的方向。下面以座车客室设计为例，说明客室设计应该考虑的一些问题。

1.主客室设计

座车的主客室设计关键在于座席的安排与布置，而座席的安排和布置又与定员数和车种有关。在参考现有机车车辆客室座椅安排的基础上，根据座椅的安排定出客室面积。客车客室设计中今后可能出现的一个倾向是为坐轮椅的残疾人乘车提供尽可能多的方便。

2.厕所、盥洗室的设计

厕所和盥洗室设计中必须考虑以下几个问题。

①这两个小间内的设备、附件必须为良好的耐蚀、防蚀制品，如不锈钢制品、铝制品、玻璃钢等。

②这两个小间的结构应尽量简洁，避免沟槽，以便擦抹。

③厕所的窗玻璃必须采用毛玻璃，而盥洗室的窗玻璃是否也采用毛玻璃则必须根据其功能而定。

④在设计这些小间时应充分考虑其空间和面积的利用，使其结构紧凑。

客车中因车种不同，各部分、各小间的功能不同，内部的安排与布置是不一样的，但设计的原则却相近，可参照上述分析加以灵活处理。

第五节　机车车辆总体尺寸设计

由于各种机车车辆运输的对象不尽相同，它们各自对运输环境、运输空间有不同的要求。铁路限界、车钩高度、每延米轨道载重的允许值、轴重、现有站台高度、装卸设备以及地磅衡等称重设备的特点等，也都对机车车辆总体尺寸设计起制约作用。此外，机车车辆长、宽、高三个尺寸相互之间是有一定内在联系的。因此，机车车辆总体尺寸设计就是要在解决这些矛盾、协调各种关系的基础上得出的一个良好的结果。

一、长度方向尺寸的确定

1. 车体内长

车体内长与运输对象有密切关系。对于客车来说，无论是座车、卧车、硬席车还是软席车，其座席及铺位之间均有必要的间隔距离。因此，客车车体的长度主要由客室长度（等于若干个间隔距离之和）或包房总长所决定，其余的面积则是辅助性的。厕所、通过台、盥洗室及乘务员室等辅助面积并不因座席或铺位数略有增减而变化。因此，客车发展的趋势也是为增加载客量而加长车体。我国客车只要属于某种车型，其钢结构的外长是一定的，并不因车种而变，故在设计时某些小间的长度可做适当变化以适应主要部分对长度的需要。货车所装货物品类相当多，除去罐车类和保温车类所装的物品，其他货物大致有：

①集装箱：按所装载的吨位，集装箱有固定的长、宽、高系列，它对平车或敞车车体长度设计有影响。

②竹、木材及金属管材、线材：作为商品，它们多有固定的长度范围，其中以 11 m 左右长度的木材数量较大，因此敞车的内长为适应运输线材类而必须大于 11 m。

③其他货物：如散碎货物、小袋小筐或小箱包装的货物，不超限不超长的大件货物（如机器设备、锅炉、汽车、拖拉机等），这些货物对车长没有特殊要求，除大件货物外基本按货物比容确定其合适的容积。因此，车体内宽、内高在某个确定范围内时，其内长与容积存在一定的关系。

2. 机车车辆其他长度尺寸

①机车车辆全长与车体外长间的关系。这两个尺寸之间的关系主要与用什么形式的牵引缓冲装置有关。当货车使用 13 号车钩时，钩舌内侧面距车体外缘约 469 mm，即把车体外长加 938 mm 左右为机车车辆全长。对于使用 15 号车钩的客车，其钩舌内侧面距车体外缘为 468.5~469.5 mm。

②车体外长与转向架中心距之间的关系。如前所述，机车车辆过曲线时，其端部偏向曲线外侧而中部偏向曲线内侧，为使这两个偏移量尽量相等，则车体外长 L 与两转向架中心距 S 之比最好等于 $\sqrt{2}$。

③车体长度与铁路限界的关系。限界对机车车辆最大宽度的制约问题，即车体长度增长后在曲线上的偏移量超过计算机车车辆的偏移量之后，就得削减车体最大宽度的允许值。当设计机车车辆的曲线偏移量超过计算机车车辆的曲线偏移量之后，增长车体就得减少车宽，两相比较，其地板承载面积是否能增加，对客车来说还有在该承载面积上客室设备是否好安排等问题需要考虑。故世界各国的机车车辆虽有逐渐加长的趋势，但均受相应的机车车辆限界的制约，不能任意加长。

另一个相关的问题是，二支点的车体，当车体总长及两个转向架中心距均相应加长后，支点间跨距及外伸端均加长了，所受弯矩随之加大，为保证车体具有必要的强度与刚度，而必须加大钢结构各梁、柱截面，这样又会使自重加大。对客车而言，为增加载客量只能加长车体；对敞车而言，只要条件许可，最佳的办法还是加高端、侧墙，这样增加的自重不多，但载货的容积却加大了。但侧端墙高度要受到限界、装卸装置（如翻车机）和车辆重心的限制。

二、宽度方向尺寸的确定

机车车辆宽度方向的尺寸主要受限界的严格控制。原则上，在设计机车车辆时只要在限界的允许范围内，都应想办法把车体设计得尽可能宽些。我国标准轨距的机车车辆限界中部的最大宽度虽然达到 3400 mm，但在距轨面 350～1250 mm 高度范围内，宽度只有 3200 mm，而货车地板面及客车侧墙最下部距轨面的高度均在 1100～1200 mm 范围内，故限界下部的宽度 3200 mm 成了机车车辆可能达到的最大外宽。《标准轨距铁路限界 第 1 部分：机车车辆限界》(GB 146.1—2020) 中车限-1A 的图中规定：电力机车在距轨面高 350～1250 mm 范围内限界半宽允许增加到 1675 mm，同时顶部的两条折线可改为由虚线表示的 4 条折线，因此在电力机车牵引区段中运行的专用车辆有可能把车宽加大到 3350 mm，同时车顶部的宽度也可能加大一些。

三、高度方向尺寸的确定

1. 机车车辆地板面高度的确定

除钳夹车、落下孔车等极少数车种外，机车车辆的运载对象均安置在地板面之上，因此在空车或自重状态下机车车辆地板面至轨面的高度对形成有效的运输空间关系极大。但是，地板面距轨面高度不能由设计者随心所欲地确定，它将受到客、货车站台高度、车钩高度及转向架心盘面高度等多种因素的制约，而且这些因素对每一种车的影响又不完全一致。

客车中的地铁车辆其地板面与站台高度基本一致，这是适应地铁客流量大，上下车要求迅速方便的结果。一般客车的地板面均高于站台面，旅客可以借助车门内的脚蹬装置上下车，故客车站台高度对客车地板面高度影响不大。货车中的棚、敞、平等车种，在用人力或小推车装卸零碎货物时，只有货车地板面与货物站台高度一致才便于作业。其他货车如漏斗车、罐车等有的无地板面。有的车辆(如自翻车、漏斗车等)地板面高度与装卸货物无关，则这些车种的地板面高度与货物站台的高度关系不大。

车钩连挂后，为了安全可靠，列车中各辆车的车钩高应基本一致。各国因其历史原因形成不同的车钩高(或盘形缓冲器中心高)，我国机车车辆在新造或修竣时空车状态的钩高标准值为 880 mm，西欧各国一般为 1060 mm，苏联为 1040～1080 mm。车钩缓冲装置装在底架中梁前端的牵引梁内，同时底架又放置在两台转向架上，故车钩高及转向架心盘面高度也成为控制地板面高度的一个因素。转向架心盘面距轨面的高度并非标准值，它既与轮径有关更与结构有关。

2. 机车车辆上部高度的确定

除了平车等低矮的车种之外，大多数车种都有如何确定上部高度的问题。在确定各种机车车辆上部尺寸时牵涉到的问题不尽相同，需要按矛盾的性质用不同的方法加以考虑。

客车内部希望有较高的净空，因此车顶必须有一个合适的高度，不同国家的客车车顶高是不同的。对于我国来说，过去车速并不太高，空气阻力还不够明显，并且旅客随身携带的物品较多，座、卧车的行李架经常堆满物品，所以我国的客车应尽量利用限界上部空间。我国准轨机车车辆限界中的车限-1A 基本轮廓顶部水平线仅长 900 mm，自轨面 3600 mm，高度处分两段折线接到 4800 mm 高度处的水平线，故限界顶部偏尖，影响车顶抬高，车顶上如安装切式自然通风器、广播接收天线等物极易超限。车限-1A 提供了顶部另一种备用的轮廓，它仅能用于电气化铁路干线上，相应的车限图中以虚线表示，它自轨面 3850 mm 高度才开始在横方向收小，用了 4 段折线连接到顶部的 1500 mm 宽的水平线上。我国于 1987 年开始生产的一种双层客车就利用了这种轮廓，使上下两层客室的净空尽量大些。对于速度较高的高速动车组车辆，为减小空气阻力等而适当降低了车顶高度。棚车也希望尽量利用限界上部空间以增大容积，但由于棚车运用区间的不确定性，只能采用车限-1A 的基本轮廓。棚车随车顶提高重心有可能超过 2 m，它将降低机车车辆的抗脱轨、抗倾覆的能力，故应选择合适的转向架以增强棚车运行的安全性。

敞车也希望有较高的端墙和侧墙，这样金属结构的重量增加不大，但增大了装载容积，提高了每延米轨道的载重量。从自重系数考虑，增加敞车的车高比增长车体有利，但增加墙高所受到的一个最大限制是翻车机的卡钩或托梁，当它们处于最高位置时其下平面距轨面只有 3400 mm，因此这个数字也常常影响着敞车的高度。

四、机车车辆相关部件之间间隙的确定

当列车通过曲线或变坡点时，一辆车的某些部件之间以及相邻的两车辆之间，均会产生相对的运动，故需要通过必要的计算以确定各部件之间合理的间隙。主要考虑以下三种情况。

①机车车辆通过平面曲线时，车体与转向架间的相对转动。

②机车车辆通过平面曲线时，两车端部的最小间隙及车钩的摆角。

③在变坡点处两车端部的相对运动。

五、机车车辆配重

所谓机车车辆配重是在机车车辆的水平投影面上安排其重心位置的问题。调整机车车辆设备安放的位置，使机车车辆簧上部分的重心落在水平投影面的纵、横中心轴线相交点的附近。

若此重心位置离纵横中心轴线交点较远，将产生一些不良的后果。因为车体一般是置于两台性能相同的转向架上的，重心偏移将引起车体偏斜，在运行中不仅容易超过限界，或因各轴重量分配不均而引发行车事故，而且因各种振动形式相互耦合而使机车车辆运行性能恶化，所以配重是总体设计中必须考虑的问题之一。但并不是所有机车车辆均需做配重计算，仅对车内设备较多又重量不一的客车及某些货车做此计算。求重心的方法首先必须选定纵、横方向的参考轴，一般选水平投影面上纵、横中心轴线较为方便。然后对车上各不对称配置的设备确定其重量(或质量)及该设备重心在参考坐标系上的坐标。最后各设备重量对坐标轴取矩，如下式所求。若其代数和趋近零，说明重心在坐标系原点附近；若代数和不为零，可在结构允许的范围内改变某些设备的安装位置以达到配重的目的。

$$\sum P_i x_i \approx 0, \quad \sum P_i y_i \approx 0 \tag{14-1}$$

式中：P_i 为不对称的设备质量(或重量)，并应以运用状态的整备质量为准；x_i、y_i 为该设备重心的坐标(取代数值)。

客车中的餐车由于厨房端与餐厅端设备质量相差悬殊，在纵向中心线上无法使重心落在中心附近，若该车采用空气弹簧转向架，可通过调整高度控制阀使车体保持水平。若该车采用钢质弹簧转向架，则厨房端与餐厅端转向架上的摇枕弹簧应选用两种不同的刚度，且使刚

度之比满足式(14-2)的关系，即

$$\frac{K_1}{K_2} = \frac{l_2}{l_1} \tag{14-2}$$

式中：K_1、K_2 为前、后两台转向架的摇枕弹簧刚度；l_1、l_2 为前、后两台转向架心盘至簧上部分重心的纵向水平距离。

209 型转向架用于餐车时就采用了这种方法，两端转向架枕簧刚度不等。

第六节　转向架总体设计

一、概述

转向架是机车车辆的一个主要部件，对整个机车车辆的运行平稳性及运行安全性具有重要的影响。大多数转向架具有一定的通用性，能适合多种车型的需要。因此，设计出性能良好的转向架就为设计性能优良的机车车辆奠定了重要的基础。由于转向架一般具有通用性，设计转向架的机会比设计机车车辆或车体少得多，故更应该精心加以考虑。

转向架设计的步骤也分为方案设计、技术设计与施工设计三个阶段。其设计的依据仍然是上级下达的设计任务书，或本部门提出的设计建议书经上级批准后作为任务书下达。在为地方工矿企业等部门设计转向架时，经双方协商拟定的对转向架的技术要求亦可作为设计任务书。转向架总体设计工作的重点在于根据该转向架预期达到的功能及技术要求，在综合考虑继承性与先进性的基础上提出切实可行的结构方案。通过总体设计绘制的转向架总图及部分部件图说明该转向架的结构形式及主要尺寸，还要通过适当的计算与校核，论证该方案是现实可行的，并能达到预期的技术要求。

二、转向架使用条件分析及功能分析

1.转向架的通用性与专用性

通用转向架与专用转向架在总体设计中是不完全一样的。专用转向架只适用于一种车或很少几种车，转向架的使用条件比较单纯，各种工况比较明确，可按具体机车车辆的使用条件来设计转向架，如配用在凹底平车、落下孔车、钳夹车等长大货车所用的多轴转向架、动车组中的动车转向架、轨道起重机及轨道车等所用的转向架均属专用转向架。

通用转向架则不同，它适应的车种比较多。例如转 K2 型货车转向架，它几乎可以装在我国制造的各种载重量为 60 t 或车辆总重接近 84 t 的敞、棚、平、罐、冰箱保温车等多种货车上，客车转向架也有类似的情况。为了保证这种通用性，通常要考虑以下几个问题。

(1)作用于转向架上的载荷。

为了保证转向架有足够的强度与刚度，要确定出最大可能的计算载荷。如垂向静载荷，应根据转向架选定的轴型、轴数按轴重乘以轴数减去转向架全部或部分自重作为作用在心盘（或旁承）上的载荷或作用在转向架某个零部件上的载荷。在确定风力引起的货车侧向载荷时则应以侧面积最大的棚车作为计算标准。

（2）转向架与机车车辆其他部件的接口。

转向架与机车车辆其他部件的接口主要有两个，一是传递车体上的载荷至轨面的接口，最常见的形式是心盘与旁承；另一个是连接空气制动装置及手制动装置的接口。我国客、货车转向架通常采用平面心盘，不仅要选用常见的心盘与旁承形式，还要使转向架上的下心盘和下旁承之间的相对位置符合已经使用的车体结构，如两旁承的横向间距、旁承面与心盘面的高差等都有一定的尺寸要求。

转向架的基础制动装置与车体上制动装置一般是通过一个销接点来连接，只要接头部位的位置、形式及销子的尺寸与原来一致即可。至于转向架本身的基础制动装置，如闸瓦的材质与常用材质没有区别，可保持原有转向架的制动倍率与整车的制动率，或按常规来确定制动率与转向架的制动倍率。如闸瓦的材质改变，在保持某种合适的制动效果时就得改变制动倍率。如改用旁承承载或改用盘形制动，则接口形式完全改变，新设计的转向架如能替代现有转向架就必须更改车上部分的相应接口使两者吻合。

2. 转向架零部件的安全可靠性

在因机车车辆零部件在运用中突然失效而导致重大行车事故或恶性事故的事例中，以转向架零部件失效所占的比例最大。目前在列检及修理中重点抓"三裂、二切、一脱落"的预防工作，"三裂"指的是底架中梁、侧架及摇枕因裂纹引起的断裂；"二切"均指切轴，包括冷切与热切；"一脱落"指的是转向架基础制动装置中一些零部件（如制动梁等）的脱落。以上六项中的五项都是属于转向架的，可见转向架总体设计中必须把安全可靠性放在一个重要的位置上，把以往转向架在结构上的不安全因素尽量减小或克服掉。当然，保证转向架各零部件的安全可靠还需要在制造、装配、检修等一系列生产工序的工艺上加以保证。在设计中一般需要注意以下事项。

①重要的零部件及受力件必须有较大的安全系数及明确的使用寿命。例如车轴的冷切是疲劳裂纹发展的结果，而疲劳断裂从萌生细微裂纹起到逐渐扩大而最终折断，经历了一段时间，从可靠性的观点及统计的角度，在已萌生了微细裂纹并逐渐扩大而又未折断前就终止其使用是安全而且经济的。

②通过改变结构或材质，使容易磨耗的部位成为无磨耗的活动关节（如橡胶关节）或耐磨、少磨结构。磨耗对转向架来说会使零件截面尺寸缩小，间隙扩大，原有性能不能维持，且随某些零件窜动加剧而使作用力增大，零部件折断或脱落的可能性就增大了。

③转向架的结构要便于检查，便于更换易损零件。如转 8 改进成转 8A 型转向架时，固定轴距由 1700 mm 改成 1750 mm，改小了侧架中部弹簧承台的方孔，主要目的是加大侧架两侧的三角孔，以便于检查闸瓦磨耗情况和更换闸瓦。

④在考虑改善转向架动力性能时，应注意不要使不安全的因素增大。如摇枕弹簧静挠度加大可能使机车车辆抗侧滚倾覆稳定性降低；又如采用旁承支重这种结构，虽然可利用它的回转阻力矩抑制蛇行运动，但该力矩对转向架通过曲线产生不利因素，加大了轮缘的导向力，使脱轨稳定性降低。所以现在有些设计已不靠旁承支重的摩擦力矩作为抗蛇行的阻尼，而改用抗蛇行液压减振器。由于液压减振器在低速位移时几乎不引起阻力，所以它对通过曲线不会造成什么不利的影响。

3. 转向架的功能分析

明确转向架及配用该转向架的机车车辆的运用条件是转向架功能分析的基础，而功能分析又将为转向架结构选型提供依据。

运用条件包括列车最高可能运行速度、通常运行的速度范围、使用环境及机车车辆的运输对象等。运行速度是转向架的主要技术指标，也是转向架设计的重要依据。在通常运行的速度范围内机车车辆应该具有较好的或尽可能好的动力性能。最高试验速度是动力学性能和构件强度计算的依据，同时还需要考虑将来列车速度普遍提高后有提高该转向架动力性能的可能性。

我国由于地域广大，转向架几乎需要在全国路网上运行，各种线路的条件，温差的变化都是应该考虑的。运输对象不同也会对转向架提出不同的要求，如货车中的敞车及棚车其运输对象是不同的。转向架必须具有的功能，也就是走行装置在整车中所起的作用，这是所有铁道机车车辆（包括二轴车）的走行装置都需要起的作用，即走行、减振缓冲、承载及制动等。

三、转向架主要技术参数及运行性能的确定

通过上述使用条件及功能分析，已能初步确定出部分技术参数及结构形式，如轮径、轴型、转向架与车体底架的接口形式、与制动装置的接口形式等。另外一些技术参数，如弹簧装置的形式及其柔度或刚度，轴箱定位装置的形式及刚度，抑制蛇行运动的阻尼形式及技术参数，各种减振的阻尼形式及参数等，仅凭经验来确定是远远不够的，要把初步确定出来的技术参数，进行运行性能的分析对比计算。例如设计通用货车转向架，我们可以选定某种确定技术状态的线路，确定几种常见的通用货车，如 C_{64}、P_{64} 等，把拟设计的转向架与现有转向架（如转 8A）的技术参数作对比计算，在相同的运行条件下对比其运行平稳性指数、脱轨系数、轮重减载率倾覆系数、蛇行运动的临界速度等，据此判定拟设计的转向架在性能上是否达到了一定的水平。当然，在确定转向架的技术参数前必须注意它们是合理的、可行的。

四、转向架各零部件选型与设计

在选择转向架零部件时，应根据以上分析并结合本章第二节所述原则进行。要注意所选择的零部件必须安全可靠，性能稳定，成本低廉，来源充足。

1. 弹簧

在选定弹簧类型的同时要确定静挠度值及客车转向架静挠度在两系弹簧中的分配。可通过计算模型的计算结果得出，同时要考虑结构上能否安排得下，并考虑空重车静挠度的差值加上适当的磨耗量不得超过车辆运行时允许的车钩最低高度（客车为 830 mm，空货车及守车为 835 mm，重货车为 815 mm）。

2. 车轴

现在使用的车轴钢材及形状尺寸均有标准可循，如选用标准以外的材质及形状，就必须特殊订购钢材和加工毛坯，其成本显著增高，还需经过特殊申请和审批手续后才能在铁路上运行。因为车轴对行车安全关系极大，万一因切轴而造成行车事故，其后果无疑是十分严重的。

空心车轴可减小簧下质量，从动力性能上说的确是好的，但因工艺复杂，成本高且轮座处与车轮的结合力不如实心轴大，故世界各国目前还没有大规模采用。

3. 轴承

新制造的货车转向架全部安装了滚动轴承，客车转向架也早已全部滚动轴承化。机车车辆上采用的轴承有圆柱滚动轴承及双列圆锥滚子轴承，其规格、型号应根据轴径尺寸和运行速度选用国内外机车车辆上通用标准产品。如选用非标轴承，因无现货供应而需要专门向轴承生产厂家订货，故比较麻烦。

4. 构架、侧架、摇枕

构架或侧架是安装转向架其他零部件的基础，每种转向架均须专门设计构架（侧架）和摇枕。我国批量生产的客、货车转向架中这些大件几乎均采用铸钢件。但生产数量较少时，构架和摇枕亦可采用焊接结构。

铸件和焊件这两种结构形式各有其特点。铸钢结构总的生产成本较低，但铸钢系统占地面积大，熔化钢水耗电量大，需要较多的工艺装备。反之，采用型钢或钢板的焊接结构总的生产成本较高，但生产焊接件工艺准备、工艺装备可以简单一点，车辆厂本身的耗电小，在相同生产批量下占地面积可以少些。从国外的情况看，受各国自身条件、习惯影响，这两种结构形式都有。

5. 其他

新中国成立后，我国自行研制的客、货车转向架种类远多于目前实际使用的转向架类型。一些转向架不能继续生产和使用下去的原因是多种多样的，其中之一是原设计时为了追求先进，过多地采用了不够成熟的零部件。因此，在今后转向架总体设计中，对待国外虽已成熟的结构，必须经过仔细、详尽的分析论证后才能选用，最好能对部件或零件专门作一系列试验，掌握了它的性能，再用于转向架上，这样成功的把握就会大些。

五、转向架总体尺寸安排

转向架总体设计时在垂向、横向及纵向均有一些控制尺寸必须注意。

带心盘的转向架其心盘面距轨面的高度，还有旁承与心盘面的高度差都是需要控制的尺寸。还须注意构架的侧梁以及侧架上弦杆在上下旁承接触时是否会碰着底架上的梁件。如果是旁承支重或摇枕弹簧直接支承车体的结构，亦可以参照以上要求检验转向架上的零部件在运用中是否会与底架相碰。转向架下部的高度控制尺寸是限界中的车限-1B 或车限-2，不仅在新设计时不能超限，在考虑了弹簧最大变形以及轮辋等最大磨耗后亦不能超限。

在横向，两轴颈中心的横向间距是一控制尺寸，例如货车 D 轴是 1956 mm，由于传递垂向力的关系，构架两侧梁中心线的横向间距或两侧架中心线的横向间距均要和两轴颈中心的横向间距一致。此外，转向架横向最外端零件的尺寸必须容纳在限界之内，特别是横向最外端的下部零件，可能正处在限界 45°斜线附近，必须考虑最大可能磨耗后，转向架两侧下部不会超出限界。

在纵向，转向架的固定轴距虽然是一个技术参数，但它是设计后由摇枕弹簧装置、轮对、基础制动装置在长度方向安排的结果，并不能在设计前就规定死。在前面章节中，从冲角及通过曲线的角度已论述过固定轴距不宜太小也不宜太大的道理。此外，还必须考虑列检人员作业时如何便于检查及更换易损零部件，从这几方面统筹兼顾，就可以确定出较合理的固定轴距。

复习思考题

1.机车车辆总体设计的目的是什么？一个详细、完整的总体设计要经过哪些过程？

2.减小车辆自重系数的意义何在？需要采用什么途径？怎样选取才算合理？

3.提高设计机车车辆每延米轨道载重有何意义？是否所有车种都必须提高和可能提高？在设计中会遇到哪些困难？

4.在机车车辆设计中为什么要考虑人机工程问题？

5.车辆长、宽、高三维尺寸间有哪些关联或牵制？

6.在总体设计中选用转向架时应考虑哪些问题？

参考文献

[1] 严隽耄, 傅茂海. 车辆工程[M]. 3 版. 北京：中国铁道出版社, 2008.

[2] 马军强. 铁道机车车辆[M]. 成都：西南交通大学出版社, 2019.

[3] 王伯铭. 城市轨道交通车辆工程[M]. 成都：西南交通大学出版社, 2007.

[4] 鲍维千. 机车总体及转向架[M]. 北京：中国铁道出版社, 2010.

[5] 张曙光. HXD$_3$ 型电力机车[M]. 北京：中国铁道出版社, 2009.

[6] 《和谐型交流传动机车技术丛书》编委会. HXN$_5$ 型内燃机车[M]. 北京：中国铁道出版社, 2019.

[7] 王颜明, 尹凤伟. 铁道机车转向架[M]. 北京：中国铁道出版社, 2015.

[8] 罗利锦. 电力机车制动机系统[M]. 北京：北京交通大学出版社, 2022.

[9] 樊运新. 我国重载电力机车发展历程及思考[J]. 机车电传动, 2019, 60(1)：9-12, 22.

[10] 何静, 刘建华, 张昌凡. 重载机车轮轨黏着利用技术研究综述[J]. 铁道学报. 2018, 40(9)：30-39.

[11] 王宇强, 魏玉光. 我国铁路重载铁路单元式列车组合模型研究[J]. 铁道运输与经济. 2018, 40(6)：23-28.

[12] 胡亚东. 我国铁路重载运输技术体系的现状与发展[J]. 中国铁道科学. 2015, 36(2)：1-10.

[13] 钱立新. 世界重载铁路运输技术的最新进展[J]. 机车电传动. 2010, 51(1)：3-7.

[14] 王东, 闫平, 乔延洪, 等. 铁路重载运输效益评价研究[J]. 中国铁路. 2008, 47(10)：13 16, 81.

[15] 耿志修. 大秦线开行 2 万吨重载组合列车系统集成与创新[J]. 中国铁路. 2007, 45(9)：25-29, 81.

[16] 鲍维千, 孙永才. 机车总体及转向架[M]. 北京：中国铁道出版社, 2014.

[17] 国家铁路局. 机车车辆强度设计及试验鉴定规范总则：TB/T 3548—2019[S]. 北京：中国铁道出版社, 2019.

[18] 中华人民共和国国家市场监督管理总局, 中国国家标准化管理委员会. 机车车辆动力学性能评定及试验鉴定规范：GB/T 5599—2019[S]. 北京：中国标准出版社, 2019.

[19] 米彩盈. 铁道机车车辆结构强度[M]. 成都：西南交通大学出版社, 2007.

[20] 成建民. 有限单元法及其在车辆强度计算中的应用[M]. 北京：中国铁道出版社, 1988.

[21] 田红旗. 轨道车辆结构分析理论[M]. 长沙：中南大学出版社, 2009.

[22] 《面向世界的复兴号》编委会. 面向世界的复兴号[M]. 北京：中国铁道出版社, 2020.

[23] 林晖. 动力集中动车组制动系统设计与运用研究[J]. 铁道机车车辆. 2020, 40(5)：1-7, 13.

[24] 田红旗. 中国列车空气动力学研究进展[J]. 交通运输工程学报. 2006, 6(1)：1-9.

[25] 魏庆朝, 孔永健, 时瑾. 磁浮铁路系统与技术[M]. 北京：中国科学技术出版社, 2010.

[26] 袁清武, 李静. 车辆构造与检修(第三版)[M]. 北京：中国铁道出版社, 2024.

[27] 罗芝华. 铁道车辆工程[M]. 长沙：中南大学出版社, 2015.

图书在版编目(CIP)数据

机车车辆工程 / 谢素超主编. --长沙：中南大学
出版社, 2025.1.
ISBN 978-7-5487-6120-4

Ⅰ. U26

中国国家版本馆 CIP 数据核字第 2024R2J445 号

机车车辆工程

JICHE CHELIANG GONGCHENG

谢素超　主编

□出 版 人	林绵优	
□责任编辑	刘颖维	
□责任印制	唐　曦	
□出版发行	中南大学出版社	
	社址：长沙市麓山南路	邮编：410083
	发行科电话：0731-88876770	传真：0731-88710482
□印　　装	长沙印通印刷有限公司	

□开　　本	787 mm×1092 mm 1/16	□印张 22.25	□字数 554 千字
□版　　次	2025 年 1 月第 1 版	□印次 2025 年 1 月第 1 次印刷	
□书　　号	ISBN 978-7-5487-6120-4		
□定　　价	78.00 元		